MBA

MBA CLASSICS

MBA 精品系列

MBA CLASSICS

MBA精品系列

MBA

BUSINESS NEGOTIATION

# 商务谈判学

## （第3版）

张　强／编著

中国人民大学出版社

·北　京·

**图书在版编目（CIP）数据**

商务谈判学/张强编著．—3 版．—北京：中国人民大学出版社，2017.12
（MBA 精品系列）
ISBN 978-7-300-25264-3

Ⅰ．①商…　Ⅱ．①张…　Ⅲ．①商务谈判-研究生-教材　Ⅳ．①F715.4

中国版本图书馆 CIP 数据核字（2017）第 304696 号

MBA 精品系列
**商务谈判学（第 3 版）**
张　强　编著
Shangwu Tanpanxue

| | | | |
|---|---|---|---|
| **出版发行** | 中国人民大学出版社 | | |
| **社　　址** | 北京中关村大街 31 号 | **邮政编码** | 100080 |
| **电　　话** | 010－62511242（总编室） | | 010－62511770（质管部） |
| | 010－82501766（邮购部） | | 010－62514148（门市部） |
| | 010－62515195（发行公司） | | 010－62515275（盗版举报） |
| **网　　址** | http：//www. crup. com. cn | | |
| | http：//www. ttrnet. com（人大教研网） | | |
| **经　　销** | 新华书店 | | |
| **印　　刷** | 北京宏伟双华印刷有限公司 | **版　　次** | 2010 年 11 月第 1 版 |
| **规　　格** | 185 mm×260 mm　16 开本 | | 2017 年 12 月第 3 版 |
| **印　　张** | 21.5 插页 2 | **印　　次** | 2017 年 12 月第 1 次印刷 |
| **字　　数** | 470 000 | **定　　价** | 48.00 元 |

# 第3版序

PREFACE

## 尊重规律，务实前行

中国从融入经济全球化到成为世界经济发展的重要驱动力，经济发展成就有目共睹，商务谈判学科理论研究的方向和重点、人才培养的方式和要求随着我国经济更加开放而不断创新。我国商务谈判学科从无到有发展 30 多年来，作为这个领域的亲历者和见证者，借本书第三次改版之际，我愿就商务谈判学科的未来和人才培养的方式与读者共同展望。

随着全球经济一体化进程给世界贸易带来广泛而深刻的影响，主要发达经济体与新兴经济体之间围绕贸易规则和主导权的矛盾日渐显现，主要表现在：中国加入世界贸易组织（WTO）之前，发达经济体对中国贸易保护、关税政策及政府补贴的指责等铺天盖地。中国政府和企业在贸易和投资领域通过不断历练内功，攻坚克难，逐步学习、掌握了以规则意识为基础的投资、贸易交流手段和方法，越来越开放、成熟和自信。随着中国经济在世界贸易及投资领域的影响力进一步扩大，主要发达经济体在贸易全球化中的主导权开始动摇，一股逆全球化的潮流暗中涌动，美国总统特朗普明确提出所谓“美国优先”的国策，引发包括欧盟在内的许多国家和地区对自由贸易前景的担忧，有关国家重拾贸易保护、关税壁垒、政府补贴的武器，世界经济发展方向和贸易秩序的重构成为未来十年各国政府和企业不可回避的挑战。2014 年以来，中国倡议的“一带一路”、基础设施投资、自由贸易政策改革等措施给世界经济走出困境带来了希望，同时，自身也受到了游戏规则、市场信用、宗教冲突等因素的制约。国内外商务环境出现的新变化必须引起高度重视，与之相对应的商务谈判手段和方法也必须与时俱进、有所创新。

需要指出，商务谈判学科历经数十年的发展，越来越注重对商务谈判实践经验的总结，尤其强调对多边规则的尊重、解读和运用，理论研究越来越注重对谈判规律的尊重。随着全球贸易规则重构过程中博弈各方矛盾的凸显，商务实践面临的问题更加尖锐和复杂，企业、政府从事谈判工作的一线人员越来越不满足于谈判技巧、谈判心理、谈判语言等表浅层次上的理论学习，他们需要更多深刻反映谈判规律和技术原则的理论提升和实践指导，这对从事谈判理论研究和专业教学的师资条件提出了更高要求和挑战。我从事商务谈判实践30多年，先后服务于咨询、钢铁、化工、造纸、机械、贸易等公司，尤其对于服务贸易、项目投资、资产重组、招投标及公司上市路径选择等领域规则意识的重要价值有深刻体会。我在数所“211”和“985”高校从事面向MBA、EMBA、EDP的商务谈判理论教学20多年，深切感受到具有实战经验和丰富理论知识的师资的匮乏依然是制约学科发展和人才培养的主要瓶颈。特别是面向本科生的案例观摩、面向研究生的案例分析、面向企业一线经理的案例模拟等高水平教学手段的应用和普及，对师资的实操水平提出了更加务实和严苛的要求。

我们必须尊重规律，务实前行。我根据实践和面向研究生教学过程中反馈的信息，在第二版的基础上做了40多处修改，适度删减了一些基础性的内容，例如商务谈判学的学科属性、谈判活动存在的一般基础、商务谈判信息的衍化与衰变、大型商务谈判活动的特征、谈判技巧类问题的综述、谈判思维障碍、幽默语言在谈判中的特殊作用等，拟将这些内容放到本科教材中。将第二版中第四章的第一、二、三节合并成一节，对第一章进行了改写。全书增加了和WTO运行与争端解决机制、“一带一路”及投资项目谈判、对赌手段的运用等相关的教学内容或案例，结合近年的部分商务谈判科研成果对规则意识、信用意识、主导意识等进行了介绍。第3版在知识的系统性、观念的新颖性、方法的实用性和自学的便利性上有了进一步的提升。借此机会，感谢自第一版出版以来不遗余力为本书改版提供支持的西南财经大学高晋康教授、四川大学陈维政教授、成都大学杨明娜教授；感谢学生钟峥、郑龙保、于安鲁、龙晓薇、王凤；感谢中国人民大学出版社石岩老师；感谢儿子张坤。

尽管如今高校的教学质量工程建设受到太多与教育无关的因素的纷扰，我依然坚持并呼吁，商务谈判教学一定要面向学生，坚决摒弃“小聪明、低格局、空泛化”的内容取向，高度重视对商务谈判规律性及其技术原则的研究和运用，努力为国家、为民族培养有抱负、能务实的专业人才。

与读者共勉。

**张强**

# 第1版序

PREFACE

## 知行悟合一，善莫大焉

国内理论界对商务谈判活动进行系统的研究始于 20 世纪 80 年代中期。尤其是 1986 年伴随中国重返关税及贸易总协定（GATT）的努力，越来越多从事外贸、管理、法律工作的专家基于形势的推动开始专注对商务谈判活动规律的科学研究，他们为我国商务谈判的学科建设和理论研究作出了具有里程碑意义的贡献。没有他们打下的基础，就没有今天的丰硕成果。

尽管我国在商务谈判理论研究领域依然与美英日等发达国家存在一定差距，但是经过 20 多年不懈的努力，这个差距正在显著缩小。今天，我们在交易条件的构建、大型谈判的组织、谈判技术分析方法以及谈判僵局的研究等方面取得了许多具有领先优势的成果。这些成果的取得凝聚着新老两代理论工作者的心血。我和我的同事们在 20 多年的商务谈判专业研究和实践中，有幸见证了我国在商务谈判理论研究和人才培养领域从起步到成熟的全过程。因此，将这些年我们在商务谈判领域所积累和取得的实践经验、理论成果和最新成就以教材的形式进行总结和集中展示，既是对前辈的交代，更是对后人负责。

在对本教材内容的编排上，我们尤其注意总结国内近 20 年商务谈判教材内容体系设置的经验，吸收了商务谈判中外合作科研项目、国家自然科学基金项目、部省级商务谈判获奖教学成果以及企业在购并、贸易、信用风险治理等实践活动中取得的成功经验，在重要观念、关键问题和学习难点等方面通过案例导读、重要视点和章节小结等多种形式引导学习者进行有益的思考，力求使教材在知识的系统性、观念的新颖性、方法的实用性和自学的方便性上实现最佳整合。

中国的管理教育面临诸多挑战，最大的挑战在于教育理念如何实现对教学规律的尊重、教育制度的安排与创新如何实现对人的潜能最大限度的开发利用。我在国内几所“211”和“985”高校从事面向 MBA、EMBA 的商务谈判理论教学近 20 年，也给本科生开设过商务谈判基础理论课程和公开讲座，亲自参与的重大招商引资谈判、企业购并谈判、投资项目谈判上百起。关于商务谈判教材建设，我已经有12年搁笔，实在是因为对自己不满意，怕误人子弟。谈判大家杰勒德·I. 尼尔伦伯格认为，谈判是经验的学问，是经验的科学。我想这是他基于实践得出的结论。最近十年间，我通过投身企业商务实践，从中小企业创业到上市公司治理，从外资银行引进到私募基金运作，从投资办制造企业到投资搞服务贸易，尝尽个中酸甜苦辣，可以说集商务谈判理论经验与实践教训于一身，愈发强烈感到培养杰出的商务人才对于提高国家核心竞争力的紧迫性。坦率地说，面对今天的教育环境，我是怀着忐忑不安的心情重新拾笔来写教材的。我始终坚信实践家的导师德鲁克说的那句话："成功的管理不在于逻辑推理的正确，而在于过程与结果的合理性。"这些充满睿智的真知灼见，一直是我拒绝做象牙塔中自娱自乐、妄自尊大的"砖家"的原动力。在这个时候我回到"学术"中来写教材，不是为了"重出江湖"，而是为了一种面向未来的责任。

如今，在高等教育领域仍然有不少被称为"质量工程"的东西与提高教育质量的宗旨没有太大的关系，个别教育管理手段依然存在"瞎折腾"的现象。有丰富实战经验和理论功底的专业教师的匮乏，是制约专业人才培养水平和层次的主要因素。制度缺陷导致浮躁的学术风气、官本位的教学管理意识和高级别教学成果缺乏实用性的现象并存，是妨碍人才成长的主要问题。庆幸的是，市场经济的不断发育完善，使得弄潮儿经过大浪淘沙般的洗礼，杰出的商界人才不断在江湖中脱颖而出，他们是真正的知行悟合一者。

现代商务谈判活动涉及社会学、政治学、市场学、法学、心理学、管理学、运筹学、语言学、公共关系学、有关自然科学及专业技术等知识领域，与之相应的商务谈判理论研究也就成为既包含多种学科又跨越多种学科的综合性边缘学科领域。商务谈判学是研究在一定的商务谈判环境下，参与谈判各方为了实现各自的经济目标，在商务战略或战术方面彼此相互合作、相互制约、相互竞争的方式和在特定方式下表现出来的相互关系，以及由这种关系所决定的相应谈判策略、原则、方法和技巧的一门综合性边缘学科。

这部教材的内容在如下方面充分吸收、借鉴了最近20年来商务谈判理论研究的成果：谈判信息管理、大型商务谈判活动的组织、谈判过程的控制与管理、交易条件的构建与虚实评估、典型的谈判思维方式、商务谈判策略与一般技术原则、行为语言的效用、僵局的利用与破解、谈判过程的技术分析与评价、谈判过程中的压力管理。希望师生们在对这些内容进行学习、理解、消化、掌握、运用的过程中不断充实、改进、完善，共同为提升商务谈判理论研究水平和丰富千姿百态的商务实践活动添砖加瓦、贡献力量。

感谢广东工业大学杨大兴教授，四川大学陈维政、黄德昌教授，北京大学丁建忠教授，加拿大卡尔顿大学J. Paltiel教授，武汉理工大学汪兴民、万君康教授；感谢商务部、工信部、工行贵州省分行、成都高新区的相关领导；感谢江苏凯特化工董事长钟娅玲女士，成都凯成工程总经理李红女士，四川亚连科技总经理钟雨明先生；感谢我的研究生钟峥、郑龙保、于安鲁；感谢人大出版社丁一和李玲老师；感谢儿子张坤；感谢本教材所引用成果的作者。这部教材的出版凝聚着前辈、专家和众人的智慧。特别是本教材中加入的最新前沿研究成果的内容，其实在丁建忠教授在世的时候就已经打算在他所著的《商务谈判》再版时给予安排，这次能够与读者见面，也是对老丁的缅怀和纪念。

知行悟合一，善莫大焉。以此与所有读者共勉，希望本书能为我国高素质商务谈判人才的培养尽绵薄之力。

张强

# 目录
CONTENTS

## 基础篇


**第一章 绪　论** …… 3

第一节 引　言 …… 4

第二节 商务谈判活动的基本要素及其分类 …… 11

第三节 当代主要谈判理论简介 …… 16

**第二章 谈判信息管理** …… 39

第一节 商务谈判信息的基本特征 …… 40

第二节 商务谈判信息的收集 …… 42

第三节 解读商务谈判信息应注意的要点 …… 48

第四节 商务谈判信息的传递 …… 51

第五节 商务谈判信息的保密 …… 55

**第三章 商务谈判活动的组织** …… 59

第一节 商务谈判班子的设置与管理 …… 60

第二节 商务谈判活动前的计划准备 …… 67

第三节 谈判开局 …… 80

第四节 谈判过程的控制与管理 …… 84

**第四章 交易条件的构建与契约文本结构** …… 101

第一节 盘的基本概念与表达形式 …… 102

第二节 盘的虚实表现特征 …… 108

第三节 盘的实战运用 …… 113

第四节 虚头对成交可能性的影响 …… 119

第五节 交易条件的构成要素 …… 122

第六节 契约文本结构对维护谈判成果的重要作用 …… 140

## 应用篇

第五章　商务环境与商务谈判思维方式 …… 147
第一节　影响商务谈判者思维方式的环境因素 …… 148
第二节　典型的谈判思维方式 …… 160
第六章　商务谈判策略的制定与实施 …… 183
第一节　谈判环境调查 …… 184
第二节　商务谈判策略 …… 189
第七章　商务谈判的一般技术原则 …… 204
第一节　对一般谈判技术原则的解读 …… 205
第二节　应用谈判技术原则时需要注意的基本问题 …… 222
第八章　商务谈判语言的形式及其辅助手段的运用 …… 238
第一节　商务谈判语言的类型与表达形式要求 …… 239
第二节　商务谈判语言的辅助手段 …… 244
第三节　交往空间与谈判环境安排 …… 250
第九章　僵局的利用与破解 …… 256
第一节　僵局的基本特征及其产生的一般原因 …… 257
第二节　谈判僵局的利用与处置原则 …… 262
第三节　谈判僵局的调停与仲裁 …… 269
第四节　WTO争端解决机制运行的基本程序简介 …… 279
第十章　谈判过程的技术分析与评价 …… 286
第一节　谈判前的计划分析 …… 287
第二节　谈判效果评价 …… 289
第三节　休会与场外分析 …… 291
第四节　谈判中常用的数学与经济分析方法 …… 301
第十一章　谈判过程中的压力管理 …… 315
第一节　如何应对压力 …… 316
第二节　善用己方的实力 …… 320
第三节　价格谈判中的压力处置原则 …… 326

参考文献 …… 335

Part
1

# 基础篇

第一章　绪　论
第二章　谈判信息管理
第三章　商务谈判活动的组织
第四章　交易条件的构建与契约文本结构

第一章

# 绪　论

## 本章要点

商务谈判学的学科属性
商务谈判学的主要研究内容
商务谈判者应当具备的专业意识
商务谈判活动的基本要素
商务谈判活动的分类

# 第一节 引 言

## 一、商务谈判学产生的背景

谈判有着悠久的历史。自人类有了社会交往活动以来，就有了谈判。部落纷争、商品交换、劳动的社会化、领土归属、人质问题、劳资纠纷、外交关系、妇女权益等，有越来越多的争议需要解决。人类为获得协调的发展，产生了与之相应的解决争议的办法，如各种传统惯例、规章制度、法律仲裁、市场机制、战争、强权干预、谈判，等等。

随着人类社会的发展、竞争的加剧、文明的进步，交流、沟通、理解与协商逐步成为主流。战争被竞争所代替，对抗被对话所代替。谈判作为沟通人类心灵的一座桥梁与和平实现各方目标的手段，比以往任何时候都更加广泛地运用到社会生活的各个领域。自20世纪80年代中期以来，我国对谈判学的重视、研究与商务实践迅猛的发展势头，从一个侧面反映了人们逐渐意识到要提高自身谈判能力和谈判水平。

有关资料表明，在发达国家中有10%以上的人每天都直接或间接地从事谈判工作。人们尊重谈判桌上的行家里手，钦佩那些善于把握机会的谈判大师。无数事实证明，对于大多数人而言，靠经历和体验来学习谈判虽然重要，但却只能是一个缓慢的、经验主义的、渐进的过程，而且很难达到对一个领域有广泛而深刻的认识。

1968年，美国纽约尼尔伦伯格-蔡夫-温斯坦律师事务所著名的律师杰勒德·I. 尼尔伦伯格通过大量的实例分析，对谈判的动因、谈判形式、谈判的控制等从理论、方法和技巧的角度进行了卓有成效的研究，并提出了具有实践指导意义的谈判需要理论。这一理论一反纯概念主义的研究模式，将谈判作为一门艺术来加以探讨，运用行为科学及各个流派的心理学成果作为研究的主要手段，得出的结论颇具典型性。在这之后，尼尔伦伯格的影响遍及世界。他对谈判研究作出了杰出贡献，并最早提出建立“谈判学”这一新学科，“谈判”一词第一次获得了社会地位。谈判不再是欺诈或其他种种敌对关系的同义语，而被看作一个能够深刻影响各种人际关系并使参与各方产生持久利益的过程。以美国为代表的在谈判研究领域处于领先地位的国家早在20世纪60年代就成立了专门的或全国性的谈判学会、谈判研究机构。它们不仅对谈判的一般技术原则、谈判策略的制定、谈判技巧的运用、谈判的语言（包括行为语言）、谈判作风的比较、谈判的数学及经济分析方法有深入的研究，而且对与上述问题相关的谈判社会环境、谈判法律环境、谈判商务环境、谈判议程与过程控制、谈判信息管理、谈判规模与组织、谈判结构、谈判者的社会文化背景及国家制度对谈判作风的影响等内容进行了长期的实证追踪，使谈判体系日趋完善。许多谈判专家不仅培养了政府部门、公司和企业中的高级谈判人员，而且常常参与重大的国际谈判活动。

我国在谈判研究领域方面与发达国家的差距是在20世纪80年代随着对外交流的扩大

逐步显露出来的。我国自1949年以来在相当长的一个时期内由于实行计划经济体制，没有形成真正意义上的市场环境，对外交流与谈判活动主要依靠经验指导，一批富有对外交流和谈判经验的老前辈对于我国在外交外贸等领域取得的辉煌成就做出了巨大的贡献。然而，由于特殊的历史原因，在这一时期我国理论界并没有把谈判理论研究放在重要的位置，较为忽视对于成功谈判经验的总结和当代谈判理论对于谈判实践的指导作用。因此，20世纪80年代，当中国打开国门向世界开放的时候，我们的谈判实践家在对外开放、对内搞活的前所未有的改革实践中遇到了极大的挑战。80年代中期以后，伴随着中国重返国际货币基金组织、世界银行、关贸总协定三大国际经济组织的努力，许多研究谈判理论、谈判策略、谈判方法与技巧的新的学术思想逐步被引进，我国在认识、学习并吸收发达国家成功经验的同时，谈判理论研究也开始起步。

自1986年起，国内一批高校在管理、贸易类专业开设了“商务谈判”课程；一些从事外贸、法律工作的专家开始专注于商务谈判的研究，尽管在初期质疑的声音不断，不少成果存在研究路径与方法的缺陷，但它们具有促进学术开放的里程碑意义。20世纪80年代末，职工教育出版社出版了由我国外贸领域著名专家万君康教授主编的系统研究外贸谈判实务的著作《对外贸易实务》（万君康、陆汉云、康灿华，1989）。90年代初，在国内对谈判学是否可以作为新兴学科尚存在争议时，四川大学出版社出版了国内最早的一部系统介绍谈判理论的著作《谈判学导论：谈判的理论与实践》（张强，1992）。中信出版社更是将另一部突出商务谈判实务性的著作《国际商业谈判》（丁建忠，1996）推到学科和市场的前沿，国内这些较早的研究成果迄今依然对整个商务谈判学科体系的发展和商务谈判实践产生较大的影响。然而，即便以这个时期为起点计算，我们对商务谈判的研究也比西方发达国家晚了近30年。

在日益开放的社会环境下，人们必须具备的基本能力之一便是谈判的能力。谈判能力能综合反映一个人的交际能力、交流与沟通的水平、思维的艺术与行为的技巧，也能综合反映一个组织或团体的协调能力、变通与配合的能力、对事物的变化进行把握与控制的能力。

**重要视点**

谈判能力是现代人必须具备的基本能力之一。系统学习谈判理论的最终目的不在于知，而在于行。

从商务管理实践角度来看，商务活动中存在大量重复出现的、例行的管理活动。这些活动通常是有法可依、有章可循的，称为常规性管理活动。常规性管理活动日益由以电子计算机为代表的各种技术手段和工具来执行。管理实践中还存在着必须依靠人的主观能动性和判断能力来完成的管理活动。这类活动具有影响因素复杂、变化多端、难以定量描述等特点，称为创造性管理活动。商务谈判活动即属于创造性管理活动。事实上，对于任何商务谈判理论的学习和运用，都必须以商务实践背景和实现特定的目的为前提。

## 二、商务谈判学的学科属性

现代商务谈判活动广泛涉及社会学、政治学、市场学、法学、心理学、管理学、运筹学、语言学、公共关系学、相关自然科学及专业技术等知识领域。商务谈判学是研究在一定的商务谈判环境下，参与谈判的各方为了实现各自的经济目标，在商务战略或战术方面依照特定市场游戏规则相互制约、相互合作、相互竞争的方式和在特定方式下表现出来的相互关系，以及由这种关系所决定的相应谈判策略、原则、方法和技巧的一门综合性边缘学科。

## 三、商务谈判学的主要研究内容

从实践的角度看，商务谈判活动包含两个基本内容：第一是“谈”，所谓谈，就是沟通观点，了解和搜集谈判信息，引导对方看问题的角度，特别要注意获取对实现己方谈判目标有价值的资源条件；第二是“判”，所谓判，就是在获取谈判信息和资源条件的基础上，根据双方的需要和实际约束条件对事件进行解读、评估和推断，进而选择、决定己方应当采取的行动。可见，谈是判的基础，没有谈就没有判。

由于存在不同的社会环境（特别是政治环境、经济环境、法律环境、文化环境等），中外学者最近的研究成果表明，文化环境对商务谈判的影响比政治环境更大。影响社会环境的因素千变万化决定了在特定条件下，谈判理论、谈判原则、谈判方法等在实际谈判活动中所起的作用，作用的范围和程度存在差异。当代的商务谈判理论家在研究商务谈判理论和分析谈判实践的过程中，明显表现出对于实证性研究的兴趣和重视，这种研究方法以极快的速度影响着与商务谈判学有紧密联系的相关学科的科研活动。随着相关学科的学者在商务谈判理论研究领域的介入，商务谈判学的研究内容日益丰富。从与实践相结合的角度看，更能反映出商务谈判学的学科属性和基本特征的主要研究内容有：对商务谈判活动及谈判者行为模式的研究；对不同谈判类型的特征的研究；对商务谈判思维方式与谈判语言运用的研究；对商务谈判环境、谈判心理、谈判气氛的研究；对商务谈判信息及其对谈判活动的作用过程的研究；对商务谈判的数学及经济分析方法的研究；对政治谈判、外交谈判、军事谈判、经贸谈判、事务性谈判等与商务谈判的关联性和差异性的研究；对特定的政治、经济、法律及社会文化背景对商务谈判的制约作用的研究，等等。

近代社会的发展过程对谈判学的基本内容及研究方法产生了深刻的影响。由于谈判理论研究和谈判实践活动离不开特定的社会背景，谈判理论工作者必须注意不同理论在指导实践中的差异。中国的谈判家一定要根据本国的历史和现实情况，总结前人的经验，研究出适合本国社会和经济发展现状的谈判理论，用最有利于中国人的谈判策略、原则、方法去指导谈判实践活动。

## 四、成功的商务谈判活动的基本特征

一场成功的谈判意味着有关各方都是有限的胜利者。我们总结成功谈判的经验，与总结失败谈判的教训同样重要。基于时间和空间的变化，世界上没有哪两次商务活动是一模一样的；即便谈判成员是原班人马，经验与知识的积累和运用也在变化之中。因此，某些所谓的“商务谈判的成功模式”及其“路线图”，至少从逻辑上看不够严谨。

应当看到，为谈判各方认同并能有效实现己方目标的谈判，有某些共同的基本特征值得总结。到目前为止，针对成功的商务谈判活动，至少可以总结出八个方面的基本特征。

**1. 注重互动——姿态的精髓**

现代市场活动是买卖双方之间、买方与买方之间、卖方与卖方之间互相依存、互相竞争的动态过程。谁能在这种动态过程中先人一步，及时调整姿态，根据谈判信息和情势的变化保持高度灵活性，以获得更加有利的谈判地位和交易机会，就可以将谈判朝着有利于实现己方目标和各方利益的方向推进，为谈判取得成效创造条件。

**2. 注重引导——沟通的精髓**

谈判中的沟通也是互相博弈的过程。富有经验的谈判者会抓住一切机会，引导对方看问题的角度，促使对方的价值观、判断标准、基本立场发生积极的变化，进而降低实现己方目标的成本和难度，提高谈判的效率和收益。

**3. 注重权衡——评估的精髓**

在信息收集和利弊分析的基础上，运用相关技术手段和从业经验，进行成本与效率、技术与经济、长远与眼前、利益与关系、目的与手段、坚持与放弃等综合评估，本着“两利相权择其重，两弊相权取其轻”的原则，使己方的利益最优化。

**4. 注重互利——目标的精髓**

互利是实现商务活动可持续的基础。一方获益、一方受损的一锤子买卖，不仅有违商业道德，也破坏了商业规则；以食言之举获小利，将信誉与信用毁于一旦，更是典型的非商务化行径。互利作为谈判各方的终极目的，符合各方的长远利益，有利于将商业活动有序、持续地向前推进。

**5. 注重互惠——过程的精髓**

非歧视、透明度、自由贸易、公平竞争，是世界贸易秩序的基石。“与人方便、与己方便”正成为越来越多奉行贸易自由化主张的国家、企业和经济人士的共识。互惠的精髓在于减少和消除一切有碍市场经济发育的因素，让商务活动更有效率、更有活力、更低成本地进行。

**6. 注重制衡——思维的精髓**

商务谈判作为合作的利己主义的过程，体现出它在竞争方式上的特殊性。基于相互需要、相互依赖、相互竞争的合作，利他是手段，利己是目的，共赢则是明智的谈判家在实现这些目标以及采纳彼此建议时的必然共识。然而，商业活动毕竟涉及许多具体的利益冲突和矛盾，这些矛盾有时相当尖锐。如何尽可能快地实现己方目标、尽可能少地付出成本代价、尽可能牢地固守自己的利益和立场底线，不是靠一厢情愿就能做到的，所以，研究、制定、实施互利互惠共赢的谈判方案，还需要动用知识的力量、情感的力量、经验的力量以制衡对方的行为。要达到这个境界，谈判者需要在谈判的思维方式上进行必要的专业训练、见习和亲自体验。应该说，思维方式决定行为方式，注重制衡的思维方式，对于理性的谈判行为有极其重要的指导意义。

**7. 注重底线——进退的精髓**

商务谈判不仅在退让的时候有底线，更为重要的是，在进取的时候也有底线。只有认识到这一点，才是理性的商务谈判者。"有理、有利、有节"的谈判者会获得对手更多的尊重。不给对手空间的谈判者，比不给自己空间的谈判者更危险。除非特定的商务目的可以不经谈判实现，市场游戏中的公平自愿交换法则要求当事人必须考虑对方的利益。

老练的谈判者非常清楚探寻并维护共同利益的必要性，能够明智而谨慎地避免那种以全胜为目的的竞争，设法让对手了解己方想表达的意图，并尽可能地了解对手的真实意图，设法让对方了解己方所能作出的最大限度的让步和要求对手作出的最低限度的让步。这些在长期实践中积累起来的经验和技巧，能迅速地促使谈判各方对最终能否达成满意的协议作出判断。

谈判是一个互动的过程，谈判者一定要明白把握"火候"的重要性。善知恰如其分，方免过犹不及。谈判中对利益的追逐是有分寸的，当止即止。谈判的临界点建立在谈判各方感知的平衡点基础之上，打破这种平衡，越过这个临界点，就会产生失控的甚至是毁灭性的结果。

应特别注意：有时由于我们的进逼，看到对方似乎已经处于招架之势，我们会经不起更好结果的诱惑而一味地穷追猛打，但是，那最后的一击可能使你前功尽弃，把握平衡的重要性亦在于此。

谈判中双方的实力对比会对谈判的结果有影响。实力强的一方切不可以"当然的胜利者"自居。双方关系的发展有一个由量变到质变的过程，这个变化的临界点对各方至关重要。它可使双方关系突破原有的屏障而变得易于协调，也可能导致双方关系破裂而变得无法协调。

尼尔伦伯格非常强调参加谈判的每一方都应该有某些需要得到满足，如果把其中一方置于死地，那么大家将一无所获。但他又感叹这一原则很容易被忽视，在谈判最激烈的时候，人们会身不由己、忘乎所以。①

**8. 注重守信——竞争的精髓**

信用是一种低成本的竞争力，这是追求长远利益的商务人士的共识。没有法治便没有真正的市场经济，而没有信用便没有成熟的市场经济。在商务领域中有良好信用的谈判者，至少可以获得六大竞争优势：一是降低谈判磋商成本。守信的合作伙伴在交易的许多细节问题上达成一致所需要的谈判成本降低，谈判效率提高。二是降低谈判信息搜寻成本。当外部环境变化时，针对守信的合作伙伴相应调整措施所需的信息搜集工作量有所降低。三是降低谈判过程的监管成本。由于信息不对称、契约不完备或基于防范风险的需

① 尼尔伦伯格．谈判的艺术．上海：上海翻译出版公司，1986：27.

要，对谈判过程进行控制的成本较低。四是谈判争端风险减少。因信用缺失而引发的自利行为和动机，以及道德水平下降所导致的摩擦、冲突有所减少。五是降低谈判维权成本。谈判对手不担心与守信的商业伙伴合作可能失去利益，企业不必花费巨资另行建立庞大的维权机构，也不会被迫陷入官司，有利于提高谈判对手合作的信心。六是减少谈判机会成本。在谋求发展的过程中，由于容易得到商业伙伴和银行的授信，交易中不必采用现金支付方式。

## 五、商务谈判者应当具备的基本专业意识

开放条件下的商务活动作为一种动态的过程，其影响因素千变万化，一定的社会政治、经济、文化、法律、道德、习惯等环境，都会对商务谈判者产生特定的教化作用，从而对商务谈判过程产生不同的制约。在一个个具体的商务活动中，这个过程复杂而微妙。谈判者除了受所在环境的影响外，还要受经过博弈（争夺主导权和话语权）形成的国际投资和贸易规则的制约。复杂的商务环境使得商人再也不可能单纯地“在商言商”，必须熟悉甚至参与到对商务工作有重大影响的非商务活动中（如政治、外交、公益、慈善等）。今天，“在商言商”与“不言商为大商”的现象彼此交织，因此，商务谈判者努力培养与商务谈判活动要求相适应的专业意识，是形成自身谈判能力的基础。从 1986 年开始，越来越多的商务工作者和政府职能部门经过 30 多年的商务实践，在不断的对外开放和交流中已经深刻意识到尽快培养三大专业意识的重要性。

**1. 规则意识**

中国从参与经济全球化进程开始（以加入亚太经济合作组织（APEC）[①]、加入世界贸易组织（WTO）[②] 为标志），不断通过自身努力逐步获得和扩大在制定商务交往规则方面的话语权，进而主导区域经济（以发起设立亚洲基础设施投资银行（AIIB）[③] 为标志）和引领全球经济活动（以提出“一带一路”并引领沿线国家开展基础设施投资建设为抓手），取得了举世瞩目的成就。其中一个最重要的经验，就是越来越多的商务工作者意识到了规则的重要性。过去的 30 年，在中国迈步融入全球化之初，西方不断以经济全球化的名义指责中国的经济政策，一直歧视并限制中国企业与市场化经济体的正常交往；中国融入全球化之后，为进一步推进经济全球化和建立公平的投资、贸易规则，逐渐取得了对贸易和投资规则的主导地位，以美国、日本为代表的西方国家和政治盟友失去了对全球治理规则的单方面控制，美国利用部分 APEC 成员的焦虑，开始极力推动经济上以排除中国在外为

---

① 亚太经济合作组织（Asia-Pacific Economic Cooperation，APEC，简称亚太经合组织）成立之初是一个区域性经济论坛和磋商机构，是亚太区内各地区之间促进经济增长、合作、贸易、投资的论坛。亚太经济合作组织始设于 1989 年，1991 年 11 月，中国以主权国家身份，中华台北和香港（1997 年 7 月 1 日起改为“中国香港”）以地区经济体名义正式加入亚太经合组织。

② 世界贸易组织（World Trade Organization，WTO，简称世贸组织）于 1994 年 4 月 15 日成立，以取代成立于 1947 年的关贸总协定。WTO 是当代最重要的国际经济组织之一。

③ 亚洲基础设施投资银行（Asian Infrastructure Investment Bank，AIIB，简称亚投行）是一个政府间性质的亚洲区域多边开发机构，重点为基础设施建设提供支持，总部设在北京。

目的的跨太平洋伙伴关系协定（TPP）①，同时在政治、军事上实施以围堵中国和平崛起为目的的亚太再平衡战略，出现明显的反全球化情绪。随着中国在国际上影响力的提高，由发达国家主导的明显带有功利主义色彩的反全球化立场的机制自2016年底逐渐被越来越多的国家认识和唾弃。随着中国在以东盟为主导的区域经济一体化合作进程中话语权的提升，区域全面经济伙伴关系②构建中有了越来越多来自中国的声音，这对消除区域内的贸易壁垒、创造和完善自由的投资环境、扩大服务贸易，起到了非常正面的促进作用。实现这一切靠的都是规则。

规则意识的核心是什么？中国加入世贸组织首席谈判代表龙永图总结说："在加入WTO的谈判中我们学到的最重要的经验是必须向规则低头。"多少年来，我们一直纠结于立场与利益，究竟是重立场还是重利益？好像只有两种选择。现代谈判活动跳出了立场优先与利益优先的羁绊，更强调规则意识，强调要向规则低头。这就意味着要善于在特定背景下解读规则，善于在特定条件下服从规则，善于在特定环境下应用规则，进而善于在特定实力下主导规则。这是中国市场经济发育和成熟，从加入全球经济竞争到引领世界经济运行得到的最重要的经验。

**2. 信息意识**

获得尽可能对称的信息，是确保商务谈判活动实现本方意图的基础。商务谈判信息究竟在多大程度上发挥作用，要看谈判各方在其收集、解读、传递的过程中是否有"故障"。具有信息意识的谈判者会努力避免信息失真，最大限度地减少判断失误，抓住转瞬即逝的机会。

谈判信息既是谈判者了解事件真相的耳目，又是谈判者实现本方意图的手段。商务谈判信息有时并不像商务谈判者所要求的那样发挥作用，有时又超出商务谈判者的预料发挥作用，有时在商务谈判者的交流过程中朝着精于谈判的一方演化——某些不利于他的谈判信息会逐步"消失"，而更多有利于他的谈判信息会清晰地显现出来。信息对商务谈判过程的影响是复杂而微妙的，有信息意识的商务谈判者更容易实现对谈判过程、节奏和方向的控制。

**3. 信用意识**

所谓信用，从伦理学的角度看，就是建立在崇尚人格塑造基础上的通过自律达成"信守诺言"的境界和道德品质；从经济学的角度看，就是对限定或约定时间内获得或归还价值承担物的预期稳定性的判断；从法学的角度看，就是当事人之间依照"契约"规定享有的非立即交割的权利和有时滞特点的义务；从货币学的角度看，就是债务人建立在可支配净资产和对未来收入预期基础上支付货币的能力。

---

① 跨太平洋伙伴关系协定（Trans-Pacific Partnership Agreement，TPP，也称作"经济北约"）是由亚太经济合作会议成员中的新西兰、新加坡、智利和文莱等四国发起，从2002年开始酝酿一组多边关系的自由贸易协定，在美国的主导下，该组织一直排斥中国对世界经济的影响力。

② 区域全面经济伙伴关系（Regional Comprehensive Economic Partnership，RCEP）是东盟国家近年来首次提出的以东盟为主导的区域经济一体化合作组织。RCEP的主要成员包括与东盟签署自由贸易协定的国家，即中国、日本、韩国、澳大利亚、新西兰、印度。

现代市场经济既是法制经济，也是信用经济。可以说，法律和信用是维持市场有序运转的两个重要的基本机制。事实上，与法律相比，良好的信用机制是一种交易成本更低的机制。在许多情况下，具有强制力特征的法律是无能为力的，而具有非强制力的信用条件往往能起决定性作用，因此信用缺失的社会不可能有真正的现代市场经济。换句话说，虽然商务活动的成果建立在市场基础之上，但是商务活动成果的预期一定建立在信用基础之上。

在市场信用的条件下，我们会发现商务谈判活动的预期对于两种人具有特殊性：一种是具有良好信用记录的人，这类人的预期风险较小。另一种是毫无信用的人，这类人的预期风险极大。所以，信用意识的建立有两个基本点：第一是正确认识信用功能；第二是积极防范信用风险。

信用的功能大致体现在六个方面：一是它有助于判断谈判磋商成本，包括合作伙伴之间在交易过程中的许多细节问题上达成一致所需要的谈判资源成本、精力成本。二是它有助于降低谈判信息搜索成本，当外部环境变化时，为判断原有的合作关系变化及制定相应调整措施的信息搜集工作量大小取决于对合作伙伴信用的评估。三是它决定了谈判过程的监管成本，由于信息不对称、契约不完备或基于防范风险的需要，进行过程控制时投入的成本不同。四是引发谈判争端的风险大小不同，因信用水平不同而引发的自利行为和利益摩擦也不同。五是它会影响谈判维权成本的高低，为挽回可能失去的利益或减少损失，谈判者是否必须另行建立庞大的系统也取决于对彼此信用的判断。六是它直接影响着谈判机会成本，在谋求发展的过程中，是否能得到商业伙伴的授信，是否被迫采用现金支付方式，信用记录起着重要作用。

2016 年 11 月 8 日，当美国总统大选吸引全球关注的目光时，印度为了打击来路不明的贪腐黑钱，总理莫迪当日晚上发表演讲，宣布 500 卢比与 1 000 卢比两种大面额钞票“即刻作废”。印度由于市场信用度较低，全国 2/3 以上的商业交易采用现金方式，农村市场 80%采用现金交易，银行的作用日渐退化，只有 3%左右的人缴纳个人所得税。为了避税，很多人直接将现金纸钞藏在家里，包括正常收入、贪污贿赂或其他所有见不得人的钱。大量公司也采用现金支付而非信用支付以处理贸易往来，导致交易成本居高不下，市场信用严重阻碍了印度的经济稳定和发展，违约风险急剧上升。印度政府不得已而采取的这一举措，实际上是让全印度为市场信用埋单。由此可见，信用风险的防范是商业交往中极其重要的工作，信用风险产生的充分必要条件是广义债务人违约。谈判者务必要高度关注对手可能违约的两类原因：一是债务人是否有能力履行义务；二是债务人是否有意愿履行义务。要重视谈判全过程的信用管理，将信用风险可能带来的损失消灭在萌芽之中。

## 第二节 商务谈判活动的基本要素及其分类

### 一、商务谈判活动的基本要素

商务谈判活动的最基本要素是什么？用简单的一句话说，就是由什么构成一个最基本的商务谈判活动，即谁在谈判，谈什么内容，想要达到什么目的，预期结果如何。

**1. 谈判主体**

商务谈判活动的主体即参与商务谈判的当事人。由于商务活动总是在人的参与下进行的，所以有时从法律意义上（表面上）看是组织与组织之间的谈判，但从操作意义上（实际上）看仍然是这些组织中具体人员之间的谈判。谈判者将人的问题解决了，组织的问题也就随之解决了。谈判的当事人可以是双方，也可以是多方。

**重要视点**

按照参与商务谈判的主体（可以将参与商务谈判的主体以“边”相称）数量划分，谈判分为：多边谈判，一般是以制定共同的商业游戏规则为主题进行的多主体谈判；诸边谈判，一般是以制定高于多边游戏规则的特别规则为主题进行的多主体谈判；双边谈判，一般是基于共同商业游戏规则进行利益分享的双主体谈判；单边主义，一般是以相对强势一方制定的游戏规则为依据进行的形式化“谈判”，单边主义实际上是强权主义行为，已经超出了谈判的范畴。

**2. 谈判客体**

谈判客体是指谈判的议程、议题及内容。谈判的议程、议题及内容不是凭空拟定的或只反映单方面的意愿，它必须是当事人共同关心的、与各自利益有某种程度联系的、需要谈判各方相互协调才能实现的提案、方案、观点或事物。

**3. 谈判目的**

谈判目的是指参与商务谈判的各方必须通过与对方打交道并促使对方在特定时间、空间条件下采取某种行动或作出某种承诺才能实现或部分实现的目标。如果只有谈判的主体和客体而没有谈判目的，谈判就是不完整的，我们将无特定目的的交流称作闲谈。闲谈与谈判的区别在于：闲谈不涉及各方的利害冲突和经济关系，不会导致各方尖锐对立或相互竞争，所以闲谈通常是轻松愉快的。而谈判恰恰是在涉及各方利益，各方相互依存、尖锐对立或竞争的条件下进行的，无论谈判表面上是不是轻松愉快、诚挚友好、坦诚认真的，实质上是各方智慧、胆识、应变能力的一次交锋。有无目的性和达到这种目的的手段决定了闲谈与谈判在一定条件下相互转化的可能性。

**4. 谈判结果**

一个完整的谈判活动必须有相应的结果，无论成功还是失败，成交还是破裂，都标志着一次谈判过程的完成。无结果的谈判活动称为“不完整谈判”。陷入僵局的谈判或出现怪圈的谈判往往容易演变为不完整谈判。不完整谈判会极大降低工作效能，耗费谈判者的精力，对谈判者的自信心产生不利影响。努力减少不完整谈判的意义是现实而巨大的，它有利于提高办事效率，减少无效工作。

## 二、商务谈判活动的分类

对商务谈判活动进行分类的目的在于认清不同种类谈判的性质，避免谈判手段的片面性。

**1. 大型谈判与中、小型谈判**

按照谈判的规模、谈判项目的多少、谈判内容的复杂程度和涉及谈判的人员范围等，可以将商务谈判分为大型谈判与中、小型谈判。这种划分并没有严格的界限，通常情况下，谈判项目数多于参与谈判各方人数，且最少一方参与谈判人数超过 12 人时，即可认为是大型谈判；如果各方参与的人数在 4～12 人之间，则可认为是中型谈判；如果各方人数都在 4 人以下，就是小型谈判。这种划分是英国谈判学家比尔・斯科特根据孔兹原理提出的，该划分原则得到了另一位谈判学家马什的认同。谈判人数通常指正式、直接参与实质性谈判的人数。事实上，就谈判各方而言，还有一些协助谈判的非正式成员，如官员、技术专家、顾问等，在划分时这些人不应计算在内。

孔兹原理对于正确认识管理成本与效率有重要的价值，故一般管理原则认为：在复杂多变的谈判形势下，任何一个管理者最多只能有效领导 3～4 人。实践中，随着参与商务谈判的人员增加，协调、组织、保密、决策和效率的提高会变得困难，而谈判内容的复杂化和谈判外部环境的变化又是对谈判领导人严峻的考验，因此谈判者不得不花相当大的精力去平衡和处理众多的非实质问题以使谈判顺利进行。大量的谈判实践表明，如果没有特殊的原因，谈判规模的小型化有利于谈判班子的协调和控制，更有助于谈判效率的提高。

**2. 长期谈判与中、短期谈判**

按谈判时间的长短，可将商务谈判分为长期谈判与中、短期谈判。这种时间上的划分没有严格的界限（调查结果显示，相当一部分谈判者认为一年之内得出结果的谈判可以认为是中、短期谈判）。通常，一次性谈判或一年之内的多轮谈判都是短期谈判，而超过一年的或多轮谈判或部分僵持性谈判可能是中期或长期谈判。最典型的长期谈判如中国加入 WTO（世界贸易组织）的谈判（15 年），建立 APEC（亚太经合组织）的多边磋商（24 年），中美纺织品贸易争端谈判（4 年），中国加入 ICC（国际商会）的谈判（3 年）；中、短期谈判如中国加入 IMF（国际货币基金组织）的谈判（6 个月），中国加入 WB（世界银行）的谈判（2 个月）。谈判者通过主观努力和外部环境的配合，缩短谈判的时间，可以有效地节约谈判资源，提高谈判的经济性。

**3. 对抗性谈判与非对抗性谈判**

按谈判各方相互关系的好坏与对立程度，可将商务谈判分为对抗性谈判（争议性谈判）与非对抗性谈判（非争议性谈判）。对抗性谈判与非对抗性谈判的差异不在于谈判议题、内容和目标有什么不同，而是根据在特定谈判议题、内容和目标下各方的相互关系以及由这种关系决定的谈判立场（合作或对抗程度）来判断的。

**4. 实质性谈判与非实质性谈判**

按谈判内容与谈判目标的关系，可以将商务谈判分为实质性谈判与非实质性谈判。实质性谈判是指谈判内容与参与各方的谈判目标直接相关的谈判。非实质性谈判是指为实质性谈判顺利进行而事前进行议程、议题、地点、时间、范围、级别、形式、人数等的安排与磋商，事中进行各方具体事务的协调与联络，事后对各方在实质性谈判中形成的会议纪要、决议、协议、观点、立场进行技术处理等的事务性谈判。

谈判越是复杂、大型、国际化，实质性谈判与非实质性谈判的关系就越是紧密，因此不能错误地认为非实质性谈判只是从属性的、服务性的、无关紧要的谈判。在某些情况下，事务性的、技术性的处理往往对实质性谈判有极大的影响。有专家指出，善于利用自身的主动性，对谈判的议程、议题、地点、时间、范围、级别、形式、人数等进行安排并力争取得对方认可或迫使对方就范的谈判者，在实质性谈判还没有开始之前，事实上便获得了谈判地位上的一定优势。这种优势极有可能导致在实质性谈判中产生于己有利的谈判结果。

自20世纪60年代以来，国际上对于非实质性谈判对实质性谈判的影响（有时甚至是决定作用）越来越重视。发达国家的政府和公司在大型的国际谈判中，几乎总要在谈判之前派出谈判事务方面的专家对谈判议程、议题、地点、时间、范围、级别、形式、人数等进行安排和磋商，有时甚至对讨论的议题的顺序进行讨价还价。上市公司的实际控制人①在作出重大决策之前，为了争取有利的控制地位，有时会通过某些技术性的手段巧妙改变谈判形式或影响谈判进程，以期取得良好的谈判效果。必要时，他们可能以秘密的利益交换为代价来获得有利的结果。一些看起来稳操胜券的谈判可能会因议程安排上的一个小小变化而失败。

**5. 正式谈判与非正式谈判**

按参与谈判各方代表的身份以及对谈判议题和内容的准备与关注情况，可将商务谈判分为正式谈判与非正式谈判。通常，正式谈判中各方代表的身份代表着官方或某一利益集团，对谈判议题和内容有较充分的准备，对所涉及内容持积极关注的态度。正式谈判的一个特点是对级别和形式较为重视，谈判班子中的成员都是专门负责某一方面工作并具有丰富经验的谈判老手。正式谈判的另一个特点是效率高、节奏快。正式谈判成员的高素质以及他们所代表组织的高级别，决定了谈判的快节奏。参与正式谈判的工作人员都很注意将谈判过程中双方的意见随时记录成文字或立即形成会谈纪要并译成相应文字，而不是会后补写或凭记忆整理。往往在会谈者口头介绍、解释某种方案或开出某种交易条件之后，助手们马上进行翻译或用本国文字记录下来以供研究。随谈随写随改随认可，为高效率的谈判创造了条件。非正式谈判通常是接触性的、试探性的，它不一定要求对谈判议题和内容有充分的准备，一般起通报情况、解释立场、沟通关系等作用。非正式谈判的形式可以是多样的。它往往在为正式谈判探索前景、扫除障碍，或者当形势与前景不适合举行正式谈判时采用。友好团体、政府特使、知名人士、第三方渠道、有关国际机构等都可以作为非正式谈判的代表。无论是正式谈判还是非正式谈判，既可能属实质性谈判，又可能属非实质性谈判。

**6. 直接谈判与间接谈判**

按商务谈判各方的交往方式，可将商务谈判分为直接谈判与间接谈判。直接谈判是各

---

① 上市公司的实际控制人指实际控制上市公司的自然人、法人或其他组织。需要指出的是，上市公司的控股股东并不一定是实际控制人。实际控制人可以是控股股东，也可以是国有资产管理部门或其他最终控制人。在缺乏监管、监督或存在利益关联的情况下，实际控制人往往在涉及对外担保、非经营性占用、关联交易等重大问题上，利用其在上市公司的控制地位，通过无形的安排获得实质性利益。

方当事人直接进行的谈判（如通过信函、电报、电传、电话及面谈等进行的谈判）。间接谈判是某方当事人不直接出面，而通过委托人或谈判代理人进行的谈判（如通过顾问、代理商、经纪人、监护人等进行的谈判）。

**7. 受调停谈判与无调停谈判**

按有无第三方作为中间人介入斡旋，可将商务谈判分为受调停谈判与无调停谈判。一般来说，陷入僵局的谈判都要受外部介入者的影响。这个介入者必须首先得到谈判各方某种程度的认可方能起到中间人的调停作用。当存在两方争议人时，习惯上称介入方为“第三方”；当存在 $n$ 方争议人时，习惯上称介入方为“第（$n+1$）方”。受调停谈判通常都是对抗性谈判；无调停谈判既可能属对抗性谈判，也可能属非对抗性谈判。受调停谈判中介入的第三方或第（$n+1$）方与间接谈判中的受委托人或谈判代理人的区别在于：介入的第三方或第（$n+1$）方在争议各方中持中间立场，而受委托人或谈判代理人却是代表某方利益，不持中间立场。无论在国际事务还是一般性事务中，受调停谈判与无调停谈判屡见不鲜。这两种谈判常常相互转化，如文物归属谈判、商贸仲裁、财产分割谈判、经济纠纷仲裁等。在民事纠纷案中这两种谈判的例子俯拾可得。

**重要视点**

当存在两方争议人时，习惯上称介入方为“第三方”；当存在 $n$ 方争议人时，习惯上称介入方为“第（$n+1$）方”。

介入方既可能是中立的斡旋者、仲裁者，也可能是非中立的代理人。

**8. 有形谈判与无形谈判**

按谈判各方对谈判的意识，可将商务谈判分为有形谈判与无形谈判。有形谈判是指谈判各方对谈判对手、谈判议题、谈判内容、各自的目标都有比较清晰的认识，并且对相应的谈判原则、策略、方法等有比较充分的准备的谈判。无形谈判则是指某一方或某几方对谈判对手、谈判议题、谈判内容、目标缺乏清晰的认识，或对谈判的原则、策略、方法没有充分准备的谈判。有形谈判一般比较容易辨识，无形谈判则往往以会议、劝说、舆论、宣传、广告、电视、报纸、杂志、广播、服务、流言、谣言、群体影响、风俗习惯、促销方案等方式来实现，一般不易辨识和察觉。

**9. 真实谈判与非真实谈判**

按谈判各方的诚意，可将商务谈判分为真实谈判（中心谈判）与非真实谈判（陪衬谈判）。当谈判表面上的目的与谈判者的真实目的相一致时，则是真实谈判；反之，就是非真实谈判。一般来说，真实谈判与非真实谈判是谈判者为了达到一定的战略或战术目的而同时采用的形式。谈判者处于暗处时，对处于明处的若干谈判对手，利用某些非真实谈判的陪衬作用，向真实谈判中的对手施加压力和影响，从而获得对自己有利的结果。这种谈判方式广泛见于商贸领域，如招标、供货、销售等活动中的货比三家，各类商贸洽谈会上的集中供货、订购洽谈活动，等等。另外，在军事、外交领域也常常采用这种谈判方式。

**10. 客座谈判、主座谈判及第三地谈判**

按照谈判地点对谈判环境和谈判者心理的影响，可以将商务谈判分为客座谈判、主座谈判及第三地谈判。客座谈判是指在谈判对手所在地进行的谈判。客座谈判由于受到环境的影响，容易在时间控制、权限应用、通信汇报、让步方式等方面产生困难。主座谈判则是指在谈判者所在地进行的谈判。主座谈判由于是在自己熟悉的环境里进行的，从谈判的时间安排、各种谈判资料的准备、新问题的请示到与外部环境的配合均比较方便，因此谈判人员在自信心、应变能力和应变手段上均占有一定优势。如果主方善于利用自己“主人”的地位，发挥东道主在非实质性谈判中的主导优势，无疑会给实质性谈判带来有利影响。美国学者帕伊在《谈判作风：如何与中国人谈判》一书中说：“要特别警惕对方利用其东道主的身份在安排谈判议程方面做手脚。”运用“礼貌”的办法制造气氛，不但可以促使客座谈判者考虑主座谈判者的特殊要求，还能有效地增强这种技巧的效力，它无疑会成为主座谈判者的一张有利的牌。

然而，鉴于客观条件的限制和双方的关系，谈判者往往可能选择在第三地谈判。第三地谈判可能引进第三方，促使谈判各方的关系发生一系列的变化，在谈判姿态和最后决策等方面留下充分的余地。无论是在哪里进行谈判，首先要解决的是统一的工作语言问题。语言的选择应考虑各方语言的差异，各方人员对所选语言的熟悉及掌握程度。谈判者应努力争取在语言选择方面占有优先地位。另外，如果要进行多轮谈判，则可能出现客主座轮流谈判的情况，这当中可能某方会更换主谈人。那么，这种易人好不好呢？从谈判的复杂性来看，这种谈判应从一开始就强调主谈人的连贯性。由于某种原因导致中间易帅，可能会对谈判进程产生不良影响。有时出于谈判策略的考虑或某一方对长远工作的安排，也可能易帅。为了解决这个问题，较好的办法是在多轮谈判中，领导者为己方选配好主帅和副帅，有两个主谈人（或在形式上保持一个主谈人），这样就可以根据实际情况的变化灵活地决定是否要更换主帅。

**11. 其他分类**

除了按上述标准对谈判进行分类，还可以根据时间特征将商务谈判分为约定性谈判与偶遇性（机遇性）谈判；根据谈判的公开程度，分为秘密谈判与公开谈判；根据谈判意图的确定性，分为意向性谈判与确定性谈判；根据谈判主体的特征，分为民间谈判与官方谈判，等等。

## 第三节　当代主要谈判理论简介[①]

### 一、谈判需要理论

心理学作为研究人的心理及行为的专门学科，无论过去、现在还是未来，都在人的心理及行为研究方面占有极其重要的地位。心理学的一些基本理论和观点常常被谈判学家引入谈判理论的研究领域，作为某些谈判理论的基础。如心理学家亚伯拉罕·H. 马斯洛于

① 本小节参考了张强．赢家正道——西方八大谈判模式．成都：西南财经大学出版社，1999。

1954 年提出的人类行为的七种需要类型与层次（生理需要、安全需要、归属需要、尊重需要、自我实现需要、认识与理解需要、美的需要）理论。心理学的研究对谈判理论研究产生了长期的影响，尽管近年来理论界的研究（特别是实证性研究）又有了新的发展，但需要层次理论仍不失为具有一定指导意义的基础理论。

将马斯洛的需要层次理论应用到谈判领域的美国谈判学家尼尔伦伯格，在 1971 年与科罗合著的《如何阅读人这本书》和他自己所著的《谈判的艺术》中，系统地提出了谈判需要理论并成为该理论的代表人物。该理论的主要观点是，人类的每一种有目的的行为都是为了满足某种需要，但就需要本身而言，有些是显现出来的或直接的，有些则是潜意识的或隐藏的。不论谈判主体以什么方式表达需要，如果不存在某种未满足的需要和满足这种需要的可能性，人们就不会走到一起进行谈判。谈判需要理论认为：谈判的前提是，谈判各方都希望从谈判中得到某些东西，否则各方会对另一方的要求充耳不闻、熟视无睹，当然也就没有必要进行谈判了。即使谈判仅仅是为了维持现状，亦当如此。谈判需要理论的作用在于：它能促使谈判者主动去发现与谈判各方相联系的需要；引导谈判者对驱动对方的需要加以重视，以便选择不同的方法去顺势、改变或对抗对方的动机；在此基础上估计每一种谈判方法的相应效果，为谈判者在谈判中进行论证和辩护提供广阔的选择空间。

谈判需要理论十分强调透过人的行为去了解、分析、推测人的需要。尼尔伦伯格强调对人的行为的认识是任何谈判的基本因素。这就是说，谈判者必须是研究、分析人的行为的行家。人的许多行为都有其自身的目的性，这些行为的目的性受到需要的强烈影响。参与谈判的每一方都有各种直接和间接的需要。谈判者越能考虑并引导对方的需要，谈判就越可能取得成功。如果忽视这些需要，把谈判当作一场一方全赢、另一方全输的对弈，则双方都会遭到失败。谈判者应当记住：当对方不再需要你时，你们彼此间便失去了谈判最基本的吸引力。

谈判需要理论在实际运用中会根据谈判者彼此的情况有所变通。特别是，你必须尽量准确把握谈判对手的需要，不可以犯以己度人的主观主义错误。不要认为你所看重的事物，对方也一定看重。例如，我们与一个绝症患者讨论金钱可能就不如讨论治疗方案来得更实在；我们急于达成协议的愿望与对手急于了解背景情况的愿望可能发生冲突；一个只是将财富当作一系列数字的富翁与一个挣扎在生存线上的打工者对金钱的需要、对工作的需要、对时间的看法也许南辕北辙。如果谈判者不能准确了解对方，就可能犯一厢情愿的错误。

**重要视点**

谈判者要善于主动去发现与谈判各方相联系的需要，巧妙地引导对方找到实现自身需要的观点、路径，灵活、开放地选择不同的方法去顺势、改变或对抗对方的动机。在此基础上估计每一种谈判方法的相应效果，为谈判者在谈判中进行论证和辩护提供广阔的选择空间。

谈判需要理论将谈判划分为三个层次：个人与个人之间的谈判；大的组织（如企业、

地方政府、社会团体）之间的谈判；国家与国家之间的谈判。个人与个人之间的谈判构成上述三个层次的基础。在任何一种非个人的谈判中，实际上都有两种需要在同时起作用；一种是组织（或国家）的需要；另一种是谈判者个人的需要。

尼尔伦伯格进一步指出，由于自居的心理作用，在某些情况下，个人会在一定程度上失去他作为自然人的特征，而在精神上成为某个组织、群体的一部分，这时，组织或群体的需要在表面上会显得高于个人的需要。谈判需要理论强调，当自居作用出现时，并不意味着个人的需要不再起作用。认清这一点，谈判者应努力通过一定的方式和方法去发现、诱导个人的需要，进而影响他的立场、观点和看法，以使谈判朝有利于实现己方目的的方向发展。

谈判需要理论将适合不同需要的谈判方法分为六种类型，即谈判者顺从对方的需要；谈判者使对方服从自己的需要；谈判者同时服从对方和自己的需要；谈判者违背自己的需要；谈判者损害对方的需要；谈判者同时损害对方和自己的需要。

一般地说，谈判者对第一种方法（顺从对方的需要）比对第二种方法（使对方服从自己的需要）更能加以控制，依此类推，第六种方法最难控制。在这些方法之间又存在某种有机联系。尼尔伦伯格强调，依照人的需要层次的高低，谈判者能抓住的需要越是基本，在谈判中获得成功的可能性就越大。实际上，在谈判活动中没有一种策略是绝对、单纯地起作用的，在谈判中往往涉及多种需要、多种方法和多个层次。采用什么方法以及这种方法如何与其他办法配合，关键在于谈判者对问题的判断。根据谈判需要理论所制定的谈判策略，至少应把握住两个要点：一是通过满足对方的基本需要来获得对方相应的让步；二是己方应制定出尽可能多而灵活的、彼此可替代的谈判策略。

需要说明一点，在谈判中，尽管尼尔伦伯格强调谈判者抓住的需要越是基本，在谈判中获得成功的可能性就越大，但这并不一定意味着满足基本需要非得以生理需要、安全需要等为起点，否则，就等于否定了人的受教育程度、价值观念、抱负水准等在调节人的需要层次方面的能动作用。

谈判需要理论为我们研究和制定谈判策略提供了一个有用的总体结构。自尼尔伦伯格提出这一理论以来，很快被大多数谈判者所采纳。马斯洛的理论在对人类的七种需要层次进行划分和分析时，曾按其重要程度渐次展开，就大多数人和大多数人类行为而言，这种划分和分析方法基本上反映了需要的发展趋势。尼尔伦伯格正是基于这样的看法才指出，从总体上说，谈判者抓住的需要越是基本，获得成功的可能性就越大。

谈判需要理论非常强调对各方需要的满足与诱导，非常重视需要而不是无视需要。这就决定了，依照这种模式，应当从根本上把谈判看作一项合作的事业。这种合作并不是说不要竞争，放弃竞争，恰恰相反，它赋予谈判领域里的竞争观念以新的内涵。谈判领域里的竞争是建立在合作基础上的竞争。没有合作，竞争就找不到对象和目标，就难以开展。合作给竞争提供了舞台，竞争是合作的成果。竞争体现在谈判各方的整个合作过程之中，它是各方为取得合作形式及合作条件的平衡而彼此抗衡的过程。

如果谈判者都具有合作意识和新的竞争观念，那么在对谈判大局和谈判前景的估计上就可能采取积极的态度。这种态度不再使得合作与竞争成为彼此排斥的观念和行为，而是互相依赖或依托的动态过程。

对利益的追求是促使有关各方进行合作和竞争的巨大动力。如果我们把谈判视为一种对利益的瓜分过程，对抗就难以避免，谈判也就很难超出原始行为的范畴。只有认识到谈判是有关各方共同合作以创造利益和实现自己目标的过程，谈判才会产生积极的效果。

**案例导读 1-1**

**合作中的竞争——球员与俱乐部的博弈**

若干年前，有一名优秀的职业运动员想使自己的年薪有所增加。他连续几个赛季都试图去找俱乐部老板谈判，但每次谈判都不能达成令自己满意的合同。虽然这位运动员家财不薄，也不愚笨，但他却有一个致命的弱点：怕羞。每次他与老板谈起报酬，都完全不是那位不讲情面的家伙的对手，赛场上成绩辉煌的他在谈判桌上却屡遭败绩。由于转会制度有一个条款，即运动员转会须征得所在俱乐部的同意，否则不得擅自跳槽，因此这个规定是老板手中的一张王牌。

老板既不让他转会，又运用该条款一再迫使他不得不签订低于应得报酬的合同。老板相信，运动员基于对自身运动生涯的考虑不会不签。这位运动员感到无比恼怒、无奈又害怕，他既想交涉又怕交涉，最后只敢用通信的方式来同老板谈判。甚至谈判还没有开始，他就已经感到自己要败下阵来。

正在这时，有个代理人找到这位运动员，他出主意说，虽然老板可以阻止你跳槽到别的俱乐部，但无法阻止你退出体育界。以退为进是常用的一种谈判办法。这位运动员虽然腼腆，但举止和长相却很讨人喜爱，代理人建议他去影视圈发展。于是，他开始同一位出版商接触，拟签订一份为期五年的合同。

这样一来，俱乐部老板突然感受到了压力，谈判的优势正离他而去。如果这位运动员真的挂靴引退，球迷肯定会大闹天宫，激怒了球迷，老板的生意就会告吹。最终，这位聪明的运动员以球迷为砝码在与老板的较量中使自己的年薪有所增加。

由于他的带头，在下一个赛季开始前，这个俱乐部的其他队员也纷纷效仿，他们都毫不留情地向老板施压，并获得了加薪。

分析一下不难明白，如果俱乐部老板当初在谈判中不是那么专制，不是那么得寸进尺，他是完全有机会以合作的态度来解决问题的。他坚持压制球员正当的要求导致谈判朝极端方向发展，并产生形势上的根本变化，最终自讨苦吃。

## 二、谈判结构理论

英国谈判学家马什通过对谈判结构与程序的研究，从技术原则上提出了一套比较完整的从事商贸谈判的策略及谈判的数学与经济分析方法。马什在他的谈判结构理论中把谈判分为六个阶段，即谈判计划准备阶段、谈判开始阶段、谈判过渡阶段（对谈判开始阶段的回顾、总结）、实质性谈判阶段、交易明确阶段、谈判结束阶段。马什通过大量研究发现，在谈判的不同阶段，谈判活动显示出明显的阶段性特征和大致相同的规律性。如果谈判者注意把握这些特征和具体谈判活动的特殊性，就可以将整个谈判过程作为一个系统来谋划，制定谈判计划，对谈判方案进行选择与评估，确立谈判的终极目标和每次谈判的具体目标。

马什的研究发现，分析谈判环境因素的影响，收集谈判信息，确定初次发盘水平和讨价还价的范围与限度十分重要。这些工作是对合同争议进行分析并采取相应措施和策略，确定谈判班子的人选、配合、职责、任务以及谈判信息的传递方式与保密工作等的基础。在各个阶段充分运用心理学、数理统计学与对策论的知识、方法对谈判进行必要的数学与经济分析，根据事先制定的谈判计划与原则、策略，借助一切可能的措施、技巧、规定等正式与非正式的手段可以有效地实现谈判目标。

马什注意到，谈判人员的选择问题长期以来受到谈判各方的高度重视。这是因为它直接影响到己方如何处理与对方的关系，影响到己方人员之间的协同配合，影响到己方把握谈判机会的能力和谈判的最终结果。谈判人员的选择涉及两个问题：一是以什么标准来选择谈判者；二是如何确定谈判班子的规模。

**重要视点**

在实践中，确定谈判班子规模的核心问题不是人数，而是这些人是否具有合理互补的专业知识结构和合作融洽的关系。当班子成员的专业知识和谈判经验不足时，人数可能会多于理论数；反之，人数则可能会少于理论数。

不过，马什的理论具有以下几个局限性：比较忽视谈判者的非理性和无意识方面，尤其是社会文化对谈判过程的影响程度和影响方式；过于看重谈判的数学与经济分析方法的作用；对在社会政治、经济政策与政府行为干预下从事商贸谈判的特殊性缺乏足够的认识。

## 三、谈判技巧理论

与马什同时代的另一位英国谈判学家比尔·斯科特，作为英国政府机构的谈判顾问和著名公司的咨询专家，曾为澳大利亚、新西兰、瑞典、南非、挪威、芬兰、新加坡等国家培养了大量的业务谈判能手。斯科特在谈判研究中十分注重技巧，并有一套独特的谈判技巧理论。他通过总结来自不同国家、不同企业的400多位从事商贸谈判的专家的亲身经历和经验得出结论：谈判技巧是谈判者在长期商务实践中逐渐形成的以丰富的实践经验为基础的职业本能的行为或能力。

谈判技巧是以心理学、管理学、社会学及博弈论等为指导并在实践中锻炼成熟的。谈判技巧理论将谈判方针归纳为三种：谋求一致的方针，皆大欢喜的方针，以战取胜的方针。在不同的条件下应当采取不同的谈判方针，这些方针的实施也需要相应的技巧配合。

（1）谋求一致的方针是一种努力使谈判形式、谈判气氛具有建设性的积极的谈判方针。由于大多数商务谈判的谈判目的是达成某种协议，因此谋求一致的方针力主各方通过共同努力，寻求互利互惠的最佳谈判结果。斯科特指出，营造良好的谈判气氛，使谈判有一个顺利的开端，为各方融洽地合作打下基础，这一切都要求谈判者善于沟通，巧妙地施展人际关系方面的技巧，如安排恰当的休息，进行个人的私下接触，组织有助于营造良好气氛的活动，等等。在这些过程中，谈判者的仪表、举止、气质、待人接物的方式、身份等都起着至关重要的作用。谈判者虽然希望谋求一致，但出于本能或迫于对手的压力，往往不得不采用更容易获取较大利益的方式，这样做极可能因损害对手的利益而遭到对手强烈的反对。

（2）皆大欢喜的方针主要是以谋求谈判各方都可以接受的、折中的谈判结果为目的的谈判方针。谈判各方由于多种原因去追求各自的利益目标，但这并不意味着损害别人的利益，以他方的损失为代价。该方针努力使谈判各方分清这一界限，有助于在理解互谅的基础上取得各方能够接受的结果。

（3）以战取胜的方针主要是以战胜对方为最终目的的谈判方针。谈判者除了在各方协调一致的基础上达成满意的协议，在合作机会很少的情况下达成各方能够接受的公平交易，有时还会遇到第三种情况，即经过一场尖锐的冲突，以一方失败另一方胜利而告终（如民事纠纷谈判、劳资谈判、经济仲裁等）。为应付这种谈判，谈判者必须小心谨慎并掌握不同的技巧。

斯科特认为，对技巧的运用反映谈判者的应变能力，谈判者之间存在个性和谈判作风诸方面的差异，谈判者应该尽量掌握一套符合自己特点的技巧，最大限度地发挥自己的能力，不必非要去掌握那些自己不习惯或不愿意具备的技巧。他极力主张，不论以什么样的技巧来配合实施谈判方针，谋求一致的谈判方针都应该是优先考虑的。谈判既是一个实现自身意图的过程，也是一个不断调整这种意图以及相应手段的过程。

**重要视点**

商务谈判技巧的选择，谋求一致是上策（利人利己）；皆大欢喜为中策（利己不害人）；以战取胜乃下策（己方利益优先）。

绝大多数心理学家、博弈论研究专家及热衷于数理分析的谈判家都十分看重人的行为的技巧性，看重技巧的作用，以及运用经济、技术指标评价、指导商务谈判的必要性。从谈判的全过程来看，谈判艺术总是通过谈判者所施展的娴熟的技巧体现出来的，而某些关键条件的磋商需要相关的技术手段的配合。对于在特定条件下如何施展谈判技巧的问题，人们却难以研究清楚。因为任何一种技巧的运用都离不开特定的谈判背景。之后即使再现这种背景，再有效的技巧也只能成为参考。这容易使初涉谈判领域的人对谈判技巧的运用缺乏比较完整的认识。从事商务谈判的人必须明白，只有对谈判理论、原则、方法、技巧有比较系统和完整的认识，才可能形成完整的、正确的概念和观点。技巧绝不等于“小聪明”，对谈判学问的研究和经验的积累绝不可以指望书本知识。读者在学习谈判理论知识的时候，应当注重对谈判技巧的领悟，而不是单纯地“拿来”——这就是通常所说的学习者的情商。

## 四、谈判实力理论

美国谈判学家约翰·温克勒以研究谈判技巧为主，但他在《讨价还价技巧》(*Bargaining for Results*)一书中却非常明确地提出了“谈判实力理论”。温克勒认为，谈判技巧运用的依据和成功的基础是己方所具备的谈判实力，建立并加强自己谈判实力的基础在于对谈判的充分准备和对对方需要的充分了解。对方的期望值越高，给己方带来的压力就越大。

**重要视点**

建立并加强自己谈判实力的基础在于对谈判的充分准备和对对方需要的充分了解。获得对称的信息、加强己方的地位、调整谈判心态都是有效增强谈判实力的手段。

这里所说的谈判实力主要是指谈判者综合运用自身的资源条件，在谈判过程中所展示的实力。技巧的运用与谈判实力的消长有着极为紧密的关系。谈判者必须注意从一开始就探索彼此的力量，采取一切可能的措施增强己方实力，为更加有效、灵活地运用技巧打下基础。

温克勒还根据商务谈判的特点提出了具有普遍适用性的“价格—质量—服务—条件—价格”循环逻辑谈判法则，即在谈判中，如果对方在价格上要挟你，就可以选择和他们谈质量；如果对方在质量上苛求你，就可以选择和他们谈服务；如果对方在服务上挑剔你，就可以选择和他们谈条件；如果对方在条件上逼迫你，就可以选择和他们谈价格。这种策略性原则并不是对谈判技巧运用的机械规定，而是一种灵活的思维方式，谈判者要根据实际情况作出及时的调整。

温克勒的理论具有现实的指导作用。他在谈判理论上的另一重要贡献，是根据谈判过程的特点和谈判领域中具有共性的实践问题总结的谈判十大原则，这些原则是：

第一，不轻易给对方讨价还价的余地。如果遇到的某些问题大致是确定的，就应努力使自己处于一种没有必要进行谈判的地位，或至多在枝节问题上交涉，核心问题不可轻易谈判。

第二，谈判者在缺乏充分准备的情况下应避免仓促参与谈判。在条件许可时应事先进行一些调查研究工作，努力了解对方的现状如何，利益何在，问题是什么，谁是对方决策的关键人物，等等。特别是在谈判的初始阶段，双方的接触对整个谈判的影响极大。那些进行了充分准备和调查研究的谈判者的亮相将分外有力。反之，如果谈判者不懂得这些，其在即将到来的谈判中的地位将是极其脆弱的。

第三，如果涉及交易条件的调整，谈判者要尽量通过给予对方更多的满足感来增强谈判的吸引力。特别是当谈判各方都面临若干约束条件、谈判出现争议或僵局、谈判的核心问题与枝节问题相互纠缠，或老练的谈判者与一个谈判新手交涉时，这一原则尤为有效。

谈判者既要摆出不妥协的姿态，又要采取一切措施使对方对谈判保持极大的兴趣。重要的是要让对方感觉到他与你合作会有所收获，增加其自我实现的成就感。

第四，谈判者在向对手展示自己的实力时不宜操之过急，而应尽量以暗示的方式进行。利用己方人员的配合扮演特定的角色，借助第三方的影响，或给予舆论压力等，都是有效的方式。

第五，要善于为对手制造竞争气氛，让对手彼此竞争。对于自身的竞争者不要惊慌失措，因为这于事无补。

第六，谈判者要给自己在谈判中留有适当的余地。当要向对手提出交易条件时，应提出比谈判者预想的目标还高些的要求（而不应恰好是预想目标）；当要向对手作出让步时，应提出比预想的目标低些的要求（而不应恰好是预想目标）。谈判者应尽量做到让步求稳，要让在明处、取在暗处，小步退让、大肆渲染，对等让步。

第七，谈判者要意识到谈判信息的收集、分析、传递与保密的重要性。谈判者不要轻易把自己的要求与条件完整透彻地告诉对方，谈判的时候只有在十分必要的情况下才能将自己的想法一点一滴地透露出来，任何时候谈判者都不应表现出自己正在承受压力。

第八，谈判者应注意多听、多问、多看、少说。谈判虽然在一定程度上有演讲的成分，但毕竟不等同于演讲，演讲的目的是要把自己的主张与想法告诉听众，而谈判的目的是通过与对方的交涉实现自己的目标。这就要求尽可能多地了解和熟悉对方。多听、多问、多看有助于对谈判者之间的相互关系施加某种控制，迫使对方进行反馈，进而对反馈的信息进行分析研究，确定己方应采取的策略、措施、方法等。

**重要视点**

有这样一句阿拉伯谚语：如果我静静地听，优势就在我这边；如果我只顾说话，优势就将转移到对方那边去。

第九，要与对方所希望实现的目标保持接触。无论谈判者提出什么样的要求，都应与对方希望实现的目标保持恰当的接触，你的要求与对方的要求之间的差距越大，你必须发出的信号就应该越多。谈判者可以通过制造机会、寻找借口等形式，或通过第三方把信号传递给对方。

第十，要让对方从一开始就习惯你的大目标。谈判者不应一遇到困难就轻易放弃自己期望实现的目标，应学会利用公共关系的手段让对方适应己方的大目标，当你的地位较有利而且对方很需要你的时候更应如此。

温克勒极为强调谈判者的个人行为对谈判的影响，他认为："谈判是一种社会交往的过程。与所有其他社会事务一样，当事人在谈判过程中的行为举止、个人信用等对于谈判的成败至关重要，其意义不亚于一条绝妙的谈判策略。……谈判者在谈判中的行为将被看作是他所代表的组织最有说服力的标志。"①

---

① ［美］约翰·温克勒．讨价还价技巧．北京：机械工业出版社，1988：62.

谈判实力与公司的实际实力之间有什么差异和关联？简单地说，公司的实力主要表现在三个方面，即财力（总资产、负债状况、净资产、现金流、固定资产与流动资产的比例关系等）、技术实力与管理水平、公司的资信状况等。谈判实力是公司实力在信息对称性上的反映。谈判者可以利用信息的对称性变化，故意提高自己展示给对手的实力或故意隐瞒自己的实力。

**重要视点**

谈判者必须高度重视个人行为对谈判的影响。当事人在谈判过程中的行为举止、个人信用等对于谈判的成败至关重要，其意义不亚于一条绝妙的谈判策略。

## 五、原则谈判理论

大多数谈判策略在运用时都十分强调技巧性，正是由于这样的要求使谈判为了追求某种技巧而舍本逐末，闹出笑话。过分强调技巧的谈判策略总是让谈判各方陷入两难境地：要么作为一个相对的强者，坚持立场，争取尽可能大的利益，甚至冒着破坏与对方的关系的风险；要么作为一个相对的弱者，以让步为代价来维持与对方的关系。技巧的运用只不过是谈判者在强者与弱者之间作选择、搞折中而已，比较耗费精力。

20世纪80年代中期，美国谈判学家费希尔、尤瑞等人研究并发展完善的原则谈判理论（也称价值谈判法、原则谈判法）代表着一种更高水平的谈判策略。这种策略使谈判者跳出讨价还价的老框框，能够洒脱自如地应对复杂事务。它既适合单一问题的谈判，也适合多个问题的谈判；既可用于双边谈判，也可以用于多边谈判。一般的谈判策略在技巧应用的步骤、时机、保密性等方面要求很多，一旦被对方识破，就很难继续下去。原则谈判法却完全相反，如果对方了解这种策略，反而更容易进行谈判。

**1. 原则谈判法的基本思想**

原则谈判法不主张在立场的争执上倾注精力。一般的谈判者将立场问题看得很重要，很容易对此争执不休。谈判各方在立场上进与退虽然也可能导致达成某种协议，但是这种谈判策略因在利益的协调上缺乏有效的办法而会产生较大的负面作用。

一种谈判策略是否可取，可以用三个标准来判定：首先，如果有达成协议的可能，它就应该有助于达成明智的协议；其次，这种谈判策略应该有效率；最后，这种谈判策略要有利于或至少不伤害各方的关系。显然，采取立场性争执是无法达到这三项标准的。在多边谈判的情况下，立场性争执所掩盖的缺点更严重。

在公司股东会议的表决中，“赞成”、“反对”和“弃权”所表明的就是一种立场，各位股东都会把结果视为是不可更改的，没有一个人会在一个问题上同时投两种不同立场的票。可以说，在谈判的后期，想在立场上达成协议是很困难的，即使持相同立场的股东结成了暂时的联盟，也只意味着他们之间存在某种共同利益——这种利益有的是实质性的，多数情况下只是象征性的。于是，在软弱和强硬这两种立场中确定一种策略，即使能与对方妥协或结成联盟，这种协议或联盟也极有可能因各自实质性利益的冲突日益表面化而告破裂。

费希尔等人在哈佛谈判研究方案中，提出了原则谈判法的四个基本思想：把人与问题恰当地分开；重利益而不是重立场；先努力构思各种选择，再提出意见或主张；坚持客观的价值判断标准。

如果把原则谈判法与立场性争执策略相比较，不难发现它们的差异（见表 1－1）。

**表 1－1　　原则谈判法与立场性争执策略的比较**

| 立场性争执策略 | | 原则谈判法 |
|---|---|---|
| 软弱立场 | 强硬立场 | |
| ● 参加的人都是朋友 | ● 参加的人都是敌对者 | ● 参加的人都是问题解决者 |
| ● 目标是达成协议 | ● 目标是取得胜利 | ● 目标是有效地获得明智的谈判结果 |
| ● 通过让步来维系双方关系 | ● 通过要求对方让步来建立关系 | ● 把人与问题分开 |
| ● 对人对事都温和 | ● 对人对事都强硬 | ● 对人温和，对事强硬 |
| ● 相信别人 | ● 不相信别人 | ● 不把“相信与否”放入谈判过程中 |
| ● 很容易改变自己的立场 | ● 坚持自己的立场 | ● 重点放在利益而不是立场上 |
| ● 提出条件 | ● 作出威胁 | ● 探求彼此的利益 |
| ● 揭示自己的最后底线 | ● 故弄玄虚 | ● 避免有某一底价 |
| ● 为了达成协议而接受损失 | ● 要有所收获才愿意达成协议 | ● 认为存在具有共同利益的多种选择 |
| ● 寻求对方所能接受的条件 | ● 寻求自己愿意接受的条件 | ● 先构思各种选择，然后再做决定 |
| ● 追求达成协议 | ● 坚持自己的要求 | ● 坚持客观的价值判断标准 |
| ● 避免进行毅力的较量 | ● 设法赢得毅力的较量 | ● 根据客观的标准来达成协议 |
| ● 屈服于压力 | ● 向对方施加压力 | ● 开诚布公地讨论理由，遵从原则，不屈服于压力 |

原则谈判法的四个基本思想从谈判者开始谈判到达成协议或决定退出谈判为止，都有极为重要的指导作用。无论是对谈判形势进行估计与分析，还是与对手讨论问题，谈判者应当始终把握住这四个基本思想。

**2. 把人与问题恰当地分开**

当我们将人及其所持的主张作为一个整体时，很难抓住问题的本质究竟是“人”还是这个人的“主张”，甚至因互不理解而因人论事，结果很难使问题得到圆满的解决。有时固执己见的做法会使本已存在误会的各方更加不信任彼此。

（1）要认清谈判者都是现实中的人。无论谈判者代表哪一方，他都不只是某一方的“抽象代表”，而是一个有着特定价值观、个性、情绪、经历和需求，并由此以一定观点看问题的活生生的人。这种人性层面在谈判中要么起推动作用，要么起阻碍作用。如果参与者愿意承诺一个彼此都满意的结果，在谈判中彼此信任、了解、尊重并建立起友谊的桥梁，就可以使谈判更加有效率，结果也较为可靠。

其实一个人对于别人关于他的看法，比对于别人关于他的利益的看法更为敏感。但由于自己看待客观世界的角度不同，容易以主观的立场去看待事物，于是常常把自己的看法与客观现实混为一谈。这样他的“误解”就更强化了他对问题的成见，这时他通常不会按照你的本意去理解你的意见；同样，他心中真正想的并不是你从他嘴里听到的。于是便恶性循环，双方互相指责，谈判只有破裂。

不能迅速察觉对方在人性层面的反应并恰当地加以处理，会给谈判带来极为不利的影响。因此，谈判者在谈判进行的各个阶段、各个环节，都应充分注意到人的问题对谈判的制约。

（2）每个谈判者事实上都有两种利益。每个谈判者真正想实现的是自己的实质性利益，但为了实现这个目标，谈判者不得不考虑加强与对方的关系，这也是一种关系利益，它作为一种手段，是为实质性利益服务的。比如，一个商人既想在销售中获利（实质性利益），又想把顾客变成长期客户（关系利益）。于是，关系利益便成为实质性利益的基础，谈判者会通过加强和维护与对方的良好关系，达成一个双方都接受的协议。

（3）立场性争执会把实质性利益与关系利益置于冲突状态中。如果把谈判搞成立场之争，就会使问题更加纠缠不清。谈判者不得不在实质性利益与关系利益之间作取舍或搞平衡：要想获得实质性利益，就得冒损失关系利益的风险；要想维护关系利益，就得舍去一些实质性利益。谈判者总是需要痛苦地作选择。

（4）原则谈判法主张把实质性利益与关系利益分开，直接处理人的问题。如果双方都准备按照对方提出的合法要求来行事，那么处理实质性问题并不与维持良好的工作关系相冲突。把双方的关系建立在正确的看法、坦诚的沟通、合适的感受的基础上，提倡向前看和为共同的目标着想，谈判就有可能顺利得多。不应当总是想着以实质性利益的让步来稳固与对方的关系。

原则谈判法极其重视对心理问题的处理，重视对对方看法的引导、情绪的疏通和本意的交流。同时，谈判者不但要善于处理对方的“人的问题”，也要注意处理自身的“人的问题”。因为就谈判者自身而言，其看法可能是片面的；其愤怒的情绪可能不利于达成一个明智的协议；其本意可能被自己的表达方式或对方的理解方式所歪曲。

**3. 重点放在利益上，而不是立场上**

重点关注利益是本质上的要求，有些问题看似利益问题但实质上仍然是立场问题。必须找到支持立场的原因，不要在立场问题上陷入困境，处理立场问题要服从维护利益这个大前提。原则谈判法引用了一则典型的案例：有两个男人在图书馆里争吵不休且互不相让，一位想关窗，另一位要开窗。他们为了窗户应开多大吵个没完：开一条缝？半开？开3/4？没有一种解决方法能使双方满意。图书馆管理员进来了。她问其中一位为什么要开窗户，回答是：“使空气流通。”她问另一位为什么要关上，回答是：“避免噪声干扰。”管理员想了一会儿后，打开了旁边房间的窗户和通往本房间的门，而将本房间的窗户关上，这样既可使空气流通，又可避免噪声。

从立场出发来解决这个问题则难以令双方满意，如果只将眼光放在立场之争上，就容易造成僵局。图书馆管理员的做法是把重点放在利益上，她注意到双方“空气流通”和

"避免噪声"这两项潜在的利益，抓住了问题的本质。可见，谈判中的基本问题不是立场上的冲突，而是双方在需求、欲望、关切和恐惧方面的冲突。利益冲突是立场冲突更深刻的背景原因。

为什么调和双方的利益比调和双方的立场更为有效呢？原因有三：第一，立场通常只是某种利益的表象，无论立场怎么变化，都必须以利益为根本；第二，每一种利益就满足的途径和方式而言是多方面的，比较容易找到各方愿意接受的办法来调和利益；第三，对立立场的背后所存在的共同利益常常多于冲突性利益，而这些利益之间的互补性就成为达成一项明智协议的诱因。

**4. 努力寻求多种有益的解决办法**

谈判者最容易犯的一个错误，就是认定只有自己提出的方案是正确的，应该被对方接受。这种观念上的偏差往往阻碍了更好的方案的产生。特别是当谈判者处在谈判的压力之下时，拒不接受其他新方案的意识会更加强烈。实际上谈判者心里都明白，谈判所需要的是切合实际的解决办法，而不是固执己见——那样就又回到立场之争当中。

过早地认定什么样的方案（对方提出的还是自己提出的）最佳，是阻碍谈判新方案产生的第二个原因。如果目前仅有少数几个方案，这种认识就更容易产生。因此，谈判者最好不要把目前的某个方案认定是最佳的，至多把它看成是次优的，再去努力寻求更好的方案。

将对方的困难认为"是他们自己的事"，是阻碍谈判产生好结果的第三个原因。谈判者可能口头上关心各方利益，但实际上只顾自己的利益。

解决上述问题的基本方法，是把选择方案的"构思行为"（设计）与"谈判行为"（评价）分开；运用头脑风暴法进行不断的创新；帮助对方克服困难，使其感到做决定是比较容易的事。

笼统地说你在与西电公司或东文集团这种组织谈判是没有意义的。你必须跟对方的某个人或某个集体对象打交道，把重点放在特定对象身上，说服了这个对象也就是说服了他所代表的组织。因此，谈判者应该研究与之打交道的特定对象的特点，而不是去重点研究对方组织的特点。

**5. 坚持客观的标准**

不论谈判者多么了解对方的利益，怎样看待双方利益的合法性，拟订的方案多么巧妙，也不论谈判者多么重视维系双方的关系，都不能回避双方利益尖锐冲突的残酷现实。谈判者不能以"你赢我也赢""你乐意我也乐意"的良好愿望来代替现实。分歧就是分歧，尽管有前述那些方法，但要消除分歧并不是容易的事。

谈判者虽然都有诚意参与谈判，但处理分歧的想法之间还是容易产生冲突。他们很容易在面对分歧时又回到立场之争中。有的谈判者做出强硬的姿态以期对方让步，有的谈判者做出慷慨的姿态以期获得对方的友谊，这些做法都不可取，因为它们都超出了理智的范畴，如果对手更强有力呢？如果对手缺乏诚意呢？如果对手采用卑劣的诡计呢？

原则谈判法主张依照原则而不是压力来进行谈判。谈判者应当把注意力放在问题的价值上，而不是双方的耐力上。

谈判者应设法引入尽可能多的可核查、可比较的客观标准，从而为达成明智的协议打下基础，如国际标准、国家标准、行业标准、企业标准、有关先例、社会惯例、法律条文、政策规定，等等。客观标准不容易受到攻击。如果谈判各方都不反对以客观的标准来解决问题，沟通就比较容易。通过引入客观标准进行谈判来逐步达成协议，有利于提高谈判效率，减少双方做出承诺和解除承诺的次数。

在法制越健全的国家，原则谈判法越能显现出它的有效性。如果法制不完善，大量依靠地方法规、政策、谈判者的背景或某个领导人的意志来调整人们的社会行为，甚至存在法规、政策相互矛盾冲突的情况，原则谈判法就存在局限性。

## 六、模拟谈判理论

20世纪70年代以前，理论家对谈判的研究大多以心理学、社会学的研究成果为基础，极少采用实证性的研究方法，更不用说对大量的谈判案例进行分类和典型化研究了。到70年代末期才有人以案例研究的形式对谈判进行典型化研究。说是典型化，其实很难真正做到，因为那时的案例数量少，涉及的领域有限，研究者也没有意识到要对案例进行必要的分类，致使研究结论带有某种片面性。随着研究的深入，学者们开始感到尽可能保证研究案例的完整性并进行分类，同时使各类之间没有重叠，对于开展案例研究并使其结论具备典型化特征是十分重要的。

美国谈判学家霍华德·雷法（Howard Raiffa）将博弈论与决策分析的方法引入谈判研究之中，使研究有了突破性的进展。

雷法是美国哈佛大学工商管理学院和肯尼迪政府事务管理学院的教授、哈佛大学谈判培训中心主任、国际问题分析研究所所长，因此有机会参与重要的国际谈判。模拟谈判培训为培养高素质、高层次的谈判者提供了一个很好的手段，它之所以能成熟地发展成一种理论，与雷法的个人经历及其独特的研究方法是分不开的。

20世纪40年代末期，雷法进入密歇根大学攻读数学博士学位。那时，一些比较容易出成果的课题很快就有人研究，一大批新的博士研究生不得不另寻新的易开发的领域作为自己的研究对象。一个偶然的机会，雷法接触到博弈论的研究课题。这个课题专门研究在谈判当事人没有根本利益对立的情况下的双人博弈问题，即非零和博弈。[①] 在密歇根大学，雷法听了经济学教授威廉·哈伯讲授的“仲裁在劳资纠纷中的作用”课程，开始思考这样一个问题：如果在一个双人非零和抽象博弈中，我被要求作为一位仲裁者对双方的争议作出裁决，我应该做些什么？

对这一问题的强烈兴趣使雷法开始潜心于博弈论的研究。1951年，他获得了数学博士学位。之后他一直致力于博弈论与数理统计学的研究，并于1957年与他人合著了《博

① 与之相对的零和博弈研究假定当事人彼此存在根本的利益冲突和对立。雷法一直对零和博弈持批判态度，他认为现实的社会并不是零和社会，人与人之间在社会生活中的互补性决定了我们总可以找到对各方都有利的技巧和方法。

弈与决策》一书。在之后的 10 年里，雷法对管理问题有了实际接触，他的研究也开始从纯数学领域转到经济和管理领域。他撇开了博弈论，开始重点研究另一类更简单的问题：在没有相互作用和竞争的情况下，对不确定事件的决策——决策分析。

从 1968 年至 1972 年，有竞争和存在相互作用条件下的决策问题引起了雷法的注意和兴趣。从那时起，雷法便将其正在研究的决策分析和他以前所研究的博弈论结合起来，开始了对谈判冲突及其解决方法的系统研究。雷法的研究已相当深入，他的假设条件也非常贴近实际。他假定：在冲突中，其他各方并不是非常理智的，他们也许有些理智，但只体现在某些方面，很多情况下是非理智的。这时应该怎样应用博弈论和决策分析相结合的方法去帮助冲突中的某一方，并尽量顾及其他各方的利益呢?

雷法是博弈论与决策分析方面的专家，他认为，博弈论与决策分析对于谈判者真正有益的帮助是它非常缜密的思维结构而不是它的细节。帮助谈判者简便迅速地进行分析和判断，是这些方法的价值所在。雷法既是一位谈判理论家，也是一位谈判实践家，他在谈判中并不严格遵从细节分析得出的结论，而只是将这些结论作为其进行概念化思考的参考。

对谈判过程及其要素进行定量分析是必要的，但不能将分析结论视为唯一可靠的依据。换句话说，雷法虽然将博弈论与决策分析方法引入谈判研究与运用之中，但他并不认为可以用这些方法完全替代谈判中人的作用。他强调，一个人的谈判能力包括与科学相联系的特殊能力和与艺术相联系的一般能力两个方面。所谓“科学”在这里是指谈判者对谈判问题进行专业而系统的分析与判断的能力；所谓“艺术”在这里是指谈判者的社交技巧，信任他人、说服他人并获得他人信赖的能力，巧妙地利用各种谈判资源和应用各种谈判手段的能力，以及知道何时和如何应用这些能力的智慧。雷法不仅给艺术化的谈判研究与运用领域加入科学的成分，而且使二者相得益彰，使谈判的手段获得了极大的丰富和加强。尤其是通过这些方法大大提高了谈判的效率和成功率，这是雷法的突出贡献。

### （一）模拟谈判理论涉及的几个相关问题

#### 1. 如何看待双边谈判博弈与多边谈判博弈?

双边谈判与多边谈判在博弈上有很大的区别。这些区别主要表现在谈判的形式、冲突的形式、决策的形式以及它们的变化特征上。双边谈判的当事人比较明确，即对方和己方，因此冲突的形式和决策的形式也相对简单。多边谈判的当事人不一定都十分明确，有些形式上是独立一方的当事人实际上却并不表现出独立性。一旦存在三方以上的当事人，冲突和决策的形式就较为复杂，他们之中的某几方可能形成联盟，联合起来在某些方面一致对付其他当事人，而在另一些方面，他们的联盟又会被另一个联盟所打破。于是，就谈判的某一方而言，他在一种冲突中可能与这一方结成联盟反对那一方，同时在另一种冲突中与那一方结盟反对这一方。

事实上，就双边谈判来看，只要每一方的谈判者不是一个人，他们就面临着既要与对方谈判又要与自己内部的人谈判的双重压力。这时，谈判者实际上充当的是对方与己方的调停人的角色。从这个意义上说，双边谈判常常演化为多边谈判的形式。只不过这种演化过程有时很明显，有时却不明显。

雷法举例说：当美国大使埃尔斯沃思·邦克（Ellsworth Bunker）同巴拿马政府就巴拿马运河条约举行谈判时，事实上对邦克来说要达成三项协议：一个是在谈判桌上要达成的美国政府与巴拿马政府的协议；一个是在美国政府内部要达成的协议；还有一个是在巴拿马政府内部要达成的协议。这三项协议都将影响运河条约的签署。邦克在谈判桌上同巴拿马人谈判所花费的时间，要比他同美国国内各政府部门谈判花费的时间少得多。因为在国内，国务院、国防部、商务部、交通部等部门之间存在各种各样的观点。这样，邦克就得把对外谈判与对内谈判协调起来，使它们尽可能同步，这是一件非常棘手和相当复杂的事情。实际上，邦克所充当的角色就是一位调停人。邦克如果意识到这一点，他的工作也许就更容易开展。他可以使自己相对独立地处理与各方之间的关系，使对方较易接受他的观点。事实上，中国政府自1986年启动加入WTO程序以来，商务部谈判工作组就时时面临同样的问题。这种情况与雷法所举例的情况几乎一致，工作组绝大部分时间要面对来自国内各政府部门的压力。特别是在政府行为和政策的透明度上，要获得与其他各成员方博弈的成果并争取中国所享有的权利与承担的国际义务对等，就要深刻触及各部门的利益，工作组的每一个行动几乎都是举步维艰、不断调停的结果。

而在另一些时候，双边谈判演化成多边谈判的可能性却并没有被注意到，尤其是没有被谈判当事人注意到。比如企业与其员工之间的争议，这些员工可以组成一个谈判代表班子代表全体员工与企业最高层打交道，但他们不一定这么做。他们也可能有一个组织，但在谈判过程中，其成员之间又存在意见分歧，并进一步分裂为几派，每一派都要求在谈判中有他们自己的代表。这样，形式上的双边谈判事实上却演化成多边谈判。再比如，物业管理中代表业主利益的业主委员会成员可能拿全体业主的利益与物业公司进行暗箱交易，结果就变成三方博弈。

模拟谈判理论更为注重对多边谈判的研究，因为从实际上看，真正意义上的双边谈判极少。根据雷法的思想，双边谈判与多边谈判主要是依照参与谈判的利益集团或个人在数量上的特征来划分并确定的。这是我们讨论后续问题的基础。

**2. 谈判班子是不是铁板一块?**

雷法认为，在多数情况下，谈判每一方的内部都不是铁板一块。每一谈判班子的成员虽然都站在同一方面，拥有一致的立场，但他们的价值观各不相同，可能还会尖锐地对立，甚至当某一方仅有一个人时，这个人仍然会感受到内心的冲突。那么，这是否意味着谈判班子的内部矛盾和分歧会使其难以同外界达成协议？答案是否定的。

**重要视点**

实际上，每一方内部的分歧越大，也许就越容易对外达成协议。

雷法强调说，在我们认识谈判的过程中，客观地看到每一谈判方既有内部冲突又有外部冲突是完全正常的事情。谈判班子内部不会是铁板一块，重要的是如何去发现、利用它，控制或引导它朝着有助于实现己方目的的方向发展。

**3. 单轮谈判与多轮谈判对合作性有何影响?**

单轮谈判在对策论中可以理解为“单一对策”问题；多轮谈判在对策论中可以理解为“重复性对策”问题。雷法的研究发现，当人们以自由集市的方式，在单轮谈判中对争议的问题——例如，一辆旧汽车或一套住房的价格——进行讨价还价时，每位处于争议中的谈判者都可能为了眼前利益而试图夸大自己的条件。相反，在另一类谈判中，如果谈判者要进行多次讨价还价，而前一次谈判的结果会影响到下一次谈判的气氛，这时，大多数谈判者都会特别注意自己的信誉。因此，对整个社会来说，多轮谈判常常比单轮谈判更加要求谈判者注重信用、富于合作精神，要求谈判者更诚实。但是随着雷法的观察和研究的深入，他发现情况并不总是如此。随着谈判的多次重复，总是存在着由误会导致摩擦进而破坏未来谈判气氛的可能性；当双方信息不对称，或对相同的信息存在不同的认识和判断时，这种可能性非常大。

**4. 谈判中存在连锁反应吗?**

所谓连锁反应就是指一个事物的发生必然会引发另一个事物的发生。这种现象在谈判中是否也存在呢？实际上，这种现象普遍地存在于各种形式的谈判之中。谈判者经常将讨价还价中的一件事情与另一件事情联系起来，用一件事情的结果去影响另一件事情的讨论，因为一个问题的结局往往会决定其他问题的结局。

20 世纪 70 年代，美国政府曾就其在菲律宾的空军基地所享有的权利与菲律宾政府进行谈判，当最终决定签订有关协定时，美国人不得不同时参考美国同别的国家，如西班牙和土耳其等签订的类似协定或条约。谈判者必须考虑眼下要签订的这些协定会不会对原来已经签订的其他类似协定构成不利影响，会不会引起其他有关国家的反对，眼下这些协定较之原来那些已经签订的协定有没有更多的改善，它们对美国的利益有何影响，等等。

雷法认为谈判者应该尽可能深入地观察和研究谈判过程中各种连锁反应的起因、特点，一个事物是怎样对另一个事物产生作用的，控制一个事物会对另一个事物产生什么影响，等等。谈判者应当积极地利用连锁反应（可以参见第九章案例导读 9－2 中所介绍的英国前首相撒切尔夫人在 1979 年年底欧共体首脑会议上采取的策略，它从另一个侧面解读了谈判者如何利用连锁反应获得谈判优势地位）中一个事物对另一个事物的强有力的影响去冲破对方设置的障碍，打破谈判僵局。

**5. 谈判者应当如何处置冲突?**

雷法认为，在大多数冲突中，引起冲突的问题不止一个。有些冲突甚至是由成百个问题引起的。2009 年 12 月底的哥本哈根会议上就有上百个问题必须解决。看起来只是一个气候问题，其实更多的是对经济问题和政治问题的考虑。12 月 16 日，哥本哈根大会主席康妮突然辞职，由丹麦首相拉斯穆森接任。刚接手的拉斯穆森一上来就破坏预设程序，抛出一份私下拟订的协议草案，试图强加给大会讨论。所以参加最后签约的各方必须仔细审查，权衡利弊，确定自己的交换价值有多大。雷法特别强调，必须记住每一方内部都会有各种不同意见，还应当记住各方的交换价值通常没有现成的衡量标准。争议各方面临一项极端困难的分析任务，其中存在许多合作的可能性。当需要共同磋商解决几个问题时，就给谈判代表们提供了一个机会，使他们可以在分享这块“蛋糕”之前先设法把它做大。

事实上，谈判就其本质来说是寻求彼此间某种形式的合作，如果不是为了这种合作，谈判者就没有必要走到一起。但是，许多谈判者并没有清晰地看到这一点，他们的行为反而显得彼此间是在竞争。在冲突中，谈判者也许把自己看成是尖锐对立的竞争者，而不是共同解决问题的协作者。在问题尚不能获得解决之时，又可能因双方的人为冲突而增加新的问题，致使谈判复杂化。

因此，雷法提醒说，谈判各方首先应当弄清楚究竟什么才是决定各自得失的关键问题。谈判者需要保持一种灵活性，在谈判过程中引入对一些新问题的讨论，是为了有助于解决某些老问题，让问题得以简化，而不是使谈判复杂化。

**6. 在什么情况下应当引入第三方？**

当争议产生时，双方必须考虑：可不可以将争议提交给第三方仲裁？需不需要有一位外部介入者参与调停？如果需要，第三方在什么时候介入为好？第三方介入后，应当亮多少底？应该怎样与之合作？应该诚实到什么程度？

受调停谈判是模拟谈判理论研究的主要课题之一。在受调停谈判中，作为调停人的第三方必须首先得到谈判各方某种程度的认同，才可能起到中间人的调停作用。雷法指出，在研究第三方介入的时机时，可以分别站在两个不同的角度来考虑，一是站在处于冲突中的争议人的角度，二是站在作为调停人的第三方的角度。

以上相关问题在后续讨论中将分别介绍。

### （二）模拟谈判理论的研究方法

在研究模拟谈判的过程中，学者们大量采用了对策论和决策分析方法，这些方法集中解决“应该做什么”和“怎么做”的问题。通常，就一个问题的研究而言，我们可以通过一些简单的模拟过程来寻求答案。但是，由于谈判是一个互动的过程，涉及两个以上的谈判者，他们的决策过程是彼此影响的，因此，在一个对策问题上可能有多个决策问题需要解决。这样，“应该做什么”和“怎么做”的问题越接近实际就越复杂。为了使研究尽可能模拟真实，雷法对研究方法作了必要的划分，以使研究结果更容易被人看清和接受。

**1. 描述型研究**

通过对已经发生并结束了的典型谈判过程的研究，为未来类似的谈判提供借鉴和参考，这种研究属于描述型研究。从事描述型研究的人员在他们的课题研究中善于运用各种分析方法，对谈判者在特定环境条件下为什么会产生这样或那样的行为进行描述性阐释，进而对其行为模型进行数学分析，预估其发展趋势及强度。

描述型研究从总体上说属于历史研究的范畴。它的研究对象是特定的和有代表性的典型案例。描述型研究要回答如下问题：

- 参与谈判各方的个人特征如何？
- 谈判背景与谈判环境有哪些特征？

- 谈判过程及有关各方的具体行为有哪些?
- 谈判各方是如何相互了解或相互靠近、相互对立的?
- 各方信任产生与遭到破坏的原因是什么?

**2. 诊断型研究**

以完全理智的态度对谈判的主客观因素进行系统的研究，为谈判者应该怎样行动和进行决策提供建议，这种研究属于诊断型研究。从事诊断型研究的人员（这些人大多应用数学或数理经济学的方法）重点考察谈判者的现实行为与他们应该具有的行为之间的差异，目的是使谈判者更机敏、更善于思考、更持之以恒和减少错误。

诊断型研究从总体上说属于未来研究的范畴。它的重心在于只给谈判中的某一特定方提供建议，而不能同时给处于争执、对立之中的各方提供“完美的”建议，否则，这些建议就会犯自相矛盾的错误，不能自圆其说。诊断型研究要回答如下问题：

- 参与谈判者应该如何行动?
- 谈判的某一方个人应该具备哪些特征?
- 存在更好的方案吗?
- 最好的谈判结果是什么?
- 最现实的谈判结果是什么?
- 在动态条件下对谈判某一方提出的建议是什么?

**3. 诊断—描述型研究**

从事诊断—描述型研究的学者既要对现实冲突中各方的具体行为进行研究，同时又要给特定的某一方提供建议。以这种形式向正在谈判的当事人提供顾问式的指导，让他们知道应该怎样行动才能实现最佳期望。

这种研究方法从某一方的观点来看主要是诊断型的，从其竞争对手的观点来看则是描述型的。从诊断—描述型研究的成果中提取的对谈判者的建议是非常具体的，它包括应该如何着装，如何自我介绍，如何掌握说话的分寸和节奏，谈问题的顺序、时间和适宜的场合，直到由各种烦琐的计算做出的复杂分析如何被谈判者所掌握。

雷法在研究中总是通过对实际案例的典型化抽象出它们的一般特征，先从最简单的模型分析入手，逐步加入若干影响因素进行接近实际的量化研究。从模型运转的规律和经验结论中找到能为谈判者所掌握的理论思想，是雷法的又一贡献。

## 七、谈判环境理论

与雷法、费希尔、尤瑞同时代的还有美国的卡洛斯，他在 1968 年写了《谈判游戏》（*The Negotiation Game*）一书，以美国人的观点对谈判给予实际的指导；又于 1974 年著有《给予和获取》（*Give and Take*）一书，主要研究谈判中环境策略的运用。卡洛斯的观点可以说是集商界经验型谈判家的观点之大成，他作为美国商业顾问机构的首席代表，对经贸谈判具有渊博的知识和丰富的经验。他介绍的各种技巧都是极为具体的，人们可以从中体会并领略到生意人的狡黠。

卡洛斯十分重视谈判环境对谈判进程、节奏和结果的影响。卡洛斯认为大凡谈判都有其独特的气氛。只要谈判者善于制造谈判气氛，其谈判策略的运用便有了良好的基础。我们有理由认为，合适的谈判气氛是谈判策略的一个重要组成部分。良好的谈判气氛有助于谈判者发挥自己的能力。

谈判气氛有时是自然形成的，但多数情况下是人为营造的。能运用谈判气氛影响谈判过程的谈判者是精明之人，他们知道，谈判气氛对谈判的成败影响很大。总结卡洛斯的理论要点，大致可以归纳如下：

（1）未雨绸缪，成竹在胸。卡洛斯认为，谈判人员在开谈之前，首先要明确自己的谈判意图，然后在思想与物质两方面进行必要的准备。准备得越充分，谈判者的亮相就越有力。谈判者要以制造融洽、活跃的谈判气氛为主要手段。思想准备的基本内容是理清自己的思路，“目标是什么？第一步干什么？应当避免做什么事情？……”然后把自己的谈话要点写下来，以防遗漏。物质准备的基本内容是尽可能全面收集整理有关文献资料，安排或适应谈判场所。

（2）不要忽视关键阶段。任何谈判气氛的形成都会有一个关键阶段。关键阶段非常短暂，通常只有几分钟，甚至只有几秒钟。在这一时刻确立双方的关系以及营造好的气氛，对双方的交往会产生影响。卡洛斯发现，如果一开始双方就是友好、坦诚、一见如故的，这种气氛会延续较长的时间；如果一开始双方就是拘谨、戒备、相互排斥或冷漠的，这种气氛则很难立即改变。有证据表明，谈判气氛具有一定的惯性。虽然在谈判过程中出现的各种情况对整个谈判进程都会有影响，但谈判之初形成的彼此印象和关系能够产生先入为主的影响，非常重要。卡洛斯的这一结论与英国谈判学家斯科特的观点非常接近。

（3）要特别重视对行为语言的观察分析。由于关键阶段时间很短，所以谈判人员应当倍加珍惜在同对方寒暄时所接收到的各种无声的信息，尤其是对方的行为中所隐含的某些信息。对方的形象、举止、仪表、姿态、习惯，尤其是他的目光和谈吐，值得谈判者留意分析。这些工作做得越细致，你的竞技状态就会越好。你的姿态往往是根据你的需要和对方的姿态作出的，因此，你必须注意对手的真实意图，不要被某些假象所迷惑。

**重要视点**

谈判者在谈判能力的估计上，在让步的过程中，在危险关头和谈判快结束时，以及在对谈判的基本认识上常常可能犯某些低级错误，正是这些低级错误使谈判环境变得对自己越来越不利。

## 八、谈判契约理论

英国谈判学家帕特里克·赫恩是一名律师，长期从事国际商务谈判的法律咨询工作，有近40年的从业经验。赫恩认为，在市场发育较为成熟的欧盟国家间，由于国际商业交往受法律或共同准则的约束，商务谈判反而不如非市场经济体国家间的谈判那样复杂，商务谈判成果在最后形成契约文件时，一定要请一位合法的律师参与其中。

契约对两种人是无效的，一种是绝对守信者，另一种是绝对不守信者。在双方或多方之间签订一份具有法律约束力的合同，并不需要什么特殊的手续。可以通过书面的方式或口头交换意见的方式来进行，也可根据有关各方或其中一方行为中的暗示来进行。在这种情况下，我们应该怎样看待契约的效力呢？赫恩根据他的经验提醒谈判者，要仔细区分谈判条件的磋商与谈判成果的达成之间的差异。会谈纪要与会谈成果在法律上是两个不同的概念。

赫恩还特别指出，欧洲诸国在商业领域中的契约有一个生效与否的关键点，即在正式合同签署之前谈判各方所达成的共识，通常以"协议要点"的形式出现，它是一种非正式的文件，其内容是一些措词比较笼统的条款，为进一步的谈判提供依据或议事日程。这些协议要点通常并不代表任何一方的最终意图。赫恩告诫谈判者，在给这类文件加上标题时，一定要特别谨慎，不要轻易在上面签名。

赫恩不仅是个谈判理论家，更是一个熟知贸易谈判契约规则的谈判实践家，他向在成熟市场经济体之间进行商务谈判活动的谈判者提出了七个忠告：

**1. 要留心对契约当事人的认定**

在商务谈判中签订的契约一开始就应写明契约当事人的确切名称、法定资格和法定地址。这看起来似乎是不言而喻的，但是谈判者对这一要求的重要性往往缺乏足够的认识。

在合同有效期内，常常会发生不履行合同义务的事情，遭受损失的一方就会因此要求对方承担赔偿责任。这时谁是合同的当事人就显得特别重要。除非在合同中已经对当事人有明确无误的认定，否则违约的一方就会尽量回避另一方所提出的责任要求。比如，对方当时是以独资经营商的身份来签订合同的，在纠纷产生之后，他会以自己只不过是一家业已破产清算的股份有限公司的代理人（他也许是这家公司的股东）为借口回避偿债责任，这样，索赔方就会遭受重大损失。

赫恩特别指出，在同那些不以个人名义出面的合伙企业和独资经营商打交道时，一定要小心谨慎，不仅要把有关人员的姓名在合同上写清楚，而且还要写明他们是代表某某企业来洽谈交易的，这可以防止今后发生任何可能逃避责任的行为。

**2. 要留心契约的有效期**

合同生效的日期并不都是签字的日期，也不都是始于某一固定日期。合同可能要求根据某一事件的未来情况从一个待确定的日期开始生效。比如，在国际贸易谈判中常常遇到这样的情况，如果要求签约的某一方要依照合同规定进行投资，那么，这一合同能否正式生效通常还须取得投资方，有时甚至是签约各方的政府主管部门（如外汇管理局）的同意；又比如，当签约一方是某个子公司时，该合同还必须经过控股公司董事会的批准，获准之后才能以今后的某一个日期作为合同的生效日期。在国际技术贸易中，许可证协议签署之后一般都规定有一定的试行期，在此期间，应给予协议中的受证人以取得该项许可的选择权。

赫恩特别提醒谈判者，对于契约有效期长短的确定不能仅凭经验行事。绝大多数劳务合同都规定有固定的时间期限。代理、经销以及工业产权许可证协议必须考虑到通常要有一笔巨大的期初资本投入，要花一段时间来开拓市场、消化技术、改良工艺。这类合同的有效期就不能太短，否则对买方而言有一定的风险。①

**3. 要留心有关契约终止的约定**

如果合同规定的是一个固定期限，那么在期满后合同就自动终止。通常合同中都有延展的规定性条款，是否延展和延展多长时间取决于缔约各方在给另一方的通知中所表示出的意向。因此，为了有助于谈判者对计划进行调整或就延展的最新条件与对方谈判，最好约定在合同期满前提前通知对方。

假如有一方违反了合同中的任一条款，合同可能因此而提前终止，这要看违约的严重程度如何。根据经验，在违约尚能补救的情况下，通常规定由受损害的一方向另一方递交违约通知，并要求另一方在规定的时间内加以纠正。如果不这样做，合同即使提前终止，也会给谈判者坚持自己的申诉理由造成麻烦。

赫恩建议在合同中最好有如下规定，如果任何一方宣告破产或已开始办理清算手续，或者任何一方与第三方合并或被第三方接管，合同即告终止。这样就维护了合同关系不涉及第三方的原则。如果在合同中写明有关终止或提前终止合同的条款，那么，不论出于什么原因，合同的全部终止或部分终止、自动终止或提前终止都能有一定的约定和限制。

**4. 要留心契约转让的问题**

在欧洲，正在执行中的合同通常都定有不准转让，或须经另一方（或另几方）的同意才可转让，或保留转让权的条款。这里所说的“同意”有时是以“不得无故不同意”的词句来表示的，但谈判者最好不要以这样的词句来表达，因为它可能会引起纠纷。

如果一个人或一家公司为了赚钱而准备将合同转让给第三方，那么，一份重要的合同本身就是他们手中的财富，所以，谈判者应当随时考虑到合同关系不涉及第三方的原则。②

制造某些特殊产品的许可证协议就是一个典型的例子。在生产和销售这些产品的过程中需要有某些 Know-How 甚至 Show-How③ 的支持，它们在市场上占据有利的地位。而第三方受让人不一定具备这些有利条件或不能很好地利用这些有利条件，因此，Know-How 和 Show-How 就成为特殊产品制造、销售商垄断市场的有效武器。

**5. 要留心契约的保密条款和泄密责任的认定**

这个问题在涉及秘密配方和生产工艺的许可证协议中显得特别重要。绝大多数 Know-

---

① 赫恩是根据英国的具体情况提出的建议，在我国还要考虑到中国企业的市场开拓能力、技术消化能力来确定合同有效期。

② 依据赫恩的解释，“合同关系不涉及第三方的原则”的含义是，在缔约各方之间有一种排他性的合同关系。他们出于某种原因，把合同视为只是他们之间的事情，愿意相互受到合同的约束，而不涉及其他任何人。

③ Know-How 意指专有技术秘密和知识，通常是不公开的。许多国家不译其意而直接用原词，它的范围包括设计图纸资料、特殊工艺、材料配方，乃至经营、管理、销售的特殊方法等。有些不能用数据、图纸、文字等表达的 Know-How，如工艺技巧、运行技巧等，必须由人亲自指点传授，又叫 Show-How，称为面授知识。Know-How 和 Show-How 常常成为许可证交易中的实质性内容。

How 和 Show-How 的协议都要规定保密条款和泄密责任。

任何违反这类协议的行为都将不可避免地导致协议终止，泄密的一方可能要为此付出一笔巨大的赔偿。

**6. 要留心契约的适用法律问题**

在国际商务合同中应明确规定适用哪一国家的法律，这是十分必要的。这个问题常常在谈判中引起争执，争执的激烈程度大大超过它本身的重要程度，特别是在一些发展中国家，经常会因此而涉及民族自尊问题。①

**7. 要留心契约的仲裁条款**

赫恩认为不管做了什么样的安排，除极其复杂的情况外，最好只指定一个仲裁者，若干个仲裁者常常会带来麻烦。而且，实践经验表明，商业合同中对纠纷或争议的处理并不需要那些精通特别先进的技术或专门业务的专家，最好还是把它们交给法庭去仲裁。

**重要视点**

契约对两种人是无效的，一种是绝对守信者，另一种是绝对不守信者。

赫恩所提出的谈判契约理论与其他谈判学家的理论在实际应用中的最大不同之处在于，他特别强调对规则的合理利用。这个规则就是与谈判相关的法律、法规、政策、通告或惯例。

赫恩的谈判契约理论虽然主要考虑的是欧洲特别是欧盟的情况，但是它的基本思想和原则对于我们在谈判实践中处理好国际性的问题仍然有极大的指导作用，尤其是合同细节方面的关键问题，赫恩的建议值得谈判者参考。

## 九、其他谈判理论

除上述典型的商务谈判理论，美国的埃德加·沙因（Edgar H. Schein）于 1969 年写的《磋商程序》（*Process Consultation*），穆顿与布赖克（J. S. Mouton and R. R. Blake）于 1978 年合著的《新管理方格》（*The New Managerial Grid*），苏珊·莱尔逊（Suzanne-Lainson）写的《MBA 速成之路》（*Crash Course*，*The Instant MBA*）等，都对商务谈判领域产生了一定的影响，对具体的商务谈判活动起着有效的指导作用。如今，随着谈判学研究领域的扩展，比较谈判学研究、谈判史学研究等活跃起来，开始出现更细的分支研究领域。早在 20 世纪 80 年代初，美国兰德公司特约研究员、记者卢西恩·W. 帕伊就通过对中国与西方的谈判作风、特点、习惯做法等的比较研究，系统地阐述了社会制度、文化观念、个人气质、谈判环境及谈判心理等对形成谈判风格的影响。他认为一个国家在谈判中所表现的谈判风格和做法，将对这个国家与其他各国的交往产生深远的影响，并在此基础上进一步提出了针对性谈判原则。

① 赫恩是站在西方发达国家的角度来看问题的，他的观点未必客观反映了问题的实质。

## 本章小结

随着社会的日益开放，人们必须具备的基本能力之一便是谈判的能力。谈判能力最能综合反映一个人的交际能力、交流与沟通的水平、思维的艺术与行为的技巧，也最能综合反映一个组织或团体的协调能力、变通与配合的能力、对事物的变化予以把握与控制的能力。

作为一门综合性边缘学科，商务谈判学具有应用性、复杂性、科学性、艺术性四大特征。一场成功的商务谈判活动意味着有关各方都是有限的胜利者。我们总结成功谈判的经验与总结失败谈判的教训同样重要。

成功的商务谈判具有注重互动、注重引导、注重权衡、注重互利、注重互惠、注重制衡、注重底线、注重守信等特征。

## 关键术语

商务谈判学　　商务谈判活动　　谈判主体　　谈判客体　　实质性谈判　　有形谈判

## 思考与讨论题

1. 商务谈判活动从商务管理实践角度看属于什么性质的活动？
2. 如何看待商务谈判学的学科属性？
3. 为什么说“谈”是“判”的基础？
4. 商务谈判者应当具备哪些基本的专业意识？
5. 怎样看待非实质性谈判对实质性谈判的影响和制约作用？
6. 什么是无形谈判？
7. 马什对选择谈判人员和确定谈判班子规模有什么建议？如何理解这些建议？
8. 马什的理论是否有局限性？
9. 谋求一致的谈判方针有哪些主要内容？
10. 原则谈判理论有哪些基本要点？
11. 温克勒提出的谈判原则有哪些基本要点？
12. 契约谈判对哪种人无效？
13. 成功的商务谈判活动具有哪些基本特征？

第二章

# 谈判信息管理

## 本章要点

重视谈判信息对商务人员的意义
商务谈判信息的概念和基本特征
合法收集商务谈判信息的途径和方法
解读商务谈判信息应注意的要点
商务谈判信息传递的基本方式
谈判信息保密的一般管理措施

## 第一节　商务谈判信息的基本特征

### 一、重视谈判信息的现实意义

现代商务活动都是在市场化、信息化条件下进行的。发育成熟的市场、新的信息技术手段的运用、理性而有限的政府行为，使得买卖双方的资源条件和需求实现对称和对接的机会大大增加。今天的商务活动实际上是一种资源信息和需求信息收集与处理的竞赛。随着市场制度的不断创新，传统意义上的商务活动被推上自由、开放、有序的市场舞台，谁拥有更对称的信息，谁能解读和把握这些信息，谁就拥有竞争优势地位。市场角斗士们视信息为利剑，趋之若鹜地获取、整理、选择和运用，加剧了竞争的残酷性。现代商务人员经验再丰富，也离不开商务信息对于机会分析、利弊判断、机会取舍所起的辅助作用。

重视谈判信息对商务人员具有极其现实的意义，主要表现在：

（1）有利于掌握与谈判相关的市场行情及其变化。在市场行情瞬息万变的情况下，及时、准确地掌握与谈判标的相关的市场变化，尤其是对谈判对手、谈判条件有重大影响的行情变化，通过科学的技术方法预测分析其变化动态，找出规律性，提供给谈判者进行评估、筛选、过滤，对制定谈判预案、应对可能的谈判风险具有积极的作用。

（2）有利于了解、掌握和运用对谈判有指导和约束作用的政府方针、政策。对政府行政管理手段的了解，主要是通过与政府部门、官员打交道实现的。不主动与政府部门、官员打交道，就不可能准确解读出政府文件中那些体现方针、政策的文字的真实含义。

（3）有利于摸清商业伙伴或谈判对手的情况。由于市场活动中利益的现实性，商业伙伴真实的需求有可能被隐藏起来，那些透露给我们的意图有可能是经过合理包装的，公开告知我们的情况则有可能与对方真实的需求有一段距离。如果谈判者具有谈判信息收集、分析、运用的专业意识，善于利用公共关系的手段和人际关系的力量，对商业伙伴或谈判对手的真实需求进行判断、引导，就可能获得对各方都有利的双赢解决方案。

（4）有利于提高谈判战略、战术方案的实用性。我们在确定谈判目标、制定谈判策略、运用谈判技巧、选择谈判场合、安排或适应谈判环境的时候，如果事先掌握了谈判信息，就可以从容面对谈判过程中的变化，让己方的建议和意见不断为对方接受，从而极大地提高谈判的效率。

**重要视点**

“谈”是与情商相关联的实践活动，“判”是与智商相关联的实践活动。谈判信息既是谈判者了解对方需求的途径，也是谈判者引导对方观念和判断的手段。没有尽可能对称的谈判信息作为基础，就不可能进行准确、理性、及时的判断。谈判者要养成调查研究的好习惯，只有高度重视谈判信息管理，才可能有良好的工作成效。

现代人越来越清醒地认识到，信息是开放社会环境中将人们的精神与物质生活紧密联系起来所不可缺少的重要媒介。拥有信息就意味着拥有无限的财富和资源，以及无限的机会。

## 二、商务谈判信息的特征

**1. 商务谈判信息的概念**

商务谈判信息是在市场环境下的特定范围内，对特定对象有效的、经过特殊处理的人工信息。

在商务谈判活动中，谈判者的思想、行动、目标的交流都是一种谈判信息的交流。谈判者对各种商务谈判信息的拥有量，特别是谈判者对商务谈判信息进行收集、分析、识别和利用的能力，对谈判活动有着极大的影响。占有谈判优势的一方几乎总是掌握着谈判的主动权。因此，谈判大师都极其重视对谈判信息的研究和运用，他们具有敏锐洞察细微事物的慧眼，总是十分注意捕捉对方思维过程和行为方式中的蛛丝马迹。一个商务谈判行家必定是收集和捕捉商务谈判信息的能手。

商务谈判信息对于谈判活动的影响是极其复杂的。有的信息直接决定谈判的成败，而有的信息只是通过谈判者与环境的配合间接地发挥作用。

**重要视点**

商务谈判信息不同于一般的市场行情信息。从外延看，商务谈判信息所涵盖的市场、政策、人事、环境信息等比市场行情信息更广。

商务谈判信息的收集、分析、识别、运用是一个相互联系、相互依存、相互制约的过程。离开对信息的收集、分析、识别和运用，信息的收集就变得盲目而没有意义；如果不注意信息的收集，信息的分析、识别就可能显得片面、主观，成为失去实际意义的游戏。因此，在商务谈判信息的产生、传递、演变、吸收、派生的过程中，很难将谈判者对谈判信息的收集、分析、识别、运用在行为上截然区分开来。

**2. 商务谈判信息的基本特征**

不管商务谈判者对商务谈判信息的认识和态度如何，商务谈判信息始终是有别于一般信息的特殊的人工信息。什么样的信息能算作商务谈判信息呢？弄清楚这个问题对于商务谈判者具有现实意义。

我们知道，世上没有哪两个事物之间不存在任何形式的关系。某些表面看来彼此不相关的事物，在某些条件下却可以联系起来甚至产生相互作用。因此可以说，完全独立的，既不与其他事物发生关系也不影响其他事物的信息是不存在的。虽然在实践中辨别商务谈判信息与一般信息具有相当的难度，但商务谈判信息还是有它自己的特征。把握这些特征能有效地帮助我们区分商务谈判信息与一般信息。

（1）商务谈判信息是关于参与商务谈判各方特定当事人的信息或直接、间接影响谈判内容，表明或暗示有关各方谈判意图、目标的信息。不论商务谈判信息的形式、传递渠道、真实性如何，其始点或终点都在特定的商务谈判圈及特定的当事人中。商务谈判信息既是这些特定谈判者的“耳目”，又是谈判者的手段。如果把整个商务谈判活动看作一个系统的话，商务谈判信息就是这个系统的神经。商务谈判者对这些谈判信息的敏感程度，是其在谈判中获得优势的关键。

（2）商务谈判信息必须是经过特殊处理的人工信息。人工信息有别于其他信息的最大特点是，它必须借助一定的物质技术手段，经过信息的收集、分析、识别和传递。这里所说的特殊处理，实际上就是指人脑的作用。这说明人工信息不一定都可以成为商务谈判信息，只有谈判当事人充分运用其知识、经验进行信息的评估、选择、取舍，同时具备前面所论及的构成信息的条件，人工信息才可以变成商务谈判信息。

（3）商务谈判信息是有商业价值的特定信息。谈判信息除了具备上述两个基本特征，还必须具有商业价值才可以称得上是商务谈判信息。许多谈判信息都有不同的使用价值，但是如果它们不具有市场交换的价值，就不能称为商务谈判信息。比如，有些谈判信息可能因具备政治价值、军事价值、文化价值等，而被特定的人用于特定的非商业目的。谈判信息一旦有交换价值，就开始呈现出商品的特性，于是便转化为市场化的信息；如果还可以在特定当事人之间通过磋商进行交换，或对可以交换的标的物价值进行评估判断，则成为商务谈判信息。可以说，“有商业价值”是商务谈判信息区别于其他谈判信息的重要标志。

**重要视点**

商务谈判信息是谈判者拥有的一种极其重要的商务活动资源，要善于将这种资源用足、用巧、用好。

# 第二节　商务谈判信息的收集

## 一、商务谈判信息收集的目的

谈判者收集信息的目的是了解对方的需要，判断、推测对方行为的真实意图和将要采取行为的可能性。老练的商务谈判者对于来自对方（包括来自环境）的暗示和信号非常敏感，能对某些暗示和信号给予极大的关注，找出对自己有用的信息。经过谈判过程和其他渠道证实之后，谈判者会发现有些信息并不如当初所感觉的那么重要；有些信息可能是对方放的烟幕弹；有些信息对于谈判几乎没有什么影响。收集到的有关商务谈判信息越全面、准确，商务谈判者越能有效地驾驭谈判过程。

越来越多的事实表明，收集商务谈判信息已构成商务谈判活动的重要内容。谈判者在当代谈判活动中更多地依赖与集体的配合，那种依靠谈判者灵机一动的办法已经落伍且不合时宜。

## 二、合法收集商务谈判信息的途径和方法

只要在一定范围内（如特定国际组织、特定国家、特定地区、特定行业等）不违反有关法令、法规、行业规定收集谈判对手的有关信息，都可以视为合法。“合法探取”之所以能大行其道，很重要的原因在于，处在业界的商务谈判者对环境非常了解，熟谙变通之术。从管理的角度来看，变通乃介于合法与非法之间的一种手段。这些手段之所以能运用，是因为法令、法规、行业规定的局限性和不完善性，或此法令与彼法规的矛盾，人们对于合法与非法在认识上的模糊性，以及执法者在维持市场秩序中的某种弹性。因此，与老实人或规矩人对规则的遵守相比，通常所说的钻空子或有机可乘者对现实环境的利用往往更具有积极的价值。

合法的手段不一定就是合情或合乎道德的手段，这种手段是否被谈判者采纳还要取决于该手段是否与谈判者的伦理观相符、社会规则对谈判者伦理观的约束程度，以及谈判者对违规成本的预判。

合法的手段不一定是有效的手段，合法手段的运用除受上述因素的影响，还要取决于谈判者的经验、谈判者和有关人员对运用该手段必要性的认识以及谈判者与有关人员的协调配合程度。

**重要视点**

合法收集商务谈判信息的渠道选择标准是一个相对概念，它随谈判环境的变化而有所不同。

从三大国际经济组织（世界贸易组织、世界银行和国际货币基金组织）成员的贸易实践来看，合法收集商业情报的技术大致分为四大类。

### （一）通过对手现在或过去的雇员收集商务谈判信息

**1. 通过前来应聘的人员探取商务谈判信息**

公司根据自己的情况组织真实或者虚假的招聘活动，由有关专家依照情报搜集的技术原则事先准备若干诱导性的问题，面试应聘者——那些对手过去或者现在的雇员，利用他们急于表现的心理，或刺激他们的弱点，诱使他们泄露对手的机密。

**2. 通过对手内部受排挤的人员套取商务谈判信息**

一个对自己的组织特别热爱或特别憎恨、不受组织重视的成员，会因对组织有特殊的了解或期待而心生不满，通过与这些对现状不满的人员交谈，对他们施以关怀、压力，往往可以获得非常有用的情报。

**3. 通过在社交场合与对手的重要助手或者顾问的交往探取商务谈判信息**

在会议、工作餐、酒会等可以随意交流的场合，盯住对手的重要助手、顾问、朋友、商业伙伴，不动声色地套取商务谈判信息。

**4. 通过帮助对手的雇员获得商务谈判信息**

在商务活动中，一般来说，谈判领导人、重要的职能部门主管、谈判的直接当事人都

有较强的信息保密意识，基层人员、事务性工作繁忙的雇员的信息保密意识较弱。如果谈判者能安排人手主动代对方心情烦躁的雇员整理资料、收发文件、复印数据、打印、接电话等，就有机会获得重要的谈判信息。

**5. 聘请顾问向对手的有关人员了解情况**

顾问一般是某一领域的头面人物，或在对手的有关人员中享有一定威望（如工商界领袖、政治家、社会活动家、技术专家、对方某人的长辈或亲戚等），可以利用他们取得常人不易得到的谈判信息。

**6. 从对手的日常行为中收集有用的信息**

如从对手的日常起居活动、爱好、工作态度、待人接物的方式、对下级和同级的看法、与上级的关系等线索中获取谈判信息。

**重要视点**

没有良好而可靠的人际关系和信任基础，就不要通过对手现在或过去的雇员收集商务谈判信息。

### （二）通过曾与对手打过交道的人获取商务谈判信息

**1. 拜访那些曾经与对手打交道，经历成功或者失败的人**

通过与他们交流，了解并体会他们在与对手谈判过程中、结束后的主观感受。

**2. 买通客户提出某些虚假的要求**

如买通本公司的一个忠实的客户，让他招标，促使对手在投标时提供某些本公司搞不到的保密技术或者先进的产品说明书，或有意联合一位过去与对手十分友好、亲密但现在却与对手反目成仇的人来了解信息。

**3. 通过曾在对手领导部门工作的退休人员了解信息**

近距离的谈判信息来自对手曾经的搭档，聘请这些人在特定谈判活动中充当顾问，在可控情况下是一项谨慎的选择。

**4. 通过对手的供货商了解对方的信息**

如果某公司欲查明其对手的生产量或生产计划，办法之一就是令其采购部门询问供货厂家的生产任务总额以及提高劳动生产率或采用先进技术的计划，一旦发现供货厂家开发了新的复杂技术，而这些技术与对手的需要存在专业、市场等方面的联系，对手的需求量和生产计划便可以推测出来。

**5. 参与客户的某些活动**

有的公司向客户免费提供培训、设计等服务，其目的是通过这些活动使客户在产品设计或制造的某些方面采用该公司的产品。对客户来说，你接受某种计算机培训，势必加深了对这种计算机的认识，增加了你采用它的可能性；你掌握了某种快速养猪方法，意味着你将采用提供免费培训者出售的饲料添加剂。公司还可通过这些活动获悉对手正在开发何种新产品的信息。

## 案例导读 2-1

### 注重用户体验，余额宝与理财通究竟鹿死谁手？

众所周知中国有两马，深圳有小马哥“马化腾”，杭州有老马“马云”，这两位科技界的大佬紧紧握住了中国两类人群手中的钱，杭州的老马握住了女人的钱，深圳的小马哥握住了小孩的钱。之后老马率先开拓理财的新战场，小马哥也不甘示弱紧跟其后搞了理财通，但一直不敌老马的余额宝。

最近，小马哥通过反复琢磨余额宝的用户体验，推出了与余额宝功能十分接近的零钱通，意图抗衡老马的余额宝。

这里先讲讲老马的余额宝。众所周知，余额宝是一款货币基金，但和其他的货币基金相比，它是“理财＋支付”一体化的，并且操作更加便捷，能在日常生活当中随时随地消费支付，没有消费时又能得到利息，所以广受欢迎。

许多人在微信里面存有大量的零钱，逢年过节时不是发微信红包就是转账，或是在线下进行消费支付。微信一直缺少理财的功能，想要进行理财，还要移步至理财通，用户体验太差，操作相比余额宝显得更加烦琐。马化腾的团队采用用户体验的方法研究余额宝，之后推出的零钱通意味着微信也具有“理财＋支付”一体化的功能。

在后台支持上，余额宝属于阿里巴巴网络技术有限公司，提供商是天弘基金，2013年6月开始发行。而零钱通则由深圳市腾讯计算机系统有限公司提供后台支持，提供商是易方达基金、南方基金、嘉实基金，2017年9月5日开始发行。

在平台功能设计上，余额宝在移动端、PC端均可实现申购。零钱通则以移动平台为主，通过微信实现申购。

在购入转出方式上，余额宝设计为余额宝余额、银行卡直接购入转出均可。零钱通受平台限制只能通过微信零钱购入转出，不过对于以小孩为主的人群，这基本能够满足其需要。

考虑到银行业监督管理部门的要求，转入额度上余额宝的最高限额为10万元，超出金额无法再转入。而零钱通的转入额度为微信支付额度，通常不会超出监管部门的限制。在购入门槛上，余额宝和零钱通都低至一分钱，不过，由于后启动的零钱通有更多的用户体验，虽然从钱包提现需收取0.1%的手续费（余额宝可自由提现至银行卡或是支付宝余额当中，手续费均为0），但通过缩短到账时间，零钱通在便利性方面做到了略优于余额宝（零钱通设计为最快为5分钟内到账，最慢为次日到账；余额宝设计为手机端2小时内到账，PC端24小时内到账）。

在零钱理财这方面，余额宝一直凭借着“理财＋支付”的优势，单方面暴打微信，而现在微信推出的零钱通将是一门神兵利器，帮助微信与支付宝直接抗衡。零钱理财这一战场上兴起的无形谈判掀起了一番腥风血雨。

资料来源：现代众车在线，2017-09-12. 案例经过作者整理改编。

**重要视点**

商务谈判者不要忘记在谈判中除了你的对手之外，能够给你信息的人也许就站在一旁。要让旁观者给你一些招数，自己就要保持初学者的低调。

## （三）从文献资料中获取信息

**1. 研究对手在公开场合的行为举止、照片、录音、录像**

通过这些手段分析对手在某些特定场合的姿态是习惯性的行为还是有目的的行为。

**2. 密切关注对手的招聘启事及求助广告**

如果对手开始招聘、招标、做广告宣传，就说明近期内将有新动向。例如，美国MCI通信公司在经营电传业务的前几个月，登载了招聘这项业务所需的受过密码通信训练的技术人员和工程师的广告。它的对手根据这则广告在数月前就推断出MCI公司不久将开展电传业务。分析对手的招聘情况和现有员工的构成，然后到市场上了解一下对手的产品价格，可以推算出对手生产不同类型产品的平均劳动成本。这些都是谈判时极有用的资料。

**3. 通过银行账户了解对手的财务状况**

如果可能，通过银行了解对手的借贷情况，将提供很有价值的商务谈判信息。只是在与银行打交道的时候需要特别谨慎，你的理由必须合理，渠道必须正常，否则银行有理由基于业务保密的考虑拒绝你的要求。

**4. 通过政府分管部门的文件研判对手的信息**

从有关重大项目、招商引资、公用事业、城市建设、产业政策调整等内容的政府文件中可以解读出许多有用的信息，这些信息的背后往往牵涉到谈判对手的诸多动向。例如，土地性质的变更，意味着该区域建设规划的重大调整；政府招标项目对投标者资质的要求，意味着项目的规模、特殊质量要求、入围者的数目；列入政府规划的重大工程项目的公布，意味着建设资金有保障；河道的改造项目，意味着能够接近这些工程的承建者的圈子；灾后重建资金的划拨方案，意味着灾区建设的结构性需求差异，等等。谈判者掌握了这些信息，就更有把握去与相关商业伙伴进行实质性的磋商。

**重要视点**

对文献资料具有特殊敏感性的商务谈判者，在谈判过程中就拥有了核查对手交易条件虚实的“另一面镜子”。

## （四）通过直接观察或试探性地刺激对手获取信息

**1. 购买对手的产品进行研究**

将对手的产品拆开后进行检验，分析其结构，可确定产品的生产成本、生产工艺、技术先进性、目标市场、自然寿命、经济寿命、可维护性等，为谈判者在谈判桌上讨价还价提供依据。

**2. 观察对手的垃圾**

对对手垃圾中的残余物进行分析、化验和研究，以了解对方某些被忽略的情况。

**3. 参观对手的公司**

在隐瞒自己的身份和公开自己的身份的不同情况下，参观对手的公司往往能获得不同的信息，然后进行比对分析。

**4. 收集对手的设计、生产、计划、销售等方面的资料**

对手的图纸、报表、广告、图片等，对于推断其意图的真实性都是极有价值的情报。

**5. 故意说错关键背景数据**

通过错误表述关键背景数据可以有效地近距离观察对手的反应，从而套出更有价值的新情报。

## 三、“非法”收集商务谈判信息的途径和方法

违反国家、政府、有关组织、团体等的法令、法规、制度、政策获得对手的商务谈判信息，都可以视为“非法”。有时，虽然看起来合法，但与特定社会规则、习惯相违背的谈判信息收集途径和方法也会被视为“非法”。在此社会范围是合法的，在彼社会范围却可能是非法的。关键在于，当违反某些法律或者社会规则不仅不会给“违法者”带来损失，而且会带来直接或间接利益时，就容易使这些“违法者”产生破坏这些约束或规则的动机或行为。

**重要视点**

“非法”收集商务谈判信息虽然从法律的角度看是禁止的，但在现实的商务活动中依然存在。这种行为是否发生以及发生的频率取决于违法成本与维权成本的比较，取决于市场秩序、司法监管力度，当然，还取决于商务谈判者是否天真。

实际上，合法与“非法”收集谈判信息的手段在世界范围内大量并存。从某种程度上来说，“非法”的手段千奇百怪，以至于人们难以对其分类。

在商业领域使用间谍对谈判活动进行控制是一个极富诱惑力的手段。谈判家卡洛斯强调说，使用商业间谍“没有其他收益比这个来得更快……而大部分的买主和卖主，特别是大公司里的人，都生活在一个不太可靠的世界里，他们常常忽略被刺探的可能性，也可能因为他们从未想到要去刺探别人。我相信商业间谍正在与日俱增。因为赌注是如此之高，成本是如此之低，而收益又是如此之大，所以这是一种不可避免的趋势”。

**案例导读 2-2**

### 力拓案对强化商业秘密保护的启示

2009 年 8 月 17 日，以宝钢为代表的中国钢铁企业与澳大利亚 FMG 公司达成 2009 年度进口矿石谈判协议，中国钢铁协会随即发布谈判结果公报。而此前一天有报道称“上海检察

机关以涉嫌侵犯商业秘密罪、非国家工作人员受贿罪，对胡士泰等4人作出批捕决定”。

根据报道，胡士泰及其带领的力拓中国区销售团队，曾经以提供铁矿石贸易为名，到中国许多重要的钢铁厂进行调研和交流，甚至深入一些中小钢铁厂去深度挖掘各种“机密信息”，包括原材料库存的周转天数、进口矿的平均成本、吨钢单位毛利、生铁的单位消耗等财务数据。有的数据是有意问到，当地钢铁厂随即提供；有的则是当地钢铁厂有意无意间和盘托出了重要企业经营信息。许多文章都指出“中国已经进入商贸谍战的高发期”，力拓案折射出的“国内商业秘密保护的缺失”必须引起高度重视。

国际铁矿石的价格自2004年以来已经连续五年上涨。2008年，宝钢在与巴西淡水河谷公司达成65%和71%的涨价协议后，又与力拓公司和必和必拓公司达成粉矿和块矿价格分别上涨79.88%和96.5%的协议。中国铁矿石进口量占全球进口量的46%，作为铁矿石最大的买者，面对力拓、必和必拓、淡水河谷三大矿业公司，中国在铁矿石价格谈判中并没有多少话语权。力拓案曝光以后，人们才恍然大悟。

所有的商业活动都是在信息不对称情况下进行的博弈活动，其中起关键作用的是谈判双方的信息拥有量，谁拥有较多的信息（尤其是了解到对方的信息），谁将在谈判中占据有利形势，在谈判中具有“交易地位”。改革开放以来，大量的国外贸易机构进入我国，大多数国际机构在搭建国际经济、贸易、文化交流等平台上做出了贡献。我们在与这些国际机构的交流中降低了交易成本，较快地获得了新知识、新技术、新产品的资讯。但也应该看到，在关于企业商业秘密的观念意识和制度建设上我们有很大欠缺。可以说，一些企业的信息往往过于公开，有时一般的工作人员都能够了解到企业协议签署的具体细节。至于企业当前的资金压力、产品库存、技术缺陷、销售瓶颈、价格体系等，非常容易泄密和被人掌握。企业的保密协议常常是一纸空文，保密制度形同虚设。即使泄密了，对于当事人往往也没有制约机制。

我国《刑法》对“商业秘密”“窃取商业秘密行为”“商业贿赂罪”都做出了明确界定，对于窃取和泄露商业秘密的行为主体的违法制裁和惩处也做了相关规定。因此，在现代国际经贸活动中，企业在商业秘密保护上应该注意做好三件事情：第一，知法。企业员工一定要有商业秘密保护意识及泄密即违法意识。第二，建章。建立严格的企业商业秘密信息的保护制度，从而规避“有意”“无意”“不慎”泄露商业秘密带来的经营风险。第三，审计与问责。建立企业商业秘密定期内部审计制度和泄密问责制度，最大限度地保护企业商业秘密，维护市场公平竞争的秩序。

## 第三节　解读商务谈判信息应注意的要点

商务谈判信息的解读主要是指依靠谈判者的经验、专家的协助、有关部门和人员的配合等对于收集到的、对方传播出的或经第三方传来的谈判信息进行理性的判断，去粗取精、去伪存真的过程。

解读商务谈判信息的目的是对对方的意图进行判断和预测。可以说，判断和预测是谈判活动中情报分析工作的核心和实质。

商务谈判信息的解读不仅要求谈判者或有关专家具有广博的社会经验、精深的专业知识和敏捷的思维、辨识能力，在进行情报辨析的时候，还应当把握好以下几个方面的问题。

## 一、信息与信息背景是一个整体

必须把商务信息与谈判的环境因素作为一个整体来进行分析。在复杂的市场环境下，商业情报的分析是一个“复杂的镶嵌图制作过程”。这里所说的“镶嵌图制作”就是指收集信息并评估、判断一条信息与其他信息的关系，然后作出推论。市场信息是由点点片片拼凑而成的，人们在许多零星信息的基础上也可以进行猜测，但如用少量的信息进行推论，就容易犯错误。

商务谈判活动必然要受到一定的法律制度和特定的政治、经济、文化等社会环境的影响。如果商务谈判是国际活动，那么谈判环境还将受到两个甚至更多不同经济制度的影响。若在谈判中只考虑自己的国情，全然不顾对方的实际情况和市场制度，信息的真伪就难以识别。

## 二、多渠道证实的必要性

对获得的商务谈判信息应尽可能地通过多种渠道进行证实。如果谈判者从彼此互相独立的信息渠道获得的谈判信息是一致或大体相同的，证明该谈判信息是可靠或比较可靠的。无论谈判信息是对方发出的还是己方收集的，也无论谈判信息是第三方传来的还是以社会舆论或流言的形式传来的，都应重视这个问题。

需注意的是，有时表面上从不同的信息渠道传来的信息，实际上却出于同一个信息源。在这种情况下，应努力通过多种手段接近信息源，减少信息传递的中间环节，以避免信息失真。

在对商务谈判信息进行证实的过程中，如果信息是以社会舆论或流言的形式传递的，则更应注意辨别其真伪。社会舆论或流言都可夹带某些商务谈判信息，但它们又都会以特有的方式干扰商务谈判信息的传递，给谈判者识别谈判信息增加一定的难度。

社会舆论是公众的意见和看法，它既可以是社会全体成员的共同信念，也可以是社会部分成员在信息沟通过程中产生的一种共鸣。个人在社会中对特定的社会现象会产生不同的主观反应，但经过人们的相互作用，个人原先的主观反应会因群体无形的压力而改变，群体将逐渐形成一种较为一致的看法。在这种情况下，社会舆论将对谈判信息的传递产生较大的干扰。谈判对手有时为了特定的目的，根据有利或无利的传递原则，通过制造社会舆论来达到传递谈判信息的效果。谈判者在遇到社会舆论压力时，应注意舆论的背景，冷静分析舆论的起因，而不要屈从于压力。

流言是一种没有任何确信的依据而在一定范围内传播的特定消息。流言与谣言有些不同，谣言是制造者为了恶意的攻击目的而故意捏造并散布的假消息。流言与谣言的区别在于各自的动机不同，共同之处是二者都缺乏明确可靠的事实依据，但都能广为传播。谈判者如果想通过制造流言来传递谈判信息，须具备三个必要条件：一是人们不了解事实真相，缺乏可靠信息；二是人们明显表现出不安和忧虑（如担心社会治安混乱，担心物价上涨，担心企业经营不善而影响切身利益等）的心理状态；三是社会或组织处于某种危机之中。流言夹带的信息最易失真，因为流言是在特定群体内通过小道消息传递给那些与传播者有密切关系的人。一方面，传播者根据自己的知识、感受和需要对流言进行取舍，凡是他认为合乎逻辑的部分就接受，同时凭自己的想象对其进一步加工，之后再传播给别人；另一方面，传播者基于某些考虑（如害怕承担责任，害怕当事人要求对质，害怕走漏消息等）要求流言的接受者尽量保密。流言在传播与接受的过程中具有的上述特点，往往会使谈判者最初发出的谈判信息（以流言的形式传播）产生畸变，而谈判信息的接受方又很难查清信息源。

因此，谈判者在对社会舆论或流言可能夹带的谈判信息进行辨析时，应当认清社会舆论与流言在传播上的不同特点，尤其不要被社会舆论和流言浓厚的情绪色彩所迷惑。

## 三、注意理解信息的角度

当对方表达特定意图时，应注意从合适的角度去理解和分析。谈判者由于各自的立场和看问题的角度不同，对事物的认识存在不一致。在谈判中由于交流方式的影响，各方对谈判信息的感受会有差异。如果彼此间关系比较紧张，为了让对方了解自己，各方更倾向于不断阐明自己的立场，而很难听进对方的观点。这样会导致对对方的意图产生理解上的障碍，这种障碍如果严重的话，会导致谈判出现僵局甚至双方发生冲突，这对任何一方都没有好处。

谈判者的注意力不仅要放在对方的交易条件上，更要注意对方的身份、经验、性格等因素对其表达交易意图的影响。如果我们只听话而不注意听是谁说的话，那么对其真实意图的判断会有天壤之别。

## 四、对特定暗示保持敏感

要对有关场合和特定环境背景中的暗示具有职业的敏感。有些意图不宜在公开场合下讲出来，尽管这些意图双方都能领会，但要把这些意图暗示出来并让对方（或己方）识别和接受，必须既小心谨慎又敏锐灵活。否则，要么引起尴尬，彼此不快；要么坐失良机，留下遗憾。

比如，当谈判对方说出带有特殊意味的话时，己方就应该引起注意。当一个领导人总是代表人民或组织说话时，这暗示着他希望你认同他拥有一定的权力。“你们反映的情况，组织上已经研究过了”，“我代表人民感谢你们所做的工作”，“我以全公司的名义对你们的支持给予高度评价”，这类话所隐含的意思应当引起谈判者的关注。

有时，领导人往往以请教的姿态出现，并不给对方回答问题的机会并代替对方回答，这就不是权力暗示而是公开的权力显示。在管理权或话语权的斗争中，老练的一方都懂得，把一个人捧上天的目的也许正是让他下地狱。对对手的“保护”“挽救”或许暗示着将要开始的惩罚。

在一些政治会议、学术会议、行政会议、订货会甚至运动会开场时，主持人安排的发言人讲话顺序（国外某些著作称为“啄米顺序”）所暗示的信息，对于判断和识别谁是主要人物、关键人物、一般人物是极有帮助的。礼仪级别的安排，参与正式谈判人员级别的安排，谈判时间与地点的安排，甚至谈判场所座位的安排，谈判者都应留心观察和识别。在重大的国际谈判活动中，各方对某些细节问题的处理方式都应引起高度重视。

### 五、注意对反常信息的甄别

当对方反常地向你提供大量信息时，等于没有提供信息。在商务谈判中，有时对方为了证明或显示自己的诚意与正确性，会抱来一大堆各式各样的函件、资料。切莫把每一件都当真，因为你在短时间内不可能也没有必要去一一查证。在这种情况下，你应当注意对方提供信息的方式，而不是把精力过多地耗费在对信息本身的判断上。比较明智的做法是要求对方提供几条最有说服力的信息而不是全部信息。对相关信息中你认为不可靠的内容，可以通过恰当的提问及其他交流方式予以证明。

### 六、保持私交

努力发现并保持和与对方关系密切的人员的非正式联系，这一点很重要。谈判对手的密友、妻子、丈夫、父母、兄弟等人会对对手产生不同程度的影响，他们对谈判对手的某些行为、思想、情绪等的描述，有助于谈判者预测对手的真实目的。注意对方谈判信息与其目的之间的逻辑关系，有利于找到相应的谈判对策。因此，谈判者努力发现并保持和与对方关系密切的人员的非正式联系，比在正式谈判中收集信息更有价值。

## 第四节　商务谈判信息的传递

谈判者传递谈判信息的目的是向对方表明或暗示自己的立场、意图和条件，给予某种影响、压力和诱惑，制造特定的谈判气氛，施放特定的烟幕弹，以控制谈判过程，获得谈判桌上的优势。

商务谈判信息传递的一般渠道大致有四种类型：一是己方谈判者内部传递信息的渠道；二是谈判者彼此之间直接传递信息的渠道；三是谈判者之间通过第三方传递信息的渠道；四是谈判者之间通过舆论、流言或谣言传递信息的渠道（如图 2 - 1 所示）。

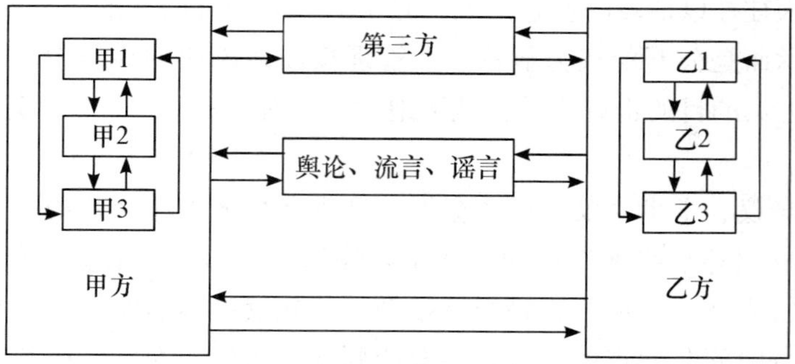


图 2－1　谈判信息传递的一般渠道

谈判者必须根据业务活动的目的和效果选择谈判信息传递的渠道，同时，注意谈判信息传递方式对传递效果的影响。谈判者应恰当地选择传递谈判信息的时机，把握好传递谈判信息的场合。通过这些手段，实现信息在受控状态下的交流和沟通，保持对方谈判者与己方的有效联系，谨慎地动员和利用社会舆论，最大限度地实现己方谈判目的。

## 一、商务谈判信息传递的基本方式

谈判信息的传递渠道不同，信息的失真程度就不同。信息失真的程度并不是衡量传递渠道优劣的标志，因为渠道优劣还取决于谈判者传递谈判信息的直接或间接目的，取决于谈判各方彼此的关系、信任程度以及由此决定的谈判信息传递方式。

由于商务谈判信息传递方式的选择不是任意的，因此不可避免地要受到其自身特点的制约。在市场竞争条件下，买卖双方之间、同行之间、供应商之间、客户之间的依赖性、制约性、竞争性不同，谈判信息传递方式的选择既要考虑谈判目的、自身条件和环境的影响，又要随时注意对方的情况变化。谈判者为了减少特定的谈判信息传递方式的不利影响，必须随时注意观察、识别对方以不同方式作出的反应。根据对方和从相关渠道反馈的信息，敏锐地作出判断，及时地修正、调整、变换谈判信息传递的方式。

常见的商务谈判信息传递的方式有以下几种。

**1. 明示**

明示是指谈判者在有关的、恰当的场合，明确地提出谈判的条件、要求，阐明谈判的立场、观点，表明自己的态度、打算。明示可以通过前述谈判信息传递渠道的任何一种形式进行，如各方会面的谈判场合，宴会、礼宾场合，第三方在场或不在场的场合，群众性集会场合，官方或团体会议场合，外交场合，新闻采访场合，单独或秘密会见场合，私访场合，业务洽谈场合，等等。

**2. 暗示**

暗示是指谈判者在有关的、恰当的场合，用含蓄的、间接的方法向对方表示自己的意图、要求、条件、立场等。暗示可以通过语言表达，也可以通过某种象征性的姿态，或某种政策法规的修改，或处理某一敏感而富有代表性的问题来表达。

暗示是明示的一种补充。尤其是在谈判各方态度不明确的情况下，暗示是一种极好的信息传递方式，可以避免不必要的直接对抗，传递出在明示条件下无法传递的谈判信息。一般地说，采用暗示方式比采用明示方式给发出谈判信息的谈判者留下的余地要大些。

从心理学角度看，谈判者采用暗示方式传递谈判信息还能有效地影响对方的心理活动。当对方属于敏感型谈判者时，暗示得越含蓄，则其效果越好。如果谈判者实力强、声望很高、有一定的地位或权威，他发出的暗示对对方的影响就相当大。

暗示作为一种社会心理现象在谈判领域具有重要意义。在一份关于减肥药品的“律师郑重声明”中，厂方“诚恳地忠告消费者，由于本药品药效奇特，身材本已较瘦的人会因使用本药品而在短期内迅速消瘦，本公司不负任何责任”。某些厂家利用名人效应，聘请著名的演员、运动员做广告代言人，或在谈判举行之前向你透露某位经理如何具有权威等，这都是暗示。谈判者应当善于运用暗示，对于影响暗示效果的主观及客观因素有一定的了解，以便最大限度地发挥暗示在传递信息中的作用。

一般地说，缺乏主见、随波逐流的人极易接受暗示；独立性很强、善于独立思考的人具有反暗示的能力，尤其当他们意识到对方企图用暗示来影响自己的时候，更不会接受暗示。一个人是否接受暗示主要取决于其人格倾向，并不只是受到个人知识水平和受教育程度的影响。从客观上看，暗示者（作为谈判信息发出者）本人的条件，如地位、权力、声望、知识、信心、相貌、身材、性别、年龄以及谈判各方的相互关系、谈判信息与谈判环境等，都会对暗示效果产生不同的影响。

谈判者的地位、权力是影响对方是否服从其暗示（威胁）的重要因素；谈判者的声望和知识水平的高低，是被暗示者决定是否信服其暗示（威望）的重要因素；谈判者自身的信心程度决定了对方接受其暗示的程度（谈判者利用语言、行为及其他手段展示其信心的水平和程度，包括谈判者施以骗术的水平和程度）。在对方（被暗示者）实力比较弱，谈判素质比较差的情况下，谈判者的年龄、性别、身材、相貌等都会对暗示效果产生影响。老权威、漂亮的女经理、潇洒的男业务员、匀称的身段固然易使对方上钩，天真的年轻人、可怜的女人、笨拙的男人以及身体有缺陷的人也可让对方上当。可见，若谈判者仅注意暗示内容本身，而不注意充分调动影响暗示效果的主客观因素中的有利因素，暗示就难以取得预期的效果。

**3. 意会**

意会是既不同于明示又不同于暗示的一种特殊的谈判信息传递方式，它是谈判信息的发出方与接受方早已有了信息交流的准备，对信息交流的背景有所了解，就信息传递的渠道达成了某种默契，为了避免直接明示或暗示给各自带来不利影响，避免信息泄露而采取的谨慎的谈判信息传递方式。

意会不像明示那样直截了当，因此当谈判各方传达或接受的信息彼此矛盾时，不会引起关系的紧张。意会不像暗示那么含蓄，采用意会方式传递给对方的信息都是明白无误的，不会像暗示那样因为过于含蓄而产生理解上的障碍甚至歧义。因此，意会在传递谈判信息方面有特殊作用。

必须指出，意会既可以成为极有效的信息传递方式，也可能成为极无效的信息传递方式，这取决于人们对信息传递后果的理解、体会、推断和社会生活经验，以及人们对意会的积极或消极态度。谈判信息交流的双方即便能够意会彼此传递信息的全部含义，但双方或某一方若根据自身的社会生活经验，预感其后果对自己不利，就可能采取消极的态度，成为“难得糊涂”之人。

明示、暗示和意会作为商务谈判信息传递的基本方式是互为补充的，任何一种方式都不可能完全替代另一种方式。谈判越大型、复杂、持久，这种情况就越突出。

## 二、商务谈判信息的传递时机

商务谈判信息的传递时机是指，在谈判者充分考虑到交易各方的相互关系、谈判的市场环境条件、谈判信息传递场合与方式的情况下，确定并把握的能积极调动各相关因素的谈判信息传递最佳时间。

商务谈判信息传递时机的把握是否得当对谈判信息的传递效果有直接影响。谈判信息在交流过程中并不是以特定的方式传递出去就行了，还需要对谈判的各有关因素进行判断，尤其是要对谈判信息在特定条件下传递的后果和对方的反应做许多推测。在对后果和反应有一定准备的情况下“自然地”传递信息，与不问方式、场合，不顾后果地传达信息是截然不同的。

**1. 对传递时间的把握**

谈判者在确定和把握谈判信息传递时机时，应注意下面几个问题：

（1）是否非此时传递不可？有没有更好的选择？

（2）此时传递的后果和对方的反应会怎样？

（3）希望达到的传递效果是什么？

（4）自己对预期后果是否有准备或对策？

**2. 对传递场合的把握**

谈判信息通常是在现场传递的。选择恰当的场合传递谈判信息有利于增强传递效果，避免不利因素的影响。谈判者在选择谈判信息传递场合时应注意下面几个问题：

（1）是否以自己的名义传递？

（2）是否要亲自面对对方？

（3）是否要有第三方在场？

（4）第三方与各方的关系如何？

**3. 对第三方传递信息的把握**

第三方传递谈判信息的效果取决于第三方与谈判各方的关系、第三方对谈判内容的看法、第三方的沟通经验。谈判者要注意的是：

（1）第三方与自己是否经过了认真的沟通？

（2）第三方传递信息时自己是否要在场？

（3）第三方传递信息的可靠性（保真度）如何？

（4）第三方与各方的关系如何？希望第三方中立还是有所偏向？

**4. 是否选择在场外传递信息**

在场外非正式的环境条件下，传递信息时必须考虑谈判者对局面的控制力，也许在你需要进行非正式沟通的时候，对方正等着你的选择。谈判者要注意：

（1）对方与自己的私交如何？

（2）对方的事业心与灵活性怎样？

（3）对方的谈判经验如何？

**5. 是否选择在公开场合传递信息**

在公开场合传递信息可以找到许多公开的核查、证明文件。谈判者要注意的是：

（1）公开场合下双方是否有退路？

（2）公开场合可能会有哪些意外因素？

（3）不公开传递信息会有什么后果？

对商务谈判信息的传递方式、传递时机、传递场合等因素的考虑在实际中是不可分割的，只有根据谈判活动的条件和需要，使这些因素实现最佳结合，才能使谈判信息的传递产生最佳效果。

在此基础上，谈判者还可以通过谈判信息传递方式的变化，让对方知道自己的条件、要求、立场、观点、态度、打算，而且可以通过这一手段调动对方、控制对方，同时有效、巧妙地实现内部的谈判信息传递。

## 第五节　商务谈判信息的保密

商务谈判信息的保密通常是指为了避免意外因素对商业活动中的信息收集、识别及传递产生不利影响而规定的相应安全要求和采取的相应技术措施。谈判信息保密的级别不同，其安全要求、技术措施也不同。

### 一、商务谈判信息的一般保密原则

**1. 面对面直接交流原则**

谈判信息保密的程度与其传递的范围大小、传递的环节多少有直接关系。如果谈判信息的传递是在双边条件下进行的，凡重大问题应努力通过直接交流的方式传递信息，尽量避免让第三方传达或采用公共通信技术手段（如电子邮件、电传、电话、信函等）。

**2. 可控制单独交流原则**

在多边谈判的场合，为了确保各方利益的协调，可以先在各方当事人之间单独秘密会晤，并就相应的保密要求与泄密责任作出规定或达成有约束力的协议。在确定的保密要求下由有关当事人直接交流信息。

**3. 有预案事先授权原则**

如果谈判信息的传递是在谈判者己方内部进行的，则应事先拟定好谈判的方案，给予主谈人以相应的权力，尽量减少长距离信息传递。谈判家马什指出了过多的信息传递的不利和危险性，“联系越多，保密性越差，事情越糟”。而事先拟定好谈判的方案（至少拟定好谈判时的应对要点），可以大大减少谈判期间己方的无意义的联络。这样做的好处早已被商界所认可。谈判桌上因信息传递的保密性好而迅速赢得有利的市场地位或转危为安、反败为胜的例子不胜枚举。如果谈判已经进行了一段时间，期间出现了一些必须与己方首脑商议的事务，最好的办法是让有关的谈判人员亲自回去汇报或解决问题。这样不仅有利于信息得到正确的传递和保密，而且有利于及时针对问题提出解决方案，减少延误。

## 二、谈判信息保密的一般技术措施

无论是与对方进行商务谈判还是与己方人员交流信息，必要时可以采取下列技术措施以防泄密：

**1. 运用噪声掩盖技术**

在室内可以打开收音机、录音机、电视机及其他有干扰作用的音源，以掩盖谈话声。也可以到工地、车间、设备旁等噪声大的环境中交流。

**2. 运用环境变化技术**

可以在室外散步时或在单独的交通工具（如摩托车、摩托艇、私家车）上谈话，并不时改变环境。

**3. 运用物理隔绝技术**

充分运用物理隔绝手段，避免谈判信息或关联资料在非可控条件下传递。

**4. 运用信息加密技术**

可以运用非对称加密、非线性加密、数字证书、数据压缩、无缝通信等技术传递信息。

## 三、谈判信息保密的一般管理措施

通常而言，谈判者的地位越高、权力越大，其接触的信息广度与深度越为常人所不及，相应承担的保密责任与风险就越大。对于各级各类与商务活动相关的人员（这些人不一定都是谈判者），必须有一套完善且行之有效的管理制度。

卡洛斯指出："树立保密意识是一种态度的转变。它通常始于人们注意到职务的机密性，警惕商业机密被刺探的危险，而且大都始于公司的高层管理人员。如果连他们都不关心这些事情，也就没有人会关心了。"

从管理制度的安排上讲，应加强以下措施以减少泄密的危险。

**1. 采取严格的资料保密措施**

针对有关资料的收集、分析和保管制定严密的程序，资料必须经过严格的批准才可以调阅，资料保管地要在严格的控制下才可以接近。

**2. 选择守口如瓶、稳重的人参加谈判**

必须评估谈判人员泄密后自身的损失和保密能给他们带来的经济、升迁、名声等方面的好处。

**3. 尽量不让不需要知道谈判信息的人知道相关信息**

需要参与谈判的人，只让他知道必要的信息部分。在必要的时间、条件下再让己方谈判同事了解应该知道的事情，在重大谈判中这显得尤其必要。

**4. 严惩出轨行为**

若有贿赂或泄密事件发生，应立刻报告，严肃处理，不允许有任何例外或下不为例的情形发生。

**5. 提供给对方的资料应以够用为限**

除非出于策略上的考虑，否则提供给对方的资料应减至最低限度。

**6. 运用暗哨**

要在有关场合安排和布置一些监听的人，以便随时知道对方想要刺探的事情和刺探的动机。

**7. 保护安插在对方的信息源，知情者越少越好**

必须对信息源在遭遇意外情况下的退路、安全、补充等有周详的安排。

**8. 大事宜低调**

重大谈判应不时更换谈判场所，选择普通环境，以不引人注目为上，以免泄密。

**9. 物理隔离**

将工作人员与外界无关者隔离，消除他们见面的机会或通信的可能。

**10. 保证舵手只有一个**

最后的底牌只能让关键人物知道。

除此之外，谈判班子的人事管理工作的好坏与内部人际关系会对谈判信息的保密性产生影响。技术措施与管理措施毕竟是人为制定的，无论如何，总会有超出制度和措施之外的行为，难以完全控制。谈判者之间的关系裂痕或感情上的纠葛都应引起主管人员的高度重视，以防止这些人员无意中泄露机密信息。

## 本章小结

商务活动实际上是一种资源信息和需求信息收集与处理的竞赛。在商务谈判活动中，谈判者的思想、行动、目标的交流都是一种谈判信息的交流。谈判者对各种商务谈判信息的拥有量，特别是对商务谈判信息进行收集、分析、识别和利用的能力，对谈判活动有着极大的影响。占有谈判优势的一方几乎总是掌握谈判的主动权。

要提高谈判者的谈判能力，使之在谈判活动中处于较为有利的地位，商务谈判信息的收集、整理、识别和传递工作必须尽可能专业高效。谈判者要努力培养自身的信息管理意识，成为谈判信息交流中的明白人。

## 关键术语

商务谈判信息　　信息收集　　信息传递　　信息保密

## 思考与讨论题

1. 为什么要重视商务谈判信息？

2. 商务谈判信息有哪些基本特征？如何理解这些特征？

3. 怎样看待商务信息对谈判活动的影响？

4. 怎样看待合法收集商务谈判信息的途径和方法与“非法”收集商务谈判信息的途径和方法的差异？

5. 为什么必须把商务信息与谈判的环境因素作为一个整体来分析？

6. 商务谈判信息传递的一般渠道有哪四种类型？

7. 以明示、暗示、意会的方式传递谈判信息各有什么特点？

8. 举例说明你在信息传递时机把握上的一次教训，你是如何总结、分析、改进自己的行为的？

第三章

# 商务谈判活动的组织

## 本章要点

谈判班子在组建时的关键管理问题
谈判对象的信用评估与跟踪
谈判领导人与主谈人的工作职责和角色
谈判班子的日常工作安排
商务谈判准备工作的内容
主谈人在商务谈判过程中应起的关键作用

# 第一节　商务谈判班子的设置与管理

以项目需求为准来设置谈判班子的规模并召集专业人员加入，可以有效地调配谈判资源，提高商务谈判活动的效率。商务谈判班子的搭建不仅是一个商务合作问题，也是一个法律问题。例如，在交易标的物（技术、产品等）市场竞争激烈，对国家、地区、行业的市场秩序日益产生冲击的情况下（倾销、利用垄断地位获得不当利益等），谈判班子的组建是有讲究的。我国曾经组织过纺织机械设备的联合进口招标和分项谈判，这种组织方式有利于防止外方低价倾销，同时还可以避免不同的企业因为互相不通信息而被各个击破以及重复引进。再比如，成套项目交易的谈判涉及相关的技术、设备、服务、许可证、产品、市场等因素，我国的一些企业曾经组织过联合谈判的班子，这类谈判涉及面广，交易额大，谈判复杂，但是有利于防止恶性竞争和互相杀价，可以争取更优惠的条件，尽管难度大，只要掌握了谈判的基本原则和正确的组织方法，效益依然很可观。

总体来说，组建商务谈判班子时，在设置和管理上要把握好如下几个方面的问题。

## 一、依据项目特点确定谈判班子的规模和分工协作关系

### （一）谈判班子规模的确定

谈判班子的规模通常是指谈判班子的成员数量。通常来说，商务谈判班子的规模由交易谈判的项目规模和谈判涉及领域的复杂程度来确定，在一些特殊的情况下，还会受到己方对谈判的期待和时间的影响。

马什认为，在上述所有谈判班子规模的影响因素中，应主要考虑谈判项目的大小。小型谈判的规模大致为四人以下，当谈判人员身兼两职以上（如既为技术主谈，也兼商务主谈；既为法律顾问，也兼金融顾问等）时，人数可减至两三人。但是，无论谈判者多么精明能干，都不可将规模减至一人。这是因为，在谈判中一个人要想独立地处理好下列谈判事宜是不大可能的：

- 既要陈述自己的交易条件，又要观察对方的反应；
- 既要倾听对方的阐述，审查资料，又要做好谈判笔录；
- 既要回答对方的问题，又要与己方领导商量协调；
- 对各交易条件的利害得失作出判断；
- 对谈判全过程做记录，特别是在不允许或不便于录音的情况下。

马什认为，四人以上的谈判规模偏大。谈判规模偏大虽然在控制、保密与效率方面不太理想，但也有一些有利之处：

- 可以运用适合于小组谈判的战略战术（如车轮战、蘑菇战等）；
- 可以分工处理不同的讨价还价，或根据需要扮演不同的谈判角色，以增加己方谈判的灵活性；

- 在个人因事因病不能持续谈判时，有人可以替换，这在国外谈判时显得更为重要；
- 在通信条件差的情况下，能有己方人员商议或充当通讯员。

马什认为，最佳的谈判规模是2～5人。

一个谈判班子的规模究竟多大为宜，要考虑班子成员的知识结构、谈判经历和经验等现实条件与谈判的目标要求、复杂程度、时间要求之间的对应程度。谈判组织者必须有一种动态灵活的管理观念，在谈判项目多、涉及内容复杂、时间紧、要求高的情况下，班子成员的规模会大一些；反之，则应小一些。当谈判班子成员的知识结构、谈判经验欠缺或专业分布有缺陷时，班子规模会偏大一些；反之，一人多能，则班子规模可偏小一些。谈判规模的概念不应该拘泥于理论家的研究，而应当依据实际需要确定。

### （二）谈判班子的分工协作安排

根据项目要求和谈判内容，班子内每个成员应该在专业结构、知识、经验互补的基础上有自己的职能岗位。实行专业分工是组织协同的基础，要做到分工不分家，有互相补位的意识和默契。无序的组织安排只会扰乱谈判计划和方案的实施。

刚组建谈判班子时，领导人可以从四个方面考虑班子成员的人选：一是从专业技术上看需要哪些人员参与工作，例如，产品设计人员、工艺设计专家、设备管理人员、现场工作人员、动力专家、基建人员、安装人员等；二是从贸易上看需要哪些人员参与工作，例如，市场或销售人员、报关员、客户中心人员等；三是从法律上看需要哪些人员参与工作，例如，合同管理人员、法律顾问、委托事务机构人员、政府职能部门的分管人员（必要时）等；四是从管理上看需要哪些人员参与工作，例如，综合部门人员、后勤人员、前台接待人员等。这些人员有的在一线参与谈判工作，有的在二线负责配合。并非所有的谈判班子都得配齐上述成员，要根据具体谈判内容和议程安排适时地进行调整。

**重要视点**

当谈判班子成员的知识结构、谈判经验欠缺或专业分布有缺陷时，班子规模会偏大一些；反之，一人多能，则班子规模可偏小一些。规模大时指挥、协调、管理的难度都会相应增大。因此，谈判领导者要善于权衡利弊，把握好成员间的互补性，确定适宜的谈判规模。

## 二、明确谈判领导人与主谈人的工作职责和角色

谈判领导人是整个班子的总协调人，他要具备协调、处理谈判班子内外人事关系的能力，同时还应当是具有一定谈判经验、熟悉业务或了解相关专业问题的杂家，对于谈判中的利弊得失具有相当的临场分析判断能力。主谈人应该是所在专业的谈判专家，除了熟悉本专业的基本情况外，具有较强的配合、执行能力。技术主谈人能够承担技术谈判的主要任务，贸易主谈人能够承担商务谈判的主要任务，班子内精通法律、管理、政府政策等的成员要认同并配合谈判领导人和主谈人的工作。此外，无论是谈判班子领导人还是主谈人，都要有两个基本意识：一是工作职责的分工，领导人是行政总指挥，主谈人是所在专

业的总负责人；二是角色分工，领导人可以在台前，也可以在幕后，主谈人则主要在台前。

### （一）任命谈判班子领导人的考虑因素

处在一线的领导人一般由上级任命产生。谈判班子领导人首先应当是熟悉业务的行家，能够协调班子的人事关系；其次必须获得上级的一定授权，能够在第一时间判断谈判进程中的诸多微妙变化，利用职权进行恰当的处置、及时的汇报、有力的协调，为上级决策赢得时间。任命谈判班子领导人有一定的考虑因素，主要包括：

**1. 经验**

有从事类似谈判的经历并取得一定的业绩，对所涉及的相关专业比较了解，人事协调、信息沟通能力强。

**2. 地位**

已经具有或获得的授权足以使其全面掌控谈判班子的资源调度和人事安排。根据实践经验，谈判班子领导人的地位可以高于主谈人或与主谈人平级，这样的安排有利于提高协调和执行的效率，避免地位问题对谈判活动产生干扰。

**3. 判断力**

要求有较强的临场判断能力，尤其是能够很快通过逻辑分析、关系权衡、利弊评估在有限的时间内做决定，并勇于承担责任。

**4. 业务能力**

熟悉相关政策，有丰富的人际关系，可以纠正因信息不对称、战术失误等造成的错误，扭转被动局面。

**5. 人格**

有号召力，知道如何调整情绪、稳定队伍，能团结班子成员在不同的谈判阶段富有热情地发挥各自才干开展工作。

**6. 年龄**

领导人的年龄应根据其承担的工作职责和候选人原有的职位而定。如果任命前原有的职位较高，中青年也可以；如果任命前原有的职位较低，则可以考虑年长的人员。

**7. 职业风度**

符合一般职业礼仪、行为规范即可，不可抢主谈人的风头，以免引起谈判对方不必要的猜忌。

**8. 表达与领悟能力**

表达能力可一般，但领悟能力要求较高。

### （二）任命谈判班子主谈人的考虑因素

主谈人是场内谈判代表，是谈判桌上的主要发言人，也是现场谈判的组织者。主谈人的任务是将事前己方制定的谈判目标和策略在谈判桌上组织实施，及时根据临场变化和己方事先的安排对谈判策略进行调整。

主谈人可以由上级任命产生，也可以由参与谈判的协同单位共同推举选派。主谈人是实施谈判方案的第一责任人，他的表现直接影响到谈判的进程甚至结果。任命主谈人的考虑因素主要包括：

**1. 经验**

有从事专业谈判的经历并取得一定的业绩，对本专业与其他专业、本部门与其他部门、本位角色与他位角色的关系，以及谁主要谁次要，什么时候应当补位等认识得比较清楚。

**2. 地位**

与谈判目标的要求相适应。如果谈判项目规模较大，或政治经济后果影响较大，涉及的各方关系较复杂，主谈人的地位就应该较高；反之，可以通过授权派遣一位能力与谈判内容要求相符的人员参加。

**3. 判断与控制力**

要求既有较强的临场判断能力，又有不动声色控制谈判节奏的能力。尤其是能够及时应变，与己方领导人或职能部门负责人沟通，巧妙地掌控谈判进程。

**4. 业务能力**

十分熟悉本专业领域的动态、市场、技术前沿、相关政策，有丰富的专业知识和能力。不会固执己见。了解与本专业相关的技术、贸易、财务、法律知识，自身知识结构合理，信息对称，在过去的谈判实践中战术失误少。

**5. 人格**

有外圆内方的人格特征，知道如何调整自我情绪，处理好与对方及关联方的关系。无论在正式谈判还是非正式交往中，都能恰到好处地运用自身的人格魅力，既坚持原则，又巧妙引导对方。

**6. 年龄**

一般来说，对主谈人的年龄要求应从属于其能力强弱。能力强者，年龄的选择余地大些，主要参考谈判对手的年龄情况，以在业务、个人爱好、经历等方面易于与对方沟通为原则。当己方主谈人能力有限时，可以考虑派遣一位在专业知识、经验上有互补性的人员作为主要助手或顾问，这时助手的年龄应考虑到与对手打交道的要求。如果助手主要是起协调作用的，那么助手的年龄大小、个人爱好应有助于与对手交流，以便获取有用的谈判信息。

**7. 职业风度**

除了符合一般职业礼仪、行为规范的要求，尽可能在外表、衣着、行为上表现得有涵养和职业精神。

衣着随意、行为怪异、有生理缺陷的人是否作为主谈人，取决于他们在该领域的影响力。如果他们的影响力不够，谈判时尤其是首次见面时可能会给人留下不好的印象，但是，如果他们的介入是必需的，则可以在谈判进程的安排上做些变通，如先选派一位职业风度好的助手与对手进行非实质性的接洽，然后在恰当的场合安排真正的主谈人出场。

一个人学习知识的能力、改变自我的能力、努力向上的追求、谈吐修养的表现等是展示其职业风度的基础，没有这些基础，主谈人所有“人为制造”的风度都会露出马脚，也就不能指望大型商务谈判的效果会好。

**8. 表达领悟能力**

主谈人的表达能力和领悟能力要求都较高。思路清晰、表述艺术、立场明确、说话流畅，是谈判中与对方理性沟通并实现己方意图的基础条件。

**9. 良好的体力**

主谈人还必须具备与从事商务谈判相适应的良好体力，能够接受非正常的、持续的、节奏变化的谈判进程安排，思路不会因事务性工作繁杂而出现问题，心力不会透支，遇到意外事件时能够最大限度调动自己的体能，心态比较平稳。

现实中，谈判班子领导人与主谈人根据需要有时也可以由一个人承担。这样做的好处是可以集中班子的决策意志，执行谈判方案的能力强，不利之处是领导人权力过大，工作压力和负担很重，一旦出错，补救的余地小。

**重要视点**

实践表明，出于下列原因而任命谈判班子领导人是不妥当的：

（1）此人在那段时间正好闲着没事干；

（2）此人是某一领域的专家但无谈判经验，或只是与谈判结果有关的高级领导人；

（3）此人对相关主谈人的工作干预过细，甚至喜欢越俎代庖。

## 案例导读3-1

中国商务部前副部长龙永图担任博鳌论坛秘书长后在接受央视采访时谈到了他的秘书：

我曾经有位谈判秘书，当我选他当秘书的时候，全场哗然。在我们眼中，秘书都是勤勤恳恳的，少言，做事很谨慎，对领导体贴入微，但是我选的秘书，处事和别人不一样。他是一个大大咧咧的人，从来不会照顾人。每次和他一起出国，都是我走进他房间里说，请你起来，到点了。我为什么要选他做秘书呢？

我是在谈判最困难的时候选他做秘书的，当时由于谈判的压力，我的脾气非常暴躁，有时候和外国人拍桌子，回来以后一句话都不说。

我每次回来以后，没有一个人到我房间里来，因为他们怕被我骂。只有这位后来要当我秘书的人，每次不敲门就大大咧咧走进来，而且坐下后就跷起腿，告诉我今天他在谈判室内外听到了什么，说我哪句话讲得不一定对，而且他从来不叫我龙部长，都叫“老龙”或者叫“永图”。他有时候会出一些馊主意，被我骂得狗血喷头，但他最大的优点是无论怎么骂，5分钟以后他又回来了，说我刚才哪个说法不太对。

我觉得这样的人很少见。他是一个学者型的人，对很多事情不敏感，包括人家对他的批评。比如说，我最喜欢自然风景，他给我开车时，每次路过风景最好的地方，我在车外看风景，他坐在车里抽烟，对外面的自然风景没有感触。但是他对中国加入世贸的问题简直像着了魔一样，我们谈判班子其他的成员都说他是一个“传教士”，逢人就说“入世”的事情，有一种执著的精神。在当时那种特定的情况下，我的脾气那么暴躁，又很难听到不同的声音，那位老兄对我很重要，当时我就需要一个经得起骂的秘书。

后来他成了博士。他的承受力很强，伴随我度过最困难的时期，不会因为我骂他而有别的想法。谈判成功以后，我很快就把他送走了，因为我觉得已经不需要他了，他的长处在这儿用不上。他每天把我的文件搞得乱七八糟，害得我什么文件都找不到，他有时候还向我要文件。中美谈判成功之后，我的脾气好多了，他的任务也完成了。

我为什么举这个例子？一个人在某个特定的历史时代可能适合做某件事情，但是换一个时间，同样一个人可能就不适合做这件事情。所以，我认为一个人有时待人接物稍微麻木一点好，不要太敏感，这样的话，团队精神比较容易建立起来。人如果太敏感，太琢磨别人的话就不行。我的一位领导讲，你多琢磨事，少琢磨人，真正建立一个好的团队，应该就事论事。不要一天到晚想别人的缺点，这一点非常重要，这是我用人非常看中的一点。

## 三、建立尽可能畅通的内部沟通机制

一个好的内部沟通机制具有三方面的特点：一是能够迅速实现自上而下谈判信息的共享和自下而上谈判信息的分层控制，内部成员的横向信息交流无障碍；二是在内部沟通中能够理性地处理提出建议、沟通思想、构思方案、决策拍板等问题，既能有效发挥集体的智慧，不断增强专业融合的力量，又能尊重每个成员的创造性和意见，合理处理好尊重个体与服从领导的相互关系；三是对于暂时不能达成一致的意见，各成员都能依照自己在班子中的责任和位置，按照纪律的要求行事。

畅通的内部沟通机制，不仅能够避免误解、部门之间无谓的扯皮、被别有用心者钻空子，而且能够根据谈判形势的需要及时在内部分工、人员调度、角色扮演、谈判节奏控制等方面进行调整，迅速提高谈判班子的整体实力。

## 四、谈判班子的日常工作安排

谈判组织工作中的许多细节问题，不可以统统由领导人来提醒，而应该纳入日常工作的管理范畴。例如，常常令人头疼的是，明明谈得好好的，第二天却发现前一天取得的谈判进展一夜间土崩瓦解，本来大有希望解决的问题甚至是已经解决的问题，又令人沮丧地回到起点，不得不重新再来。以前所取得的进展似乎只是一场演习和排练，不算数。什么原因容易导致这种情况发生？事实表明，原因不在于谈判者的谈判方式，而在于对谈判成果的管理和维护。

### （一）“牧羊犬”是谁？

所谓“牧羊犬”是指那个依照谈判班子事前确定的分工协作关系和规定，对每天的工作成果进行追踪落实的人。这个角色可以由特别熟悉谈判领导人意图的人、熟悉特定项目业务的人、秘书或指定的人来担任，他的程序感要强，对细节的梳理要富有经验。

**重要视点**

谈判班子的日常管理工作常常不缺制度和安排，而是缺依照制度和安排进行追踪、提醒、问责、落实的“牧羊犬”。

## （二）检查每天的谈判成果

要提高谈判效率，谈判领导人必须从日常烦琐的事务中解放出来，重点思考谈判中需要决策的问题。因此，为确保谈判按照计划朝前推进，避免出现推倒重来的局面，充当“牧羊犬”角色的人应当做好以下工作。

**1. 提醒主谈人对当天的谈判成果进行总结**

谈判结束时，主谈人应对当天的谈判成果进行总结，对已经达成的共识进行回顾，目的是在得到对方确认的同时，暗示己方的会议记录人员或秘书做记录，包括讨论了哪些问题，解决了哪些问题，哪些问题达成了原则上的一致，具体的落实情况如何（为事后文字条款和数字条款的起草提供依据）。这时，如果主谈人忘记了总结，应当给予恰当的暗示或提醒。

事实上，主谈人的这种总结性陈述不能只包括他对谈判成果的总结，还应当尽量争取对方的参与，只有双方都认定是准确的共识才能记录在案，别把对方的沉默当做同意你的看法。如果对方对某一问题不发表意见，就应当先将该问题记下来，说明还需要进一步交换看法，尤其要在主谈人的总结中公开提出这一问题。

**2. 检查会谈纪要的内容是否完整**

谈判班子的秘书要做好会议记录，会议纪要应当让所有与会者签字，包括己方成员和对方成员。实际上，让对方成员在上面签字的含义不言而喻。

在请所有与会者签字之前，应当让己方的谈判领导人先看看重大问题是否已经记录完整，确认没有遗漏再签字。对方做的会议纪要一定要仔细阅读，签字时要特别小心。如果涉及争议性问题，最好采取每页签字的方式，声明“已阅本页，（签名）”，要注意防止在空白页签字的情况出现。如果对方只提供空白签字页，则要立刻声明立场，假如非签字不可，则应声明“最后文本未经本人阅读，（签名）”。

**3. 确认时间表**

要在谈判班子的领导人明确下一步的主要谈判任务之后，仔细询问各项任务的分工、责任人和时间表，以便下一次谈判开始时提醒己方谈判者注意各自的工作重心。

**4. 记录各方的人事变动情况**

在谈判活动进行过程中，根据情况的变化和需要，领导人会确认与会人员，因为头一天参加过谈判的人第二天不一定再出场，或者第二天要增加新面孔。由于涉及与之对应的专业问题，人员的变化很正常。应当将双方出席会谈的人员情况（重点是职务、专业、分工）记录下来。这种记录有利于事前和事后对谈判活动进行控制，也有利于在谈判结束之后进行总结、问责、表彰和落实。

谈判班子的秘书最好主动与对方联系，如果能够提前知道对方第二天参与谈判的人员变更情况（如主谈人要出差，会计要参加，技术总监要到会，主管部门领导要参与，股东代表要列席，等等），则更有利于己方进行谋划，谈判者更容易预见对方可能从哪些方面提出问题。

**5. 询问或介绍新成员**

当对方新成员出现时，己方的秘书要主动询问其个人情况（姓名、头衔、专业等）。己方新成员出席时，同样应该向对方介绍其情况。

### （三）谈判过程中对正常秩序的维护

**1. 检查设施**

谈判班子的秘书要确保谈判不受技术性问题的影响，如需要照相时才发现没有带相机或相机不能使用；需要录音时才发现没有录音笔；需要演示图片时才发现电脑或投影仪不能用；讲话时麦克风不能正常使用；房间空调无法启动；灯光过于刺眼等。

**2. 对付打岔者**

当主谈人正在叙述一个重要问题或就争议表明己方立场时，对方很可能出现一个打岔的角色。这是一种战术，目的是转移主谈人的注意力，干扰他的思维或进行挑衅。己方必须事先有一个安排：对于一般的打岔，可以不动声色地因势利导，依然由主谈人沿着既定的思路表态；对于恶意的打岔，谈判班子的秘书要果断地站出来，制约对方的打岔者。

己方主谈人在任何时候都不要对打岔倾注过多的注意力。对付恶意打岔的合理方式是，让助手而不是主谈人去面对。这叫做“兵对兵，将对将”，避免“用大炮打蚊子”。

## 第二节　商务谈判活动前的计划准备

商务谈判准备工作的好坏对谈判结果的影响很大，不少国家的政府、公司及民间组织非常注重谈判活动的准备工作，常常事先通过专门的研究机构或咨询公司，集中专门的人员对谈判活动的背景、过程和前景进行研究，提供谈判咨询服务，协助制定谈判方案，充当事务顾问。准备工作是否充分，成为直接影响商务谈判活动中各方谈判实力的重要因素。

### 一、商务谈判准备工作的内容

**1. 进行谈判实力的对比分析，确定基本的谈判战略**

谈判班子领导人在正式谈判前，应利用收集有关谈判信息的渠道分析、估计对方的实力，判断对方所处的谈判地位（主动还是被动）；明确己方在谈判中的地位，制定出谈判中应采取的战略和基本方针。

有专家建议①，谈判者可以使用事先拟定的谈判信息目录来有针对性地了解对方的背

① ［美］弗兰克·L. 阿库夫. 国际商务谈判. 上海：上海人民出版社，1995.

景情况，确保己方的信息优势。一个常用的谈判信息目录参见表3-1。

**表3-1　　谈判信息目录要点**

| 信息 | 负责部门/负责人 | 完成情况/打钩 |
|---|---|---|
| **对方的基本情况：**<br>家庭状况（比如：单身、已婚、子女）<br>闲暇时间安排、娱乐喜好<br>工作习惯（比如：长时间、早起工作）<br>行为风格（比如：完美主义、追求细节、以计划为主、以任务为主、以人际关系为主）<br>在目前的公司工作了多少年<br>目前职务的稳定性<br>作为谈判者的一般声誉<br>特殊的利益集团与该谈判者的关系 | | |
| **对方的文化习惯对谈判的影响：**<br>会议能够准时开始吗？<br>对方期待有怎样的谈判进度？<br>保全面子的重要性有多大？<br>意见分歧是由人的情感还是对问题的争论引起的？<br>对方参与谈判的人数一般偏多还是偏少？<br>对方有代理人或翻译吗？<br>谈判需要一个正式的议事日程吗？ | | |
| **对方公司的情况：**<br>该公司的主要产品或服务项目是什么？<br>该公司的市场声誉或在同行中的口碑如何？<br>该公司过去、现在的财务状况如何？<br>该公司的信用记录如何？<br>该公司存在哪些问题（比如：规模变小、竞争困难）？<br>对方真正的老板是谁？我们对他了解多少？<br>该公司是否随时会遭受压力？ | | |
| **以往的谈判情况：**<br>过去谈判的主题是什么？现在谈判的内容是否有所变化？<br>上次谈判的主要障碍和结果是什么？<br>分歧是什么？<br>对方采取了什么战略和战术？<br>与达成的最终结果相比，上次对方的首次开价是多少？<br>上次谈判的结果是如何取得的？经过了多长时间？ | | |

**2. 选择真正的谈判对手**

弄清楚究竟谁是谈判的真正对手和对手的规模，这一点对谈判者至关重要。比如，对方的幕后指挥是谁，实权部门或实权人物是谁，同盟是谁，谈判的主谈人是谁，顾问是谁，他们彼此之间的关系如何，等等。

谈判者应有针对性地了解并分析对手的个人情况及他们彼此间的关系，尤其要了解对方彼此间的依赖关系、主从关系、对立关系、亲戚关系、委托关系、利害关系和个人恩怨，以此来找到谈判中的突破口和己方应当防范的要害。既明确主要对手，又避其锋芒；既看到对方同盟的力量，又巧妙地瓦解对方的阵营。

**3. 评价双方的谈判目标**

谈判班子应当根据已掌握的材料，预先确定谈判的目标，并对对方的谈判目标作出估计。估计时应尽量客观准确，并以此为基础制定出己方的谈判方案及应对预案（如最乐观预案、最可能预案、最悲观预案等)。

**4. 谈判班子成员在职责分工的基础上着手进行详细的准备**

准备工作包括：项目环境研究、技术及商务背景资料研究、对手个人情况研究、法律条文研究、业务习惯研究、通信手段准备、接待安排准备、对方风俗习惯研究、礼仪训练等。详细的准备工作最好能发挥整个谈判班子的群体优势，避免各自为政。对于班子成员提出的建议和不成熟的意见，不应指责，但这并不意味着提倡各行其是。在充分收集大家的意见并讨论后，必须由己方谈判班子领导人形成统一的决定，否则，把分歧带上谈判桌极可能导致本方的阵营被对方瓦解。

**5. 各种谈判方案的实施计划的分解**

谈判者在谈判前不一定要把所有的准备工作做到最后的环节。只需准备第一阶段的内容，之后可视前一阶段的进展和变化着手准备下一阶段的工作。实施计划应突出其灵活性的特点，所有谈判人员必须对谈判信息有职业敏感度，以减少失误，避免徒劳无益的准备或错失良机。实施计划应本着近细远粗的原则来制定，计划最好有相应的应急措施配套，以防不测。

**6. 必要的专业经验培训和谈判知识培训**

最好聘请有专业经验和谈判实践经验的专家对谈判班子成员进行有针对性的培训，介绍谈判中的经验和教训，让班子成员尽快进入角色。特别是我国提出“一带一路”倡议以来，有效地推动了亚欧非大陆及海洋沿岸地区的互联互通，对解决国内资产和产能过剩，保障国家能源安全和打通贸易新通道有特别的现实意义。但是，在向外输出中国经验的同时，政府、企业、团体和个人必须深谙沿线沿岸地区的人文、宗教、政治环境对谈判成果的制约和影响。商道的精髓不是逆流而上，而是学会顺势而为。尤其要请有谈判经验和专业知识的一线专家进行有针对性的培训，防止出现因“无知而无畏”付出不该有的沉重代价。

**7. 己方行政与后勤准备的安排**

要指定专门的人员具体负责谈判过程中的行政与后勤管理工作，一般职能部门的领导人应当列席由谈判班子领导人主持的预备会议，明确责任，使得内部的人员调度、交通工具的使用、通信联络、环境安排、接待流程、客人的食宿、与政府部门的联系、打印和复印设备、会议服务、安全保卫等工作都能落实到具体的部门乃至个人。

**8. 向上级汇报请示**

将谈判准备的情况向上级（如主管部门、公司董事会、项目联合指挥部等）及时汇报，有利于让上级了解谈判班子所开展的工作，获得进一步的指示或授权，在正式谈判开始前弥补准备工作中的不足。

## 二、对商务谈判对象的信用评估

信用是维系正常市场关系的纽带，是公司在市场运行中除了成本、利润之外的第三驱动力。中国市场经济建立在信用环境相对滞后的条件下，“一带一路”倡议的实施使公司面临的国际信用环境参差不齐，信用风险几乎成了谈判成果风险管控中最具挑战性的因素。中国经济增速开始放缓，结构调整进入持续性较长的周期，互联网金融、债权交易市场、众筹等新兴融资工具不断挑战传统金融工具的作用。商务谈判以契约为核心的风险管理呈现出更多的不确定性和市场敏感性，不同形式的市场主体、不同风险偏好的投资人、经营管理者，使得商务谈判成果的风险管控更具挑战性。由于信用风险带来的后果具有损益不对称性，与可以控制的成本、可以预计的利润相比，信用风险对商务活动预期的影响巨大，加强对商务谈判对象的信用评估与跟踪，有利于消除或矫正谈判信息的不对称，稳定谈判成果预期。

### （一）理性认识谈判对象信用缺失给商务活动带来的负面影响

总体来说，信用风险会给在现代市场经济条件下运营的主体造成负面影响，如果失控更可能形成非线性累积蔓延的后果。从微观来看，大致表现在以下六个方面。

**1. 增加谈判磋商成本**

合作伙伴之间在交易过程中的许多细节问题上达成一致所需要的谈判成本增加，谈判效率降低。

**2. 增加谈判信息搜寻成本**

当外部环境变化时，为判断原有的合作关系变化及制定相应调整措施的信息搜集工作量巨大。

**3. 增加谈判过程监管成本**

由于信息不对称、契约不完备或出于防范风险的需要，被迫投入大量的成本进行过程控制。

**4. 增加谈判争端风险**

信用缺失引发大量的自利行为和动机出现，因道德水平下降所导致的摩擦、冲突增加。

**5. 增加谈判维权成本**

为挽回可能失去的利益或减少损失，企业必须另行建立庞大的维权机构，甚至卷入官司。

**6. 增加谈判机会成本**

在谋求发展的过程中，因得不到商业伙伴的授信，交易中不得不采用现金支付方式。

### （二）谈判对象信用评估的范畴

对商务伙伴信用的评估，是掌控商务谈判主导权、防范谈判预期风险的基础。国际上最成熟的经验是综合考察影响谈判对象信用的主客观因素，主观因素重点评估其履行义务的意愿，客观因素重点评估其履行义务的能力。我国自 2001 年加入 WTO 之后，通过政府和市场两个途径不断推进企业信用信息系统和个人信用信息系统的建设和完善，为商务活动中甄别信用水平、防范信用风险提供了基础条件。2014 年以来，在中国倡议的“一带一路”和亚投行机制建设中，越来越多的企业注重发挥市场机制的作用，加强对商务合作伙伴的信用评估。一般来说，对于企业采用等级制进行评估和分类管理，对于个人采用百分比制进行评估和分类管理。不管谈判对象是企业还是个人，对其信用评估的范畴主要包括 5C 要素。

**1. 对谈判对象的品德记录（character）进行评估**

主要根据收集到的谈判对象履约记录、守时情况、官司判决结果、社会评价、银行信用记录等进行判断。实践中，一家企业的成立时间和上下游企业对其偿债声誉的评价是公司品德的良好替代指标。它在一定程度上有助于推断谈判对象的自律精神、声誉和履约意愿。

**2. 对谈判对象的履约能力（capacity）进行评估**

主要根据收集到的谈判对象行业特性、职业特性、盈利能力、收入水平、财产状况等进行判断。在现代市场条件下，对谈判对象履约能力的判断比对其品德的判断更为重要，尤其是在司法条件比较成熟的市场环境下，往往作为优先条件加以重视。中国“入世”之后的企业商务实践表明，履约能力有长期履约与短期履约的区别。短期履约能力更多地根据谈判对象自由现金流与其短期借款的匹配度进行评估，自由现金流越大，履约能力越强，而短期借款越多，履约能力越弱。长期履约能力的评估则要复杂得多，既要看其资产负债状况，也要看其技术先进性和市场前景。需要强调的是，对履约能力的评估要注意从对象经营现金流的角度出发，其固定资产的规模并不说明履约能力问题。

**3. 对谈判对象的资本实力（capital）进行评估**

主要根据收集到的谈判对象可以变现的财产实力等进行判断，包括总资产、净资产、可支配的财产、现金流量、无形资产等。对公司的资本实力评估可以采用一些辅助性指标（例如，按合同约定进行财务结算的记录、工资拖欠情况、主动召回产品的履责情况等），对个人的资本实力评估还可以考虑其工作技能等条件。

**4. 对谈判对象的周期状态（cycle conditions）进行评估**

主要根据收集到的谈判对象所处的环境条件的稳定性进行判断，包括宏观政策环境的变化（政府的公信力如何，是否更多地靠临时性规定、暂行条例、朝令夕改施政等）、行业环境的变化、地域环境的变化、劳资关系的变化等。有不少专家指出，随着我国企业体制改革的深入和积极贯彻“走出去”战略，包括谈判对象所处的宗教环境、法律环境、信用监管环境（互联网环境下尤其要注意新型金融工具的运用与金融监管手段的有效性之间的平衡）、政治环境等过去作为大环境判断的因素，逐步变成我们需要关注的经常性评估项目。

**5. 对谈判对象的抵押担保状况（collateral）进行评估**

主要根据收集到的谈判对象利用除自身实力之外的其他履约条件履行义务的能力进行

判断。

### （三）谈判对象信用档案的建立与跟踪

谈判对象的信用是动态变化的，从商务磋商开始，到合同履约结束，到新的商务项目再次合作，都会因内外环境和自身条件的变化经历一次变故。根据我国企业近年来积累的经验，公司从谈判组织工作开始，注意建立谈判对象信用档案并实时跟踪，对于降低磋商成本、提高磋商效率意义重大。

**1. 谈判对象信用档案的基本内容**

通常而言，谈判对象的信用资料包括三个方面的档案，应当在每次交流合作中进行实时更新。一是公司或个人的基本信用资料，包括公司存续年限或个人工作年限、公司经营范围或个人职业的变迁、公司住址或个人居住地的变化、年度业绩公告或个人收入证明、公司合并分立或个人婚姻状况等信息。二是公司或个人的银行信用记录，包括银行出具的公司或个人信用记录、借贷信用记录、个人信用卡使用记录等。三是公司或个人的社会信用记录，包括纳税信息、公用事业缴费记录、公司或个人的养老金缴费记录、受奖励或惩处的记录、近七年[①]的不良信用信息或司法诉讼信息、出入境签证信息等。

**2. 谈判对象信用信息的跟踪**

信用信息的跟踪是信用评估的基础工作，只有实时的信用信息才具有使用价值。建立谈判对象信息档案的前提是对方有信用历史记录可查。在西方发达国家，公司或个人一般通过银行往来、信用支付、负债经营、担保或反担保、借债消费等形式来积累自己的信用记录。若一个公司或个人从来没有负债记录，当然也就没有信用记录。公司经营范围的变化或个人工作的调整、公司的资本化程度或个人的职业化程度都是影响信用水平的重要因素。在商务谈判实践中，初始的跟踪一般可以通过内部和外部两种路径实现，内部的手段有：合同跟踪管理（签约、履约、终止过程的管理）、谈判对象人事变更记录、财务部门提供的信用风险信息（如到账现金、应收款账龄分析、其他警示）等；外部的手段有：网络消息、年报消息、政府部门（工商、税务、海关、公安等）提供的信息、法院提供的信息、银行出具的信息等。

### （四）谈判对象信用评估结论的运用

全球范围内，狭义信用评估的结论一般以信用风险等级来表示，通常由银行或信用评级机构作出；广义信用评估是由当事人根据狭义信用评估的结论，综合考虑谈判对象信用评估范畴的其他条件作出的。

**1. 狭义的信用评估**

银行或信用评级机构依照规范的信用评级标准进行的评估，通常反映的是企业的偿债能力和资产的流动性，对于履约意愿的判断相对较弱。按照国际惯例，最基本的风险级别

---

① 在美国，公司或个人都拥有一个终身的社会安全代码号，这个“信用身份证”对应着公司或个人的信用记录。一旦有不良信用记录，7年内无法消除，会给公司或个人带来信贷消费的困难。我国从1998年开始，借鉴美国等国家的经验，在经济发达省区逐步建立了7年信用跟踪档案数据库。

有四级，即U级（无风险级）、A级（低风险级）、B级（平均风险级）、C级（高风险级）。U级一般指即使破产也不会引发债务纠纷的高信誉企业、个别蓝筹企业、承担有限责任的政府部门，目前占比很小；A级是财务状况和经营业绩、公司前景都很好的企业或组织；B级是财务状况和发展前景一般的企业或组织；C级是财务状况堪忧、出现拖欠债务和财产诉讼或因利息负担变大而偿债能力变小的企业或组织，这部分企业或组织目前对A级和B级企业或组织形成的拖累较多，应当引起足够的重视。

**2. 信用评估结论的运用**

对谈判对象的信用评估是控制谈判风险的基础，我们可以根据谈判对象的信用评估结论采取差别对待的谈判策略，巧妙运用信用风险分散的手段，越是经过激烈提问和辩论得出的评估意见，越值得谈判领导者的重视。信用评估的结论是谈判者重要的参考，但不是依据。尤其是在信息不对称的情况下，对于一个声名卓著的企业家，我们可能更愿意相信他的预测，即使与信用评估结论相左也能获得很大的权重，因为他已经作出经得起时间推敲和市场考验的业绩。相反，对于名不见经传的企业领导人，由于缺乏业绩和时间的考验，我们或许更愿意相信信用评估的结论。

## 案例导读 3-2

### A公司的运营风险是怎样引起的?

A公司是一家具有工程生产特点的特大型上市公司，它有两个事业部可以从事建筑工程的钢构业务，建筑类业务不是A公司的主营业务。B公司是C集团有限公司的下属子公司，是C集团有限公司专门为B项目注册成立的。2015年底，A公司作为乙方与作为甲方的B公司签订第一期合同，其中钢构业务的付款方式为：由B公司首先支付定金100万元，首批钢构件运抵现场后再付200万元，余下的2 700万元款项在所有钢构件全部交付后分两阶段支付。2016年，在第一期款项有2 900万元尚未支付的情况下，A公司又与B公司签订了第二期合同，合同总额近8 000万元，付款方式为工程完工后分阶段付款。值得注意的是，在第二期合同中规定了第一期的付款时间，但没有将第一期的付款作为前置条件与第二期的工程施工直接挂钩。因此，在签订第二期合同时，A公司事实上向B公司提供了超过1亿元的商业信用。现在B公司项目早已完工，但因人为原因验收一再拖延，A公司10 900万元的款项仍然没有收回，这给A公司的现金流带来极大的压力，其不得不靠银行贷款维持运营。

事后的业务分析会上人们发现，在A公司与B公司签约两笔业务之前，两个可以从事建筑工程业务的事业部生产负荷严重不足，销售部门在没有进行信用风险调研、忽略付款条件和验收条件的情况下轻易地签订了合约，为B公司提供了巨额商业信用。销售部门似乎觉得为公司争取到了一大笔生意，解决了两个事业部开工不足的问题。但实际上，这两项合同给公司带来了巨大的财务风险，目前为止，单应收款的利息损失就高达800万元，更不用说这笔业务给公司管理成本、其他投资项目的机会收益造成的负面影响了。比这还糟糕的情况是，A公司的这些应收款是用银行贷款垫付的，不仅严重挤占了公司可支配的现金流，还加重了公司的还债负担，导致公司的信用下降，影响其后续融资。

### （五）合理确定公司从事信用风险防范的牵头部门

在商务谈判的准备过程中，对谈判对象的信用评估与跟踪的工作做得好坏将体现在谈判的后续效果上。从企业的角度看，无论谈判对象是谁，对它们的信用评估与跟踪最好有专门的部门负责，以便让信用风险防范的责任落到实处。根据企业的具体情况，通常可以选择由销售部门主导或由财务部门主导，也可以选择成立独立的部门来主导，甚至由公司建立更高一级的风险控制中心来主导。需要注意的是，在商务谈判中，为防止信用风险而实施严格控制的思想很容易被管理层无限放大，进而忽略控制成本的增加给风险防范带来的风险，所以要严防商务活动的信用风险治理中出现如“人人有责”口号那样的最不具操作性的泛化规则。公司的具体情况不同，选择由不同的部门牵头从事信用风险防范的利弊也不同，大致比较的结果见表3-2。

**表3-2　　不同的部门牵头从事信用风险防范的利弊**

| 牵头部门 | 有利因素 | 不利因素 |
| --- | --- | --- |
| 销售部门 | ● 有利于最大限度地调动销售部门的积极性；<br>● 有利于充分利用销售部门的资源处理好与客户的关系；<br>● 有利于改善客户关系。 | ● 容易在追求业绩和控制风险之间把关不严，失去平衡；<br>● 防范信用风险的财务技巧缺失。 |
| 财务部门 | ● 容易获得数据支撑，能够对公司业务部门起到参谋和制衡作用，有利于信用管理职能的实现；<br>● 具有信用评估的专业优势。 | ● 可能会出现矫枉过正，影响谈判的效率；<br>● 容易与公司业务部门发生冲突，增加内部协调成本；<br>● 难以充分利用销售部门掌握的隐性信息，难以利用业务人员与客户的良好关系服务于信用管理。 |
| 独立部门 | ● 能够站在超脱的立场进行评估判断，与公司的总体目标实现一致；<br>● 有较高的权威性，便于信用评估和相关措施的实施。 | ● 由于不涉及具体业务，运行初期的阻力可能较大，难以得到业务部门真正的协助；<br>● 流程复杂，运行成本较高。 |
| 风险控制中心 | ● 有利于把信用风险防范提升到公司战略的高度；<br>● 容易对公司各部门进行统一协调；<br>● 高度的专业性，说服力强。 | ● 容易滋生官僚作风，配合意识差；<br>● 成本很高；<br>● 一旦被谈判对手操纵，堡垒容易从内部瓦解。 |

## 三、理性确定己方的谈判终极目标与阶段目标

在谈判计划准备阶段涉及两个极具实践意义的概念，即谈判终极目标和谈判阶段目标。终极目标是谈判开始时希望得到的结果（一般通过首次开出的交易条件来体现）。终

极目标通常都是在未与谈判对手接触之前，己方根据已有情报和推断制定的，它在很大程度上反映的是己方的最大意愿。而谈判阶段目标则是谈判者通过对终极目标进行评估，尤其是考虑到在各个阶段实现的可行性、各谈判要素可能的变化、实现终极目标的策略而确定的。

须注意，谈判阶段目标并不意味着在终极目标基础上作出让步，实际上谈判阶段目标只有经过与对方接触，进行探索性的非正式谈判才能制定，也就是说，从对方获得的谈判信息和与对手的初步接触将影响到谈判阶段目标的确定。在谈判刚开始确定的终极目标由于信息对称性的影响也许会高于谈判实际预期，也许会低于谈判实际预期。阶段目标是随着谈判信息的对称程度而改变的，它或许会越来越低于终极目标，也可能越来越高于终极目标。

那么，在确定终极目标与调整阶段目标中应注意什么问题呢？马什根据他在长期的、国际性的谈判实践中总结出来的经验提出，在谈判中，认清双方在技术、契约条款、商业习惯和财务上的例行准则是重要的。只有这样，才能确定在哪些方面有不当之处。同时，还需要认清对方执行这些准则所持的理由。① 谈判者通过在初步与对方接触的非正式谈判中获得的信息，可判断对方作出让步或进逼的可能性。

在谈判准备的每一个步骤中，谈判者都面临着如何将终极目标转化为阶段目标的决策。以什么原则来理性地进行决策呢？

马什认为，谈判中的决策都是风险型决策，由于不能有把握地判断所作出的决策能否获得较满意的结果，因此，谈判者首先应当考虑的是一项特定决策的价值和风险的大小。这里所说的价值是指决策能够给己方带来的利益。通常而言，欲求的利益越大，所冒的风险越大。这种风险甚至包括出现使谈判者陷入十分被动的处境的状况。因此，谈判者越是选择价值较低的行动方案，其达成协议的可能性就越大；反之，如果选择价值较高的行动方案，则达成协议的可能性将大大降低。

但是，这并不意味着我们应为了达成协议而尽量选择价值较低的行动方案。关键的问题是，你必须明白：值不值得去冒这样的风险。为了比较明智地作出选择，谈判者应注意两个基本问题：

第一，在确定谈判目标时，你的行动方案能够有效地对每次开出的交易条件的价值作出判断。

第二，你应当始终按照同一判断准则来对交易条件进行评估，从而理性地确定最易于达到目标的策略。

上述两个基本问题涉及谈判的两种传统理论。一种是最大利益追求论，即认为谈判者在决策时总是追求最大限度地增加利益。而在一般情况下，利益这种概念并不能完全以货币的形式表现出来。对于谈判的其中一方而言，其对交易条件进行的价值评估应该既包括眼前的经济收益，又包括在对方接受其交易条件之后所产生的相应风险，以及可能的无形

---

① 马什．合同谈判手册．上海：上海翻译出版公司，1988：3.

资产方面的收益。总之，这种综合利益是与交易的当时需要和谈判者对待风险的态度密切关联的。另一种是知足论，即认为谈判者在决策时会选择有可能满足自己的一两项最低要求作为己方行动方案的目标。一旦达成这个目标，便不会再要求更大的进展。

把最大利益追求论的特点与知足论的特点结合起来，就产生了下列两条确定谈判目标的基本法则：

法则一，提出自己的交易条件比不提出更好，只要你的交易条件能够满足预期的最低要求。谈判者应在现有知识、时间和分析条件下提出交易条件，不必等到明确了最优交易条件后才提出来，因为“最优”在谈判中是难以达到的，过分追求它可能使谈判者贻误时机。

法则二，在你的交易条件能够满足最低要求的前提下，应尽量实现最高预期利益目标。

## 案例导读3-3

### 如何在谈判准备过程中确定谈判阶段目标与终极目标

首先，谈判终极目标的确立要有所突破。英国谈判家马什就此指出，谈判的计划工作必须是明确的，并要求在管理上从一开始就认清所希望达到的适当的目标。为了做到这一点，在设想上尽量不要受技术或商业的限制。也就是说，最初的设想必须是大胆的，否则后续工作就要受到影响。① 让我们比较一下甲、乙两个公司制定的目标。

甲公司：我们的目标是通过谈判使市场占有率达到22%，同时力争税前利润率达到25%。

乙公司：考虑到竞争的影响，要在谈判中保住15%的市场占有率，设法让税前利润率稳定在10%的底线上。

马什评价说，乙公司虽然企图说明其目标是现实的，但事实上由于在一开始就以消极的姿态来确定目标，因此“从一开始就是个半失败主义者”。谈判者须注意，在确定终极目标时，只需考虑自己拥有的能力，暂时不必去考虑对方的限制或其他实际因素的影响。

甲公司从一开始就表明它希望达到的目标，如果以这样的目标来要求公司的谈判人员，就可以促使谈判者努力构思并完善他们的谈判策略，去发现在谈判过程中可能存在的问题。比如，谈判者可能因此发现自己的产品由于式样、生产技术或使用方法落后而缺乏竞争力，发现依照现有目标的要求，公司的流动资金严重不足，销售人员还需加强训练，等等。发现的每一个问题都是他们达到终极目标的障碍。但所有这些问题只能被视为他们在前进中所遇到的挑战，而不能作为消极对待的借口。虽然有的问题并不能一下子得到解决，甚至其中有的问题可能需要很长时间才能解决，远远超出这次谈判的时限，但是，谈判者从中可找到修改谈判计划或谈判策略的突破口。

在谈判准备中是应当立足于通过改善手段确保实现目标，还是立足于以现有手段去评

① 马什．合同谈判手册．上海：上海翻译出版公司，1988：11.

估目标是否需要修正？答案如下：

第一，如果所发现的问题在谈判的时限内属于可以解决或改善的，谈判计划或谈判策略的修改就应围绕着解决问题来展开，而不是修正目标；如果发现的问题不能在谈判的时限内解决或改善，谈判者便可修正相应的目标。马什提醒说，为了追求达到目标而不顾及资源情况的做法是错误的，而把资源匮乏视作永恒的限制的做法同样是错误的。

第二，终极目标应当具体，并附以必要的说明。要防止以含糊不清或过于概括的形式来表述终极目标。例如，“我们应当尽可能争取最高利润”，“我们必须以最低的价格购买该技术”，“我们要求对方提供的技术应尽可能先进”，“要争取尽快地解决运输问题”，等等。这类表述对于制定决策毫无帮助。正确的表述方法是，将富有灵活性的词语删去，以定量的语言或数据来表达。例如，“我们必须以不高于 6 000 万元的价格引进这项技术”，“我们要求对方提供的制氧技术中还包括提取稀有气体的技术”，“对购进的产品，按每批 1 000件作为抽样检验的基数，检验费用每件不超过 1.50 元，用本公司第三套抽样检验方法，可接受的不良品率最高不得超过 1%”，等等。

第三，终极目标作为一个体系应有主次之分。虽然对终极目标的表述都是相当具体的，但它们不应当成为束缚谈判者手脚的框框。谈判过程中的形势变化难以预料，为了使参加谈判的人员对其即将从事的谈判有充分的思想准备，应当将终极目标依主次排序，分别确定它们可被接受的幅度，如交货期限，商品规格，违约罚则，保修、保效、保质期限，付款条件，等等。这些因素的变化都将影响到价格谈判，谈判者应把握它们的轻重缓急。

终极目标确定之后，所有己方谈判人员应对达到这一目标的原则、方法有大致统一的认识。至于这个目标是否可以成为最后的谈判目标，或需进一步加以修改，则取决于己方谈判人员对可能造成影响的各种因素的分析，以及在初始谈判中获得的阶段性成果。

上述这些工作在实践中通常是以开准备会的形式来进行的。在会议开始时由公司领导阐明要求达到的目标，再由谈判人员（通常是主谈人）提出存在的困难和问题，最后通过讨论在一致同意的基础上形成谈判目标。

接下来便是对终极目标进行评估，马什强调指出，终极目标和随后的谈判目标的形成必须贯穿在整个交易活动之中，绝不可使谈判与其他事务隔绝或孤立起来，而必须与公司的购销职能相联系，并服从于公司总的经营策略。谈判成功与否只能以是否达到共同的战略目标来衡量。

对终极目标的评估不是一项简单的评价报告式的工作，而是一个过程。它的现实性如何，要不断地通过这个过程来判断。有三个因素会对终极目标的评估产生影响：

（1）谈判的实力；

（2）竞争目标；

（3）资源的利用和谈判者的精力。

## 四、召开谈判班子议事工作会议和举行模拟谈判的重要性

充分准备是行动的基础，古人所说的“行成于思”就是这个道理。通过准备解决好两个问题：一是尽量做到在信息上知己知彼；二是尽量做到在对策上先行演练。

所谓知己知彼，就是说谈判者在对谈判准备工作进行评估时，不是仅仅局限于谈判议题本身的研究和资料的分析，而要对已经收集到的谈判对手的情况进行充分的分析。对手所代表的组织其背景如何？该组织的实力怎样？谈判对手在其组织中的地位、权力、影响如何？谈判对手对于谈判内容在技术上的专业性如何？他熟悉谈判标的的特征吗？我们的优势和劣势在哪里？相关的社会、政治、经济因素和人际关系对我们处理彼此的关系有影响吗？我们的计划是否考虑了意外因素的影响？有没有应变计划或方案？等等。

所谓先行演练，就是要设身处地站在谈判当事人的角度“经历”一次这样的谈判过程，以便发现方案在实施过程中可能存在的缺陷和漏洞。你必须考虑：在什么时间、什么地点，营造一种什么样的气氛来进行谈判？对谈判议程如何安排，这样的安排对方接受或认同的可能性有多大？开始怎么谈，是否须陈述己方立场或先回顾双方已达成的共识？是从技术条件的谈判引出价格问题，还是从合同的有关计价支付条件的谈判引出价格问题？等等。

谈判者对双方的情况和谈判过程的变化了解、准备得越充分，在谈判过程中占据主动的机会就越大。准备的形式有如下几种。

**1. 议事会**

很多谈判学家建议，在大型谈判准备工作的后期，有必要为即将举行的谈判安排一次预演。模拟谈判主要采用小组剧（心理剧和社会剧）或议事会的形式。特别是议事会的形式值得谈判者关注，在议事会上，谈判班子要对即将进行的谈判活动进行分工，对细节进行讨论，以检验谈判计划实施的可行性。这些形式的演练或讨论的目的是发现和解决问题，找出准备工作中的不足。对于对方的可能举动与态度，如果通过集体议事会能有所预见，则制定出的对策往往优于个人判断的结果。

**2. 即兴讨论会**

即兴讨论会类似于头脑风暴法，但这种形式要求参加者是具有与项目谈判相关的专门知识、谈判经验的人，而不是只有职务、头衔或只会举手赞成的“好人”。只有在这样的专业背景、知识背景、经验背景的基础上进行即兴讨论才会产生真正的效果。即兴讨论会只是开宗明义地提出问题，广泛征求大家的看法，与会者畅所欲言，百无禁忌。不论这些议论听上去多么古怪离奇，都不会有人对你评头论足或指责你的立场，会议秘书会将这些意见原原本本记下来，然后送交最高决策机构。即兴讨论会尤其赞赏反对意见，因为它对于辩论性或需要论证的谈判特别有用。美国当代杰出的辩护律师劳埃德·保罗·斯特莱克在《辩护的艺术》一书中谈到了如何运用这种方法为出庭辩护做准备，他写道：“我常常扮演证人，让助手反复盘问我，并尽可能驳倒我。这是极好的练习，就在这种排演中，我常常发现自己准备得还不够理想。于是，我们就来研讨出现的失误及其原因。”通过讨论和修改，不断完善准备的内容，提高谈判成功的可能性。

**3. 模拟谈判**

模拟谈判的意义在于对可能面对的情况进行预演，尤其是对假设的情况制定出预案。我们宁可在现实中没有遇到假设的情况，也不要在遇到假设的情况时没有预案。

尼尔伦伯格强调说，在谈判中，假设至关重要。参加一次谈判，如果不先将自己的各项假设检验一番，并对对方的假设作出预测，就会处处碰壁。[①] 进行假设的目的是增加自己在谈判中的优势，对对方的假设越充分，自己的应对措施就越有效，应变能力就越强。但是，现实中许多人并不能真正领会尼尔伦伯格强调进行假设的含义及其意义。没有经验的谈判者最易犯的致命错误是：以希望代替现实。

谈判者应当明白，通过模拟谈判作假设本是完全正常的事情，但是如果我们把假设当作绝对的事实去思考、判断和行动，就会碰壁。因此，假设的真正价值在于它仅仅是对未来可能出现的“预料之中”的事件的推测。有了这样的假设，就可以对未来可能发生的事情有所准备，而不至于固执己见、不知进退。尼尔伦伯格认为，谈判者务必始终牢记，自己所作的假设只不过是一种推测、一种或然性推理；要是把假设奉为必然而去行动，那就是故意冒险。因此，如果能看准对方的“假设的必然性”，你就能利用对方的这种故意冒险而占据优势。[②]

**4. 检讨障碍**

以希望代替现实，就是谈判者以主观愿望代替实际可能。其实我们大多数人在置身事外时谈及这个问题都清楚：这是在开玩笑，是胡闹，不栽跟头才怪。而一旦自己遇到此类事情，却又难保清醒。在谈判中，常常由于一方或双方对信息解读的障碍、表述的障碍、理解的障碍、心理的障碍，误解了事实的真相并浪费了大量时间。我们都想极力陈述自己的真实想法，又时时误解对方的观点，随着谈判的进行，彼此间可能毫无觉察地走入误区且难以自拔。谈判者要善于从客观现实而不仅仅是对方的言辞中或根据间接的信息去发现事实的真相。事实应当经得起各种形式的检验。这种检验能够使你纠正错误的判断。

尼尔伦伯格说，人们总是过早地给每件事物贴上标签，这极大地限制了他们对现实的洞察力。反过来，他们又把这些标签看作对事物的完整描述，例如，很多人认为，“合同”一词只不过是一种法律工具的名称，真是谬之甚矣。一份合同可以包含与其法律含义毫不相干的销售手段。例如，一份经营特许权合同的条款中所写的经营额可能远远超过经营者所能达到的数额，而看到这些令人乐观的数字，潜在的主顾就可能认为他的生意以后会做大。在这样的情况下，我们往往容易以最乐观的估计来对所有的现实进行判断，而理智与客观反倒让我们觉得“可笑”。

**重要视点**

不要给你所不了解的事物贴标签。在没有认识它之前，你最好慎言。

---

① 尼尔伦伯格．谈判的艺术．上海：上海翻译出版公司，1986：62.

② 同①65.

我们的内心世界是对外部世界的一种反映，在与外部世界发生种种联系的同时，内心世界会产生某些试图不受外部世界影响的短暂的欲求，这就给人类的精神感受造成一种差异。当我们接受外部刺激的时候，便会“感觉到是这样”“体会到是这样”；当我们的主观欲求强烈时，便会“认为是这样”“希望是这样”“觉得应该是这样”。

我们不断地接受各种外界刺激，得到对某些事物的印象，也形成自己的判断和偏见。然而同样是这些刺激，别人却未必能获得与我们相同的印象。每个人即使看同一部小说，在各自脑海里形成的图像也肯定各不相同。所以，我们应当将自己的内心世界与他人的内心世界划分开来，即使面对同一份合同，各方对合同的理解也是有差异的。于是，谈判者便会发现，条文的阐释是否明确且无歧义，决定了合同的可行性。有的合同非常可行且具有良好的操作性，而有的合同则几乎只能称为纯概念或纯原则的东西，很难操作并难以形成对各方的约束力。

如果我们以自己的主观臆断去猜测对方的内心世界，则会使我们陷于被动。谈判者必须记住并随时提醒自己，不要只凭自己的希望对事实进行判断。

**案例导读 3-4**

**鱼之乐——庄子的内心世界**

庄子与惠子在濠水的桥上游玩。庄子说：“白鲦（tiáo）鱼在河水中游得多么悠闲自得，这是鱼的快乐啊。”惠子说：“你不是鱼，怎么知道鱼的快乐呢?”庄子说：“你不是我，怎么知道我不知道鱼的快乐呢?”惠子说：“我不是你，固然不知道你；你本来就不是鱼，你不知道鱼的快乐是可以肯定的！”庄子说：“请从我们最初的话题说起。你说‘你不是鱼，怎么知道鱼的快乐呢’，说明你已经清楚我知道，所以才来问我是怎么知道的。现在我告诉你，我是在濠水的桥上知道的。”

## 第三节　谈判开局

假定谈判的准备工作已经做好，并且根据谈判的计划制定出初始方案，在与对方正式接触之后，谈判者可以依照己方的谈判方案向对方提出交易条件，或根据己方的谈判方案对于对方的交易条件作出相应的反应，这个过程就是开局。开局时，谈判者向对方提出交易条件的形式大致有三种：

第一种，提出书面的交易条件，不准备再作任何口头补充；

第二种，提出书面的交易条件，并准备再作适当的口头补充；

第三种，在谈判时仅口头提出交易条件并与对方磋商。

以上三种形式的特点各不相同，下面分别阐述它们在谈判开局时所起到的作用。

## 一、提出书面的交易条件，不准备再作任何口头补充

以这种形式提出交易条件通常基于两种情况：第一种情况，谈判者在谈判规则的约束下没有其他选择的余地。例如，向一个严格的政府机构投标，这个政府机构规定在裁定期间不准与投标者磋商；再如，谈判者虽然有口头补充的必要，但由于时间或环境（如竞争对手在场）的制约不便作口头补充，只能以书面形式提出交易条件。第二种情况，谈判者基于自身的需要和目的打算将提出的书面交易条件作为最初也是最后的交易方案。尤其在这种情况下，谈判者清楚己方所提出的书面交易条件中只要有一点迹象表露出有进一步磋商的余地，对方就会认为，己方向他们提出的交易条件是有水分的，且肯定不是唯一的、最终的条件，这样一来，反倒可能给己方造成不利。

因此，要想以这种形式取得较好的效果，谈判者在草拟书面交易条件时必须对文字进行斟酌，它会给对方一种什么样的印象？这种交易条件可信吗？

英国谈判家马什建议，如果由谈判者己方先提出交易条件，就应当将各项交易条款写得明确无误，能够让对方一目了然。关键条款尽量以定量描述来准确地表达，这种描述没有什么余地，只需用“是”或“不是”的简单回答就可以确定，无须做进一步的解释。如果要对对方的交易条件作出反应，谈判者在书面交易条件的文字表述上必须让对手清楚这是最终条件，没有什么保留，对方应当对这个条件作出最终的选择：要么接受，要么拒绝。

**1. 五大特点**

第一，书面交易条件的语言正式感强、灵活性差（难以表达出语调、语气对语意的影响）。

第二，材料较完整，能够有逻辑地将复杂的交易内容和条件用详细的文字、数字、图表等表达出来。

第三，可供对方重复阅读，直到按字面意思理解（或曲解）为止。

第四，如果文字表述不清或不当，则难以挽回决策性失误（如表态过火、承诺过多等）。

第五，书面语言由一种文字翻译成另一种文字时难以准确表达原意。

马什就此提出，使用书面形式等正规通信手段所能获得的好处与谈判一方的实力相关。也就是说，实力越强，就越能从正式的书面交易条件中获得好处。①

初始接触时，谈判者如果属于实力较强的一方，那么当其以正式的书面形式与对方谈判时，可以避免对方利用某些人际关系的因素，几乎不留任何可以作灵活解释的机会给对方，谈判者的优势地位将得以巩固。相反，如果处于有利地位的谈判者不能很好地利用正式感强的交流形式，那么，他将被迫面对面地进行某些口头上的补充。这样一来，就给了对方讨价还价的机会。另外，在面对面的场合，为了维持彼此间微妙的人际关系，即使实

---

① 马什．合同谈判手册．上海：上海翻译出版公司，1988：125.

力再强的谈判者也难以保证自己提出的交易条件不作修正或拒绝作出任何让步。

**重要视点**

谈判实力较强的一方如果仅采用书面形式参与开局谈判，那么对书面形式的正式程度要求越高，就越能杜绝对手利用人际关系的可能性。

但是，如果谈判双方彼此较为熟悉，即便己方的实力较强，采用这种正式感强的书面形式进行初始谈判也无多大实际意义。因为双方长期建立起来的人际关系会形成某种互相关照、妥协的原则，虽然订立了某些书面形式的条文，但有时谈判者获得的信息，对方仅愿以非正式的形式透露，而不愿意使之书面化，这样，在是否采纳这些信息的问题上，己方就较为被动。谈判者面对这种情况，应当多引入一些有助于在谈判过程中提高正式性的因素。

**2. 如何对以书面形式开局谈判的正式性进行控制**

为了能与对方保持长期的业务关系，马什建议：

第一，任何时候，谈判者都应当将与对方谈判人员建立并保持较好的私交作为己方的一项行动准则。

第二，如果所谈判的项目比较重要，而己方又处于相对有利的地位，这时，谈判者就应该提高谈判的正规性。比如，介绍一位对方不熟悉的新的谈判者加入进来，这位谈判者具有较高的资历和丰富的经验，以引起对方的重视。

第三，如果己方在谈判中处于较为不利的地位，那么就应该尽量增加谈判的非正规性，努力营造一种较宽松的谈判气氛，使双方通过口头的磋商进一步调整各自的交易条件，从而使谈判人员之间的个人关系能够为己方所用。①

## 二、提出书面的交易条件，并准备再作适当的口头补充

这种形式也就是在双方会谈之前，先就某些较复杂或较关键的细节以书面形式作陈述性表达而不是作承诺性表态，为后续的会谈奠定基础。

**1. 三大特点**

第一，它使得谈判者有机会选择：仅以书面形式对谈判议程作出安排，使谈判过程更严密紧凑，并可赢得某些谈判地位上的优势；以书面形式既安排谈判议程，又安排谈判内容，获得谈判条件上的诸多便利；只以书面形式安排谈判内容，而将议程置于灵活的控制之中。

第二，它可以将某些己方认为在口头表达中难以阐释的条款、容易引起误会的条件，以较为准确的形式事先进行一些必要的说明，使对方能够较为仔细地考虑己方提出的这些条件，为正式面谈做好准备。

第三，对某些与谈判有关的技术细节进行说明，使对方在必要时可向那些不参加谈判

① 马什．合同谈判手册．上海：上海翻译出版公司，1988：126.

的有关专家请教，以避免在正式面谈时由于对方对技术细节不了解而贻误成交机会。

采取这种形式来谈判可使双方的准备都较充分，达成的协议的可靠性与可行性也较高。如果双方的交易条件差距不大，他们各自的谈判目标在许多方面具有相同利益，那么，采取事先提出书面的交易条件而后进行适当口头补充的方式的优点就会得到充分的体现。但是，如果双方之间的差距较大，而且在各自最低限度的谈判目标之间相同的部分很少，甚至毫无一致之处，那么，事先提出书面的交易条件将会产生一定的负面影响。这时，提出书面条件的一方会因此感受到某种约束，相当于基本上把谈判条件的选择权与决策权交给了对方。

**2. 怎样防范因为以书面形式开局谈判而失去谈判地位**

有两个值得重视的措施可以有效地防范因为以书面形式开局谈判而失去谈判地位。既然书面形式只是一个开局，谈判者希望将不容易或不便于公开申明的部分留待口头磋商阶段进行交流，那么，书面表达的方式就尤为重要。这时，谈判者需要注意的是：

第一，在关键的交易条件上如果信息不对称，就不能贸然行事，因为存在较大的 $\alpha$ 风险（要么因为交易条件高于对方的期望值而使自己没有口头磋商的余地，要么因为交易条件低于对方的底线而使自己没有口头磋商的机会）。

第二，不要给对方以确认的机会。要将重要交易条件的最后确认过程留待口头谈判阶段进行。

## 三、在谈判时仅口头提出交易条件并与对方磋商

在许多情况下，谈判者基于一种原则性或试探性的想法，事先并不提交任何书面形式的文件，他们只是根据在谈判中的某种感觉来决定是否继续谈下去，而把书面的东西放在最后去完成。

**1. 仅以口头形式进行交易磋商的独特之处**

第一，这种谈判形式具有很大的灵活性。谈判者可以根据谈判过程中情况的变化和自己的需要随时改变自己的条件。采用口头谈判的形式，即使出现差错，反应敏捷的谈判者进行调整或反悔也相当容易，甚至无须特别声明，只需用另一种所谓的新建议代替自己原来有缺陷的交易条件，或将交易条件虚盘化就可以了。

第二，由于谈判者彼此间都是口头磋商，而后才决定各自承担的义务，这就使谈判者有机会先摸清对方的底细和真实想法，将自己实盘化的交易条件暂时隐蔽起来，视情况的变化逐渐透露，并及时修改。

第三，在口头谈判中谈判者彼此间或多或少会产生一些感情。谈判者可以利用这种感情因素来加大对方接受己方交易条件的可能性，并使对方难以提出异议。一个老练的谈判者会在这方面表现出十足的圆滑，既在条款上占有优势，又能保证协议的执行，还不会因此破坏与对方的和气。

第四，在面对面的口头谈判中，谈判者的倾向性会受到某些心理因素的微妙影响。谈判者对其尊重的人、爱慕的人、鄙视的人、憎恨的人会产生强烈的倾向性反应。谈判者对

谈判内容的态度在很大程度上取决于他对面前这个对手的倾向性。因此，有些谈判者在口头谈判中恰当地运用这种心理因素来控制开局。

第五，在口头谈判中，决策问题往往受主谈人的意志和判断力的影响，虽然很灵活，但其严密性却难以保证。缺乏经验的谈判者很容易失去对议题的把握能力而受枝节问题的干扰。

第六，如果在谈判中缺乏书面材料的支持，要想在口头谈判中把一些复杂的概念、观点、统计数据、计划图表、产品结构等阐述清楚是比较困难的。因此，利用好这个特征，在开局时可以在信息不足的条件下为己方赢得时间，对交易条件进行积极的修正、补充或删减。

第七，由于人们的注意力结构、倾听角度不同，在口头谈判中，谈判者很难保证听到并理解的东西就是对方想表达的原意。如果彼此没有真正理解对方的话，就会产生误会，这样达成的合同也只是形式而已。这种情况在采用不同语言交流的谈判者之间最易出现。

**2. 以口头方式开局的要点**

第一，多陈述、少承诺。

第二，尽量获取对方的信息反馈，避免做单方面的陈述。

第三，不要只顾说话，更要注意情感互动。

第四，观察对方的反应是始终如一的工作。

## 第四节　谈判过程的控制与管理

### 一、谈判班子领导人对商务谈判议程的把握

议程是谈判班子领导人必须重视的重要环节，在商务谈判中，议程的巧妙安排可以为谈判者提供一次掌握主动的机会。

> **重要视点**
>
> 争夺安排谈判议程的权力，可以对实质性谈判产生无形的影响力。因此，任何时候谈判者都不可以对议程问题熟视无睹。参与议程磋商是谈判者运用非实质性谈判配合实质性谈判的有效手段。

#### （一）商务谈判议程安排的一般形式

商务谈判涉及的议题和内容广泛而复杂，要求技术谈判、贸易谈判、法律咨询、政策考察等环节彼此配合。由于各方参与谈判人员的经验、水平存在差异，政府政策和法律条文存在差异，许多谈判不可能一蹴而就，反复的调整和磋商成为商务谈判的典型现象。在谈判议程上，各方都会尽力争取按照对自己最有利的方式进行安排。原因在于，不同的议

程安排，对各方谈判资源的调度、谈判能力的发挥、谈判进程的掌控会产生直接的影响。现实中商务谈判活动的议程安排五花八门，大致可以分为如下两类。

**1. 议程安排的基本形式**

（1）顺序安排（纵向安排）。即对共同确立的需要讨论的谈判项目，依照时间顺序进行安排。前一个议题没有结束，不就后续问题展开磋商。

顺序安排谈判议程对谈判各方的影响是：效率较低，一个项目与其他项目之间的变化关系不易判断和协调，各方参与谈判的专业人员比较容易集中，人数相对较少，谈判班子内部的协调沟通难度较小，对谈判班子领导人的协调能力要求不高，容易因一个问题的搁置而影响全局，谈判的物质成本较低、时间成本较高，对外界市场变化和竞争关系的变化适应性较差。

（2）平行安排（横向安排）。即对共同确立的需要讨论的谈判项目，依照空间差异进行分组安排。所有议题同时在不同的谈判小组中进行磋商。

平行安排谈判议程对谈判各方的影响是：效率较高，一个项目与其他项目之间的变化关系容易判断和协调，各方参与谈判的专业人员比较分散，人数相对较多，谈判班子内部的协调沟通难度较大，对谈判班子领导人的协调能力要求很高，不容易因一个问题的搁置而影响全局，谈判容易找到突破口，谈判的物质成本较高、时间成本较低，对外界市场变化和竞争关系的变化适应性较好。

（3）混合安排。为了避免议程在单纯顺序安排或平行安排中出现不利情况，谈判各方经过磋商，还可以采取混合安排的方式来对谈判议程进行适当的安排。通常对于互相之间影响不大或时间要求不严格的项目，可以顺序安排，这样做可以避免因一个问题的搁置而对其他项目产生影响；而对于互相之间影响较大或时间要求比较严格的项目，则可以平行安排，以随时调整交易条件，争取时间。

**2. 议程安排的派生形式**

以议程安排的基本形式为雏形，谈判各方可以根据谈判的具体情况进行某些变通，派生出一些更符合或照顾各方需要的安排形式，比如：

（1）特别议题的安排。类似于专题谈判，对于解决那些议而未决的问题、影响全局的问题、容易导致僵局的问题等有攻坚的作用。

（2）联合声明的安排。这种安排不寻求一定要达成协议。在不能立刻达成协议，同时又不愿意放弃各自的立场、难以调整各自的交易条件时，各方在自愿的条件下可以对已经取得共识的问题发表意见，作为以后谈判的基础。

（3）多边磋商的安排。引进一些对项目有帮助的关联方，突破已有的谈判格局。

（4）临时措施的安排。对尚未达成协议、各方又迫切需要实施的个别项目，只要各方认为对未来合作的负面影响不大，可以暂时不将该项目纳入整个大型商务谈判而作为单独的交易进行约束，这样一来，各方仅需考虑未来与整个大型商务谈判的对接，对眼下迫切需要实施的个别项目组织灵活性更大的谈判，所形成的成果只作为临时措施，条件成熟时可以进一步改进。

（5）峰会的安排。属于务虚性质的谈判议程，主要功能在于听取各方意见而不是达成协议，不急于取得共识而是寻求各方对交易的表态。

## （二）把握谈判议程的基本原则

（1）在没有对议程安排可能的后果进行详细考虑之前，不要轻易接受对方所提出的议程安排。依照谈判所在地的主方意见或共同组织中主席方的意见讨论议程安排是争夺谈判议程主导权的重要形式，所以必须指出，客随主便只是一种礼仪，而不是议程安排的原则。

（2）要仔细分析研究什么才是需要讨论的实质性问题，哪些因素对该问题有约束力。谈判各方认为的实质性问题可能有差异，谈判班子的领导人必须清楚哪些是己方关注的实质性问题，这些问题在什么时间、什么环境条件下讨论最好。这些时间条件和环境条件能不能通过恰当的办法创造出来。

（3）凡是要讨论的重要问题，在议程上给自己留出充分的思考时间。如果有几个问题要讨论，就应分清主次，排出其讨论的次序，并不断提醒己方主谈人注意。

（4）注意详细研究对方提出的议程有无人为失误或陷阱，以便发现有没有应该讨论而被对方有意遗漏的重要问题；有没有不应该讨论而被对方故意加入的问题；对方为什么要对问题的次序作这样的安排，这对己方是否不利。

（5）避免完全按照对方的议程来进行谈判。如果不同意对方提出的议程，应及时提出己方的建议，力求使议程对双方都公平且双方乐意接受。用提出己方拟定的议程的办法来对抗不合理议程比直接要求对方修改其议程有力且礼貌得多，这种做法在对外商务交往中非常普遍。

### 案例导读3-5

中国自然科学基金资助项目“中外商务谈判行为模式比较研究”课题组在调查中发现：老练的商务谈判者参与非实质性谈判时，一方提出的议程为A方案，另一方提出的议程（如果他愿意提出的话）为B方案，并且A，B方案既有相同之处又有某些差异。在这种情况下，如果后者认同按照A方案参与谈判，则结果受A方案的影响较大，最终可能更有利于前者；而如果后者能争取按照B方案安排谈判议程，结果会对后者有利。然而，议程本身毕竟只是一个供双方商讨的事先的计划，并不是固定不变的，如果任何一方在谈判开始后，对议程的安排不满意，就应该提议修改议程，否则，在不满意的议程安排下即使达成某种协议，也未必能使谈判各方感到满意，结果当然不会理想。

除此之外，调查还发现，即使在议程确定后，谈判者也可以准备一个无须与对方商议的供自己安排时间和精力用的灵活的谈判日程。对容易引起争议的问题，找一个恰当的场合和时机提出来，即使在社交场合，也可以向对方表明你诚恳的态度。这样做既可以避免因为事前未通气而在正式会谈中突然提出来可能导致的不愉快和尴尬，又可以在正式谈判开始前迫使对方先正式地发表意见，了解对方的某些需要。如果一方的正式表态令另一方不能接受，由于后者尚未正式提出自己的主张，所以不必承担什么义务，可以在研究之后予以答复。

谈判者如果能向对方暗示或表明某种做法的安全性，就不必再将这些问题纳入议程中进行讨论，双方都心照不宣为好。

### （三）谈判议程实施过程中的检查

在谈判议程实施过程中必须随时注意谈判各方对议程的反应。如果谈判者对谈判议程认为有不公平的地方或对某些安排不清楚，则应在谈判前明确提出，千万不要勉强、仓促地表示认可，否则会给自己埋下隐患。

一般来说，对谈判议程的检查有五个方面的工作要做：

**1. 对议程内容的必要性的检查**

要根据议程的进展情况随时检查，不能因为已经确定了就不好意思提出来。有些内容可能随着谈判所取得的进展没有必要再讨论了，应当及时从议程安排中去掉。

**2. 对议程进展情况的检查**

参与谈判的所有成员都必须有时间观念，随着时间的推移，有些问题会对己方越来越有利或越来越不利，所以，对重要的议题的进展必须有清醒的认识。

**3. 对谈判班子工作效率的检查**

对谈判班子的工作效率一定要进行检查，对影响效率的瓶颈环节要及时进行调整。美国谈判学家沙恩在其《磋商程序》一书中就谈判班子的工作效率检查提出了八个方面的建议：

（1）目标。谈判班子各成员是否清楚在谈判中要实现的目标？他们是否赞同这些目标？

（2）参与。是否所有的小组成员都全力以赴地投入到工作中去？他们的工作是否都有效率？

（3）支持。小组成员在口头上或者在行动上是否都互相支持？

（4）感情。小组成员是否互相沟通感情？与别的成员（如对方的成员）的感情沟通程度是否合适？

（5）分歧。谈判班子中是否有意见分歧？当出现分歧时，各成员是努力予以解决，还是敷衍了事？

（6）领导权。谈判领导人及现场主谈人在自己的职责范围内是否有权处理己方的事务？各成员在意外情况下能否自行处理事务？

（7）信任。谈判班子内各成员是否彼此信任？如果他们对同事发表不同意见，这种意见是否带有人格的指向？是否会遭到报复？

（8）专业知识。成员中具有专业知识的人够不够多？是否还需要增加或调整？

**4. 对谈判气氛及改善谈判气氛措施的检查**

对谈判气氛的检查应当是谈判班子每天都要做的一项工作，检查谈判气氛的好处是显而易见的，需要班子成员间互相提醒和补位。实践中，对谈判气氛的观察最清醒的人或许是班子中的旁观者。通过积极的内部检查，可以及时发现问题，防患于未然。

**5. 对已实施的议程给己方带来的不利影响的检查**

由于议程已经实施，因此重点应当是制定措施以补救失误。通过这些工作，做好后续议程安排，进行必要的形式调整（如调整谈判时间、地点、物质环境条件、人员等）。

### （四）对谈判议程进行控制的技巧

商务谈判的复杂性有时连谈判者本人也难以预料，因此在谈判中，即使议程安排得到各方认可，仍然存在着对正在讨论的议题进行节奏与方向控制的问题。有经验的谈判者会不动声色地对各个环节进行控制，通过恰当而有力的干预驾驭谈判过程，为在谈判中占据主动打下基础。

技巧性的方法在控制中占有重要地位，谈判者如果忽略了这种技巧性，就可能遇到麻烦。对谈判议程进行控制的技巧包括：

（1）适时地进行归纳总结，帮助双方了解目前谈判的状况，对阶段性成果进行巩固。

（2）提醒双方看清谈判的实质问题和形势，使双方明确："我们正在谈什么""目前的问题是什么""现在应该谈什么"。

（3）不动声色地调整议题。运用谈判者的洞察力把谈判及时引向对问题的广泛讨论或深入讨论，引向"以我为准"或"各抒己见"的讨论，引向对细节的纠缠或大方向的确立等。

（4）发挥纽带的作用。在可能引发僵局时，及时调节一下气氛，并设法在双方之间拉起一条纽带，让谈判继续下去。

（5）适时地强调双方的一致性。应通过对已取得成果的评价，不时强调彼此能够达成谅解。面对分歧，提醒各方应像以前达成协议时那样协调一致。

（6）建议短暂休息。短暂休息期间可在人际关系上做些工作，或非正式地解释一下己方的观点，对对方的观点表示理解、不同意或作出某些评价。

（7）安排一些小插曲，如更换地点、安排旅行、第三方介入等。

## 二、主谈人在商务谈判过程中应起的关键作用

商务谈判活动中，不同领域的技术专家、官员、律师、贸易代表、管理人员甚至投资人都介入其间，主谈人往往处在风口浪尖上。由于在谈判的前台，主谈人的谈吐和行为举止都会被认为是某一方的官方表态，所以谈判班子应当为主谈人提供良好的工作氛围、后勤保障、信息服务和物质环境，为主谈人减轻精神压力，使之能够集中精力，发挥出最佳的专业水准。另一方面，主谈人在接受任务之后要积极调整自身的状态，在以下六个方面发挥关键作用。

**1. 消化、研读已有的谈判信息，并及时与己方成员取得共识**

所有的交易条件都是从主谈人的口中开出的，因此主谈人要发挥自己在专业研判上的优势，对已有的谈判信息进行消化和研读，正确理解其中的含义，积极征求班子内其他成员的建议，并及时与谈判班子领导人交流，取得领导人的支持和帮助。在此基础上，主谈

人应当提前告知谈判中己方成员的具体职责，对他们应当起的作用、什么时候起作用、怎样起作用等要有明确的建议和布局。

**2. 作为己方与对方在交易条件磋商过程中的官方意见代表**

商务谈判活动中，只有在主谈人提出质询的情况下，参与谈判的己方成员才可以发表意见或提供专业咨询，发挥参谋作用。未经主谈人确认，他们不能代表己方发表官方意见。

谈判的会议纪要、标准文件等都必须以主谈人的意见作为最终结论。正因为如此，主谈人的言行是否谨慎、信用是否被各方认同，是其能否发挥作用的关键。

**3. 作为己方成员与领导人之间意见沟通的桥梁**

由于己方成员不可能随时遇到己方的领导人、随时得到领导人的指点、随时有机会向领导人汇报想法，因此，主谈人要利用自己掌握己方领导人真实意图的有利条件，及时将领导人的指示在与己方成员沟通时准确、全面地表达出来，特别是在重大谈判开始之前，这种交流尤为重要。

**4. 在充分听取己方成员意见和建议的基础上开出交易条件**

尽管主谈人有丰富的临场谈判经验，但是不可以独断专行，对自己的言行要进行约束，尤其要能容忍且心平气和地对待不同意见，认真评估成员建议中的有益见解，使其代表官方开出的交易条件更慎重可信。

**5. 调度好班子成员以充分发挥其专长**

调度好己方的成员，使其以最佳状态投入到谈判活动中，充分发挥各自的专长，是主谈人的一种责任。主谈人要知人善任，在分配具体任务时，要明确每个成员的具体工作内容，需要准备什么，哪些可以拿来作为证据，哪些只能内部掌握，什么时候可以谈什么问题，怎么谈，争取达到什么效果，什么事情在任何时候都不能说等；在安排成员根据谈判任务的要求扮演特定谈判角色时，要根据成员的个人性格和专业特点，尽量安排与其个性和专业接近的角色，让他们知道自己在谈判活动中的作用和位置；在帮助成员解决遇到的具体问题时，要耐心、细致地听取他们对问题的陈述，提供指导性意见，如果是重大事项，应及时向上级汇报，遇到紧急情况，主谈人要力争在第一时间稳定班子成员的情绪和工作局面，为解决问题创造条件。

**6. 把握好谈判的进退底线**

商务谈判是一个在共同创造价值的基础上互利互惠的分享过程。对于己方所要的利益和对方要求的代价，主谈人在把握各方利益平衡点上要有明智的判断和理性的行为。不仅让步时要有底线，不能做“无利赚吆喝”甚至赔钱的买卖，而且在进取时也要有底线，不能让对方无利可图或勉强成交，因为在非理性情况下达成的交易会给履约埋下巨大的隐患。

## 三、高度重视商务谈判活动中场内与场外的配合

商务谈判活动中，由于内容复杂、涉及的领域广、班子成员的业务水平和彼此关系有差异，因此谈判者的判断和作出的反应并不都能令人满意。即使事先有所准备，但临场的

情况和谈判的外部环境的变化，以及在整个谈判过程中不可测的干扰因素的影响，都可能耗费谈判者的精力，削弱其谈判能力。

为了避免出现这种情况，使谈判者能集中精力处理谈判中的关键问题，谈判专家总结了谈判班子结构调整的重要性以及谈判活动中场内与场外密切配合的积极作用。

### （一）谈判班子结构调整的内涵和意义

谈判班子结构可以从主观和客观两个方面来看。主观上看，谈判班子结构主要是指谈判班子成员的专业知识结构、经验结构、精力结构等属于个体范畴的结构；客观上看，谈判班子结构指班子成员的专业构成及分工、人际关系、利害关系、工作关系等属于团队范畴的结构。

谈判班子结构调整是指通过对班子成员的调度、谈话、训诫和一系列激励措施，激发他们的积极性，调动他们的工作潜能，使个体的能力结构趋于合理和有效；同时，通过适当调整班子成员的专业构成和分工，调出或调入某些谈判班子成员等措施，调整彼此的关系，改善谈判班子的工作配合，提高工作效率，使团队能力结构趋于合理和有效。

在商务谈判活动中，如果谈判班子结构不尽合理，就应该及时进行调整。

### （二）谈判班子成员职能分工与角色分工调整的方式

参与谈判的各方当事人不管分工如何，最终要以统一的口径来表达意图。在会谈时，当事人之间的意见磋商是通过各自的发言人（即主谈人）来实现的，那么其他成员在现场的作用是什么呢？会谈绝不是大家坐在一起都来谈，在很多正式的谈判场合就座的各方代表，其主要任务是进行内部的协调和及时对对方提出的条件进行磋商，在必要的时候回答己方主谈人或对方对某一方面的质询。

从这个意义上说，谈判班子成员在类别上分为主谈人和协谈人，在角色分工上分为场内谈判代表和场外组织、指挥、配合的有关人员。

**1. 主谈人的调整**

（1）主次调整。有的情况下，为了取得谈判的优势或弥补己方谈判人员在知识、经验上的不足，谈判班子可以调整为两名主谈人，有时一名是主帅，另一名是副帅；有时一名是商务主谈人，另一名是技术主谈人。改设两名主谈人的好处是具有一定的优势互补性，如果配合得好，其谈判能力会明显增强。两名主谈人的彼此关系、主要角色与次要角色配合的默契程度是这种调整是否有效的关键。

（2）地位调整。主谈人所在的组织、企业的名誉和主谈人在其组织、企业中的地位对于他承担的主谈人角色有相当大的影响。谈判者的地位在谈判中会成为其权力和决断力的象征，也将直接关系到谈判级别的安排和谈判议题范围的确定。主谈人的地位应当与谈判的内容、范围相符，项目大、金额大、影响大的谈判，主谈人的地位也应越高。所以，当谈判范围、项目、金额发生变化时，要及时对己方主谈人的地位进行调整。在商务交往中，虽然也注重级别，但对方主谈人的地位只对己方起一定参考作用，不必按其头衔与之匹配。由于社会制度和组织的规模不同，己方应当依据实际情况和需要来处理。

**2. 协谈人的调整**

谈判班子成员作为协谈人，也是场内谈判代表，通常协谈人不担任己方的发言人，只是作为谈判的参与者发挥协助谈判的作用。

（1）专业调整。协谈人在谈判中会以主谈人为中心，积极倾听对方的陈述和询问，就自己主管的专业问题或职能分工问题及时以事先约定好的方式与己方主谈人交流意见或提供参谋。在服从主谈人指挥的前提下，征得主谈人的授权或提示，可以回答对方对有关专业问题的质询。因此，当谈判的议题内容发生变化时，己方要依照专业的需要及时对相关的班子成员进行调整。

（2）关系调整。协谈人应该是与谈判有关的某一方面的专家，知识面较广，专业功底深厚，对问题的理解力强，善于分析和判断。协谈人应在谈判开始前做好有关准备并与主谈人达成共识。如果协谈人与主谈人不能很默契地配合或关系不融洽，就必须进行调整。

**3. 场内谈判代表和场外人员配合的调整**

习惯上，将场内谈判代表称为“一线人员”，场外人员称为“二线人员”。场内谈判代表在谈判桌上的工作大部分要依靠二线人员的支持和配合才能完成好。

一线人员面对的最大问题是处理预料之外的非正常情况。为应对这种情况，应事先准备和约定好应变的措施、方法、形式，并与场外人员协调一致。一线人员在处理预料之中的问题时更要冷静，避免冲动，有策略地依计而行。在谈判班子组成之后，分工必须明确，并将谈判方案（包括应急方案）报告谈判班子领导人，同时充分征求智囊人员的建议。

二线人员的作用很重要，特别是在大型商务谈判活动中，涉及的面很宽，资料翻译、查阅、分析都需要他们参与。二线人员的准备越充分，失误的可能性就越小。通过谈判领导人的作用，让二线人员了解谈判的总体进展情况是必要的，这有助于增加二线人员的参与意识，增强他们的责任感。采取的形式有：让二线人员参加谈判场外的情况通报会，让二线负责人参加或列席谈判等。一般情况下，谈判的细节和当时所面临的问题（特别是重大问题）出于保密的原因可以暂时不向二线人员通报，以防信息扩散后导致不利的后果。

二线人员提出的建议或搜集、提供的资料在谈判桌上被利用或取得效果以后，主谈人可以适当地通报一下，使他们有自我实现的成就感，促使其更加努力工作。

在许多情况下，如果一线人员与二线人员的配合出现问题，则双方都有一定的责任。解决这些问题的主要方法是在组织情况通报会上充分沟通双方的想法，班子领导人必须在调查研究后提出整改意见。

### （三）谈判圈理论简介

谈判圈理论于20世纪90年代初由中国学者张强历时四年（1986—1990年）调研，在大量研究中外企业在投资、贸易谈判过程中的信息沟通渠道成本与效率的关系后首次提出。经时任教育部全国高等学校工业外贸专业指导组组长汪兴民教授、副组长陆汉云教授、武汉工业大学杨大兴教授等学者论证、完善，在充分听取外交界资深人士柴成文[①]先生的意见后，张强于1992年在其专著《谈判学导论：谈判的理论与实践》中正式提出。

谈判圈理论试图以管理学的一般原理为指导，提出应对大型的、复杂的谈判活动场内与场外复杂的沟通环境的策略与方法。

**1．“谈判圈”的概念**

谈判圈是谈判者群体（谈判班子、协调联络班子、情报人员及机构、专家顾问等）通过对谈判活动进行层次上的划分，对不同层次的人员分工与协作进行合理的安排，以迅速增强现场谈判实力，有效地实现或灵活地调整既定谈判目标的一种场内谈判者与场外专业人员或机构有效沟通的层级组织运营策略。

谈判圈理论强调，参与大型的、复杂的谈判活动的谈判者必须在思维方式上摆脱谈判现场问题的约束，主谈人要善于纵观全局，注意以场外的形势积极引导场内的形势，使之发生有利于己方和有助于各方达成积极协议的实质变化；强调通过一切手段保证内部信息传递准确和高效；强调充分重视和发挥专家顾问等智囊人员的作用。

谈判圈理论既是一种思想，又是一种内部信息沟通战术。作为一种思想，它特别强调谈判者对谈判过程与谈判形式的总体把握；作为一种战术，它特别重视采用最适用且有效的信息传递手段。

谈判圈理论认为绝大多数谈判现场的问题都是动态的，是可以通过场外的作用加以影响甚至彻底改变的，主张谈判者动态地从引导问题发生变化着手来构思其解决方案，而不是静态地从问题入手来研究解决方案。换句话说，谈判圈理论认为问题都是在一定条件下可以发生从量到质的变化的客观存在，如果积极地施加影响，可以让问题的本质发生某些变化，通过这种变化为最终解决问题创造条件，而不是让问题等待解决。因此，场外的有力配合可以使正在谈判的问题朝有利于己方的方向发展。

**重要视点**

谈判圈理论始终把场内与场外看做一个有机整体。一个需要谈判的问题并不是在谈判期间就再也不发生变化了，谈判者把握问题变化的趋势，加上场外的有力配合，可以使正在谈判的问题发生有利于己方的变化。换句话说，谈判者更应当重视用行动影响谈判。

谈判圈理论认为，信息传递在己方场内与场外之间能否做到准确、全面、迅速是影响己方现场谈判实力的关键。一个重大的谈判活动，场外人员不能坐等场内谈判告一段落再行动，而应随时指导、配合场内人员。场内人员与场外人员之间可以采取一切技术上必要的联络手段，配合特殊的通信工具，事先约定好特殊的联络信号，不动声色地传递信息，

① 柴成文（1915—2011），曾任朝鲜停战谈判代表团秘书长，国防部原外事局局长，总参谋部情报部原副部长，少将军衔，1955年后长期在外交界任要职。在周恩来总理的直接领导下，由克公（李克农）指挥，柴公以军调处执行部重要成员的身份参加重庆谈判，以朝中代表团成员身份参与板门店谈判，以中国谈判代表团成员身份参与中苏谈判等多次重大谈判活动。

实现智囊人员和决策者在现场的迅速沟通。

谈判圈理论对专家顾问在当代大型谈判活动中所发挥的智囊作用给予充分肯定。从世界范围来看，无论是企业、科研机构还是政府机关，都非常重视智囊人员与智囊机构的作用。

谈判圈理论特别重视智囊提供独立咨询意见的作用。这些专家应对问题的背景、发展动向、细节及某些微妙的影响因素有充分全面的了解，绝不可以依照谈判当事人或现场人员的指示或想法行事。一切"图解"领导人想法或为其政策的合理性下注脚的智囊都不能有效、独立地对问题进行分析、判断、预测并提出咨询意见。当然，这就提出了另一个问题：谈判领导人及现场人员必须首先就智囊的地位、作用达成共识。现实中有些谈判失败的例子说明了在行政制度或官员个人强力干预下专家咨询过程的非独立性和形式主义的危害。

**2. 谈判层次的划分**

谈判圈理论将大型谈判活动分为四个相互影响、相互制约的层次。

（1）核心层。核心层是由控制谈判班子的权力人物及智囊组成的。权力人物既是领导人，也可能是谈判者。他可能出现在谈判现场，也可能只充当幕后指挥。核心层的基本职能是对重大问题进行判断和决策。核心层的人员并不一定是专业领域中的学术权威。研究表明，学术权威在谈判核心层中任职往往不利于发挥集体智慧，有碍其他人员开拓思路。

核心层的人员除应具有一定的专业知识、思维敏捷，更重要的是具有系统分析的能力，能从全局的视角对谈判现场的问题进行预测、引导，能对谈判现场暴露的问题迅速作出反应，制定相应对策。

（2）中心层。中心层是由以主谈人为首的现场谈判人员组成的。现场谈判人员犹如参赛的球员，其在谈判中的作用、配置、更换等取决于核心层的部署。中心层的基本职能是执行、调整和反馈。现场谈判人员应能准确恰当地实施己方的谈判策略和部署，随时与己方核心层保持密切联系，任何对原计划的调整和临场应变行为都应及时（在可能时应提前）反馈给己方场外人员和领导者，以便取得他们的配合，避免失误。中心层的人员应是谈判方面的行家，具有从事某项专业工作的知识与经验，能灵活运用各种谈判策略和技巧，善于察言观色，有较强的角色扮演意识。

（3）力量层。力量层由己方未参与场内谈判但直接影响谈判实力的人员和要素构成，如专业人员、机构、顾问、资金、装备、信誉、号召力等。力量层的基本职能是在场外人员的配合、调度下努力增加谈判资本，增强谈判实力。力量层的运作应严格服从谈判目标的要求，服从己方的权力机构和人员的统一部署和调遣。力量层的全部构成要素应是己方能直接控制或施加影响的对象。力量层是对谈判进行积极策应的重要场外力量。

（4）关联层。关联层由己方不能直接控制或施加影响，但会对谈判产生制约作用的更大范围的政治、经济、技术、舆论、环境、突发事件等因素构成，即通常所说的国际大气候、市场大气候、舆论大气候等。谈判者对关联层应当予以利用和适应。关联层是谈判班子应当关注和重视的场外力量。

划分谈判层次的目的是更有效地组织适合的谈判班子并进行恰当的人员分工，使谈判者与己方相关人员的配合更协调。

**3. 信息是谈判者的财富、谈判圈的纽带**

从某种意义上说，谈判是一种团体赛，更是一种信息传递的比赛。研究表明，现代社会的工作方式越复杂，组织联系越多，越需要有效的交流。谈判者在信息方面的优势会使其在谈判桌上获得优势。谈判圈把内部信息传递的高效看做实现内外协作、增强现场谈判实力的基础。

一方的力量强并不一定意味着谈判实力也强，关键是信息是否占有优势。越来越多的案例表明，科学技术手段在谈判领域的运用使谈判者从中获得巨大的利益。谈判虽然如尼尔伦伯格所说仍将是人与人之间进行的较量，但是一个掌握现代科学技术手段的老练的谈判者显然比仅有经验和意志的谈判者具有更大的优势。

**4. 大型商务谈判不仅是主谈人的较量，更是团体的较量**

在谈判现场，主谈人的压力最大。己方的很多意图要通过主谈人来贯彻，他还要处理某些只有到现场才可能发生的问题。由于主谈人的能力和精力有限，肯定有一些他无法处理的问题。首先，主谈人只能在谈判过程中参与谈判桌上的“谈”而无法参与谈判桌下的“做”，更无法参与谈判桌外的“变”，因此，他在谈判桌上能否取得主动，不仅依靠他的机敏和经验，更依赖于己方谈判班子和场外人员的配合，这就要求有一支反应快速的专家和专业人员队伍。其次，主谈人的权力大小及运用是否得当，也在相当程度上取决于己方的配合，对主谈人及时授权、更换，对其在谈判桌上取得的成果加以巩固，是场外人员的任务。由此看来，现代谈判已经在过程和内容上发生了深刻的变化，谈、做、变构成谈判的有机整体。显然，没有相关人员和机构的全面配合，是难以适应现代谈判要求的。

**5. 专家制定方案，领导进行决策**

高明的谈判专家并不一味地依照自己的经验和判断行事，他会将自己的目标、计划置于专家的协同配合和领导的指令之下，由专家拟定实现这些目标和计划的方案，在领导的全面指挥下理性地行动。

在实际谈判中，谈判圈各层次之间的交互作用是极其敏感而强烈的。关联层、力量层对中心层和核心层的压力，是对谈判者素质的极大考验。核心层、中心层如果积极地利用这种压力，就会在谈判现场减少己方的压力而增加对方的压力，乃至于反作用于力量层和关联层，使场外大气候更加有利于己方。反之，如果处理不当，可能会导致外部环境给自身带来更大压力。谈判者应努力避免出现后一种情况。

**6. 谈判圈的运转**

谈判圈的运转主要解决两个问题：一是现场和场外人员的职责分工与配合；二是指挥与协调。

人员分工是围绕着谈判过程和谈判内容来进行的，通常包括现场工作人员（翻译、服务人员、政策顾问、技术顾问、法律顾问等）的分工，现场谈判人员（主谈人、协同人员）的分工，谈判领导班子（决策者、相关职能部门负责人）的分工，策应人员（场外专业人员、财务专家、通信专家、专业分析人员、运输及后勤人员）的分工。对这些人员之间配合的部署必须明确落实到具体的人员，包括发布和接受指令的程序、行动方案、应急措施等。

谈判圈的运转所需的指挥与协调由谈判领导班子负责。应当保证信息传递通过核心层这个中枢来协调，其他层次的谈判信息的进出均应接受核心层的控制，要严格防止信息传递渠道的混杂和失控。

为了使各层的工作高效、有序、协调地开展，在人员的确定与临时机构的建立上，应遵循下述三项原则：

（1）判断是否需要。可有可无的人员或临时机构一律不要。

（2）判断是否可以合并。必要的人员或临时机构应尽量合并，以减少未来信息传递的环节，避免环节繁复导致信息泄密或失真。

（3）判断是否可以简化。对经合并后职能有重叠的人员或临时机构应尽量简化，以提高各层次的工作效率和相互之间配合的效率。

## 四、谈判实力的构建

在商务谈判实践中，究竟谁拥有谈判实力，谈判者是否能感知到彼此的谈判实力，一直是人们感兴趣的问题。鲍切尔在如何驾驭谈判进程的研究中指出："谈判实力是有形与无形两种因素的奇怪结合体。从某些角度看，谈判者觉得能清楚地看到它，能准确地估量它，但从另一些角度观察，谈判者又感到它是模糊和难以确定的。至于谁更有实力，不仅取决于实际的有形、无形等可计算的资产或影响，也取决于谈判双方的感觉和印象。谈判实力不是静态的，随着谈判者的作用，它有时迅速增强，有时又很快衰弱下来。事实上，谈判实力可能从一方转移到另一方，在某些时候又回到原来的一方。可见，谈判实力是双方相互比较而形成的对地位的一种估量，占据上风的一方便是谈判实力强的一方。谈判实力强的一方能够力克对方的抗议、反对而推行自己一方的优先要求。"①

### （一）有关谈判实力的认识误区

在谈判活动中，如果谈判者不能客观认识到实力的消长不仅是一个相对的、动态的过程，而且是一个取决于谈判对手认知的过程，当谈判者的实力未得到认可或谈判者过高、过低估计自己实力的时候，许多交易条件的磋商就会变得困难起来。

谈判者常常感觉自己在特定的博弈之中很难做到以强者的姿态说话，他们意识到自己在构建谈判实力方面做得没有预想的好。只有在对自己的谈判实力估计不足并因此付出代价的情况下，谈判者才能真切地感觉到构建谈判实力是一件多么重要的事情（见图3-1）。

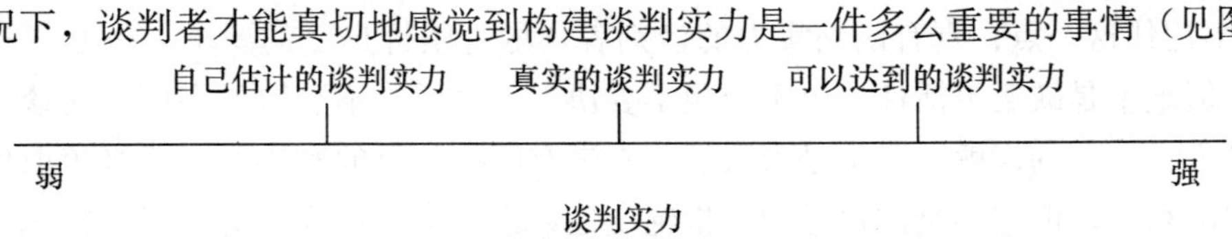


**图3-1 谈判者低估自身谈判实力的情况**

---

① ［加］杰夫瑞·鲍切尔．致胜奇谋：现代西方谈判艺术．成都：西南财经大学出版社，1999：88.

从图3-1可以看出，谈判者真实的谈判实力与自己估计的谈判实力都处于其可以达到的谈判实力的左边，对谈判者而言，实际情况与认知的情况相差不大。相反的情况是，有的谈判者一直确信自己具有谈判实力，并且在整个谈判过程中努力保持这一优势，遗憾的是对方并不认可，结果还是不能如愿达成协议，或者签约之后留下许多隐患（见图3-2）。

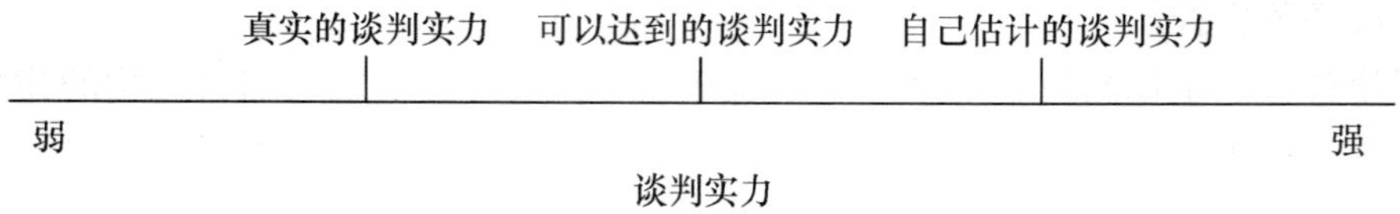


**图3-2　谈判者高估自身谈判实力的情况**

从图3-2可以看出，谈判者真实的谈判实力与自己估计的谈判实力分别处于其可以达到的谈判实力的左边和右边，对谈判者而言，实际情况与认知的情况相差很大。

研究表明，后一种人比起前一种人更不容易获得交易的成功。[①] 原因在于，他们对谈判实力的感受来自完全相反的错误认知；前者虽然低估了自己的谈判实力，但毕竟与实际认知的方向是相同的，离实际情况相去不远。处在后一种情况中的谈判者尽管认为自己可以控制局面，但在取得实际效果的时候，他们却很难获得对手的认同，不能实现真正的突破。他们将某种表象错看成自己的实力，结果被自己误导。

通常对谈判组织中谈判实力的认识有四个误区。

误区一：有实力的谈判者通常不用变通和妥协。

有些谈判班子领导人一再强调："我们掌握着极大的谈判优势，看好了，伙计们，他们会求我们的。"在这样的布置或暗示下，谈判班子成员可能会被严重地误导而在各个具体的谈判细节上拒绝变通。他们害怕被领导斥责为"软弱，不会运用自己的实力"。

实践证明，这是谬误。抱有这种认识的谈判者实际上很有可能毁掉自己成功的机会。在"强有力的谈判实力"的自我印象下，他们陷入僵硬死板、拒绝变通的泥潭，不愿意探索任何可能出现的要求谈判者适时妥协而获得长远稳定利益的机会。这种态度更容易使自己在某个双方存在重大分歧的问题上钻进死胡同，也增加了使自己摆脱这一困境的难度。

由于谈判者将自己的注意力集中在实现己方的目标和利益上，认为可以稳操胜券，便不再注意对方的需求。这种误区的危害性在于，容易使谈判者走向商业活动自愿公平、互利交换原则的对立面，对对方的需求不敏感，一旦对方不配合，他们就很难说服对方达成协议。陷入谈判实力误区的人不再强调双方的共同利益，不再通过一致的行动来推进合作以实现各自的目标，而是陷入单边主义的霸道行径中。

"牢牢记住这一点：真有谈判实力的谈判者，尽管坚持自己的要求，一心想达到既定的目标，但绝不是缺乏灵活性，也不会拒不妥协。不灵活、不妥协的态度是对谈判者（坚定实现己方目标）的误解。坚定是可取的，它带有明确的目的和决心，积极争取你想从谈判中获取的东西，但它不是固执愚顽、拒绝变通，也不会排斥妥协让步或新的选择。不惧

① ［加］杰夫瑞·鲍切尔．致胜奇谋：现代西方谈判艺术．成都：西南财经大学出版社，1999：88.

威胁，在需要让步和妥协时也勇于作出决定，这才是真有实力的标志。”①

由于商务谈判活动中任何谈判者都不可能在所有盘面条件上取得优势，谈判实力的强弱只可能在盘面条件的不同结构上呈现差异。许多僵局的产生令人困惑不解，人们以为在强弱分明的态势下不会产生僵局，实证研究的结果恰恰与人们的认识相反。② 原因在于，谈判实力悬殊的各方在单一谈判因素条件下不会导致僵局（只是单一力量的较量）。实践中在多因素条件下的谈判却容易因各自实力的不均衡而出现相互制约的状况，即一方在某因素上自认为拥有绝对优势同时又自知在其他因素上对方拥有绝对优势。

误区二：有实力的谈判者通常不会轻易与对方交换信息。

保守谈判班子的秘密是一项纪律。如果谈判班子的领导不能正确认识信息保密与交换之间的关系，极有可能导致班子成员走向极端，要么什么都不说，要么毫无保留。要知道，那些最善于利用商业信息的谈判者通常实行逐步透露的策略。谈判过程从本质上看是利益整合的过程，但从形式上看几乎都是信息交换的过程。

聪明的谈判者意识到，向对方透露部分信息，是为了获得对方某种形式的积极反应，比如回馈有价值的信息、接受己方建议或作出让步。因此，聪明的谈判者虽然把信息当作资源，但绝不采取全盘保密的愚蠢做法，他们深知商业信息的时效性与价值之间的关系。

所以，懂得利用信息价值的谈判者会把信息披露当做一种战术，从中获得并加强自身的谈判优势。

误区三：能说会道的谈判者可以控盘。

能说会道的人是推销自己思想的高手，但也是最容易暴露自己的人。他们充当的角色可能获得其他人的认同，但他们提出的需要是否能获得其他人的回应，则取决于他们的主张与别人的需要是否互补。

用很多话来解释自己立场或向对方推销观点的谈判者，在回应对方提出的疑问时可能犯同样的错误。他们不理会对方真正的需要，寻找各种理由来说明他们的观点，说明为什么对方要接受他们的要求。结果，他们越是对自己的想法进行辩护，就越不能使人信服，最后被一大堆相互矛盾的话语所困，自食其果。相反，强有力的谈判者往往言简意赅、直截了当地阐述己方观点和回答对方的问题，无须用一大堆自我辩解的言辞来攻击对方。

商务谈判需要的是充分了解彼此的要求、善于引导彼此的利益实现契合的合作者，以批评家的姿态介入其间显然不合适。那些喜欢以批评家自居的谈判者，无时无刻不想展示其敏锐的眼光和嗅觉，然而，当你把对方弄得无地自容、无所适从时，你的利益目标也离你而去。

**重要视点**

谈判组织者尤其应当记住，在你领导的谈判班子与对手交流时，十个会说的不如一个会听的。让自己成为倾听者，这对你所领导的谈判班子尤其有利。

---

① ［加］杰夫瑞·鲍切尔．致胜奇谋：现代西方谈判艺术．成都：西南财经大学出版社，1999：89.

② 张强．谈判学导论：谈判的理论与实践．成都：四川大学出版社，1992.

误区四：谁先打破沉默谁被动。

有一种很典型的错误认识，即当某一方发表意见或陈述立场之后如果出现沉默，就是对谈判者意志的考验，谁先打破这种沉默就是屈服。

根据这一错误理解，有实力的谈判者应该最后发言而不是先开口。实际上，这是把拥有信息后开出实质性的交易条件与在没有掌握信息或信息不全的情况下讨论实质问题弄混淆了，是对谈判者的一种误导。谁先打破沉默不是最重要的，知道怎样打破沉默才是关键。换句话说，“说话”与“讨论实质问题”之间没有矛盾，你可以说话，只是在关键的实质问题上，在没有得到对称的信息之前应保持谨慎。二者之间的界限十分清楚。

### （二）将真实的实力变成可以达到的谈判实力

如前所述，谈判者高估或低估自己的谈判实力会给谈判活动带来一些负面的影响。谈判者总是希望在谈判中获得优势地位。真实的谈判实力与谈判者可以达到的谈判实力之间的差异是客观存在的，如果谈判者能够发挥自己在掌握谈判信息、调整交易条件、转换虚实盘过程中的主动性和灵活性，就可以有效地弥补谈判实力的不足，使自己的优势最大化，为获得满意的交易成果创造条件。

#### 1. 巧用造势

谈判班子成员必须保持一种姿态，制造一些利好的预期信息。在不被识破的前提下，这不失为一种对策。但如果谈判者表现很拙劣，这样做的风险就很大。所有蒙人的手段都会遇到一个无情的裁判——时间。随着时间的延续，阴谋很快被戳穿。更大的危险在于，如果假装拥有实力的一方表演拙劣而被对手识破，拥有更强实力的对手可以将计就计，给你下套，让你束手就擒。

造势的前提是，即使你的计谋被对方看破，对方也会由于在某些交易条件上有求于你而对后果有所顾忌。千万不要在没有回旋余地的情况下虚张声势。

#### 2. 利用好己方的交易条件中被对方看好的条件

不要自以为你所看重的东西对手也一定很看重。在所有的交易条件中，总有一些你看重而对手不在意的东西，也会有一些你不看重但是对手十分在意的东西。如果双方都没有意识到这一点，则谈判条件的磋商往往不能满足各自的要求。谈判者一定要弄明白：对方究竟要什么？他对价格很在意吗？时间与价格之间如果有冲突，他会在意价格吗？在质量与价格之间他会选择价格吗？对运输保险他有特殊要求吗？他把售后服务看得可有可无吗？等等。如果你发现有一种以小搏大、以巧搏大的办法，不仅让自己的买卖更划算，而且可以让对方更满意，何乐而不为呢？

### （三）防止内部出现削弱谈判实力的苗头

保持团结，一致对外，是谈判班子的纪律。保持姿态的灵活性是谈判班子的策略。一般地说，谈判班子成员在姿态与纪律之间可以有一定差距。如果谈判班子内部出现削弱谈判实力的苗头，则会极大地损害己方利益，这种损害比对方给予的压力更具有破坏性。所以，谈判班子领导人和成员必须充分意识到如下苗头的危害性：

（1）领导人独断专行；

(2) 成员拒不尊重集体已经确认的权威;
(3) 不能形成统一战线;
(4) 成员执行力差,不能担负起应尽的职责;
(5) 成员关注个人超过关注集体;
(6) 公开同情对方的立场;
(7) 成员对自我需求过分看重和敏感;
(8) 领导人采取放任的态度,形成各自为政的局面。

## 本章小结

商务谈判活动的谈判内容复杂,往往需要多专业、多部门协调配合,要求谈判班子人员的专业分布服从于项目需要。商务性谈判与非商务性磋商常常相互交织,谈判领导人与内部成员之间的沟通有效性对谈判进程影响极大。

畅通的内部沟通机制,不仅能够有效地避免误解、部门之间无谓的扯皮、被别有用心者钻空子,而且能够根据谈判形势的需要及时在内部分工、人员调度、角色扮演、谈判节奏控制等方面进行调整。

注意做好谈判前的准备工作,高度重视对谈判对象信用水平的评估和跟踪,根据职能和角色分工,紧紧围绕谈判目标对谈判过程进行控制和管理,是商务谈判中谈判班子成员(尤其是领导人)的责任。

## 关键术语

谈判班子规模　　谈判班子领导人　　主谈人　　内部沟通机制　　谈判议程

## 思考与讨论题

1. 组建谈判班子时一般可以从哪些方面考虑成员结构?
2. 谈判班子领导人和主谈人在角色上有什么差异?
3. 谈判班子领导人和主谈人的任命或选派各有什么侧重?
4. 哪种人不适宜担任谈判班子领导人?
5. 如何理解谈判组织工作的计划性与灵活性?
6. 商务谈判一般应当从哪些方面进行准备?
7. 为什么在谈判准备工作中要高度重视对谈判对象信用水平的评估?
8. 谈判议程的安排有哪些基本形式?它们对谈判各方的影响是什么?
9. 谈判者把握谈判议程有哪些基本原则?
10. 为什么要对谈判议程的实施过程进行检查?一般应当从哪些方面进行检查?

11. 怎样对谈判议程进行控制？
12. 主谈人在商务谈判过程中应起到哪些作用？
13. 什么是谈判班子结构？
14. 谈判班子成员职能分工与角色分工调整的方式有哪些？
15. 一线人员和二线人员应当怎样配合？解决配合中出现的问题的主要方式是什么？

第四章

# 交易条件的构建与契约文本结构

## 本章要点

盘的基本概念及一般表达形式
盘在合同成果中最容易发生变异的关键点
虚头的基本概念
交易条件的构成要素
不可抗力
契约文本中序文、正文、附件之间的关系

# 第一节　盘的基本概念与表达形式

谈判思维方式中最重要的观念之一就是制衡，制衡不仅是实现理性谈判的必要手段，也是维系谈判各方关系的基本方法。要达到这个境界，谈判者需要在谈判的思维方式上进行必要的专业训练、见习和亲身体验。专业而理性的思维方式决定了理智的行为方式，谈判者要练就制衡的思维方式和行为能力，必须从树立基本的观念做起。建立起谈判中“盘”的基本概念，不仅对于谈判者树立制衡观念具有重要价值，而且是谈判者学习和掌握制衡技巧的基本方法。

## 一、盘的基本概念

**1. 从市场的角度定义**

所谓盘是指谈判者开出的以价格条件为核心的所有交易条件的总和。平常我们习惯于将谈判描述为讨价还价，看得出在商业交往中各方对价格的重视和敏感程度。然而，如果将谈判仅理解为价格磋商未免过于狭隘，树立全面的交易条件——盘的意识，有助于谈判者在磋商过程中全面评估利弊得失。

**2. 从法律的角度定义**

所谓盘是指依法以契约形式约定的有关当事人的全部权利和义务的总和。任何成熟的市场经济环境都是在特定的商业道德环境和契约关系基础上发展起来的。现代商业活动针对特定标的物磋商的结果是，主要以契约的方式对各方在交易中的权利与义务进行约定。这种约定必须遵循自愿、公平、诚信、守法等原则。

**重要视点**

谈判者如果在商务谈判中具有盘的基本意识，则在考虑交易问题的周全性、可行性与合法性上更具有专业水准。

有的经济学家从信用道德的角度出发，强烈呼吁建立以科学的信用风险治理手段为前提的信用市场经济体系。因为“现代市场经济既是法制经济，也是信用经济。可以说，法律和信用是维持市场有序运转的两个重要的基本机制。事实上，与法律相比，信用机制是一种成本更低的机制。信用缺失的社会是不可能有真正的现代市场经济的”。（张维迎，2002）谈判理论家也开始注意到信用道德要素在盘的构成中的重要性。这就意味着，随着市场经济在法治基础上逐步发育成熟，在盘的构成要素中，个人及企业的信用记录越来越重要。

## 二、盘的一般表达形式

从全球商业活动的表现形式来看，商业活动通常有三种基本形态，即货物贸易形态、服务贸易形态、知识产权贸易形态。在不同形态的贸易谈判活动中，各方对交易条件的侧重点不同。为了便于就交易条件进行磋商，各方经过努力，在长期的商业实践中逐步对不同形态贸易活动中的基本磋商内容及其重点有了大致的认识，于是形成了贸易条件——商务谈判中所称的“盘”——的一般表达形式，如表 4-1 所示。

**表 4-1　　盘的一般表达形式**

| 贸易条件 | 贸易形态 | 一般表达形式 |
| --- | --- | --- |
| 盘 | 货物贸易形态 | 货物标的名称、规格、型号、数量条件、品质条件、保证条件、保密条件、包装条件、交付条件、验收条件、基价、单价与总价、计价方式、支付条件、信用条件、商品费用条件、担保条件、运输条件、保险、工程条件、安装条件、培训条件、违约与索赔、不可抗力、销售地区限制、独家条件、税收条件、合同有效期、合同生效条件、合同中止与终止、合同变更、协商、调停与仲裁、关键词释义、合同附件等 |
| | 服务贸易形态 | 服务标的名称、许可证类别、服务标准、数量条件、品质条件、保证条件、交割与验收标准、基价、单价与总价、计价方式、支付条件、信用条件、担保条件、税收条件、保密约定、市场约定、保险、违约与索赔、不可抗力、合同有效期、合同生效条件、合同中止与终止、合同变更、协商、调停与仲裁、关键词释义、合同附件等 |
| | 知识产权贸易形态 | 知识产权标的名称、权利证明、许可证类别、数量条件、交割与验收标准、计价方式、支付条件、信用条件、税收条件、担保条件、保密约定、继续技术援助与技术回馈、保险、违约与索赔、不可抗力、合同有效期、合同生效条件、合同中止与终止、合同变更、协商、调停与仲裁、关键词释义、合同附件等 |

在这些不同的交易条件表达形式中，我们很容易发现，所有交易条件都可以分为两种类型。

**1. 文字条件**

文字条件指在谈判过程中，对各方权利与义务关系的约定以文字方式进行定性描述和规定的交易条件。

文字条件是谈判成果中十分重要的组成部分，文字条件的磋商成果对于谈判者准确理解和把握合同中的自愿公平原则、权利与义务对等原则和正确解释合同正文中交易条件的含义具有直接影响。标的名称、保证条件、许可证类别、权利证明、服务标准、保密条件、包装条件、运输条件、交付条件、验收条件、担保条件、支付条件、销售地区限制、培训条件、不可抗力、继续技术援助与技术回馈、违约与索赔、税收条件、合同中止与终止、合同变更、协商、调停与仲裁、关键词释义等都属于文字条件。

**2. 数字条件**

数字条件指在谈判过程中，对各方权利与义务关系的约定以数字方式进行定量描述和规定的交易条件。

数字条件是商务谈判成果中对交易具体环节最直观的规定，是商业活动价值最直接的体现，是落实合同中的自愿公平原则、权利与义务对等原则的细节措施。规格、数量条件、品质条件、基价、单价与总价、计价方式、佣金和折扣、支付方式、保险、工程条件、商品费用条件、技术费用条件、合同有效期、合同生效条件等都属于数字条件。

**重要视点**

盘的文字条件表达方式，决定着交易条件对特定一方有利或不利的方向；盘的数字条件表达方式，决定着交易条件对特定一方有利或不利的程度。

## 案例导读4-1

### 保证条件磋商案例之一

在一项具体的交易谈判中，最后的谈判成果形成的文字条件与数字条件往往在合同条款中交互体现、交互作用。现在我们来看一看在谈判中就履约保证条件进行的磋商。

谈判者之间为确保履行合同进行的磋商是指谈判中交易双方以某种姿态或具备的现实履约条件证明其决心履行合约的坚定承诺。实践中，证明这种承诺的基本方式有：提供履约保证金、提供银行保函（银行作为担保方）、提供担保人（非银行机构作为担保方）。

情景1：谈判中乙方要求甲方提供履约保证金。

如果在合同中将条款描述为"在本合同生效之时，由合同甲方在签约后向合同乙方支付合同总标的金额的30%作为履约担保资金"，我们会发现，这样的磋商结果形成的文字条件占了主导地位，而对数字条件仅做了极少的约定。

可以在合同中进行某些改进，将条款描述为"在本合同约定生效之日前不短于3个工作日时间内，由合同甲方按以下形式向合同乙方支付履约担保资金：(1) 担保资金数额为合同总标的金额的30%（在对保的情况下，取数以银行保函的票面金额为参考，通常为1%～10%。为减少交易费用，双方同意取数尽量为下限）。(2) 担保资金不能按时到账时，本合同自然失效。(3) 担保资金采用美元。若汇率市场发生不确定的变化，双方同意可用与交易货币相同的货币作为担保资金货币"。我们会发现，这样的磋商结果对文字条件进行了数字化处理，约定的效力更具体，更具有可核查性。

情景2：谈判中乙方要求甲方提供银行保函。

如果在合同中将条款描述为"在本合同生效之时，由合同甲方所在开户银行依照本合同标的金额，出具对应面值的保函。如果出现本合同项下的委托人不能履约的情况，银行可以按保函票面金额向合同乙方无条件赔偿"，这种条款对银行保函作用的约定就显得太笼统。

可以在合同中进行某些改进，将条款描述为"在本合同约定生效之日前不短于3个工作日时间内，由合同甲方所在开户银行依照本合同标的金额，出具对应面值的保函。该保函包括但不限于：(1) 保函票面金额按习惯面值开具时，应不低于合同标的金额的5%；(2) 如果出现本合同项下的委托人不能履约或不能完全履约的情况，银行可以按保函票面金额向合同乙方无条件赔偿；(3) 保函的兑现条件中，对甲方不能履约或不能完全履约的证明权在乙方，开证人无权自主认定违约，从乙方提出申诉到兑现的时间不应短于3个工作日；(4) 保函的有效期至本合同约定的履约期满后第30个工作日截止"。这样形成的磋商结果，文字条件与数字条件互相支撑，约定的效力具有可核查性。

情景3：谈判中乙方要求甲方提供担保人。

担保人指谈判各方所认同的对委托人履行约定义务进行保证的有信用的第三方（可以是法人，也可以是自然人）。实践中，担保人的作用相当于银行保函的作用，但费用比较低。

如果在合同中将条款描述为“本合同的法律效力在甲方的担保人为本合同提供正式担保后生效”，由于缺乏相应数字条件的约定，这种条款的效力几乎为零。

可以将条款描述为“本合同的担保人应当具备以下资格条件：(1) 担保人是依法注册成立并有效存续的合法单位（企业代码为××××，注册法律文件附件共计××份，乙方对该项条件具有审核权），具有法律规定的担保人资格和代为清偿能力（满足在本合同有效期间在乙方指定银行开设的账户的最低存款余额的要求），自愿承担并履行保证责任。(2) 担保人保证其履行本合同义务时，不违反任何对甲方及其担保人资产有约束力的规定或约定，不违反任何甲方及其担保人与他人签署的担保协议、其他协议以及其他任何对甲方及其担保人有约束力的文件、约定和承诺的内容”。这样形成的磋商结果，文字条件反过来支撑了数字条件，约定的效力就比较强。

## 三、盘在合同成果中最容易发生变异的关键点

谈判者仅具有盘的意识还不够，还要善于将这种意识转化成谈判成果落实下来，为以后顺利履行合同创造良好的条件。一项研究成果表明①，在中国、东亚与北美地区的商务谈判中，由于谈判者彼此间文化环境存在差异，人们在理解谈判条件的真实意图、对合同条件进行解读的时候，很容易产生变异。

**1. 口头谈判成果形成之后，在落实为文字成果的过程中容易产生变异**

谈判者在口头谈判过程中，由于特定的谈判环境、谈判气氛的影响，对交易条件的磋商达成形式上的成果之后，都有一个“自我意象”，可能按照各自的意象解读那些成果。最容易产生的问题是，都以为对方同时同样解读出了成果的真实意思。

于是，在口头谈判成果需要整理落实为文字成果的过程中，负责起草合同的一方依照自己对谈判成果的理解形成文字条件；当对某些条款的字面意思有不同的解释时，一方可能用大家都容易接受的方式进行现场说明，而另一方因缺乏勇气或由于环境限制当时没有要求将口头说明落实为文字，结果导致履约时各执一词；翻译的文字可选择性、专业性、标准化程度不同，导致合同文字与当初的口头谈判成果相去甚远。

**2. 对合同序文与合同正文关系的理解容易产生变异**

在商业合同中，一般都有一个序文，主要包括：合同当事人名称、身份说明、代码、签约地点、对订立合同基本原则的说明、生效条件等。合同序文对于理解和执行合同正文条款有极其重要的作用。研究发现，在合同序文的表达方式、约束力等问题上，越是不同

① 参见中国四川大学-加拿大卡尔顿大学合作科研项目“价值观：中外商务谈判风格差异”(1996)，课题主持人为陈维政，笔者为课题组成员之一。

文化环境下的谈判者，表现出来的差异性就越大。

一些公司在对合同序文的描述和理解上依然马虎，导致对合同实际当事人的理解和要求发生变异。如谈判时是一个当事人（比如某公司），写成合同时是另一个当事人（比如某开发区管委会）；谈判时的当事人有合法身份和完全民事行为能力，而签约时的当事人却没有独立的民事行为能力或被限制了民事行为能力等；谈判的时候在甲地，签约的时候在乙地，导致对合同正文适用的法律产生争议，无法通过序文进行合理的修订；有的当事人签约后开始履行合同义务，却发现另一方没有立刻履行合同义务或要等到其上级（比如董事会、股东会）、政府主管部门（如需要审批）核准后才执行，导致对已经发生的行为是不是合同行为产生分歧等。

**3. 对合同中关键问题的描述或定义容易产生变异**

所有的文字条件都因文化环境、制度环境、语言环境、人为原因存在理解上的差异。如果合同中对关键问题的描述没有取得各方的统一认识，或在签约时统一了认识，而在执行时发生了分歧，就会埋下纠纷的隐患。

比较中外商业合同的差异，可以发现在很多中方合同（中国企业彼此之间使用）或中方起草的中外合同（中国企业与外国企业之间使用）中，缺少对关键问题的特别说明条款，导致合同履约发生纠纷。处理的一般原则和方法是：可以在合同序文中特别设立“关键词条款”，对合同中容易引起歧义或缺乏标准约束的条款进行特别定义；也可以对已经形成但尚未执行的合同，通过补充合同条件进行完善；还可以对已经执行但尚未出现纠纷或初显矛盾的合同进行部分修订或变更合同条件。

**4. 合同附件的法律效力是否与合同的法律效力一致容易产生变异**

哪些文件可以作为合同附件，哪些不能作为合同附件，最好各方从一开始就明确申明，如之前的往来信函、会议记录、传真资料、广告、复印件、录音资料、图文说明、确认书、企业营业执照副本、网站宣传报道、新闻媒体报道、技术参数的说明与变更、交易对象的清单、企业或政府领导人的讲话等，凡是可能对合同条款有影响的因素，一定要明确它们在法律意义上的作用。

基于操作上的经验，谈判者最好事前以明确的方式对可能产生影响的因素作出书面或可核查的说明。

英国谈判理论家赫恩指出，在双方或多方之间签订一份具有法律约束力的合同，并不需要有什么特殊的手续。可以通过书面或口头交换意见的方式来进行，也可以根据有关各方或一方行为的暗示来进行。事实上，绝大多数商业方面的日常业务合同，尤其是那些日常的商品购销合同，都是用非正规的方式来约定的。这些没有以正式文字写入合同中的约定算什么呢？是否具有与正式合同一样的法律效力？是否可以将它们视为合同附件？例如，长期经营某类业务的供货商，习惯于把标准销售条件印在订货单或提货单上醒目的地方，或以其他方式提请客户注意。从法律上看，这些条件在交货或提货时是有约束力的。

如果是一笔颇为重大的交易，有必要为此签订一份正式的合同，那就必须对合同之外的约定是否可以作为合同附件，以及这些附件与合同的法律效力是否一致作出谨慎的判断。

赫恩指出："要确保在签约双方对合同中所拟列入的全部条款和附件条件表示完全同意之前，在将它委托给对起草合同非常内行的律师写成文字并经各方签署（签字或盖章）之前，绝不留下会引起争议的机会，这样，才不至于过早地把一份仍有疑问的合同当作已经成立的合同，导致它对始终持勉强态度的一方具有约束力。"①

一封未经过仔细考虑的向对方提出商讨性建议的信可能被当作合同附件，引起违约诉讼事件，造成不必要的麻烦。这种情况应该加以避免，办法是由谈判者在所有的信件、谈判纪要、草拟的以及双方交换的其他文件上，在开头的地方写上"以正式合同为准"的字样。它的作用在于：在正式合同签字之前，任何一方都不能以它对另一方产生法律意义上的有效约束。

## 案例导读 4-2

英国公司在初步的接触性谈判中，对函件的处置一般都较为谨慎，可以就其法律效力或与正式合同的关系发表一项声明，常用格式大致如下②：

以正式合同为准

尊敬的分管经理×××先生：

谨悉贵公司有意就贵公司在贵国担任本公司部分或全部产品的独家经销商一事的可能性，与本公司进行探讨。

在详细讨论有关问题之前，我想有必要强调指出：任何这类商讨都只不过是初步的协商；在正式合同拟就之前，在贵我双方的法律顾问就合同确定下来并经贵我公司的代表签字之前，不管任何一封往来函件或其他文件涉及哪些内容，也不管今后可能进行的口头协商属于何种性质，谈判中的任何内容都不应被视为具有合同约束力而加诸任何一方。关于这一点，我确信您是理解的。

本公司还认为应把下列条件作为各次谈判的附带条件，即在正式合同最终确定之前，贵公司和我公司在任何时候都应把双方正在进行的谈判以及所商谈的内容视为两家公司的机密事项严加保密。在合同签订之后，则按合同条款和规定执行。

根据上述原则，我公司建议如下：

…………

经理

×××谨上（签名）

×年×月×日

① ［英］赫恩．商业合同谈判指南．上海：上海翻译出版公司，1987：2.

② 改编自赫恩：《商业合同谈判指南》。

## 第二节　盘的虚实表现特征

无论谈判成果以什么形式表达，在掌控谈判的制衡因素时，谈判者只需坚持以盘的基本观念去审视成果的虚实性，就可较为容易地进行有利或无利的判断。

凡是交易条件，都有虚实之分。所谓虚，就是不太清晰，交易条件对己方有利还是无利甚至有害都没有具体的描述或表达，弹性比较大；所谓实，就是具体明白，磋商结果用尽可能清楚的文字、尽可能具体的数字进行尽可能准确的描述或表达，弹性比较小。

通过对大量商业交易过程的研究，可以将交易条件中虚的部分归类为虚盘，而将交易条件中实的部分归类为实盘。

### 一、虚盘的特征

总结起来，凡是具备以下三个特征之一者便为虚盘。

**1. 形成的契约只有部分交易条件的约定**

在需要进行约定的条款中，谈判者由于种种原因，只形成了部分交易条件，并没有将谈判成果转化为文字文件或使其法律化；或者，虽然进行了某些约定，但约定的权利与义务关系并不完整。我们通常将这种盘称为“零盘”，即局部的交易盘面条件。

**2. 形成的契约存在不清晰交易条件的约定**

在已经约定的条款中，谈判者由于种种原因，对交易条件的描述和界定不是唯一的，不同的谈判者从各自的角度可以有不同的理解；或者虽然理解大体一致，但存在层次、深度或广度的差异。我们通常将这种盘称为“歧盘”，即模糊的交易盘面条件。

**3. 形成的契约在发生效力时存在一定的前置条件**

当谈判者不能完全确定履约的后果或为了某种目的故意留下一些余地时，给交易条件的约定附带了某些保留条件，以对方同意或履行这些前置条件为代价作为己方履约的基础；或者虽然己方在特定环境下必须先开出交易条件，但为了防范出现对己方不利的意外情况而留有余地。我们通常将这种盘称为“有前置”，即有保留的交易盘面条件。

### 二、实盘的特征

总结起来，凡是具备以下三个特征之一者便为实盘。

**1. 形成的契约包含完整交易条件的约定**

在最终形成的条款中，谈判者根据贸易领域的不同特征，对所有的交易条件进行了主体确认、文字表达、数字约定以及法律有效性的转化，对约定的权利与义务关系作出完整的规定。我们通常将这种盘称为“全盘”，即完整的交易盘面条件。

**2. 形成的契约清晰无歧义地表达了当事人的真实意图**

在已经约定的条款中，谈判各方对所有交易条件的描述和界定是唯一的，不同的谈判者都认同以约定的方式对交易条件中的关键内容做出的解释、定义；或者虽然各方在条款理解上存在层次、深度或广度的差异，但都正式声明愿意以约定的解释或定义作为唯一的契约条件。我们通常将这种盘称为“明盘”，即清晰的交易盘面条件。

**3. 形成的契约在发生效力时没有前置条件**

各方谈判者在对交易条件进行约定时不附带或强加任何保留条件，不以对方同意或履行某些前置条件作为己方履约的基础。我们通常将这种盘称为“无前置”，即无保留的交易盘面条件。

综上所述，可以将盘的虚实特征用图 4－1 表示。

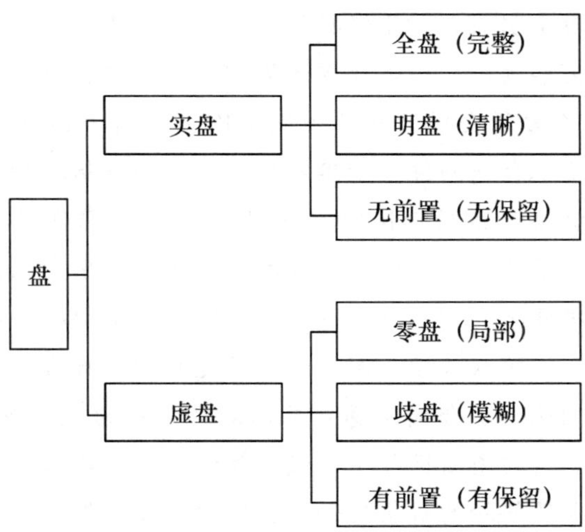


**图 4－1　盘的虚实表现特征**

盘的虚实是交易条件约束力的具体表现，会对谈判各方当事人的利益产生微妙的影响。谈判者对盘一定要有工具意识，要善于把盘的观念应用到交易磋商的各个方面。

**重要视点**

盘的虚实是交易条件约束力的具体表现，谈判者不应当对究竟是虚盘好还是实盘好刻意划分。要将盘作为一种工具，站在特定的谈判立场，代表特定一方的利益去审视盘的作用——虚盘也好，实盘也罢，关键看它为谁服务。

## 案例导读 4－3

### 保证条件磋商案例之二

我们以保证条件中的“品质保证”磋商为例，考察虚实盘的特征。

货物品质保证是交易保证条件中最基本的保证，更是履约的基础。实践中依照交易对象的不同，可选择的保证规则有三种：技术经济参数的保证规则、时间保证规则（保质期）和备件供应及技术服务总量保证规则。

谈判者在对品质保证条款进行约定时，需要审查的盘面条件是根据自己在交易中的位置（买方还是卖方）以及所处的立场来决定的。

情景1：谈判中甲方要求乙方提供品质保证的承诺。

如果将条款描述为“合同乙方应当确保提供给甲方的产品质量满足规定的要求，且经过甲方验收后予以确认”，我们会发现，这样的磋商结果形成的条款存在如下缺陷：一是交易条件中只提出了对品质的期望，没有提供具体的品质指标，属于虚盘（要求不完整）；二是对交易对象保证符合品质要求的时间长短没有明确约定，依然属于虚盘；三是为确保品质符合规定要求所采取的可核查措施缺乏说明，还是虚盘；四是将品质保证条件与验收条件合并时缺乏对相应权利与义务关系的约定，对甲方的风险较大。总体上说，甲方的权利与乙方的义务虚盘化现象明显，对于保护甲方利益缺乏实际约束力。

可以在合同中进行某些改进，将条款描述为“合同乙方应当确保提供给甲方的产品质量满足如下要求：（1）乙方所提供的产品须满足附件1清单所列示的技术经济指标的要求；（2）达到及持续满足本合同附件1清单所列示技术经济指标的时间起点按验收合格日计算，时间终点按乙方提供产品经验收后18个月运行无故障保证期计算，在合同期内为保证本合同所交易产品质量达到本合同约定标准所产生的费用由乙方承担；（3）乙方承诺采取现场调试、确保首次开车成功、每周进行技术回访、免费提供技术服务及指导等办法作为品质保障措施；（4）依照双方按合同附件2约定的验收标准、验收方法组织的共同验收合格后双方予以签字确认，本合同交易产品的品质方视为完全满足甲方要求”。我们会发现，由于对事关甲方利益的条款进行了实盘化改进，合同执行时就有了参照标准，为后续验收、使用、技术服务及纠纷的解决提供了具体的支撑条件。

情景2：谈判中甲方要求乙方作出备件供应及技术服务总量保证的承诺。

如果甲方在合同中要求乙方确保“及时提供甲方所需的备件及技术服务”，很可能因该项约定不具体或服务成本的代价太大而被乙方拒绝，从而使得甲方的权益保障落空。

如果甲方将要求具体化，以合同附件所规定的形式按品种需求提供备件以满足品质要求，则可能被乙方认为预期稳定，双方都容易接受。甲方在参与该项谈判时要注意使清单中的四个涉及甲方利益的基本盘面尽量实盘化：备件清单明细；备件品种的合理化约定；备件数量的经济储备；备件价格（或价值申明）。

● 备件清单明细——应当是实盘化的约定，如具体的品名、规格、等级、价格、代码（如有）。

● 备件品种的合理化约定——买方应要求卖方保证备件品种合理化，实施分类进货，确保代价合理（既要防止必需品短缺，又要防止购买不需要的备件）；按常理来说，通用备件价格较低，专用备件价格较高；当然，还可以以合理的理由（如“便于验收”），要求对方提供专用备件的图纸，这便于将来甲方组织就地加工；对于耐用备件，要尽量少进，若卖方强制推销，则应注意压价；对易损备件，要明确合格的质量标准（以及包换、包退条款等）。

● 备件数量的经济储备——应当让各类备件的数量与其耐用性基本匹配，耐用备件可以少进货，甚至可以要求在乙方建立储备库，以降低备件无形磨损带来的经济风险。

● 备件价格（或价值申明）——分为有偿提供（标明单价）和无偿提供（注意无偿提供备件≠备件无价值，应根据情况对备件的价值进行申明）。

## 三、虚实盘的概念对谈判者的重要价值

**1. 有利于谈判者评估交易条件**

商务活动的复杂性，使得谈判者在评估各方交易条件的差异时受到影响，不易看清总体与个别之间的关系，不易判断具体的交易条件究竟对己方有利、利小抑或无利。如果是建立在真实信息基础上的交易条件，谈判者在评估时可以用盘的概念进行技术分析，以迅速发现交易条件中的问题。

**2. 有利于谈判者调整交易条件**

交易条件的调整如果是基于主动进取的目的进行的，与基于被动妥协进行的调整相比，对谈判者的预期影响不同。无论属于哪种情况，如果谈判者具有盘的意识，就会在处理进与退、得与失、权利与义务等问题上游刃有余，不动声色地维护好己方的基本利益，掌控对方应当承担的义务。

**3. 有利于谈判者在临场谈判中理清思路**

无论谈判者准备得多么充分，只有到了临场才能真正考验谈判者准备的效果和应变能力。谈判各方在磋商的过程中会不断涉及对各自目标的调整、对各种交易条件的调整、对对方要求的调整、对契约的反复修改等事项。这些调整或修改最终都要与价格条件发生联系，都要以各方认同的法律文件形式确定下来才有效力。如果谈判者具有盘的概念，无论临场情况怎样变化，都可以镇定自如、清晰地判断形势，选择各方都能接受的方案或提出建议，维护己方的利益不受或少受不良变化的影响。

**4. 有利于谈判者对交易合同的审查**

实践证明，许多经过艰苦谈判后所形成的口头成果很容易在文字协议中变形，主要原因是：谈判者会根据对己方有利或无利的原则决定自己对这些谈判成果的理解方式；谈判中负责会议记录的人员除了代表特定一方的立场外，还有自己对谈判成果的理解，更何况这些理解还要受到记录者伦理观和专业水平的影响；有些权利与义务关系在形式上对应，并不等于在事实上对应。虽然不能保证合同条款完全真实、准确地表达谈判各方的意图，但是如果谈判者有盘的基本意识，至少可以在审查有关己方的权利与义务时维护好己方的利益底线。

**5. 有利于谈判者处理交易纠纷**

交易纠纷的处理，对交易条件、程序、证据及其提交方式、时效、调解与仲裁法律等都有特定要求。如果没有盘的基本意识，谈判者很难在最坏的情况出现时从容应对。20世纪90年代以来，许多企业在逐步开放的市场中感受到了贸易规则的重要性，由此开展的许多针对合同管理、商务知识的培训项目都特别强调对盘的运用。实践证明，这种业务性强、针对性强的EDP（高级经理人发展课程）项目培训在企业最受欢迎。可以说，盘的

意识是谈判者处理交易纠纷最有效的基本工具之一。

**6. 有利于谈判者评估与交易相关的政策法律环境**

特定的交易活动都是在一定的政策法律环境下进行的。不同地区、不同国家的政府奉行的贸易政策、执行的贸易法规有差异，会导致商业环境的差异。商务谈判者不仅应关注商业伙伴、竞争对手和市场行情，还应对市场所在地的政府行为进行必要的考察。有的地方投资环境好，企业经营环境好，自然会对该地区的经济发展起到积极的促进作用。如果谈判者有盘的基本意识，在考察这些环境时就会有重点、有效率地获得比较真实的信息。

## 案例导读 4-4

### 虚盘化的经济政策

某地方政府出台了一套《促进招商引资及支持民营经济发展配套措施》汇编，该配套措施涉及当地党委、政府几乎所有的部门和乡镇。在随后的执行过程中，领导们发现这些所谓的配套措施迟迟不能取得预期的效果，于是又召开各级部门负责人会议，督促各部门对这些措施进行修订完善。不过依然效果不佳。问题出在哪里呢？

一个投资商考察该地区的环境后发现，几乎所有的配套措施都是围绕着政府领导的意志而不是市场和企业的需要制定的，尤其是在具体问题上，几乎没有实盘化的可操作、可预期、可控制的安排。

下面的摘要部分供有专业意识的学习者进行判断。

市委办公室：

1. 紧紧围绕招商引资和民营经济发展开展调查研究。及时总结、反映、宣传我市招商引资和发展民营经济的好做法、新经验，促进经验推广。努力发现、分析、研究我市招商引资和民营经济发展中存在的问题，为市委进一步加快招商引资、引导民营经济发展的决策提供科学依据和可行建议。

2. 紧紧围绕招商引资和民营经济发展开展督查。紧盯市委招商引资和加快民营经济发展的经济指标，重点督查上级关于招商引资和促进民营经济发展的政策措施的落实情况，尤其是各有关部门承诺的具体措施的落实情况，促进民营经济发展工作的落实。加强督查调研，及时发现招商引资和发展民营经济的政策措施在实施中遇到的新情况、新问题，向市委提出进一步完善政策措施的建议。

3. 紧紧围绕招商引资和民营经济发展开展政策研究。认真组织有关部门研究市委关于发展民营经济的政策，努力吃透精神，结合我市实际提出灵活运用、用足、用够上级政策的具体措施，供市委决策参考。

4. 紧紧围绕招商引资和民营经济发展开展综合协调。民营企业反映和请求解决的具体事项、影响招商引资和民营经济发展的具体问题，按急事急办、特事特办原则分类处理。能协调有关部门解决的一定在最短时间内协调解决，不能协调解决需要领导出面协调解决的及时向领导汇报并提出意见、建议，市委无法解决的报经领导同意后及时向上级党委反映。

市人大办公室：

进一步加强对招商引资和民营经济工作的监督力度，认真执行《代表法》，广泛动员和组织人民群众依法参与全市的经济建设、招商引资和民营经济发展。听取和审议政府关于我市招商引资和民营经济发展情况的汇报，充分发挥人大代表在改革建设中的模范带头作用，为市委、市政府决策提供可行的参考建议。

市政府办公室：

1. 营造优良环境。充分发挥政府在创造环境中的主体作用，立足政府工作实际，努力为招商引资和民营企业发展营造良好的政策环境和政务环境。积极为民营经济发展护航，通过统一编发《政务信息》《信息快报》以及上报信息等方式全面反映我市民营经济状况及其生产动态，同时及时反馈其他地区发展民营经济的典型经验及最新信息，为民营企业发展提供决策参考。

2. 做好协调服务。对涉及民营企业的办文办会、行政审批等一视同仁，优质高效地做好服务，主动为民营企业协调解决发展中遇到的困难和问题。

3. 做好政务督查。充分发挥政府督办机构的作用，对各部门贯彻《关于进一步加快民营经济发展的决定》的情况进行督查，确保令行禁止、政令畅通，使民营经济发展的各项优惠政策落到实处。

市政协办公室：

1. 发挥政协优势，组织民营企业家召开专题座谈会，要求企业的政协委员破除“小富即安”的思想，增强发展的内在动力，创新发展思路。

2. 发挥好政协职能。切实反映社情民意，消除招商引资和民营企业在发展中遇到的障碍，就民营经济发展等问题进行专题协商。

由上述措施不难看出，政府服务与管理的对象几乎没有值得遵循、参考或把握的政策细节。这些措施的预期效果不佳自然在情理之中。

## 第三节 盘的实战运用

在实战中，谈判者可以在四个基本方面充分运用盘的概念对交易谈判过程进行技术分析，找到最有利于实现己方谈判目标且各方都能接受的方案。

### 一、注意谈判过程中各方权利与义务关系的平衡

在谈判成果形成文字化的交易条件时，谈判者不应当仅仅从条款的多少看双方的权利与义务条款是否对等，还应当从权利与义务关系的角度看双方是否平衡。这是因为：首先，在合同文字表述中，有可能出现和权利与义务关系描述的含义相反的情形，形式上享有较多权利的一方有可能履行了更多的义务；其次，契约形式的多样化，可能使谈判者有

更多的路径将权利与义务关系倒置，如一方在承诺的同时加上许多前置条件，事实上逼迫对手先履行义务。

谈判者应当尽可能使己方享有的权利与对方必须履行的义务具有实盘化特征，以利于谈判过程中对各方的权利与义务关系进行评估，避免出现权利与义务关系不明确或过分纠缠的情况。

**重要视点**

权利与义务关系是否在实质上对等远比权利与义务条款是否在描述上对等重要得多。

## 案例导读 4-5

某商业银行的保证合同对甲方（担保方）与乙方（银行）在权利与义务条款上做了如下约定：

…………

第八条　甲方的权利和义务

8.1　甲方保证是依法注册成立并有效存续的合法单位，具有法律规定的担保人资格和代为清偿能力，自愿承担并履行保证责任。

8.2　甲方保证签订本合同已依照法律规定及本公司章程的规定得到甲方上级主管部门或甲方公司董事会、股东会、股东大会等有权机构的批准，并取得所有必要的授权。

8.3　甲方保证其签署和履行本合同，不违反任何对甲方及其资产有约束力的规定或约定，不违反任何甲方与他人签署的担保协议、其他协议以及其他任何对甲方有约束力的文件、约定和承诺的内容。

8.4　甲方向乙方提供的所有文件、资料均真实、准确、合法、有效。

8.5　甲方知悉并同意主合同的全部条款，自愿为主合同债务人提供担保，并保证按本合同约定履行连带清偿义务。

8.6　若本合同项下主合同为《银行承兑协议》，则甲方保证主合同债务人与承兑汇票的持票人、背书人或其他当事人发生的任何票据及非票据纠纷，均不影响甲方依本合同约定向乙方承担保证责任。

8.7　甲方保证在本合同有效期间不再向第三方提供超越自身担保能力的其他任何方式的担保。

8.8　甲方保证在本合同有效期间，应按乙方要求提供资产负债表、利润表、现金流量表等财务报表，接受乙方对其生产经营活动和财务状况的检查、监督。

8.9　在本合同有效期间内，应在包括但不限于承包、租赁、托管、资产重组、债务重组、股份制改造、联营、合并（或兼并）、分立、产权有偿转让、合资（或合作）、减少注册资本，或申请停业整顿、申请解散（或撤销）、申请重整、和解和破产等经营方式、自身体制或法律地位发生变化的三十日以前，书面通知乙方，并落实本合同项下全部保证责任。

8.10　在本合同有效期间内，应在包括但不限于被宣布停业整顿、被宣布关闭、被宣布解散（撤销）、被申请重整、破产等自身体制和法律地位发生变化或其他任何足以危及自身正常经营、丧失担保能力的情况发生后的三日内，书面通知乙方。

8.11　若甲方变更住所、名称、法定代表人，应在变更后七日内书面通知乙方。

第九条　乙方的权利和义务

9.1　乙方有权随时要求甲方提供反映其经营情况及资信情况的财务报告、财务报表及其他资料。

9.2　主合同债务人在主合同项下债务履行期限届满（包括主债权分次到期或债权人宣布债务提前到期）未依约还款的，乙方均有权要求甲方按照本合同的约定承担连带保证责任。

9.3　若甲方未按照约定履行本合同项下的责任，乙方对甲方应当支付的款项有权在甲方开立于本银行任何营业机构的账户中直接划收。乙方从甲方账户中划收款项时，账户中的币种与主债权币种不同的，按划收当天乙方公布的牌价折算。

…………

显然，这是一份无论从格式上还是内容上对双方权利与义务关系的约定都明显不平衡的合同。仔细研究还会发现，合同在许多方面的盘面条件都有不完善的地方，个别条款的约束不够具体，由此可以认为盘的变动性比较大，给各方谈判者带来了机遇和挑战。

## 二、注意对契约条款的可操作性审查

具有可操作性的契约，对谈判各方的行为有明确的导向，对行为后果有明确的约定，对彼此行为的关联关系有明确的约束。换句话说，谈判者拿起“盘”这个工具，如果发现契约条款中有事关己方利益的约定，首先要关注是否就应当考虑的因素约定得比较完整，若是，则为以后顺利履约创造了条件；其次要关注是否在相关重要条款的磋商中形成了没有歧义的文字，若是，则为以后避免履约纠纷或处理纠纷创造了条件；最后要关注条款是否附带了前置条件，如果己方主张的权利或对方履行的义务还附带有前置条件，那么在操作上可以认为己方的权利和对方的义务都是不完整的，那些没有被完整约定的事项是留在契约中的隐患。

实践中，谈判者不能机械地仅从字面意思上去界定一份契约的虚实性或法律效力。如果意向性协议的交易条件约定得十分完整、清晰、没有保留，则事实上它是一份正式合同；反之亦然。

一份契约中如果某些条款约定得很实盘化，那么这部分条款就是正式合同，而那些没有约定或约定比较虚盘化的条款，事实上还是意向性协议。

## 案例导读 4-6

2005年11月，中国足球市场遭遇寒冬，许多企业纷纷选择退出。西部某足球俱乐部打算对出资人结构进行调整，上报给当地足协之后，谁能入主该俱乐部成为俱乐部能否继续生存下去的关键。

这时，英国一家老牌足球俱乐部的老板凯文决定收购，于是与足协接触。他试探性地派出一个班子来谈判，讨论成为这家俱乐部第一大股东的可能性。在俱乐部面临危机时忽然有外资进入，可谓柳暗花明。

英国人担心，在对中国足球环境不了解的情况下贸然介入，市场风险、财务风险、政策风险等都可能成为致命的陷阱，但如果不趁市场低迷、介入成本低时拿下，俱乐部全球市场开发计划无疑会错过一个绝佳的机会。有没有一个既能合理规避风险又能巧妙实现低成本介入的方案呢？

在这样的背景下，中国足球俱乐部运营历史上第一个“附条件生效”和“附条件失效”同时成为前置条件的合同产生了。根据俱乐部主管部门某市足球协会与英国方面达成的附条件合同（双方在合同中明确约定，只要任何一方不能按时完成所附条件的全部准备工作，该合同便自动失效。所附条件均以清单形式提供给对方），在英方完成入主后，俱乐部原出资人将顺利退出，新俱乐部的预算、组建方案、运营等将由英方做主。

2005年12月15日，某市足球协会秘书长辜先生收到了对方英国律师斯蒂文的传真，询问合同所附条件的落实情况，希望中国方面按规定要求完成准备工作，如球队比赛场地合同的签订、训练基地合同的签订等，对于没有完成的工作，对方希望提供进度说明。这时中国方面才真切地感受到，俱乐部最终能否变挑战为机遇，还有很多的工作要做。

签订附条件生效或失效的合同，对开出交易条件的一方来说，实际上是一种通过虚盘条件进行试探的过程。如果附条件不能得到满足，契约就越来越虚化，直至中止；如果附条件能够得到满足，契约就越来越实化，直至正式生效。

**重要视点**

从操作层面上说，正式合同（contract）与意向性协议（agreement）之间存在实务上的差异：正式合同是对各方当事人的权利与义务关系进行了实盘化约定的契约，而意向性协议仅对各方当事人的交易意向作了真实而明确的表达，它们在组织执行、关系约束、后果预期、纠纷处理等方面存在差异。

因此，谈判中形成的契约，它叫什么（正式合同抑或意向性协议）不重要，它是什么（实盘抑或虚盘）才重要。契约的法律效力不仅取决于当事人的声明，更重要的是取决于对权利与义务关系、执行或取证方式、后果预期、纠纷处理方式等的约定是否具体，是否具有可操作性。

## 案例导读 4-7

### 保证条件磋商案例之三

谈判中要求卖方提供技术保证，是为了确保在使用或销售产品时所需的技术水平能够满足买方要求。就这些承诺性事项进行的前置条件谈判，涉及虚盘的运用是否合理。

实践中，技术保证是单纯设备进口、技术贸易、技术改造、成套项目交易和交钥匙工程（turn-key）交易中对技术输出方应履行合约义务的最低保证。一般包括三个层次：设备技术性能保证、生产技术（工艺）水平保证、最终结果保证。这三个层次的谈判由于技术性很强，一旦达成，再想改动（如对合同订立补充条款，或变更合同）对任何一方都有工程技术调整引起的成本问题，所以要特别留心盘面条件的虚实性。

情景 1：谈判中甲方要求乙方对设备技术性能作出保证。

设备技术性能保证实际上是对谈判交易对象的技术身价的保证。技术保证是否有效，并不简单地取决于要求乙方（技术输出方）在合同中做出必要的声明，更重要的是必须注意技术输出方的其他关联行为是否有保证。

谈判者要注意两个基本盘面：技术水平保证的先决条件是什么；技术水平保证的层次与措施有哪些。

1. 技术水平保证的先决条件。谈判中应注意，由于技术性能保证往往要到验收之后才能实现，为了保证有效，应该设法将验收方式延长，如将安装保证、调试保证写进合同。

比较后就会发现，如果甲方仅就验收条款进行实盘化约定，并不能确保验收之后的技术条件受甲方环境影响不发生变异，于是可以将合同中的保证条款向后延伸：“本合同约定在设备安装验收完成之后，应当经过不短于 6 个月正式生产的必要运行检验，确认符合甲方要求的标准之后，支付后续款项。”

当然，甲方还可以将设备的调试保证期延长，利用支付条件要求卖方提供长期调试服务（实际上成为售后服务）；除此之外，还可以考虑提出卖方专家指导条件。

在这个过程中，卖方并不是无所作为。例如，卖方可以提出承担技术保证的前提（注意，有了这个前置条件，卖方可以运用虚盘进行对抗）：货物运抵安装地的方式（如果是买方运输）；保管条件，如果属于保管不善，卖方免责；拆装条件及其责任；设备就位条件；设备使用的环境条件等。这些对抗性磋商条件的提出有助于降低乙方的风险和成本。

2. 技术水平保证的层次与措施。谈判中应注意，不同的保证层次其代价不同，应当尽可能将服务层次和措施与对方的代价挂钩。例如，对“三包”条件要进行具体定义；对“三包”的费用进行具体约定；对免费提供的服务措施的价值进行申明等。

情景 2：谈判中甲方要求乙方对生产技术（工艺）水平作出保证。

评价生产工艺水平的关键是以产品合格率为标准。产品合格率的评估可以以工序、工段、车间为单位进行，全面质量管理的实践经验表明，对单位越是细分，越容易反映出工艺技术水平。

在这个过程中，谈判者应当注意两个基本盘面：分段合格率、总体合格率。只要生产工艺允许，可以实行分段验收、单机验收、并机验收、生产线验收、空载运行验收、负荷运行验收。要确定可以接受的质量水平（AQL值）。

情景3：谈判中甲方要求乙方对最终结果作出保证。

这种情况一般指在交钥匙工程交易中，对最终交付给买方预定结果的保证。对于交钥匙工程项目，由于工程的专业性，以及某些工艺的封闭性，买方不容易对技术工艺手段进行直接验收。经验告诉我们，不仅要注意最终产品的质量验收标准（合格、基本合格、不合格），更要注意将支付条件与这些保证条件挂钩，在一个尽可能长的可核查期内，间接证明交易对象的技术保证水平。

## 三、高度重视合同执行中权利与义务主体实化与虚化的后果

在商务谈判实践中，谈判者与合同当事人是不是同一个人，这个问题常常被忽视，但它实际上暗藏玄机。

首先，商务谈判中的谈判者可能是未来的合同当事人，也可能是商务活动某一方的委托人。其次，在特殊的环境下，可能谈判者是一个人，而合同当事人是另一个人，例如，招商引资谈判中的谈判者可能是政府，而签约时的合同当事人可能是某个开发区运营部门，两者存在行政上的隶属关系，却没有经济上的委托关系。最后，从民事行为能力来看，谈判者可能是具体的、具有民事行为能力的法人或自然人，但是合同中涉及具体的权利与义务关系时，合同主体可能发生某些变化，例如，出现“组织”“人民”“群众”“国家”“有关部门”等民事关系上的伪主体。

合同执行中权利与义务主体的实化与虚化，对于逃避责任、虚化义务、规避风险、维护权利等都有极其现实的意义，小到影响一份合同的有效性，大到影响相关经济主体的经济活动。

**重要视点**

谈判者要高度重视对契约中权利与义务关系的主体界定是否清晰的审查。缺乏主语的描述或承诺可能找不到相对应的权利人或义务人，从而导致权利或义务被架空。

## 四、对合同条款盘面条件的审查是有效维护自身利益的基础

一份合同往往涉及多个专业领域，仅凭谈判者个人的专业经验和知识很难对合同的盘面条件细节进行审查。较好的办法是，合同涉及哪些专业领域，就应当尽可能地在谈判班子中配备相应的专业人才。

“三堂会审”不失为合同盘面条件审查的有效方式，即分管业务经理对条款的全盘预审——重点审查权利与义务关系的对等性；技术专家对合同细节的再审——重点审查财务指标与技术指标之间的对应性；法律专家对履约后果的三审——重点对合同风险、违约代价等进行预判。

**案例导读 4－8**

**合同审查出问题以后怎么办？**

公司在签署合同之前，总经理陈旭光要求分管副总经理赵刚对合同的各个条款进行一次预审，结果发现合同中的报价“22 万元/吨”有可能随着市场行情的看涨而显得偏低。另外，赵刚凭经验知道，上游企业受下游市场的拉动，原材料价格也极有可能上涨。怎么办？

工程部的王总工程师通过对合同附件中品质条件、验收条件的审查，发现在技术参数上，整整比其他竞争对手的规格高出一个数量级，不仅对方没有必要用那么高规格的产品，己方的技术成本也会上升，而且没有约定验收地点，是否要卖方到现场与客户一起按照标准共同验收也不清楚。怎么办？

法律顾问谢维忠经过研究条文，对对方采取分阶段支付的风险表示担忧。怎么办？

陈旭光拿到这些问题，果断地提出了四个处理意见：一是给 22 万元/吨的报价加上前置条件，申明其维持条件不变，但修改为虚盘化的描述：“卖价 22 万元/吨，一周内支付有效”；二是指示相关人员赶快到期货市场了解原材料行情波动情况；三是派王总工程师去与客户接触，以服务咨询的名义说服对方降低规格等级，既为对方节约成本提供可能，又为己方重新确定报价创造机会；四是要求财务部尽快改用信用证方式与对方结算，对现行结算办法进行改良。

如果没有各部门的通力合作，对即将签署的合同进行审查，陈旭光真的担心，这份合同执行下来能否赚钱。

## 第四节　虚头对成交可能性的影响

### 一、虚头的基本概念

虚头是指谈判者首次开出的交易条件与其能够接受的最低交易条件之间的差异。虚头的设置水平反映了谈判者对市场的洞察力和运用谈判资源的能力。

虚头是影响谈判成交可能性的最基本因素。设置虚头的关键不是虚头的大小，而是其上下界限。虚头的表达式如下：

虚头＝｜首次开出的交易条件－可接受的最低交易条件｜

虚头是在盘的范畴内讨论的。因此我们在理解虚头的构成时，不能简单地认为仅指价格条件。表4－2中买卖双方对虚头的设置的示例有助于学习者加深对虚头概念的理解。

表4－2　买卖双方对虚头的设置示例

| 交易条件 | 卖方的设置 | | | 买方的设置 | | |
|---|---|---|---|---|---|---|
| | 首次开出的交易条件 | 可接受的最低交易条件 | 虚头 | 首次开出的交易条件 | 可接受的最低交易条件 | 虚头 |
| 品质保证期 | 12个月 | 18个月 | 6个月 | 24个月 | 16个月 | 8个月 |
| 保密期限 | 12个月 | 18个月 | 6个月 | 24个月 | 16个月 | 8个月 |
| 规格 | 5系列 | 7系列 | 2系列 | 6系列 | 5系列 | 1系列 |
| 生产数量下限<br>需求数量上限 | 800台 | 700台 | 100台 | 600台 | 750台 | 150台 |
| 交付期提前量 | 40天 | 43天 | 3天 | 50天 | 40天 | 10天 |
| 售后服务期 | 12个月 | 18个月 | 6个月 | 36个月 | 18个月 | 18个月 |
| 温差波动范围 | ±1℃ | ±2℃ | 1℃ | ±3℃ | ±1℃ | 2℃ |
| 验收条件 | 双方 | 对方 | 一方 | 己方 | 双方 | 一方 |
| 交付条件 | 4度防震 | 2度防震 | 2度 | 3度防震 | 1度防震 | 2度 |
| 基准单位价格 | 2 800元 | 2 450元 | 350元 | 2 400元 | 2 600元 | 200元 |
| 信用条件 | 2天 | 10天 | 8天 | 15天 | 7天 | 8天 |
| 免费保养期 | 6个月 | 12个月 | 6个月 | 16个月 | 12个月 | 4个月 |

谈判者要注意，无论虚头的设置如何调整，最终都要落实到价格问题上，因此，究竟在什么时候讨论价格问题为宜，先谈好还是后谈好，谈判者需要仔细斟酌。站在不同的立场，该问题会有不同的选择和结论。

### 案例导读4－9

在一桩大额交易中，由于产品的保质期事关买方利益，因此双方在保质期的确认方面采用什么表述方式至关重要。比较以下三种表述方式：

表述1：产品的保质期以乙方提供的保质期申明为限，最长的保质期为从乙方申明保质期的起始点算起之后的120天。

表述2：产品的保质期为自乙方交付给甲方之日起之后的120天。

表述3：产品的保质期为甲方使用该产品之日起之后的120天。

三种不同的表述方式虽然都将保质期的虚头确认为120天，但是这120天的上下界限（起点和终点）却不同，对买方利益的保障程度也不同。

## 二、虚头的设置水平与成交可能性的关系

如前所述，实际上谈判者在决定是否成交的问题上面临的最大风险是交易的相关信息是否对称。在信息对称的基础上作出的判断的风险就小，反之就大。我们将在信息不对称

条件下开出交易条件可能冒的风险称为“第一类风险”，或 $\alpha$ 风险；将在信息对称条件下因解读不准或不全面而开出交易条件可能冒的风险称为“第二类风险”，或 $\beta$ 风险。

上述看起来十分简单的道理，在实践中却会遇到一个挑战，那就是各方在虚头的设置上，出于种种原因，会把部分甚至全部交易信息隐藏起来。首次开出的交易条件有可能是透明的，然而那个事关利益的可接受交易条件，谈判者却不一定会告诉对方。

我们在多大程度上能够接近真实的、风险小的交易条件呢?

虚头的设置水平十分重要。影响虚头设置水平的因素有三个：一是首次开出的条件；二是谈判中获得的信息；三是依据首次开出的条件和谈判中获得的信息对可接受交易条件的修正。

**1. 可能成交的虚头条件**

可能成交的虚头条件是指在双方谈判者可接受的最低交易条件之间有一部分重叠的交易可行区域，这个区域不会简单直白地展示在双方面前，它取决于双方的沟通程度和水平。精明的谈判者总是会利用信息沟通的技巧，引导对方靠近他的开价，从而在可行解中找到更有利于他的条件，如图 4－2 所示。

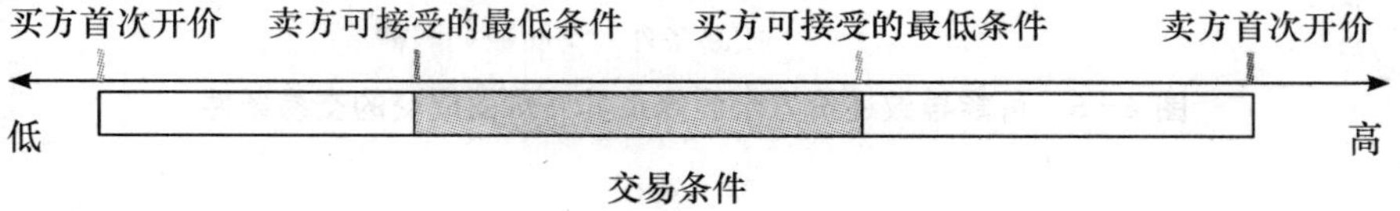


**图 4－2　可能成交的虚头条件**

**2. 可能导致还价方部分修正其开价而成交的交易条件**

可能导致还价方部分修正其开价而成交的交易条件是指在交易信息不确定、不对称的情况下，开价方因缺乏信息的支撑而开出的交易条件，可能略高或略低。如果具备信息优势的一方在开价之前发现这一点，则可能修正其原有的交易条件，使得谈判朝着更有利于他的方向发展，如图 4－3 所示。

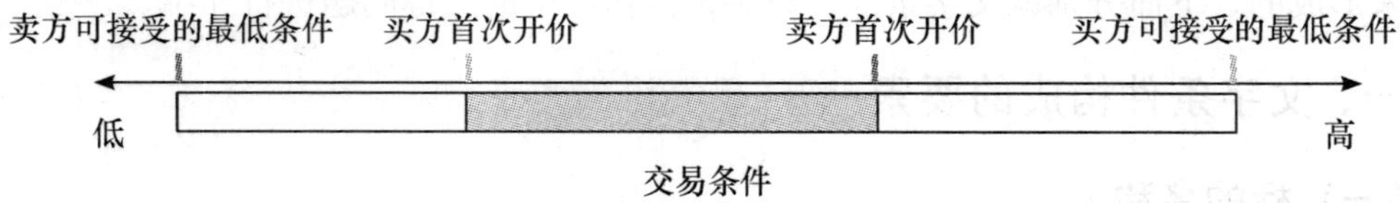


**图 4－3　可能导致还价方部分修正其开价而成交的交易条件**

**3. 不可能成交的交易条件**

不可能成交的交易条件是指开价方与还价方的成交预期条件相差太远，除非双方或其中一方愿意就某些交易条件进行修正，使得交易条件进入彼此可以接受的最低交易条件以内，才有可能成交。

研究不可能成交的交易条件有很重要的现实意义，它有助于谈判者树立起谈判的效率成本意识。当有足够的信息表明谈判难以成交时，明智地退出谈判活动或创造条件另择时机谈判，有利于谈判者重新整理谈判资源，如图 4－4 所示。

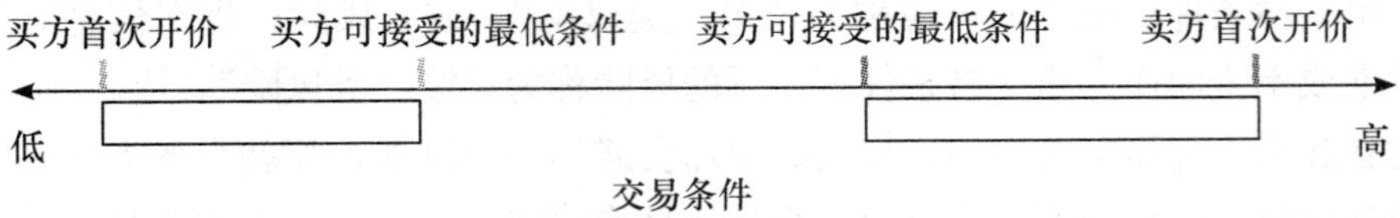


**图 4-4　不可能成交的交易条件**

**4. 可能导致还价方全面修正其开价而成交的交易条件**

可能导致还价方全面修正其开价而成交的交易条件是一个特例，它是指与图 4-4 所示情景完全相反的情况。在信息不对称或解读相反时（例如，对产品市场的相反预测、对股市的错误判断、对供销关系的误判等），谈判者开出的交易条件令对方觉得出人意料的好。

一般对待这种情况，还价方都应当先谨慎地、不动声色地核查信息的真伪。会不会有陷阱？是不是一个绝佳的机会？留给己方考虑的时间有多少？推动成交对于以后维系双方的正常业务关系有什么影响？等等，如图 4-5 所示。

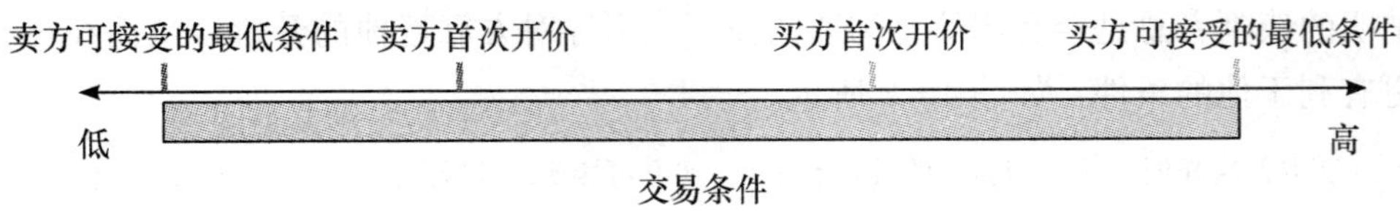


**图 4-5　可能导致还价方全面修正其开价而成交的交易条件**

# 第五节　交易条件的构成要素

一个好的谈判方案对于公平合理地实现己方的目标至关重要。谈判方案的核心内容是配置好己方的交易条件，分清这些交易条件中盘的虚实，并将其作为己方行动的基础。实践中，交易条件主要是通过研判文字条件和数字条件（见本章关于盘的一般表达形式的介绍）来形成的。下面分别就文字条件、数字条件构成中的关键问题进行介绍。

## 一、文字条件构成的要素

### （一）标的名称

为了使得谈判成果在履约阶段不产生或少产生变异，标的名称最好涵盖以下三个要素。

**1. 标的全称**

无论是货物还是服务，均应当使用全称。

**2. 专业术语**

要将商品名称与专业名称区别开。例如，药品的商品名称与产品名称有差异，农药的习惯名称与产品名称也有差别。

**3. 品牌标志**

同一种货物或服务，不同品牌的质量差异很大，应当写明品牌。计算机产品、通信产品、IT产品、家电产品等存在货物品质和服务品质双重要求的标的需要注意。

### （二）保证条件

保证条件的磋商要根据标的的具体情况而定，其构成要素有：

**1. 履约保证**

谈判者之间为确保履行合同作出的承诺。

**2. 品质保证**

谈判者之间为确保交易货物的品质满足合同规定的标准作出的承诺。

**3. 技术保证**

谈判者之间为确保使用或销售产品所需的技术水平满足买方要求等作出的承诺。

> **重要视点**
>
> 能向对方提出保证要求的一方一般在谈判上处于强势地位，要善于把握强势，不要轻易放弃机会。

### （三）许可证类别

许可证分为两类：一类是对资质要求较严、需要经过政府归口管理部门严格审查后才准予从事特定产品或服务的生产经营活动的项目，这类许可证主要通过行政审批获得；另一类是对市场行为有特定约束、需要经过相关人员严格核查后才准予从事特定产品或服务的生产经营活动的项目，这类许可证主要通过贸易获得。本节的讨论对象主要是后者。

在全球范围内，以工业产权为代表的贸易活动中的许可证一般有三种。

**1. 独占许可证**

引进方获得输出方的许可后，将在一定的区域、以约定的方式、在一定的时间内独占该项交易的产品或服务市场，包括输出方在内的任何其他人均不得在该区域、以该方式、在该时间内与之竞争。

**2. 排他许可证**

引进方和输出方约定在一定的区域、以约定的方式、在一定的时间内共同拥有该项交易的产品或服务市场，排除任何其他第三方的竞争。

**3. 普通许可证**

这种许可证仅用于引进方取得特定产品或服务在一定的区域、以约定的方式、在一定的时间内进行生产经营的权利，其他方均可以参与竞争。

谈判者在选择许可证类别时，要综合考虑市场大小、支付代价等。独占许可证要价很高，排他许可证次之，普通许可证的代价较低。

一般情况下，采用独占许可证形式，谈判各方的权利与义务关系约束得较死。委托方一旦以这种方式选定了代理人，那么在特定区域、特定时间内，委托人只能与代理人或通过代理人与客户发生关系，这时候委托人的业务好坏基本上依赖于代理人，自己在该区域的市场也取决于代理人。所以，这类许可证对代理人的约束十分严格，代理人必须确保全身心地投入代理业务中，不能再为自己开展类似的其他业务，也不能为任何第三方代理类似业务。

如果谈判者只是为了取得资格条件，则应当尽量采取低成本的形式处理许可证问题；如果是出于对占领或垄断市场的考虑，则应当评估取得排他许可证甚至独占许可证的代价。

### （四）权利证明

当交易条件中涉及权利的买卖时，谈判者必须确保交易对象的权利归属是清晰的，因为购买全部所有权、购买部分所有权、购买经营权、购买租赁权等不同的交易形式，不仅涉及代价问题，而且涉及法律问题。所以，在交易条件的构成中，往往要求为权利的归属提供具有法律效力的证明。具体形式包括：契约、产权证明、授权书、资质证书、收藏证明、开发许可证、探矿资质证明文件等。

### （五）服务标准

交易条件中涉及服务标准的构成要素一般有：档次、面积、温度、采光、空气质量、湿度、地面条件、防护条件、清洁标准、排水条件、防震标准、通信条件、道路条件、保卫、交通、会议服务、培训服务、递送服务等。

### （六）保密条件

交易条件中保密条件的构成主要包括五个要素。

#### 1. 保密对象

指可以接触该秘密的主体。可以分为：内部主体（如上级、同级、下属、关联主体等），外部主体（如第三方、政府部门、同行企业、媒体、消费者等）。

#### 2. 保密范围

指保密的客体。一般分为两类：全部内容保密，费用和责任要求较高；部分内容保密，费用和责任要求较低。全部内容保密指对与交易相关的所有信息一律保密。这里所说的“所有信息”包括合同文字内容、合同附件内容、与合同相关的会议记录、关联活动、当事人行程安排、行踪等。部分内容保密是指对交易的关键内容或关键当事人部分保密。

#### 3. 保密时限

指由当事人共同约定的保密时间期限，一般与保密的范围相对应。如果是全部内容保密，保密时限不宜过长，确实需要长时间保密的，应当采取可以变换的保密方式。如果是部分内容保密，则保密的时限可以长一些，敏感信息的保密期限可以定得更长，对解密的条件和时间可以做具体的约定。

#### 4. 保密手段

指对需要保密的对象，在特定范围和时限内，约定的保密的技术措施和管理措施。

#### 5. 泄密责任

注意保密不只是一方的义务，合同应当约定在一方违反保密条款后，另一方即自动解除保密条款的约束，可以任意处置原保守的秘密。从法律责任上说，一定要在合同中明确约定经济后果，不能只笼统地约定“由泄密方承担法律后果”，因为这样的约定就等于把主动权交给了违约方。作为受害方不主动维权，就很难维护自己的利益，而真打官司，要由受害方作为原告，先行支付诉讼费用；即使打官司，法院怎么判，也不能控制，所以经济后果无从谈起；即便判了，执行难的问题也很现实。所以，事先约定经济后果并不妨碍再打官司，有双重保护的作用。最后，要明确约定经济补偿的方式。谈判者要注意补偿、赔偿、惩罚性违约金之间的差别。

**重要视点**

严格控制谈判规模，选择守口如瓶的人参与谈判比制定保密条件更有价值。

### （七）包装条件

包装条件的构成主要依据交易过程中商品所处的位置和应当发挥的作用来确定，一般有两种。

**1. 运输包装**

主要作用是保护商品的品质和数量，便于在运输、装卸、储存过程中清点计数。要求包装方法和材料具有与商品运输环境相适应的良好性能，如防潮、防震、防漏、防盗、防撞、防锈、通风等。运输包装常见的有单件运输包装，即作为一个运输计件单位的包装，如箱、包、捆、桶、袋等；集约包装，即将相同或不同的商品按照性质、类别、到站先后、保管条件等先进行单件包装，然后进行集中包装，如集装箱、集装袋等；托盘辅助包装，即用木材、塑料、金属材料制成托盘，将不能直接置放地面或有转运要求的货物置放于托盘上，利用打包带、收缩膜等将货物与托盘固定在一起形成可转运的运输包装。

**2. 销售包装**

主要作用是在保护商品的同时有利于商品销售、陈列、展示、携带和使用。

包装条件可以采取样本（图样、实物样本、纸样等）形式进行约定，也可以采取文字描述加数字条件的形式进行约定。谈判者要注意包装条件中标志是否清晰，是否耐磨、耐晒、耐潮，费用是否都包括在货价之内而不另外作价。

### （八）运输条件

运输条件主要包括运输方式（内河运输、海洋运输、铁路运输、公路运输、航空运输、邮政运输、管道运输、联合运输等）、运输工具（货船、驳船、混装船、油罐车、集装箱运输车、平板车、输气管等）、运输时间、装运港、目的港、运输路线、气候条件、航道安全、海盗防范措施等。

### （九）交付条件

交付条件是指具体交付时间、交付方式、交付责任、延迟处罚、货物替代权、补偿约定、退货处理方式等的约定。交付条件的构成比较复杂，具体内容如下：

**1. 交付时间**

主要由季节性特征、配套性特征、可能性特征构成。季节性特征是指市场供求关系随时间变化的规律性特征和风险。谈判者讨论季节性，要注意两个盘面问题：交易对象是否具有季节性；如何测定季节性变化。配套性特征是指以货物交付关联条件为交割依据的交货方式。配套性要求买卖双方充分沟通，按照买方准备工作进度、卖方交货进度、配套设施建设进度等组织交割，要求双方的进度高度协调一致。可能性特征是指以交付货物的可能性来决定实际交割期。影响交割可能性的因素比较复杂，一般要考虑商品特性、交易量、运输难度等。

**2. 交付方式**

主要是指货物或服务性商品交付给买方的方式。谈判者可以从货物安全性、验收便捷性、使用方便性、成本经济性四个方面重点设计交付方式。

**3. 交付责任**

交付责任的磋商是对交付过程中可能的违约行为设定责任界限。谈判者要根据具体情况明确当事人免责界限、第三方责任界限、违约责任界限三个层次的责任。当事人免责界限指当事人可以不承担违约责任的范围。不可抗力（自然不可抗力、社会不可抗力）属于免责范围是全世界的共识；此外，某些国家和地区根据对自己有利的原则把罢工、交通堵塞、政局动荡、遭遇恶意收购等也列入免责范围，谈判者要根据对己方的影响进行判断。第三方责任界限指由除合同当事人外的第三方原因引起的违约责任的范围，如运输代理、保险公司认定、保管毁损、装卸方式等。违约责任界限指在排除当事人免责和第三方责任之后，当事人之间的违约责任的范围，例如买方责任（验收延误、收货人填写错误等）、卖方责任（发货错误、交付配套错误等）。

**4. 延迟处罚**

主要包括处罚证据、处罚时间、处罚方式、处罚金额四个要点。处罚证据是指交付条件里对延迟交付的认定标志，可以采取举证的方式。一般要求被处罚一方提供事先约定的不能处罚的证据（如交付回单、发运单、收货通知单、邮局证明等交割手续证明），否则就要面临处罚。谈判者可以根据对自己有利的原则，要求对方先提供证据。处罚证据是否有效，不完全取决于谈判，还取决于平时对交割手续是否重视，各种凭证是否保管良好，届时是否拿得出证据。处罚时间包括宽限期、计费期、权限期。宽限期指双方同意可以不处罚的允许延迟时间。一般对有保管要求的敏感商品不留宽限期。计费期指双方约定的处罚计费时间，起点为宽限期结束之时，可以按天、周、月等计费。权限期指允许无法履约一方提出交涉的最长时间，当一方无法继续履约时，应当告知对方。告知后，合同正常终止。权限期一般以月计。处罚方式一般有现金处罚、非现金处罚两种。现金处罚应当在具有执行力的前提下约定，否则会流于形式；非现金处罚包括扣押货物、变卖货物、公开谴责、司法拍卖等。处罚金额可以约定按货物价值的百分比执行，或按固定金额执行，或按浮动金额执行。买卖双方应当注意：处罚方可以提出最低处罚金额作为开价，被处罚方可以提出最高处罚金额作为还价。

**5. 货物替代权**

货物替代权是指在延迟情况下，买方除了用处罚金、保证金补偿损失外，还有按照合同约定的数量、价格购买卖方其他货物的权利。这是对买方有利的权利约定，根据经验要注意货物来源保证、价格变化限制两个谈判盘面。货物来源保证是买方对货物来源提出的要求，当卖方不能满足要求时，如果买方再向其他供货商订货，不应视为违约。当然，卖方在讨论该条款时应当对可替代货物的来源予以限制，以防止因竞争者的渗透而失去自己的市场。问题在于：如果卖方明明不能提供货物，却叫买方再等一等，说正在组织货源，而不承认自己不能满足买方的要求，这时应当怎么办？关键是要约定时间期限。例如，双方约定货物来源保证期为一个星期。若不超过一个星期，应尊重卖方意见；若超过一个星期，买方则有权提出替代货物来源要求。使用替代货物时会涉及价格变化限制问题，对这个问题卖方和买方都十分敏感，因为价差将成为延迟处罚之外新的经济负担。如果没有价格变化的约定，卖方可能会不动声色地以低价商品作为替代品；反之，买方会不动声色地以高价商品作为替代品，目的在于获取差价利益。谈判者可以根据有利或不利的判断，在签约时权衡是否要在条款中确定“差价确认程序”或“最高限价”。差价确认程序指双方事先约定好使用货物替代权的前提，替代货物的定义、范围，价格差异幅度及判定方法，价差的结算方式等。最高限价是对卖方价格的规定，一般可以用百分比约定，如“卖方的C类商品价格最高不得比本合同商品价格高出10%”等。

**6. 补偿约定**

在延迟交付的情况下，宏观经济条件（例如汇率、税率、限制性或鼓励性政策等）可能发生变化，造成更大的经济损失。补偿约定是对因交付延迟导致的间接损失的补偿条件、补偿方式的约定。该条款是非必需条款，一般在大型合同、涉外合同中出现。

**7. 退货处理方式**

退货是指在延迟交付、品质验收不合格等前提下买方拥有的附条件撤销合同的权利。退货处理方式应当事先约定，一般分为发货前退货、发货后退货两种方式。退货是卖方不愿意看到的事情，所以一般卖方不会主动在合同中提出，即便以“三包”方式提出（包修、包换、包退），也比较虚盘化。通常奉行买方不提出，卖方不提醒的原则。退货处理方式相当于给了买方一个撤销合同的权利，所以卖方要对该条款仔细斟酌。（1）发货前退货。处理时要注意，买方可能已开出信用证，卖方可能已经备货，因此，买方可能先提出不展期，使信用证逾期自动失效，卖方的货物则自行处理；作为对抗，卖方可能采取提前发货的方式，直接向银行要求兑付。（2）发货后退货。货已经在途中或已经到达目的地，买方因各种原因而延迟提出退货要求。这时谈判者要注意防止要挟，首先规定双方不得以要挟为目的处理退货，可以设定退货的先决条件，即没有充分理由不能退货，否则卖方不退款或照单议付（卖方要坚决控制好提货单，防止买方在货到目的地后给卖方施加压力，同时，要尽快另寻买主）。其次要注意债务清理。如果退货满足合同条件，则视为没有完成交割，因此货、款要物归原主。卖方要注意退货应当完整无损（数量、包装、附件）；买方要注意资金利息的约定（注意是先退货还是先退款；注意交割现场，不能失控）。最后是货物处理。从义务的角度说，买方有保管的义务，卖方有清点后付款的义务。

### 案例导读 4-10

在涉及延迟处罚条款的处罚时间的谈判中，计费期按周、月计算的，要注意谈判公平性问题。例如：

- 处罚方一般可以提出“不满一周，计为一周”。
- 被处罚方则可以提出“不满一周，不计处罚”作为对抗。
- 公平的约定应该是：“不满一周，超过三天（含）计一周，少于三天则不计。”

例如某合同约定：

> 第九条　本交易约定2012年3月31日前一周内均为交付期，提前交付的，买方不另行支付保管费，保管责任由卖方承担。延迟交付的，卖方应事先告知买方，超过一周（含）的延迟，从第二周起每超过一周收取延迟处罚性违约金1万元；不满一周的延迟按一周计算。一方因不可抗力以外的原因不能履约时，可以以3月31日为准提前三个月告知对方，告知的，从告知之日起的三个月内不收取处罚金，但原预付的履约保证金不退还；未告知的，要按照宽限期计算并收取处罚金；在2011年12月31日后告知的，均要收取保证金和处罚金。

由此可知：宽限期为一周；计费期按周计算，从第二周起计算；权限期为三个月，截止到2011年12月31日。

### （十）验收条件

验收是指按照一方（通常是甲方）或双方共同拟定的、能用现行技术手段进行判断的质量标准，采用双方约定的检测手段，在双方认同的检测环境下，对特定货物的技术经济特性实施核查的过程。验收不仅是一个技术程序，也是一个法律程序。

在验收条件中，最重要的内容是验收标准、货物质量的评估和验收费用的约定。

**1. 验收标准**

验收标准是双方共同拟定或认同的、以可操作和可核查的方式对货物满足买方要求的程度进行查验的技术经济参数指标。重点包括检测标准、检测设备、检测流程、检测样本的获得等规定。

**2. 货物质量的评估**

货物质量的评估一般以双方认定的价格为基础。重点包括两个方面：一是合理设置验收控制点（包括原产地验收、离岸前验收、船上验收、到岸后验收、终端用户开箱验收、调试中检测、空载检验、负荷检验、试运行、试生产等）；二是决定验收方式（包括检验地点、人员、次数、时限、方式）。

**3. 验收费用的约定**

验收费用既可以直接约定计入合同总价，也可以另行约定支付。在另行约定时要注意两点：一是计入交易价的验收费用（招待费、技术指导费、原材料消耗）；二是未计入交易价的验收费用（待验收货物的资金占用利息、动力消耗、人工费用）。

## 案例导读 4－11

### 在磋商验收条件时应当关注的十大关键环节

（1）原产地验收。经验告诉我们，对于检验复杂程度较高的产品应当尽量采用原产地验收，目的在于尽早发现质量问题并保证货物按时交付。

● 原产地验收属于发货前验收，在法律上应当视为卖方责任验收（验收费用由卖方承担。如果合同约定验收费用包含在价格之中，实际上就转嫁给了买方，要小心！）。

● 应当规定有验收记录，经买方签字后再发货。

● 原产地验收要严格防止验收后调包，因此，要明确规定装箱监督、上封的技术要求。

● 原产地验收一般不针对国家免检产品，但是免检产品在用户处开箱时必须约定对包装物的检查，包装有破损的拒绝验收；检查包装物时双方应当共同在场；不合格的产品应当退还乙方；如果甲方留置产品，视为产品合格。

（2）离岸前验收。从原产地到发运码头之间的验收，大宗货物一般采用此类验收方式。

● 离岸前验收也属于发货前验收，在法律上应当视为卖方责任验收。

● 在长期的客户信用条件下，离岸前验收可以委托买方单方面进行；否则，必须由双方共同进行。

（3）船上验收（含装车后验收）。合同约定在船抵达目的港（或运输车抵达目的地）后卸货前进行验收。

● 这是对买方有利的验收方式（交易量越大，对买方越有利），因为从谈判上说，验收不合格，就不许卸船（或卸车），卖方为了减少损失，往往被迫低价出售。

● 卖方要注意尽量采取双方共同验收的方式，避免风险。

● 在风险较大的情况下，卖方要争取将运输费用计入价格之中，以减少风险。

（4）到岸后验收。货物到达目的地码头后的口岸验收，分为两种：

● 清关前验收。合格再清关，不合格则不清关，即退货，这种方式对卖方而言风险大（产生的不可预知的费用高）。

● 清关后验收。先清关再验收，一般采取抽样检验，只对发现的不合格品进行退货，这种方式对卖方而言风险小。

（5）终端用户开箱验收。由用户开箱对货物数量、外观等情况进行验收。

● 要注意终端用户与合同甲方是否一致。实践中允许终端用户与合同甲方不一致，但是必须采取双方共同验收的方式，不能只由用户验收，因为要防止终端用户单方面扣押货物的情况。假如验收不合格，卖方要立即将货物回收，不能留给用户；假如验收合格，必须由用户在合格验收表上签字。

● 如果合同中约定由终端用户验收，则应当在合同中明确终端用户的名称、人员。终端用户只有验收权，没有货物扣押权。

● 要约定如果终端用户不退还货物，则视为合格。

● 大型货物可以暂时存放于甲方或终端用户处，货物在验收之前，终端用户不得单方面开箱，否则视为产品合格。甲方负有保管义务。

● 终端用户、甲方、乙方均不得故意拖延验收时间。甲方（终端用户）故意拖延的，视为产品合格；乙方故意拖延的，视为产品不合格。

（6）调试中检测。对已经安装就位的设备或装置从运输状态恢复到工作状态的水平进行检测。

● 注意由乙方技术人员参与对物理性能和机械性能的调试，由甲方技术人员检测。

● 也可以委托甲方单方面检测，但是必须明确规定检测方法（破坏性检验不适用单方面检测）和检测数量、时间。发生检测不合格情况时，甲方只有报告权，没有处置权（现场被破坏的，视为产品合格）。

（7）空载检验。将经过初步调试合格的设备通电、通气、通水后，按双方约定的时间（在合同中要有实盘化约定）空载运行，并检测动态性能。对于生产工艺设备来说，这一关必不可少，此关不过，绝对不准进行负荷检验（因为有可能出现负荷检验合格、空载检验不合格的情况，将设备本身的问题掩盖了）。

（8）负荷检验。将空载检验合格的设备按照生产要求逐步加载后进行检测。

● 按生产要求必须模拟高负载和低负载两种情况，以检验满负荷生产和低负荷生产对设备的影响。

● 要先测试低负荷，再测试高负荷，以免设备出现测试性损坏。

● 买方一定要在现场对每个环节进行监督，防止卖方技术人员因个人原因导致设备隐性损坏（当时看不出来的损坏）。需要聘请第三方技术人员监督时，最好由甲方聘请。

（9）试运行。投产前的带负荷运行，也称“中试”。合同中要对试运行的负荷数量、运行时间长度、运行期间的最低产品合格率进行约定，作为认定检测合格的基础。

● 必须对买方的运行环境（如汽油标号、地面震动、隔离、防中途断电设施、双电源配置条件等）进行约定，以防止因买方原因造成验收不合格。

● 要对买方操作人员的上岗资格进行约定，并由卖方进行认证。

（10）试生产。按照设计能力、查定能力、实际能力等正常生产安排（一般约定投产后的一段时间）进行检验。

● 一般以正常生产时间的单位长度来认定是否合格，签合同时应当考虑在正常生产期间安排验收，避免以空载验收代替试生产验收。

● 注意控制点的选择，最好在关键工序上设置控制点。

● 经常出问题的工序、客户经常申诉的质量项目、对整个产品质量有重大影响的环节、最终工序等应当设置为控制点。

### （十一）担保条件

担保条件是谈判者为防范风险而事先通过连带责任制度安排实现交易安全的制度性措施。在设计担保条件时要注意七个方面的问题：

一要注意担保是债权人为了保证自己实现债权而事先采取的法律措施，因此必须实盘化方能有约束力。

二要注意债务人没有财产基础的担保是不安全的，必须考察担保人的财产基础。

三要注意债务人能够提供担保的财产不一定就是债权人认同的财产，所以单方决定担保无效。

四要注意允许自己为自己担保，债务人为自己担保时只能以自己的财产作抵押。

五要注意担保具有从属性，随主债务的存在、无效、消灭而存在、无效、消灭。

六要注意担保必须遵循公平自愿、诚实信用原则，不得违背公序良俗，不得损害公共利益。

七要注意担保的标的可以是动产、不动产、无形资产等，严禁以人身作为标的物的担保行为。

### （十二）支付条件

支付条件是一个不完全的文字条件，它与数字条件相互影响、相互支撑。支付条件由以下五个方面构成。

**1. 价格的稳定性**

指交易价格随时间或数量变化而变化的程度，一般分为固定价格、浮动价格、固定加浮动价格三种。固定价格是指合同交易价格在整个合同有效期间不随时间或数量的变化而变化，这个价格条件的风险可控性不大，预期相对稳定。浮动价格是指合同交易价格在合同期间随着时间或数量的变化而呈现约定的变化（如递增变化、递减变化、分段变化等），这个价格条件的风险可控性较大，预期也相对稳定。固定加浮动价格是以时间或数量变化为参照，以一个固定的价格基数为计算起点，考虑时间或数量变化对价格的影响而制定的混合价格条件。

**2. 支付手段**

指交易价格的支付渠道，分为信用证支付、托收支付、实物支付三种。信用证支付是交易各方委托代理银行之间建立支付关系的支付方式；托收支付是交易人之间利用商业信用手段，在互相信任的商业伙伴间采用的支付方式；实物支付是以交易双方约定的实物作为支付手段的特殊形式，在补偿贸易中（主要有回购和返购两种形式）采用得较多。

**3. 支付原则**

指履行支付手段的先决条件，分为渐进支付（如分段支付、均衡支付、递增支付、递减支付等）、义务支付、混合支付。

**4. 支付货币**

指履行支付手段的货币种类。货币分为两种：硬货币（汇率稳定的货币）和软货币（汇率波动的货币）。

**5. 支付资金来源**

主要分为：政府信贷、商业信贷、混合信贷、自有资金支付等。支付资金来源没有既定的主渠道，不同的公司由于与政府的关系、项目特性、商业信用、可抵押物、担保手段不同，资金来源差异很大。谈判中要选择一个己方可控的手段，而不是对方认为方便的手段。

### （十三）销售地区限制

销售地区限制条件一般由卖方提出，目的在于避免或减少买方对卖方原有市场的冲击。在工业产权贸易领域，谈判各方对销售地区限制条件争夺得十分激烈。销售地区通常分为本国市场、区域市场（与本国在地理上相近或在产品需求上相近的市场）、世界市场（洲际市场）三种范围。

在限制本国市场销售的情况下，输出方要求引进方只能将产品限定在引进方所在国范围内销售。交易条件的构成中是否要考虑独占（排除输出方的竞争）条件，实践中可以通过数量限制进行约定。

在限制区域市场销售的情况下，引进方要积极探索扩大市场的可能性。通常输出方会允许引进方在它无力顾及或尚未开发的市场进行销售，这时引进方要比较在本国周边市场销售与在其他区域市场销售的成本与收益，先选择投入产出比高的市场进行布局。

允许引进方在全球范围销售，一般出让的价格较高，引进方要客观评估这种许可的实际价值。当还不具备在世界市场销售的能力时，拿下许可付出的代价偏高，引进方可以反过来依照输出方的要价做“减法”，降低支付成本。

### （十四）培训条件

交易条件构成中的培训条件要与支付条件一起考虑，尤其应当考虑培训与主合同业务的顺序安排问题。在购买合同生效之前，或在支付费用之前，或在结算之前，都是要求输出方提供培训的较好时机。如果这个顺序反过来，则引进方的控制力和话语权都可能被削弱。在考虑培训条件时应当注意三点：一是培训内容与交易对象之间的关系；二是培训方式与引进方的可接受度的关系；三是培训时间与引进方市场拓展紧迫性的关系。

如果安排合理，引进方可以节约一笔培训费用。当然，输出方可能事先已将培训成本计入交易价格，这取决于谈判各方对培训费用的评估和控制方式。

### （十五）不可抗力

不可抗力是交易条件磋商中一个与特定交易内容相对应的条款。所谓不可抗力是指交易达成之后，在合同执行过程中当事人遭遇了不可预计、难以预防、不能抗拒的特殊事件，导致合同难以正常履行或难以完全履行。不可抗力具有三个基本特点：第一，是在合同签订之后发生的；第二，不是因为当事人的过错或失误造成的；第三，是当事人不可预计、难以预防、不能抗拒的事件。

不可抗力分为两类：一类是自然不可抗力，如地震、火山爆发、海啸、台风、水灾、山体塌方等；另一类是社会不可抗力，如政变、公司倒闭等。谈判者在磋商时，要根据自己所处的立场和利益需要，结合合同交易对象的交易过程特征来确定，防止掉入合同陷阱。

**重要视点**

某些政局不稳或基础条件较差的国家或地区的企业根据对自己有利的原则要求把罢工、交通堵塞、政局变动、遭遇恶意收购等也列入免责范围，谈判者要根据对己方的影响进行判断。

问题的关键在于这些事件是否符合不可抗力的三个基本特点，以及谈判者对这些事件的预判。

### （十六）继续技术援助与技术回馈

技术买卖与产品买卖在所有权转移方式上有较大的区别：产品买卖一旦交割，所有权随即发生事实上的转移；技术买卖则不同，即便交割，技术也不可能立刻实现所有权转移，因为技术贸易还涉及引进方的学习、吸收、消化问题，而且技术本身还会继续发展，有可能当重大技术的贸易活动还没有完全结束时，技术已经更新。

在涉及技术贸易的谈判中，一般双方都有意愿分享技术更新的收益。合同中可以根据双方的意愿约定：在合同有效期内，当输出方对该技术有了改进时，应当将改进部分作为技术贸易的组成部分向引进方无偿提供，称为继续技术援助；当引进方通过学习、吸收、消化和创新，对原有技术进行了实质性改进时，也应当将改进部分向输出方无偿反馈，称为技术回馈。

### （十七）违约与索赔

违约是指合同当事人一方或双方由于某种原因没有履行或没有完全履行合同约定义务的行为。除非出现合同认定的不可抗力，否则合同当事人都应当承担相应的违约责任。

大陆法以是否存在过失责任作为是否承担民事责任的基本原则。大陆法规定，合同当事人只有在存在可以归责于他的过失时，才承担违约责任。换句话说，如果仅仅证明当事人没有履行合同义务，还不足以证明其违约，只有同时证明或推定当事人没有履行义务的行为存在某种可以归责于他的过失，才能使其承担违约责任。英美法却认为，只要允诺人没有履行其合同义务，即使他没有任何过失，也构成违约，应当承担违约的后果。近些年，在实际操作中，英美法对许多违约情况的判定和处理与大陆法开始接近。

谈判者在交易条件的构成评估中，是否对违约的表现形式进行规定、是否选择特定的索赔形式，要视违约的表现形式和后果的关联关系而定。

违约有不同的表现形式，对此大陆法与英美法的规定有差异。大陆法将违约分为给付不能、给付延迟两种形式。所谓给付不能是指当事人由于种种原因不能履行合同义务，并非可以履行而故意不履行。如果给付不能是当事人自身的过失造成的，当事人应承担损害赔偿责任；如果给付不能不是当事人自身的过失造成的，则当事人没有承担损害赔偿的义务。所谓给付延迟是指当事人没有按期履行其合同义务。如果是由于当事人自身的过失造成的违约，当事人应当承担损害赔偿责任。

索赔是对因对方违约而给己方造成的损失进行救济的手段。当对方违约时，己方选择索赔的方式一般有两种：一种是针对违约行为的，即要求继续履约或中止合同；另一种是针对后果的，即要求赔偿损失。两种方式各有利弊，在实践中，各国的仲裁机构往往两种方式兼顾使用。

尽管各国法律都认为，索赔是对因对方违约而给己方造成的损失进行救济的有效方法，但在具体实践中，司法规定对于违约方是否要承担损害赔偿责任却有不同的要求。大陆法认为，违约方承担损害赔偿责任必须具备两个条件：一是必须有损害的事实。如果根本没有损害，就不存在损害赔偿的问题。二是这些损害必须有归责于对方当事人的原因。如果不是由于对方当事人的过错造成的损害，则对方当事人不应当承担损害赔偿责任。与此相反，根据英美法的解释，只要一方当事人违反合同，对方就可以提起损害赔偿的诉讼请求，而不论违约方有无过失行为，也不以是否发生实际损害为前提。然而，当事实上没有因违约而导致损害时，请求方或提请诉讼方很难要求实质性的损害赔偿，往往只请求名义上的损害赔偿。

### （十八）税收条件

交易条件中如果涉及技术转让收益、劳务收入、利润收入分享，往往涉及税收条件。在考虑税收条件时，依据税收政策的差异给交易各方带来的影响不同，谈判者可以考虑选择究竟是在卖方所在地纳税还是在买方所在地纳税，或利用政府间协议（如关于避免双重征税的协议）采取部分在卖方所在地缴纳、部分在买方所在地缴纳的方式，以期更符合双方的最大利益。

卖方所在地纳税一般涉及增值税、企业所得税、个人所得税、合同印花税等，这些税收按惯例一般由卖方承担。谈判者需要核查的是，上述税费和某些出口关税（如政府限制出口的商品）如果已经包含在卖方的销售价格中，则实质上转移给了买方，所以，只有在内贸中这种做法才有可能实现政策性对冲。

买方所在地纳税一般涉及增值税、企业所得税、个人所得税、进口关税等。与在卖方所在地纳税的差异在于：关税的清关费用由买方承担，所涉及的企业所得税主要包括与企业间工程设计、工业产权贸易所得费用，个人所得税部分主要包括与合同有关的卖方专家费用（如技术指导费、培训费等），这些税费一般由买方承担，但是，要特别防范卖方以净税价格转嫁纳税责任、逃避义务的风险。

### （十九）合同中止与终止

合同中止是谈判者对于非正常情况下一些或然事件可能导致合同无法履行进行的虚盘化约定，即事先设立一些合同中途失效的前置条件，当这些条件成立时，合同的效力即告结束。

合同终止一般是在正常情况下对合同有效期届满时合同效力的约定。

谈判者在考虑两者的构成要素时，应注意两点：一是合同的中止必须事先对中止后的未尽事宜进行约定（如在建工程的收尾、移交、结算，应收款、应付款的处置等）；二是合同的终止必须事先对合同届满时的终止条件进行约定（如到期自然终止、延展、延展告知义务、协商义务等）。

### （二十）合同变更

合同变更的行为可以在合同中进行虚盘化约定，如哪些情况出现时应当依照合同约定解决，哪些情况出现时可以对合同进行补充完善，哪些情况出现时允许合同变更。要特别防止出于恶意或基于不良信用对合同进行变更，以逃避合同义务的行为。

**重要视点**

谈判者要尽量控制将自己的权利维护寄托于未尽事宜条款约定的冲动。从预期上看，任何从合同中获益的一方都希望合同能顺利履行，而抵制企图变更合同的要求，所以，希望能够从未尽事宜条款中获利的想法都是天真幼稚的。

### （二十一）协商、调停与仲裁

在谈判及履约过程中有时可能会因各方利益尖锐对立、彼此相持不下而发生纠纷。对于合同纠纷的处理，可以事先约定三种方式：一是协商；二是调停；三是仲裁。

协商应当本着各方自愿的原则，提出协商请求的一方应当将需要协商的事由、协商的原因、需要修正的具体合同条款以及建议向对方说明。谈判者要防止借协商之名重新变更合同条件而造成对己方不利的局面。如果要防止对方签约之后提出无理的协商要求，谈判者应当在合同中事先对不能协商、不能更改的内容进行申明。

调停的构成要素有两个，即对调停人的资格进行约定（如对调停人与各方当事人的利益关联性、亲缘性，以及调停人的专业性、权威性进行约定），对调停人介入纠纷的方式进行约定（如行政方式、经济方式等）。

仲裁的约定必须是实盘（如仲裁地点、仲裁机构、仲裁程序、适用法律等，其中最重要的是仲裁地点，它对其他构成要素的影响是根本性的），如果事后发现没有明确约定，则可以依据合同序文或相关文件的一些原则性说明进行谈判，如依据签约的地点、签约前的一些函件记录等进行合理推定。

### （二十二）关键词释义

关键词在合同中的作用越来越受到商业人士的重视，由合同条款引发的纠纷，绝大多数是由内容的歧义造成的。谈判者在对谈判成果进行评估时，要在形成文字条件之前，通过与对方的沟通将历史上曾经引起、现在和将来可能引起纠纷的关键内容提出来，进行专门的定义。

现实中遇到的最多问题是，有时谈判对方会基于某种目的，以极其友好的态度通过口头解释、口头承诺、口头担保拒绝对关键内容进行定义，这时谈判者应当分析其基本动因，坚持越充分、越艺术，以后的收获就越大。

**案例导读 4－12**

某上市公司并购谈判中的关键词条款如下：

第四条，本议定书所涉及的主要关键词包括但不限于以下约定内容：

1. 公司。若无特别的申明，本议定书所称公司是指兼并完成之后承续的新公司。

2. 关联交易。本议定书中所称关联交易是指自兼并行为完成所有法律手续之日起计算或经统计计算的被兼并方与其实际控制人、法人股东之间发生的业务往来，无论此日期以前被兼并方是否就关联交易履行信息披露义务。

3. 产品。本议定书所称产品仅指被兼并方在 2008 年 12 月 31 日以后直至兼并行为完成所有法律手续之日止以技术贸易方式引进意大利梅隆公司专利技术、专有技术所生产的直接产品，不包括利用该产品生产材料结余所开发生产的副产品、其他衍生产品。

4. 子公司。本议定书所称子公司仅指由被兼并方直接投资形成的全资子公司、控股子公司，不包括由被兼并方直接投资、间接投资形成的参股公司。

## 二、数字条件构成的要素

### （一）规格

规格指一般工业产品的物理形状，通常包括体积、长度、形状、重量、比例等。在标准化生产的今天，产品的规格是很严格的。通常一种产品采用一种规格衡量标准，主要是为了区分类似产品。比如圆钢通常用直径来区分，房屋通常用面积来衡量。由于规格的衡量标准不同，所以规格的表达方式不同，但主要由数字和单位两部分组成，比如一听易拉罐可乐的规格通常是 355ml。即使衡量标准相同，表示方式也可能不一样。比如一块土地，如果是长方形的，通常要写成长乘以宽的形式以表示其大体形状，如果是圆形的，则需要以直径或半径的形式表示，也就是说，面积通常以间接的形式表示。

### （二）品质条件

这里特指产品的技术经济指标满足用户要求的程度。谈判者利用交易条件描述这些指标时，应当使用可以测量、可以评估的条件。通常用户要求的品质条件不一定能够在工业生产上形成工艺标准条件，如用户提出汽车乘坐要舒适、外观要漂亮、动力要强劲、油耗要节省。生产方的做法是：规定座椅的尺寸、靠背角度、坐垫高度等；规定外观的尺寸、形状、颜色、相对比例等；动力以升功率、马力或千瓦表示；油耗以百公里油耗、理论值油耗表示。

### （三）数量条件

数量条件一般用三种方式表示：一是交易总量；二是交易批量；三是交易批次。例如，某产品分三个批次交货；第一批的批量为 20 吨，第二批的批量为 30 吨，第三批的批量为50吨；交易总量为100吨。

### （四）基价、单价与总价

基价也称起始价，是指达成交易的最低交易价格，该价格条件与数量条件没有直接关系。单价是指达成交易的最小单位价格，该价格是计算交易价格的基础。总价是按照交易双方同意的特定计算方法，综合考虑基价、单价和数量条件计算的最终总价格。例如，某地出租车的基价为8元，单价为2元/公里，则乘客哪怕只坐1公里也要支付8元，假设乘客乘坐了10公里，则总价为：$8+2\times(10-2)=24$(元)。

### （五）计价方式

计价方式的内容包括谈判各方计算价格的基本原则、计价货币的选择、价格术语等。

商品买卖价格的计算必须遵循一定的原则。国际市场价格通常是指商品国际集散中心的市场价格、主要出口国（或地区）市场的出口价格、主要进口国市场的进口价格；国内市场价格则以地区市场中最具市场影响力和价格控制力的市场价格为参照。

国际贸易中用于计价的货币种类很多。具体选择什么货币计价，应根据国家的货币政策、外汇管理制度、汇率的市场变动、货币间的可兑换水平、货币的稳定性等因素来考虑。有贸易支付协定的国家间交易，企业应当尽量选择以协定中规定的货币计价。如果没有支付协定，一般可以采用可兑换货币计价。目前，随着人民币国际地位的提高和美元地位的下降，在许多贸易活动中，用人民币作为计价货币的做法逐渐增多。

价格术语是国际贸易中价格的重要组成部分，其中以FOB（船上交货价或称离岸价）、CIF（成本、保险加运费价或称运费、保险在内价）、C&F（成本加运费价或称运费在内价）等价格术语最为常用。这三种价格术语的相同点在于：都是以货物装运上船为离岸交货、买卖双方风险责任划分的界限。它们的不同点在于：买卖双方支付的费用和办理的手续不同，如表4-3所示。

**表4-3　不同价格术语的主要异同比较**

| 价格术语 | 风险 | 手续 | | 费用 | |
|---|---|---|---|---|---|
| | 装船后风险由谁承担 | 租船订舱由谁办理 | 保险由谁办理 | 到目的港费用由谁承担 | 保险费由谁支付 |
| FOB | 买方 | 买方 | 买方 | 买方 | 买方 |
| C&F | 买方 | 卖方 | 买方 | 卖方 | 买方 |
| CIF | 买方 | 卖方 | 卖方 | 卖方 | 卖方 |

随着贸易活动范围日趋扩大，在使用三种常用价格术语时要注意两个基本问题：

**1. 价格术语的适用范围扩大**

在大陆桥运输或空运的情况下，三种价格术语都可以采用。例如经中国香港出口的商品，除部分采用海运方式外，很多大宗商品都采用陆运方式经口岸交接，并且按照CIF计价；北京至伦敦的空运出口，采用FOB北京（机场）或者CIF伦敦（机场）计价。在边境贸易中，凡是接壤的邻近国家，出口商品采用FOB+所在口岸地名方式计价。只是需要注意，在陆运和空运的情况下，卖方交货的地点不是装运港码头，而是装运地的车站或机场；买方的接货地点不是目的港码头，而是目的地车站或机场。

**2. 价格术语所对应的货物所有权转移差异**

从贸易习惯看，交货形式分为实际交货和象征性交货两种。属于实际交货的情况是指交易对象直接在交割时从卖方转移到买方。FOB，CIF，C&F 都属于象征性交货的价格术语。在这种情况下，货物所有权的转移是分阶段的，当卖方根据约定将提货单等全套货运单据交付给银行时，货物的所有权由卖方部分、有限地转让给银行，而后当买方向银行（或卖方）付清约定的货款时，货物所有权才从银行转移给买方。一般认为，由于 FOB，CIF，C&F 都是以货物装船作为风险责任划分的界限，因此货物的风险转移在先，所有权转移在后。

### （六）佣金和折扣

佣金是中间商因介绍交易或作为代理人参与交易而取得的报酬，通常以手续费、管理费、中介费等形式出现。

折扣是指卖方给予买方一定比例的减让。折扣的形式较多，常见的有现付折扣、数量折扣、特别折扣、同行业折扣、关联交易折扣等。在商务谈判中，佣金和折扣的使用非常普遍。佣金和折扣的多少，直接关系到商品的价格和市场推广的力度，因此，恰当地使用佣金和折扣，可以更加灵活地参与市场竞争，控制终端价格，调动关联人的积极性。

### （七）支付方式

支付方式一般分为以下三种。

**1. 一次付清**

在约定的支付条件成立时，买方一次性将所有交易款项以约定方式支付给卖方。这种支付方式的好处是卖方对买方不查账，坏处是交易的风险较大，主要是在获得继续技术援助、品质保证、交货期保证、培训与售后服务等方面对卖方的控制力不大，变数较多。

**2. 提成支付**

根据买方在交易中获得的收益，依照双方约定的指标（如产值、销量、利润等）的实现情况按一定比例分享收益，并在约定时间进行支付。这种方式可以有效地将卖方与买方的利益捆绑起来，使双方共同承担风险，但是卖方要查账，不利于商机的维护。

**3. 入门费加提成支付**

双方议定一个基础费用作为卖方组织生产销售的最低入门费，再依照约定的指标按比例提成支付。

### （八）保险

交易谈判中的保险涉及两个主要险种：一是针对产品质量的保险，常见的有质量险、质量责任险。前者是对产品质量未达到规定标准要求的赔付，后者是对产品质量因未达到规定标准要求而给使用者或相关人带来人身、财产损害的赔付。二是针对产品运输、装卸、储存过程中遭遇承保责任范围内的风险事故而受到损失的保险。在运输保险条件谈判中，谈判者需要了解不同的保险公司在承保条件中的说明和规定。

例如，各公司对海上运输保险的风险和损失都有特别的承保和赔付规定。一般海上风险主要包括：

- 自然灾害——海上运输过程中所遇到的自然灾害并非指一切自然力量所造成的灾害，只特指暴风雨、雷电、海啸、地震、洪水等与海上运输相关的灾害。
- 海上意外事故——主要指船舶搁浅、触礁、沉没、火灾、爆炸、碰撞、船舶失踪、泄漏等灾害。
- 外来风险——通常指偷盗、绑架、劫持、破碎、受潮、受热、发霉、串味、污染、锈蚀等事故风险。

与之相对应，海上损失是指由于货物在海洋运输过程中遭遇海上风险所造成的损失或灭失，简称海损。根据国际保险市场惯例，在与海洋运输、海岸运输相连接的陆运过程中发生的损坏或灭失也属于海损。一般海损事故分为两类：

- 按照货物损失的程度划分，分为全部损失与部分损失。
- 按照货物损失的性质划分，分为共同海损与单独海损。业务上通常将共同海损和单独海损都划归为部分海损。

### （九）工程条件

工程条件主要包括工程设计、工程预算、工程施工、工程监理、工程机械、地质条件、水质条件、安装条件等内容。这些内容必须用专业的技术经济指标予以明确。总体上说，工程条件是合同履约的前置条件，就合同而言，工程条件是一个虚盘，但是就工程条件自身而言，它必须是一个实盘。

### （十）商品费用条件

主要包括三类：通用商品费用条件（如市场通行价格、季节性价格、同类商品价格、政策性价格等）；专用商品费用条件（如成本核算价格、约定利润价格、效益核算价格、与通用商品比较价格等）；附属商品费用条件（如比例价格、限制价格、成本核算价格等）。

### （十一）技术费用条件

主要涉及在技术贸易中产生的费用，一般可以分为以下三类：

- 专有技术费用，也称为 Know-How 费用。包括：入门费，即技术贸易启动费；提成费，即技术效益分享费；年费，即固定的一笔用于技术贸易过程中相关咨询、培训、扶持等项目的费用。
- 专利费用，主要是用于购买专利许可证的费用。包括：专利权购买费，专利技术购买费。其中，专利权的购买又分为专利使用权购买与专利所有权购买，后者的要价较高，除非基于特殊的目的（如垄断、技术封闭等），一般只购买使用权。
- 技术资料费用。包括：人工费用，材料费用，复制费用等。

### （十二）合同有效期

合同有效期的构成主要包括三个要素：合同生效起始日，合同届满终止日，合同期间约定。

### （十三）合同生效条件

合同生效条件应当约定，当条件具备时，合同即产生效力；反之，合同不具备或仅具备部分效力。如果没有约定合同生效条件，一般以合同当事人全部完成签字的最后时间作为生效时间。

## 第六节　契约文本结构对维护谈判成果的重要作用

在国内外商业活动中，虽然相关政府机构、行业组织、商会、国际经济组织等为了规范和简化谈判活动，提高谈判效率，降低磋商成本，提供了许多契约文本的格式范本，但它们仅是一种参考，不可能应对千变万化的市场情况和贸易需求的变化。谈判者只有对契约文本结构中序文、正文、附件之间的关系有正确清晰的认识，才可能在谈判成果的形成和维护中保持一定的预见性。

这里所讨论的契约，主要指依法订立或产生的合同、协议、议定书、谅解备忘录、联合声明、会议决议，以及与此相关并具有法律效力的确认函、公文、技术文件、正式承诺、票据等。这里为方便讨论，以合同为契约研究的基本对象。

### 一、序文的作用和一般结构

#### （一）序文的作用

一份完整的契约通常都应当有一个序文，序文对于描述交易背景、确认契约当事人身份、确定交易原则、正确理解和解释契约正文条款的含义、规定契约的法律效力等具有十分重要的作用。当契约在签署、生效、执行、处置纠纷过程中产生矛盾时，序文对于某些条款的定性有重要参考价值。

#### （二）序文的一般结构

**1. 明确契约当事人身份**

目的在于认定当事人的资格、民事行为能力、规模，同时间接地表明除当事人外第三方的身份和地位。

从法律地位来讲，当一个小公司与一个大公司谈判时，它们在契约中的法律地位是相同的。然而，当一个“三人设计公司”向集团化跨国公司输出技术成果时，由于后者可能将成果应用于麾下的所有企业，因此谈判中的要价可能会高；反之，如果后者是小公司，其市场利益不大，要价可能不会太高。可见，契约的这些条款都与成交价格有关联。

**2. 明确表述交易背景**

契约的首个条款或首段文字对契约双方交易背景（历史、现状、前景、政策环境、市场环境等）进行描述。这些背景信息对于理解契约正文中的宗旨、免责范围、不可抗力、法律效力等有重要价值。

**3. 确定交易原则**

在确定谈判目的和手段时，双方确立的基本原则对于执行契约条款有方向、程度上的影响。遵循的交易原则有互利互惠的原则、扩张的原则、援助的原则、互补的原则、救济的原则、落实政府项目的原则等。

**4. 明确标的的具体名称**

标的名称是否使用全称、商品名称、专业术语名称、中英文对应名称，是否要明确交易标的的规格、型号、品牌及其他理化特性，事关交易过程中的品质条件、数量条件、使用条件是否有保障。

**5. 陈述签约与执行地点**

签约地点和执行地点可能一致，也可能不一致。这种描述对产生纠纷时选择调解、仲裁和适用的法律具有参考价值。

**6. 完整准确地对关键词进行定义**

目的在于消除或减少契约理解和执行过程中的不规范行为，为顺利履约创造条件。

## 二、正文的作用和基本结构

### （一）正文的作用

契约正文主要表明契约订立的宗旨和实现这一宗旨的基本路径。契约正文是约束当事人行为的最基本规范，它对于在特定的时间、特定的地点、特定的条件下对当事人的权利与义务进行实盘化或虚盘化约定，以及真正实现、部分实现、逃避实现谈判各方的既定目标具有实质性的影响。

### （二）正文的一般结构

正文一般由基本条款和补充条款两部分组成。交易条件的构成要素中，绝大部分条款要在契约正文中表述。

**1. 基本条款**

商业契约的基本条款由三部分构成：标的（卖什么）、价格（卖多少）、交付方式（怎么卖）。契约当事人只要认同这三个基本组成部分的约定，契约就告成立。

基本条款可以理解为可以执行的不完整约束条件。

**2. 补充条款**

从现实性看，仅有基本条款是不够的，由于商业活动千变万化，因此必须对契约条款进行扩展补充，才能使契约适合不同的交易对象、交易环境和交易条件。

由盘的表达形式（见表 4－1）可以知道，不同类型的条款差异很大，但是通过补充可以使得支付更合理、服务更到位、技术经济指标更清晰、验收更有保障、违约处罚条款更明确、许可证贸易种类选择更理性、争议处理更有依据等。

## 三、附件的作用和常见形式

### （一）附件的作用

附件是对契约中难以通过条款约定，或条款本身存在某种变化等情形，或即使通过条款表达也很烦琐的约束条件、证明条件起补充作用的文字、图表、清单、文件和材料的总称。补充作用主要表现在两个方面：一是补充说明，即对契约文字条款中的细节进行实盘化的约定；二是补充证明，即对契约数字条款中的前置条件进行实盘化的约定。

### （二）附件的常见形式

附件的常见形式有很多，只要能起到补充说明或补充证明的作用就行，法律上并没有严格的限制性规定。附件可以分为以下几类。

**1. 清单类附件**

如技术资料清单、备件供应清单、资产清理清单、财务核查清单等，它们主要从量上反映细节性约定。

**2. 指标类附件**

如技术指标附件、经济指标附件、服务指标附件、进度安排附件、验收方法附件、工艺标准附件等，它们主要从质上反映细节性约定。

**3. 说明类附件**

如图纸要求、联合设计分工、外协制造、术语解释等，它们主要对条款含义和要求进行进一步澄清。

**4. 证明类附件**

如原产地证明、样品、政府文件（规定、批文、通知等）、当事人与其他第三方签署的协议、银行出资证明、营业执照（原件、副本、复印件等）、保函、律师函等，它们主要从真实性角度与契约正文进行呼应。

## 本章小结

制衡是谈判思维方式中最重要的观念之一，制衡不仅是实现理性谈判成果必要的手段，也是维系谈判各方关系的基本方法。专业而理性的思维方式决定了理智的行为方式。谈判者要练就制衡的思维方式和行为能力，必须从树立基本的观念做起，而建立起交易条件谈判中盘的基本概念，是谈判者应当学习和掌握的基本功。

用盘的概念去审视交易条件，有利于谈判者评估交易条件的虚实、调整交易条件、在临场谈判中建立清晰的思路、对交易合同进行审查、处理交易纠纷、评估与交易相关的政策法律环境。

由相关政府机构、行业组织、商会、国际经济组织等为了规范和简化谈判活动、提高谈判效率、降低磋商成本所提供的契约文本格式范本，仅是一种参考，不可能应对千变万化的市场情况和贸易需求的变化。谈判者应当对契约文本结构中序文、正文、附件之间的关系有正确而清晰的认识，才可能在谈判成果的形成和维护中保持一定的预见性。

## 关键术语

盘　实盘　虚盘　文字条件　数字条件　虚头　验收　违约　不可抗力

## 思考与讨论题

1. 商务谈判活动中盘的含义是什么？
2. 交易条件的表达有哪些类型？
3. 实盘、虚盘各有哪些特征？你认为虚盘好还是实盘好？
4. 谈判者具备盘的概念有什么好处？
5. 谈判者可以从哪些方面充分运用盘的概念对交易谈判过程进行技术分析？
6. 谈判者为什么要高度重视合同执行中权利与义务主体实化与虚化的后果？
7. 简要描述虚头的设置水平与成交可能性的关系。
8. 影响虚头设置水平的因素有哪些？
9. 独占许可证、排他许可证、普通许可证有什么异同？
10. 保密条件的构成有哪些要素？
11. 包装条件有哪两种？
12. 简述交付条件的构成。
13. 延迟处罚条款有哪四个要点？
14. 谈判者处理发货前退货和发货后退货分别要注意哪些问题？
15. 什么是验收？验收条件的构成包括哪些方面？
16. 谈判者在设计担保条件时要注意哪些方面？
17. 简述支付条件的构成。
18. 固定价格与浮动价格有什么区别？
19. 培训条件与支付条件作为关联因素一起考虑有什么好处？谈判者在考虑培训条件时应当注意什么问题？
20. 什么是不可抗力？它有哪些特点？
21. 什么是计价方式？
22. 简述FOB，CIF，C&F三种价格术语的相同点。使用它们时要注意哪些问题？
23. 交易条件中的质量险、质量责任险约定有什么区别？
24. 工业产权的许可证贸易谈判要注意哪些关键问题？

Part 2

# 应用篇


第五章　商务环境与商务谈判思维方式

第六章　商务谈判策略的制定与实施

第七章　商务谈判的一般技术原则

第八章　商务谈判语言的形式及其辅助手段的运用

第九章　僵局的利用与破解

第十章　谈判过程的技术分析与评价

第十一章　谈判过程中的压力管理

第五章

# 商务环境与商务谈判思维方式

**本章要点**

应对环境差异带给谈判者思维方式的影响的基本策略

不同文化环境对谈判思维的影响

商务活动对谈判者的心理状态要求

典型的谈判思维方式

# 第一节　影响商务谈判者思维方式的环境因素

## 一、环境差异导致的交易沟通障碍

以信息技术为支撑的科技革命浪潮有力地推动了商务活动的全球化，极大地提高了商务活动的效率，降低了交易成本。随着交流的增加，越来越多的证据表明，许多宏观因素对谈判思维方式的影响成为来自不同环境的谈判者在沟通中不能回避的问题。

实际上，经验丰富的谈判者在商务实践中会事先分析打交道的对象所处的文化环境，根据对方的特点制定相应的谈判策略，做好谈判准备，从一开始就争取赢得谈判桌上的主动。

**案例导读5-1**

**失望谈判背后的文化因素**[①]

要知道，当我们尚未真正熟悉那些影响谈判者行为的文化背景时，就埋下了冲突和矛盾的诱因。这些由文化环境形成的行为准则涉及我们的职业生活和个人生活，并且引导着我们生活的方方面面。一个谈判者在握手、表述、传递意见、交往方式等方面会受到文化因素的影响。

我们发现，不同文化背景的谈判者在辨别对方说“是”和“不是”时遇到了困难，除了对口头的表态进行判断，还要对文化环境的影响作出判断。对方是口是心非还是心口一致？重要的事情是在餐桌上谈还是在办公室谈？送礼意味着什么？许多人在与来自不同文化环境的对手打交道时，都经历了四个调整阶段。这些阶段令人困惑、烦恼，却又不能回避。它们恰恰又是跨文化旅程中正常而且必须面对的部分。让我们来看看杰西先生的经历吧。

1. 启程前的美好期待与新环境的巨大诱惑。第一阶段往往充满激动与焦虑。杰西为有机会在异国开展工作而激动，但伴随的焦虑是如何调整自身以适应新环境。这时，他急切地盼望能够尽快全身心地投入并了解东道国的文化。杰西通过阅读了解这个国家的环境、历史和艺术，他还周游各地，暗自庆幸东道国的文化看来与美国存在差异。然后，他多少有点天真地接受了东道国文化，而不对它的缺点作分析或批评。在这种乐观情绪下，他与对方做生意时非常振作，觉得大家都很友好，他甚至开始认为：“所有人基本上是一样的。”

2. 梦醒时分。当杰西先生逐渐领悟到来自不同文化环境的人与美国人并不一样时，他开始感到烦恼。他终于发现在南美洲谈判与在美国本土谈判不同。谈判对手从不准时出

---

① ［美］弗兰克·L. 阿库夫. 国际商务谈判. 上海：上海人民出版社，1995.

席会议。他们过分友好，经常会搂住你、拥抱你，仿佛你是他们最好的朋友。他们似乎更乐于谈论白兰地，而不是洽谈业务。他们总是不直接回答你的问题，绕一个很大的弯之后你才能知道他们对你的问题是否感兴趣。谈判时他们总是抢着回答问题，不等你说完，甚至不等同伴说完。他们对你的需要不太敏感，却总是希望你关注他们的需要。在这个地方，杰西往美国打长途电话，等待时间长得令人难以忍受，价格也高得离谱。他开始不适应这里的环境。

3. 失望。在这一阶段，杰西开始了解东道国文化及他交往的对象所存在的问题。了解得越深，就越感觉到与美国文化环境的差异竟然给自己带来了那么多不方便。他开始盼望能尽快从这场“搞不懂”的谈判中脱身，踏上归程。

4. 认识和反省。过了一段时间后，杰西冷静下来，他开始反省自己，在把所经历的事情梳理一遍后，明白了在东道国的文化环境下，哪些事情能做，哪些事情不能做；哪些事情可以实现，哪些事情不能实现。他终于认识到，东道国的文化由来已久，在他离开之后将继续存在下去。“这个环境不会因为我的离开而改变。”哪怕我回到美国，依然不可能以我习惯的方式，通过电话或别的途径获得对方的认同。所以，我必须留下来，继续开展工作，在机遇和挑战中创造性并愉快地工作。

**1. 沟通存在障碍不等于交易立场的真正对立**

谈判者在面对沟通障碍时不要慌乱，不要凭自己的猜想对谈判的进程或结果做无证据的判断。在同样的文化环境下成长起来的谈判者，沟通的难度明显低于来自不同文化环境的谈判者。首先，你应当对要打交道的对象的背景有一个初步的认识。他们来自哪里？这个问题包含对文化、习俗等的考虑。其次，谈判对手所习惯的政治、法律环境会对他们产生独特的影响。一个在国有企业担任领导的商人与一个在民营企业担任领导的商人考虑问题的角度肯定不同；一个在完全市场经济环境中搏杀的企业家与在转型期或处于不完全市场经济环境中的企业家对市场与政府的关系有不同的体会。他们可能主观上对交易目标具有积极的期待，客观上对交易手段存在不同的选择，这些因不同的经历而产生的不同经验所导致的沟通障碍是很正常的，谈判者之间存在沟通障碍不等于在交易中存在真正的立场对立。

**2. 多渠道的交流方式是减少或消除沟通障碍的钥匙**

谈判桌上的优势首先来自对对手背景信息的了解，并在此基础上发挥自己的长处，引导对方的看法。当然，一个人的长处是与对手相比较而言的，不认识对手，也就无从发挥自己的优势。

谈判是人与人交流的过程，每个谈判者面对的谈判对手都会有两种可能性：你自以为认识的人和你没打过交道的人。

你自以为认识的人，实际上可能并不认识。例如，你可能知道他的名字，与他打过交道，跟他是同乡、商业伙伴，甚至是远房亲戚……可是你了解他的家庭吗？知道他的社会关系、成长环境、以前的经历、现在的公司状况吗？如果你只知其一不知其二，则很难对他的价值观、行为方式做出合理的预判。

然而，只要你愿意，对那些你没有打过交道的人，通过现代信息技术手段和必要的渠道，就可以近距离地了解他们。例如，虽然你没有与胡雪岩打过交道——时间上没有缘分，没有与美国总统打过交道——空间上没有缘分，没有与著名的科学家、艺术家、演员、球星打过交道——行业、喜好、性格上没有缘分，但是只要你愿意，就可以通过了解他们的文化背景、生存环境等了解其人其事。网络给今天的信息交流带来了革命性的变化，这种获取信息的方便性是过去无法想象的。

文化环境差异导致的习惯差异、价值观差异是没有经历过在交叉文化背景下谈判的人难以想象的。当谈判领域扩大，尤其是涉及不同国别、不同地区时，这些差异通过政治、法律等制度安排的形式，充分暴露在谈判桌上，一方认为合情合理的建议，另一方却难以接受；对方认为公平合法的东西，我们却可能认为过于苛求；东方人感到必要的行为，西方人会看成多此一举。无数研究表明，除了谈判者的个人气质、心理因素，在不同的文化观念、国家制度等影响下形成的谈判习惯及从这些习惯中表现出来的谈判作风，对于谈判的成败、各方的关系所产生的影响深刻而细微。

可见，离开对谈判者所处的文化环境去研讨谈判的理论、方法、技巧，实在是一种学术上的幼稚行为。

**3. 尊重文化差异不等于认同对方的价值观**

价值观不仅影响谈判者的谈判作风，还决定谈判者的行为举止和对契约中权利与义务关系的判断。每个谈判者都会无意识地把许多自认为合理的观念带到谈判桌上来。一位老练而自重的谈判者，应当能够发挥自己的长处，在与不同文化背景的谈判者打交道时，尊重对方的生活习惯和人格独立性，但这绝不意味着要去认可那些他国有而本国并不存在的文化观念。换句话说，我们应该对他人的谈判方式加以尊重，但无须按照他们的方式行事。保持自己的谈判作风，将对方的谈判习惯中对我们有用的东西加以利用，这一点十分重要。不懂得这一点，就很难全面认识我们的对手，很难适应与不同文化环境下的谈判者打交道。

## 二、应对环境差异带给谈判者思维方式的影响的基本策略

商务环境是指谈判者参与商业活动的具体环境。在特定的商务环境中，谈判者的行为既要受到特定文化、政治、经济、法律因素的影响，又要受到交叉文化、政治、经济、法律因素的影响。身处其中的谈判者在从事商务活动的过程中，通过生动而具体的经验积累和教训总结，必然受到环境的影响。当谈判者的活动范围扩大，参与不同商务背景下的谈判时，必然会在交流中与奉行不同商业道德与秩序准则的谈判者发生思维方式的碰撞，进而影响其自身行为方式的选择。专家建议①，在应对环境差异带给谈判者思维方式的影响时，可以考虑采用如下基本策略。

① ［美］弗兰克·L. 阿库夫. 国际商务谈判. 上海：上海人民出版社，1995.

**1. 物色法律、政治、文化、宗教顾问**

虚心听取那些对于你要从事贸易活动的地区具有丰富谈判经验的顾问的建议，向成功的谈判者和失败者讨教，让他们的经验教训变成你的财富。通过这个过程，你会对要打交道的东道国的法律、政治、文化、宗教环境以及谈判对手有一个大致的了解。越早、越全面地掌握这些信息，你就越容易在后面的谈判过程中占据优势地位。值得注意的是，在中国的“一带一路”倡议与越来越多国家或地区自身战略对接的过程中，文化与宗教因素的影响力日益凸显，其中的一个原因是，经济全球化不可避免地要涉及不同发展水平的国家或地区地缘政治和宗教势力间的角力，文化和宗教的影响力相对于政治、法律的影响力更加深远。如果我们对东道国文化、宗教的认识不够、重视不够，极有可能无法与对方进一步沟通，甚至可能付出沉重的代价。这个问题已经变得十分紧迫，无法回避，需要引起政府、企业、高校的高度重视。

**2. 耐心而积极地对待环境差异**

在不同的环境中生活，是对适应新环境能力的考验。你所遇到的新问题，如工作环境、卫生环境、通信环境、交通环境、饮食环境、技术环境、政策环境、服务环境等问题，不可能像在你所熟悉的环境中处理起来那么顺当，也不可能完全在你的意料之中，当然你也就不能完全依照你的意愿行事。

**3. 控制自己抱怨新环境的冲动**

不要戴着有色眼镜看待新环境。与其对新环境抱有成见，不如在经历之后再做判断。不要太早地对新环境作出积极或消极的反应。谈判者是否具有适应新环境的能力关系到他能否成为具有国际化视野和国际化生存与开拓能力的谈判者。这个前提建立在改变自己、调整自己的心态和行为的基础上。你必须明白，商务领域是一个特殊的环境，但同样奉行适者生存的法则。

**4. 对自己早期所经历的不适应保持适度宽容**

一个人在新环境中待的时间越长，早期经历的烦躁、焦虑、沮丧会逐渐消失，但这需要一个过程。谈判者要善于对自身所处的环境保持一种健康的、幽默的态度。学习并运用一些心理学的方法，有助于正确看待自己在早期所经历的不适应。

**5. 积极参与各种私人聚会**

把参与私人聚会当作适应新环境的机会。在许多国家，私人聚会带给谈判者了解当地文化的机会，这比公开的媒体介绍要好得多。

在许多地方，谈判者可以从私人聚会中得到从公开的媒体中得不到的关于社会、文化、经济、法律，甚至治安等方面的确切信息。你参加的私人聚会圈子越大、接触的人层次越高、气氛越随和、人际关系越近，得到的信息就越值得重视。商务工作者基于对商机的特殊敏感，会以他认为最能接近真实信息的方式对信息渠道进行选择。

**6. 不要对意识形态问题过分敏感**

求同存异，专注生意。商务谈判者不可避免地要与具有不同意识形态的人打交道，不要对别人的政治观点过分敏感。来自不同文化背景和制度环境的谈判者，有各自习惯的思维方式和行为方式。我国社会主义市场经济的实践证明，坚定不移地坚持改革开放，善于与来自不同政治制度、不同经济模式、不同社会文化环境的企业合作，寻求共赢，是我国企业走向世界的成功经验。如果商务谈判者过分纠缠于敏感的意识形态问题，容易让自己陷入非商业利益的争执当中。在商业领域，良好的利益关系和人际关系是实现共赢和持久发展的基础。所以，愉快地做生意，对商业以外的问题保持宽容，对处理商业问题有好处。

**重要视点**

商务谈判者对商务环境要敏感，对非商务环境则应保持最大限度的宽容。

**案例导读 5-2**

我们知道，嘎斯车是苏联时代的代表符号之一，而最早在苏联生产嘎斯车的，是美国的汽车制造业大王亨利·福特。

福特原先十分在意意识形态问题，一直把苏联看做势不两立的敌人，声称除非苏联的意识形态有所转变，否则他“连一个螺帽也不会运到那里去”。他的好朋友哈默从苏联考察回国后，劝他说：“何必呢，要是这样，你就没法在那里做生意，那里可是一个巨大的市场。”

福特想想也是，共赢是商人的基本准则，为什么要在商业利益之外附加政治前提呢？他接受了哈默的建议，将T型车的生产线搬到了苏联，一举占领了大半个东欧市场。

事后证明，福特对这笔与苏联的交易十分满意。

## 三、不同文化环境对谈判思维的影响

中国人在与西方人打交道时，最困难之处在于当两种不同的文化相碰撞时，可能引起比双方预想的更多的误解和沟通上的困难，甚至在有共同文化背景、共同语言文字的国家之间也是如此。对有着不同传统和语言的民族来说，文化冲突的可能性远远大于人们的预料。

加拿大学者杰夫瑞·鲍切尔指出：“在生意场上，如果你不首先意识到并认可你访问的国家与你自己国家的文化差异，或者不考虑谈判桌对面的人的文化背景，你就很难达成交易。在西方社会中，一个生意人的职业生活与个人生活之间有明确的界限，人们不太重视与可能成为生意伙伴的人之间的个人关系，这当然不是说他们对谋求个人关系毫无兴趣，而是说个人关系次于事业，只居于从属地位。”①

通过前面的讨论我们知道，如果不了解不同文化环境下人们行为之间的差异，或者不

① ［加］杰夫瑞·鲍切尔．致胜奇谋：现代西方谈判艺术．成都：西南财经大学出版社，1999：2.

承认这种差异，会导致谈判者之间的沟通存在一系列问题。一项研究报告①比较了中国与北美地区企业家商务谈判行为模式之间的差异和价值观冲突，发现几乎所有的差异和冲突都与文化环境有关。所以，了解文化差异可以避免或减少谈判桌上的冲突，有助于谈判各方找到建设性沟通的渠道，发现导致彼此误解或尖锐对立的真正原因，这具有非常现实的意义。例如，许多在中国任教的外国人惊奇地发现，在中国，几乎所有的省市都从中小学阶段就开始要求学生学习英语，中国人甚至把英语当作一门学问，设置了专业，而真正学好的寥寥无几。然而在美国，绝大多数美国人对学习一门外语有很强的抵触性。又如，在北美地区，直言不讳地讨论问题被认为是富有效率的工作作风。在中东，谈判者如果没有建立起亲密友善的关系，业务就很难做成。中东地区人们称呼的“先生”“朋友”“兄弟”，代表了不同的亲密关系。在中国生活久了的外国人越来越明白一个道理：听中国人说话，一定要对说话者的言外之意保持高度敏感，许多问题是靠暗示解决的。

美国人卢西恩·W. 帕伊在他的调研报告《中国人的商业谈判作风》中对中国人在商业谈判过程中的思维习惯做了详尽的分析。他对中国的商业环境、如何营造谈判的气氛、是在中国谈判好还是在美国谈判好、谁先开价、如何处理商业与政治的关系、怎样看待中国人的兴趣、如何利用谈判对方的过错、如何看待面子和关系等进行了系统的描述，一度成为来华美资企业必读的商业活动指南。随着中国对外开放进一步扩大，对外交流进一步加深，中国的企业家和学者通过了解中西方谈判作风的差异，发现了我们在利用文化环境和谈判作风方面的某些优势，总结了许多驾驭谈判过程、控制谈判节奏和方向的成功经验。

中西方不同文化环境对谈判思维的影响主要表现在以下方面。

### （一）时间观念——准时还是迟到

商业竞争的激烈程度影响着人们对时间价值的认识。越是在竞争激烈的市场经济环境中，人们的生活、工作节奏就越快；反之，就越慢。比较研究发现，总体上讲，工业国家比农业国家的生活、工作节奏快；发达国家比欠发达国家的生活、工作节奏快；中国东部地区比西部地区的生活、工作节奏快。可见，文化与经济是相互作用的。

> **重要视点**
>
> 在商业社会里，人们的生活节奏不仅取决于已有的文化习惯，而且取决于竞争的激烈程度。

为什么我们会觉得发达国家的谈判者喜欢说话直截了当？为什么越来越多的中国谈判者在与美国人打交道时感到他们咄咄逼人、关注时间？实际上，这是长期生活在激烈竞争社会里的人的习惯性反应，这些地区的人最输不起的就是时间。

① 陈维政．中国、北美企业家商务谈判行为及其价值观念的比较．中国社会科学，2000（2）．

### 案例导读5-3

美国人弗兰克·L. 阿库夫去中美洲一个小国参加企业管理论坛并在会议上发言。上午8：00开会，他被安排发言的时间是9：00。于是他在8：00前就做好了准备，在宾馆大厅等候，结果出乎意料——

8：15，没有一个人来。

8：30，还没有一个人来。

8：45，依然没有一个人来。

他到服务台核对，确信他的手表走时精确。到了9：00，还是没有人来；9：15，没有任何人影。他掏出会议邀请函，心想："是不是弄错了日期？弄错了开会的地点？"大约在9：20，东道主们才开始出现，大家热情地寒暄一番，驱车前往开会的地点，大家询问了他的航班、天气。阿库夫问："现在是9：30，议事日程上我不是被安排在上午9：00发言吗？"

没有答复。

"我只是觉得奇怪，现在已经9：30，我们大家不是都迟到了吗？"他坚持问。

"哦，不不，阿库夫先生。"其中一个会议主持人解释说，"在我们这里，从来就没有按时开会的事情。我们算是很早的，到了以后，大约还要再过一个小时才开会。"

天啊！

"谢谢。"他终于松了口气，神经恢复了正常。

### （二）议程安排——先谈原则还是先谈细节

中国人在谈判方面的习惯之一是"先谈原则，后谈细节"，这与西方人的习惯有所不同。中国人喜欢在处理麻烦的细节问题之前先就一般原则取得一致意见，把具体的问题安排到以后由双方的下一级部门或人员去处理。研究表明，这种谈判风格在多数情况下可以为中方在以后的讨价还价中谋得有利的地位。西方人通常认为细节是问题的本质，细节不清楚，原则谈得再好，问题实际上没有得到解决，因而他们更愿意在细节问题上多动脑筋，对于原则的讨论则比较松懈。大多数西方人都觉得原则只不过是一些仪式性的声明而已，只要没有对细节进行具体的规定，原则就是虚盘。由于中西方对谈判原则的重视程度不同，两种环境下的谈判结果截然不同，在中方的文化环境下，或者在中方可以控制局面的环境下，如果能坚持先谈原则，总体上对后续细节谈判的制约作用更大；反之，在外国文化环境下谈判，制约作用相对较小。

美国的一些与中国打过交道的谈判者已经感受到中国人的谈判思维方式对西方人的制约。美国政府的智囊查尔斯·弗里曼警告西方外交界，在与中国谈判时，一定要"坚持先谈具体而特定的细节，避免关于一般原则的讨论"。比较研究的成果表明，先谈原则后谈细节的做法之所以普遍成为中国谈判者的习惯，有以下几个原因。

**1. 先谈原则有利于事先定好谈判的基调**

中方谈判者觉得，可以通过先谈原则控制谈判的范围，这些原则往往成为迫使对方在具体问题上让步的筹码，有助于赢得谈判的优势。运用感情的力量诱使对方接受原则性的条件应当做得自然而不露痕迹。如果对方觉得某一原则在某些特殊情况下可能含义不清而不愿接受，中方往往强调具体的细节安排将在随后讨论。更重要的是，开始谈判时中方经常强调对于他们所提出的原则大家是否同意可以表明双方是否相互尊重和具有诚意。西方经验丰富的谈判者经常就中方的建议提出他们的反建议，他们小心分析中方建议中的可取之处，以避免谈判从一开始就围绕着中方的建议展开。

**2. 先谈原则往往可以作为一种试探性手段**

帕伊通过对中美谈判者的比较发现，先谈原则的做法可以作为一种手段，先就一般原则交换意见借以试探对方，看看对方有哪些弱点，比如是否缺乏耐心、对大方向的把握不稳等。

在谈判原则问题时，还可以通过适当地变化谈判节奏，为己方创造一些有利的机会。

**3. 先谈原则有助于将原则性的声明转变成目标性的协议**

在先谈原则的基础上，坚持所有关于具体细节的讨论必须与已经同意的原则相一致，可以使谈判者赢得道德和姿态上的诸多好处。在这种条件下，任何细节问题即使可以调整，也只能做技术上的处理，而不应与原则所确定的方向和目标相违背。采取这种做法往往可以有效地规避细节谈判中的矛盾。

**4. 先谈原则对于取得细节谈判的突破具有指导意义**

通常对原则问题的讨论可以在与对方的上层人物谈判时确立下来，从而避免在实质性谈判中与下层人员讨论细节时（这些人对具体问题很精明）可能发生的摩擦，还能在一定程度上控制他们的举动。

近些年的比较研究还发现，先谈原则的思维方式虽然对于具体细节的谈判有某种制约作用，但是如果协议中的原则性条款过多，则会因虚盘条件与实盘条件脱节导致某些不利结果。假如对方对于自己的违约行为坚持不改，对来自别人的批评不予理睬，那么这种方式就不会特别有效，因为毕竟依照原则精神来约定谈判各方的行为和依照细节安排来约束谈判各方的行为是两码事。

### （三）谈判实质——利益优先还是立场优先

中西方谈判风格的差异还表现在总体上中方比较注重立场。在特定的制度环境下，在中国的政府机构或国有企业中，如果领导人发现一个冒险的立场所带来的利益还不如保守的立场所导致的损失来得稳妥，后者对他的诱惑就极大。立场争执往往会使谈判陷入僵局，导致彼此尖锐对立。多年的合作伙伴会因此分道扬镳，朋友从此变成陌路人。当文化环境使得立场分歧导致个人风险时，身处其中的人就不太可能考虑利益问题，所有的利益问题都会从属于立场问题。西方人注意到，中方的某些领导人在利益与立场的关系问题上，首先关注的是立场问题，他们会强调必须从怎样的角度去看待事物，强调动机、态度，甚至不惜使结果走向反面——表面的统一、表面的和谐、表面的成效。如果一个人因为坚持立场而放弃利益，只要动机纯正，哪怕效果差，说话过分一点，都没有关系，不大可能受到批评，即使因此捅出了娄子，也不会给个人前途带来致命的影响；反之，如果立场不对，即使在经济上有所建树，个人的风险依然很大。西方人发现，只要抓住中方的这个软肋，从中国人的左口袋里掏1 000美元比从其右口袋里掏1美元要容易得多。①

可见，西方的商务谈判者更注重利益，他们对立场问题往往表现出极大的灵活性。随着中外交流的进一步深化和扩大，越来越多的中国商务谈判者和政府官员已经意识到，保持更为灵活开放的姿态，对于维护国家利益、企业利益，是一个良好的开端。

**重要视点**

在商务谈判领域，所有的立场都应当服从于一个基本的大目标，那就是有助于持续实现己方利益。

### （四）关系重心——侧重情感还是侧重理智

在处理人与人、人与事的关系方面，中西方的差异很大，差异主要表现在面对是非问题时中国人与西方人优先考虑的标准不同。有学者指出②，中国人在处理这些问题的思维方式上有个排序，叫“情、理、法”，即遇到问题先从感情上去思考，其次才讲道理，最后考虑法律。事实上我们比较倾向于对人不对事，人对了事情就对了。只要是好朋友，事情就好办得多。道理和法律是用来为感情服务的。越是向你强调“我这个人说话对事不对人”，你就越难了解他的真实看法。欧美国家的人遇到上述问题时，思维方式的排序是反过来的，叫“法、理、情”，即对事不对人，人对了事情也不一定对，情是用来为法服务的。

在这样的背景下，东西方谈判者处理特定问题的态度迥然不同。比如在许多商务活动中，中国人很看重人际关系，西方人则看重环境制度。我们遇到难题时的第一念头也许是“想想有没有认识的熟人”，没有熟人则创造条件也要拉上关系；西方人遇到同样的问题时第一念头也许是“我应当向法律寻求帮助”，如果不知道怎么处置，他们倾向于请教律师、专业人士。

**重要视点**

从社会学的角度看，强调法治是为了防止人变坏；强调德治是为了引导人学好。两种手段对于人的行为调整都有不可或缺的作用。

---

① ［美］卢西恩·W. 帕伊．中国人的商业谈判作风//上海市人民政府政策研究室．研究参考．2002。这个报告是由担任兰德公司特约研究员的帕伊提交给美国商务部的。帕伊早在20世纪80年代就在对中国人关于“面子和关系”的论述中指出：“用帮助中国人得到面子的办法可以得到很多东西。……要好好记住，中国人所说的‘真诚’这个概念与美国人所说的‘sincerity’这一概念的意思迥然不同，中国人认为，只有谨慎地坚持按规矩办事，才能被视为是真诚的。”

② 曾仕强．中国式管理．北京：北京大学出版社，2004.

**案例导读 5-4**

中央电视台 2005 年 7 月 3 日《对话》栏目的主持人采访台湾学者曾仕强教授时，举了一个案例，以检验现场中外嘉宾在“情、理、法”与“法、理、情”的思维方式上的差异。

案例的背景有两个：

一是公司老总最近不断听到下级抱怨，说他的一位助手小刘上班经常迟到并严重影响到公司相关部门的正常运行。

二是小刘是由公司控股股东推荐到老总手下的，由于有“神秘力量”的背景，小刘对迟到不以为然。

主持人的问题是：是否要开除小刘？

现场嘉宾中中外人士几乎都各自一边倒地提出了他们的看法：中方人士认为不能开除，外方人士则坚决主张开除。

曾仕强教授站在中国文化环境的角度分析后指出，以中国式管理的精髓来看待这个案例，有三句话、六个字：两难、兼顾、双赢。（所谓两难——面临的问题是：开除也难，不开除也难；所谓兼顾——处理的手段是：既要考虑公司的制度，又要考虑“神秘力量”的作用；所谓双赢——追求的结果是：让公司和“神秘力量”都觉得有利。）

实际上，人本主义的管理在今天面临两种选择：一是以人情为本，即按照“情、理、法”排序；二是以人性为本，即按照“法、理、情”排序。谈判者要了解这些处理特定事务的思维方式的差异，以及不同的文化环境影响思维方式的过程。

### （五）决策差异——倚重集体还是倚重个体

事实上，中西方在谈判中都既倚重集体又倚重个体，只是由于权力分配与制衡的制度安排差异，西方人比较倚重集体的权力，限制个体的权力，即分权，以避免个体权力过大导致在权力运用、决策等环节出现失误；中方则比较倚重集体的责任，强调个体的权力，即集权。

近些年，在集权化的领导体制内逐渐出现分权的迹象，如在高度集中的权力核心层开始有了集体决策的尝试。无论在企业还是政府机关，都取得了一些成果。

对集体抑或个体的不同倚重，使得在谈判场合出现两种现象：西方人表面看来是少数人出场，他们身后却往往有一个高效而灵活的智囊群体或决策机构。决策者会赋予谈判者个体以相应的权限，智囊群体和场外职能部门辅助其应对谈判中的复杂问题。中方总体上是众人谈判，一人拍板。无论是国有企业还是民营企业，情况大致相似。如果拍板的这个人是经验丰富的行家，结果就非常好，既有效率又节约沟通成本，但是如果相反，拍板者是个外行，又不大愿意听取班子的建设性意见，后果就难以预料了。

荷兰学者吉尔特·霍夫斯泰德针对不同国家/地区由于文化差异导致谈判者究竟是崇

尚集体力量还是个体能力的一项权威研究显示：如果给绝对的集体主义价值观以0分，给绝对的个人主义价值观以100分，那么在霍夫斯泰德所做的研究中，美国的企业经理将以平均91分位居崇尚个人主义之首，而处于拉美地区的委内瑞拉的经理却以平均16分位居崇尚集体主义之首（见表5-1）。

**表5-1　选样国家/地区中的企业经理集体主义与个人主义价值观比较**

| 平均得分 | 企业经理所在的国家或地区 |
|---|---|
| 91 | 美国 |
| 90 | 澳大利亚 |
| 89 | 英国 |
| 77 | 加拿大 |
| 75 | 丹麦 |
| 74 | 意大利 |
| 74 | 比利时 |
| 71 | 瑞典 |
| 70 | 瑞士 |
| 70 | 法国 |
| 55 | 以色列 |
| 53 | 西班牙 |
| 48 | 印度 |
| 46 | 日本 |
| 46 | 阿根廷 |
| 38 | 巴西 |
| 32 | 墨西哥 |
| 25 | 中国香港 |
| 20 | 新加坡 |
| 17 | 中国台湾 |
| 16 | 委内瑞拉 |

资料来源：[美] 弗兰克·L. 阿库夫. 国际商务谈判. 上海：上海人民出版社，1995.

相比之下，东方人被教导要先集体后个人，只有在集体当中才能找到自己的位置。在解决问题的方案中，必须保持所有方面的动态平衡。在西方人眼里，无论最终结果怎样，只要双方表明了利益，有契约作为约束，便不太愿意改变。

### （六）地位评价——重行政地位还是重市场地位

东西方价值体系相异的一个典型表现是，西方人认识不到大多数亚洲国家所具有的严密等级和尊卑长幼的制度。西方人很难接受社会地位的不平等，儒家社会所崇尚的以年龄和级别划分高低贵贱是西方人所不熟悉的，即使经历了几百年的商务交往，西方人还是不能理解这一等级制度。

事实上，官本位、注重行政干预的文化一直是中国文化中最典型的内容，即便在实行市场经济的今天，中国人对官本位和行政干预的情结也没有消失，因此，许多商业活动并不完全依照市场法则行事。一个企业能否成为知名企业，有时并不完全取决于在市场竞争中取得的业绩，还要看在政府那里获得的支持或头衔。许多外方企业注意到，中方企业的一些耀眼的光环带有很明显的行政背景。例如，中国的征信系统与西方的征信系统差异很明显，尤其是中资企业的信用等级并不来源于市场征信机构，企业信用评估的指标体系受政府的影响很大，国有企业在信用评级中具有得天独厚的优势，与之相对应的是许多民营企业尽管市场业绩良好，但却很难获得与国有企业相同的信用评级，尤其在贷款方面受到的约束条件更多。一个行政地位高的谈判者在中方的谈判班子中往往具有比企业家、专家更多的话语权。尽管许多地方政府财政收入的增长无力支撑计划外项目（如形象工程、光彩工程、政府办公大楼工程、路桥工程等）的增长，但中国人一直不相信政府会因为资不抵债而倒闭，直到 2008 年金融危机导致冰岛政府宣布破产，中国人才猛然警醒，原来政府也有破产的可能。

比较研究还发现，在企业与政府的关系问题上，西方更注重政府对企业的服务，政府官员很少过问企业的经营事务，即便遇到重大决策问题，政府也只是通过政策和信息引导，尊重企业的法人治理机制。只要企业合法经营，没有违法行为，政府就必须保持最大限度的理性。我们很少看到西方发达经济体的政府官员到企业去现场办公、指导经营管理，更少看到政府官员召见企业经营班子成员汇报工作。企业投资项目开工，政府官员也极少出席。阿库夫指出，以美国为代表的发达经济体的商务谈判者十分重视谈判的内容细节，在打交道时对地位差别不会特别在意①，他们尤其反感强调等级和烦琐的礼节，不习惯老是与不能进行深入谈判的领导人进行不痛不痒的会见。

**重要视点**

商务谈判者要立足于与对方有话语权的人打交道。不要过多地评价政府或企业的行为，而要更多地关注和利用政府和企业行为中能为自己所用的部分。

### （七）意见交流——直率还是委婉

在西方快节奏文化环境下生存的谈判者保持着有什么说什么的习惯，有时会冒犯敏感、喜欢猜测的亚洲人。多数西方人对中国的环境不熟悉，对中方谈判代表所奉行的价值观或习惯的交流方式知之甚少，可见，西方人的谈判作风与中国人的谈判风格差异十分明显。

对在激烈竞争环境下生存的西方人来说，效率就是金钱，所以他们没有更多的工夫与中国人“猜谜语”。比如，如果一位西方人告诉西方人说，他认识一位政府高官，这个人是他的朋友，那么听者一般都会从简单的方面去理解；然而，如果一位中国人告诉西方人说，他认识一位政府高官，这个人是他的朋友，那么听者如果还是从简单的方面去理解，就极有可能犯错误。中国人委婉表达意图的方式，需要听者积极开动脑筋，进行一番智力猜想。

① ［美］弗兰克·L. 阿库夫. 国际商务谈判. 上海：上海人民出版社，1995：76.

## 第二节　典型的谈判思维方式

谈判者的思维方式要达到炉火纯青的佳境，必须下一番苦功，要学习、总结、积累前辈留下的宝贵经验，掌握现代谈判理论知识，积极参与谈判实践活动。谈判思维是一种创造性的思维活动，是人类的一种高级思维活动。依照不同的创造性思维水平，谈判者显示出他们的层次性差异。有的人堪称谈判大师，有的人是谈判专家，而有的人只能从事一般谈判活动。依照创造性思维领域的不同，谈判者又表现出他们的专业性差异，即展示出他们各自在项目管理谈判、产品贸易谈判、法律条文谈判、技术贸易谈判等方面的专长。

谈判者的思维方式会受到文化背景和主观意识的深刻影响。很多学者和谈判家从不同的角度进行研究，发现谈判思维活动中最基本、最重要的方式是发现需要，评估利弊，寻求对策，即通过观察、理解、分析、推测、诱导对方的需要，确立己方的谈判策略、原则、方法与技巧，争取尽可能好的谈判条件，以实现或变相实现自己的谈判目标。

### 一、谈判者的心理状态对谈判思维活动的影响

人在从事某种社会活动时，由于其动机、手段、行为、目的不同或发生了变化，其赖以生存的社会环境、道德规范的约束，以及这些活动的对抗性或合作性要求，当事人在权衡利弊得失之后会产生不同的心态。商务谈判活动是人与人在特定利益关系基础上的交流活动，而这些在不同环境中生活和工作的谈判者会表现出各自对待利益问题的差异。因此，要研究为什么在与不同的谈判者打交道时要采取不同的思维方式是一件比较困难的事情，涉及许多复杂的问题，比如双方的个人经历、社会地位、知识水平、专业特点、社会角色、生活习惯、个人爱好、价值观念、抱负水准、宗教信仰、人际关系等。这些问题可以留待不同领域中的谈判者去亲身体验。

在本节中，我们着重探讨谈判思维的心理基础是什么，也就是说，要探讨谈判者在整个谈判过程中应具有和保持什么样的心态，以便谈判思维活动正常进行。只要是谈判者，只要涉及谈判活动，就会遇到共同的问题——心理状态。

一个优秀的谈判者能够努力克服自己心理状态中的消极面，对自己的气质、性格有比较清醒和客观的认识，能有意识地针对自己的性格依照谈判工作性质、内容的特点进行适应性训练。心理状态稳定、健康的谈判者，不论谈判过程中出现什么样的变化，都能居安思危、临危不乱，不会在行动上出现较大的失误。心理状态差的谈判者，承受压力的能力就弱，其思维容易受外界因素的干扰。

### 二、商务活动对谈判者心理状态的要求

为了保证商务活动朝着有利于实现己方目标的方向进行，商务谈判者在整个谈判活动中应努力使自己具有良好的心理状态，为冷静面对和处置谈判过程中的各种情况创造良好

的主观条件。对商务谈判者心理状态的要求如下。

**1. 态度要从容**

随着市场、政策、环境的变化，商务活动的方向、节奏随时可能出现变化，商务谈判者应冷静沉着、藏而不露、从容不迫地应对面临的问题，尽量避免喜怒冲动于表、急躁心切于行。从容深沉的态度可以为理清思路奠定良好的心理基础。惊恐、冲动、忙乱是谈判大忌。须指出的是，谈判者并不是要作出深沉的样子，而是应将从容体现于处理问题的每一个细微的活动之中。这也说明谈判者在行为、表情、言语与思维活动之间可以保持一定的距离。

**2. 判断要理性**

谈判者要清楚自己处理问题的能力，对于无法处理、无法控制的问题切不可丧失理智。换句话说，有把握处理好的问题一定要冷静处理好，暂时不能处理的问题必须寻求其他的途径解决或等待条件成熟时再处理。谈判者如果对于利弊、进退的把握无节制，本来清晰的思路就可能被对方设置的圈套搅乱。

**3. 心绪要平衡**

谈判者须注意根据实际情况的变化和需要及时调节自己的心绪。一个人的心理平衡往往会因外部条件的变化而受到干扰甚至被打破，因此谈判者要通过相应的调节措施保持或重新建立起新的心理平衡。比如，对手的谈判条件发生变化、谈判人员更换、谈判环境改变、原有协议被新建议代替、双方谈判实力对比发生变化，等等，都会对谈判者的心理状态和思维活动产生影响。这时，尽快调节自己的心理状态，是谈判者应付外界变化或实现自己意图的重要条件。善于调整心态的谈判者，其思维方式虽然也会发生变化，但能见机行事，抓住那些转瞬即逝的机会，掌握主动。

## 案例导读 5-5

### 不屈的新日铁掌门人三村明夫社长

2001 年之后不久，世界钢铁业似乎一夜之间被一个神话颠覆了。

一个从默默无闻的废料处理厂起家的印度裔英国人拉克希米·米塔尔，利用超常规的企业并购手段接连收购了 25 个国家的钢铁企业，他自己没有动手建一座钢厂，却打造了一个世界钢铁帝国的神话。从此，米塔尔拥有全球钢铁市场 12%的份额，而当时的亚洲是其唯一没有据点的地区。

2006 年 1 月，米塔尔突然宣布将对世界钢铁企业排名第二、欧洲最大的钢铁豪门安赛乐实施收购计划，这个跨越法国、西班牙、卢森堡等国的巨型跨国公司称雄欧洲，广泛支撑着欧洲各大产业。

钢铁被认为是国家之本。米塔尔的收购提案首先遭到法国总统希拉克等各国首脑的反对，但是政治在资本的强压下无能为力。米塔尔对法国总统的抗议不屑一顾，提出 400 亿美元的价格，获得包括对冲基金等世界基金的广泛支持和追捧。2006 年 6 月 27 日，米塔尔宣布收购安赛乐成功。米塔尔执掌的规模大于新日铁 3 倍的巨大钢铁帝国宣告诞生，年产量预计1.3亿吨。这意味着，米塔尔一感冒，全世界钢铁行业就要“发烧”。

2006年6月底，米塔尔借成功收购安赛乐的好心情，花650万美元为女儿庆婚。他包下了整个凡尔赛宫，要在这里向世界展示实力。

之后，米塔尔直言不讳地宣称要加大在亚洲的影响力，因为在亚洲，有世界排名第二至第五的巨型钢铁企业。全球的钢铁巨头一致认为，米塔尔的下一个收购目标肯定是世界排名第二、拥有170多年历史和世界最尖端技术的新日铁——新日本制铁株式会社（前身是官营八幡制铁所，原来排名世界第三，安赛乐被收购后，新日铁的排名上升到第二）。新日铁的掌门人三村明夫社长从全球传来的信息中得出一个结论：只有把新日铁搞到手，米塔尔帝国才算是真正建成。

米塔尔借在印度召开全球钢铁业峰会的机会，特意抽出中午两个小时盛情邀请三村明夫社长到他家中单独见面。米塔尔直言不讳地说，没有新日铁的加入，米塔尔大厦对全球钢铁业的统治地位是不牢固的。他给三村明夫一个选择的机会，要么被吃掉，要么寻求更好的合作方式。

三村这时意识到技术水平越高的企业对实施恶意收购者越有吸引力，他极力让自己的心绪从纷乱中平静下来。

三村不卑不亢地回应说，他需要时间对米塔尔的要约进行评估。

三村回到日本，迅速召集公司高层召开了秘密会议。他判断米塔尔的手法是：优先瞄准一家个人股东分散的高技术企业；采用恶意收购的办法，联合对冲基金和投机家，利用该企业个人股东分散的特点，抬高股价，收购股票；同时与该企业的主要法人股东进行股票置换，获得具有实际控制权的股票份额；取得对该企业的实际控制权后，再通过裁员、人事调整和恶意提高业绩大幅抬高股票的总市值；利用与第三方进行股票置换的收购方法发动下一场并购——对小企业实施兼并，对大企业实施收购。

“所以，钢铁企业与其他高技术企业一样，不能只是着眼于提高自己的技术水平。为了保护好自己辛苦取得的技术优势，必须建立反收购机制。”三村坚定地提出了他的看法。

手下的幕僚们看清了形势的严重性，他们问：“现在，我们怎样判断是不是恶意收购呢?”

三村说：“恶意收购一般以短期经营（如炒买企业）或获得特定技术为目的，因为特殊的技术可以有效地增强自己的核心竞争力，这正是米塔尔的用心所在。”

因此，三村对全球化背景下企业经营的理解是：必须以随时可能遭遇并购为前提条件来设计经营思路和管理企业。

他充满信心地说：“日本企业与韩国、中国的企业不同，日本企业的整体竞争意识十分强，这是我们的优势!”

事实上，新日铁在安赛乐被米塔尔收购之前，长期与安赛乐互相提供尖端技术，是十分亲密的Know-How合作伙伴。新日铁从2001年起一直向安赛乐提供高强度钢等先进技术，目的是为进入欧洲的日本汽车制造厂提供汽车用高强度钢板（在钢板中掺入锰、硅之后，防撞强度是普通钢板的3倍）。为了保护日本在欧洲的整体利益，新日铁严格规定该技术只能用在为日本车提供钢板的指定工厂。

新日铁的技术是支撑日本汽车产业的根基。然而，米塔尔在收购安赛乐之后，获得了使用新日铁技术的平台。三村还清晰地记得，米塔尔在他家总是微笑着提出，要在米塔尔世界各地的工厂中使用新日铁的技术。这样可以一箭双雕：既提高了自己的竞争力，又打压了新日铁的技术优势。

这意味着新日铁面临选择：如果拒绝米塔尔的话，将可能激怒米塔尔，引发对新日铁的恶意兼并。

三村迅速理清自己的思路，他决定学习中国的孙悟空，到米塔尔的核心市场去闹腾一番。这个沉稳、刚毅、不屈的日本人干了三件事情：第一，迅速与世界排名第三的浦项制铁、排名第五的中国宝钢集团达成共识，互相持股5%，以应对三家企业都可能遭遇的收购危险。第二，由公司公关部门、财务部门发动，邀请公司的自然人股东到公司参观，公司高管与他们恳谈交流，希望他们握住手中的股票不要急于抛售。第三，派最得力的助手去巴西，利用那里的资源优势建立一家与新日铁规模相当的海外企业以近距离控制美洲市场。

就在中国钢铁业频繁遭遇米塔尔偷袭之际，三村的钢铁企业却逆境求生，获得了稳健发展的新机遇。虽然这场资本战争还没有结束，但是，一个从容、理性、善于调节自身状态的领导人给了企业莫大的希望。果然，2011年2月3日，日本两大钢铁企业新日本制铁公司和住友金属工业公司宣布，为确保日本钢铁企业的整体优势地位，两家公司进行合并，成为全球第二大钢铁制造商。

## 三、典型的谈判思维方式

我们把谈判思维方式依照谈判活动的阶段性特点分为两类，即正式谈判前的前期思维方式和正式谈判过程中的临场思维方式。

谈判者与谈判对手正式相遇前己方成员独立或集体进行思考、收集信息、组织分析讨论、制定方案、设计预案等思维活动都是前期思维活动；与谈判对手正式相遇后直至谈判过程结束己方根据前期思维活动中确立的对策和谈判活动中双方的实际情况及其变化而进行的思维活动都是临场思维活动。前期思维活动是临场思维活动的基础。在前期思维活动中所采用的思维方式与在临场思维活动中所采用的思维方式既有联系又有区别，它们的联系表现为两者在贯彻谈判原则、制定谈判策略方面对于谈判者行为、姿态、措施等采用的是一致的标准，它们的区别在于前期思维方式以假设为基础，属于静态的思维活动，而临场思维方式以事实为基础，属于动态的思维活动。

**重要视点**

巧妙地利用休会的战术，前期思维活动与临场思维活动可以相互弥补不足，发挥整体最优的作用。

通过对长期谈判实践的探索和对谈判经验的总结，理论家逐步对一些具有普遍性的思维方式进行了归纳，找到它们富有典型意义的精髓，作为后人丰富自身谈判经验和提高思维艺术修养的参考。这里对一些经典的谈判思维方式进行简要介绍。

### （一）以获得谈判实力为主的思维方式

谈判实力不完全取决于谈判者所在组织或利益集团的真正实力，有相当一部分谈判实力是谈判者通过主观努力，抓住谈判环境中一切可以利用、可能利用的因素和机会，在谈判过程中利用对方的认同而获得的。温克勒所提出的谈判十大原则（参见第一章第三节）是这种思维方式最基本的依据。这种思维方式的思路大致是：

（1）根据资料和一般性接触迅速对谈判各方的实力作出假设或判断；

（2）通过恰当的安排（如环境配合、行为姿态、语言交流、第三方介入等）在对手面前树立或制造己方的印象（尤其是第一印象）；

（3）通过有关途径谨慎地探索和核实彼此的实力；

（4）采取必要措施（如利用议程、地点、人数、级别、资金、政府力量等）增强己方的谈判实力；

（5）以合作的姿态参与正式的谈判。

需要指出，现实中判断谈判实力强弱的标志是非常微妙的，这需要谈判者具有敏锐的洞察力。在整个谈判过程中为了获得较强的谈判实力，对谈判者的总体要求是在关键问题上多听、多问、多看、慎说，并恰当地向对方展示己方的实力。谈判者在没有摸清对方的真正意图之前不要轻易表态或作出决定。温克勒特别强调：“切不可由于自己的言语或行动的失误而把谈判地位的虚弱点暴露给对方，应不惜任何代价做到这一点。”①

表5-2列示的谈判双方实力对比可供学习者参考，学习者应当学会把握判断的尺度，并举一反三，灵活应用。

表5-2　　甲方与乙方的谈判实力对比

| 标志 | 甲方谈判实力 | 乙方谈判实力 |
|---|---|---|
| 甲方提出招标，乙方准备投标 | 强 | 弱 |
| 甲方一直受到乙方的崇拜 | 强 | 弱 |
| 甲方登门到乙方联系一个对甲乙双方都有利的业务 | 弱 | 强 |
| 对于甲方的请求，乙方持模棱两可的态度 | 弱 | 强 |
| 甲方负责接待、安排乙方食宿和议程 | 强 | 弱 |
| 甲方待人热情大方，对谈判却有些吹毛求疵 | 强 | 弱 |
| 甲方坐着说话，乙方站着说话 | 强 | 弱 |
| 甲方未邀请乙方进入房间 | 强 | 弱 |
| 甲方衣着正式、整洁，乙方衣着随意、脏乱 | 强 | 弱 |
| 甲方人员被授予的权力较大，乙方人员则要请示上级 | 强 | 弱 |
| 甲方可以约见乙方上级，直接避开乙方谈判者 | 强 | 弱 |
| 甲方对业务保持极大的兴趣，常主动约见乙方 | 弱 | 强 |

① ［美］约翰·温克勒．讨价还价技巧．北京：机械工业出版社，1988：99.

续前表

| 标志 | 甲方谈判实力 | 乙方谈判实力 |
|---|---|---|
| 甲方约会迟到 | 弱 | 强 |
| 甲方在与乙方谈判的同时，又与第三方洽谈同一业务 | 强 | 弱 |
| 甲方欲贿赂乙方人员 | 弱 | 强 |
| 乙方人员接受了甲方私下的贿赂 | 强 | 弱 |
| 甲方最高领导人是业务行家 | 强 | 弱 |
| 甲方人员办事一直给人未出错的印象 | 强 | 弱 |
| 甲方注意倾听乙方的谈话，总是多问、少表态 | 强 | 弱 |
| 甲方论述问题资料充足，乙方一时无法辨别真伪 | 强 | 弱 |
| 甲方拥有可资利用的更多资源条件 | 强 | 弱 |
| 乙方对专业问题比较了解、适应性强 | 弱 | 强 |
| 甲方有较大的自主性，而乙方对外部依赖性大 | 强 | 弱 |
| 甲方拥有较多有影响力的社会关系，有朋友帮忙 | 强 | 弱 |
| 甲方在谈判中时间压力较小 | 强 | 弱 |

## 案例导读 5-6

甲、乙两方均是经验丰富的谈判行家，对乙方所拥有的一块地皮，甲方表现出浓厚的兴趣（这说明甲方的谈判实力较弱，只是暂时没有暴露）。甲方找到乙方后是这样表态的：

我公司拥有强大的财务实力，已连续在全国范围内投资近 400 亿元从事不动产经营（甲方为自己树立形象），拥有成片开发大型高档楼盘的经验。虽然有几个公司愿意把它们的地皮转卖给我们（向乙方透露信息，暗示甲方实力），但是我们打算再多看看。你们的这块地皮对我们很有吸引力，我们准备把土地上的旧建筑全部拆掉再盖一个新的商务中心。最近我们与有关公司打过交道，估计问题不大，相信它们会同意（向乙方施加压力）。现在的关键问题是时间，我们要以最快的速度在这个问题上达成协议，为此，我们准备简化正常的法律及调查程序。以前咱们从未正式打过交道，不过据朋友讲，你们一向是乐于合作的，我们很高兴与你们这种朋友打交道（试探乙方的第一反应，表明甲方的合作态度），不知我是否讲清楚了？

乙方注意到甲方的上述立场，然后这样表态：

欢迎你们来我们这里。虽然我们没有接触过，但对贵公司的情况还是有所了解的（以被动者身份增强乙方实力，并避免对甲方财务状况发表评论）。我们当然愿意出售这块土地，但是，我们还承诺别的公司在这块地皮上保留现存建筑物。不过，这一点是灵活的（恰当地向甲方施加压力）。我们关心的是价格条件是否优惠。这块地皮的未来价值你们肯定清楚，反正，我们也不急于出售。看来你们对我公司已经有了相当的了解，我们很愿意与了解我们的朋友合作（试探甲方的反应，表明乙方的合作意向）。

分析：此例中甲、乙双方对问题的阐述都很慎重，没有失误。双方都注意倾听、了解和归纳，思考对方表态中的关键问题。各自的表态都是独立的、轻松的、友好的。

基于谈判地位的差别，谈判者彼此之间可能存在地位的不对称；基于谈判信息的差别，谈判者彼此之间可能存在信息的不对称；基于谈判心理的差别，谈判者彼此之间可能存在心理的不对称。有时，我们必须主动去与别人谈判，这种情况下我们的谈判实力就显得弱些。

### 案例导读5-7

一位公司经理带着助手到另一个公司谈判，他在有意泄露了一些对于对方有诱惑力的信息之后，要求了解一下对方的情况并看看有关资料。他的助手看上去非常干练，接过资料粗略地看了看，对诸如文字不清、报表不全、价格偏高等问题抱怨了一番。经理以助手的这些问题为由，摆出一副愿意听对方解释的姿态，让对方感到他们作出的解释并不令人满意。不过经理还是尽力使双方的关系更为融洽，并努力制造非正式谈判的气氛，礼貌地邀请对方下次到本公司谈判，因为有些资料他们未带在身边。

分析：经理与助手合演的这出戏是出色的。向对手抱怨、请对方就问题进行解释、暗示不满、制造非正式的谈判气氛、邀请对手到自己的“领地”来谈判，这些手段只不过是设计的一系列圈套，有利于增强己方的谈判实力。

谈判实力的强弱是动态的，有时双方的强弱会随着谈判影响因素的变化而颠倒。这时，谈判者应当不露声色，抓住对自己有利的最佳时机，推进谈判进程，尽快取得谈判成果。

### 案例导读5-8

#### 西奥多·罗斯福在1912年的竞选难题

西奥多·罗斯福于1912年参加总统竞选时发表了题为“信仰声明”的著名演讲。为了提高在选民中的知名度，总统竞选班子事先印制了300万份有罗斯福照片的宣传册，但是在离大选投票还有一周时他们发现宣传册不能发出去。律师告知他说：这张照片的版权属于一家私人机构——位于芝加哥的莫非特工作室，未经同意使用照片，将被处以罚款——每册1美元，共计300万美元。此时再赶制宣传册已经来不及，如果不发出去，将极大影响总统竞选的获胜率；如果强行发出去，总统竞选班子将面临巨大的债务负担，甚至会产生负面影响。

罗斯福决定与莫非特工作室谈判。他指定竞选班子负责人乔治·帕金斯去与莫非特工作室谈判。乔治·帕金斯不愧为心理学博士。他知道，时间是最宝贵的资源，其他的都好说。

他很快往芝加哥发了一份传真："我们计划在宣传手册上大量印发罗斯福的照片，这对你们工作室而言是一个千载难逢的绝佳机会。如果我们使用你们拍的照片，你们打算给多少钱？请尽快回复。"

两天之后，莫菲特工作室回电："我们过去从来没有遇到过这种情况，不过经过考虑，我们愿意出 250 美元。"

这样，乔治·帕金斯不但避免了竞选班子的尴尬，而且还另有收获。乔治·帕金斯的精明之处在于他知道谈判时间的流逝对竞选班子意味着什么，他了解并掌握了对手作为商人的思维方式和思维习惯，不动声色地将自己变成"被人所求者"。

**重要视点**

处在被人所求地位上的谈判者，具有更多的谈判实力。

### （二）反询问思维方式

反询问思维方式是以谈判前的充分准备（收集有关商情资料、研判对手的真实需要、对己方的谈判计划或方案进行修正、设计诱导方案和应变预案等）为基础的。这种思维方式的基本目的是刺探对方需求，破解对方圈套，摆脱谈判困境，契合双方利益。这种思维方式的一般思路是：

（1）先找出实现己方谈判目的所需的条件。

（2）分析研究对方的需求是什么，然后以这些需求为起点，采用逆向逻辑推理方法，像解数学方程式一样将对方的需求与己方的谈判目的联系起来，找出它们之间的联系，设计出诱导方案。

（3）对于对方可能提出的讨价还价的理由进行研究，制定对策，并设法让对方作出顺应己方要求的回答，或至少暴露出新的矛盾或新的需求。

（4）注意制造谈判气氛，通过己方人员的配合，了解对方内部的意见和分歧，特别要重视加强与对方缺乏保密意识人员的交往。

我们解数学方程式时采用的逆向逻辑推理方法是一种很好的思维方法。比如，我们知道若想得到结果 E，就必须有条件 M 和 N 成立；而要达到 M，就必须有条件 A，B 或 C 成立；而要达到 N，还必须有条件 S，T 成立，等等。对方的要求为 W，如果要实现 W，则需要有 X，Y 或 U，V 等先决条件，这样，如果我们能找到 A，B，C，S，T 与 X，Y，U，V 之间的关联关系，就可能找到实现双方目标的桥梁，使得谈判结果为双方所接受（见图5－1）。① 同样，如果能找到或创造出这样的环境或形势，使得实现己方目标的某些条件成为实现对方目标的必要条件，我们便找到了实现自身目标的有效途径。这就是设计诱导方案的基本思想。

① 张强．谈判学导论：谈判的理论与实践．成都：四川大学出版社，1992：89.

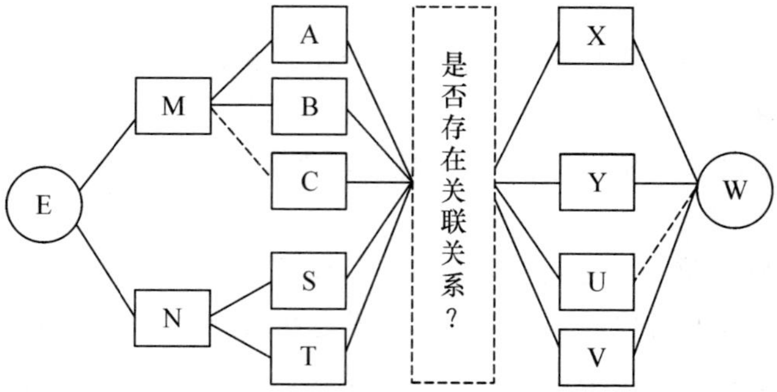


图5-1　反询问思维方式的诱导方案设计思路

**重要视点**

善于诱导对方的谈判者比善于表达自我的谈判者更容易接近他想要达到的目标。

## 案例导读5-9

有位科技发明者发明了一种能自动诊断汽车胎压和动态调节四轮平衡的专利技术，但由于资金和其他原因始终没能组织正式生产，最后考虑通过技术转让的形式将专利权和专利技术有偿转让给有能力生产该产品的厂家。在接触了几个厂家之后，他看中了主动前来联系的S厂，但是由于缺乏商务谈判经验，在没有对厂方进一步了解的情况下，他开出了一次性转让费110万元的条件，对方精明的负责人却只还价6万元，分两次付清，并解释说“已经考虑到市场因素和该技术的实际价值”，同时做出既通情达理又无可奈何的姿态，诉苦说厂方由于陷入三角债，用于技术引进的经费十分紧张，尽管如此，厂方还是拿出了这个数额，并恳切地表示了诚意。

怎么办？发明者找到专利代理的咨询专家。

“他们是从哪里来的？”咨询专家问。

“东北。”发明者说。

“你的技术做过宣传没有？”

“只在一家地方报纸上报道过一次。”

“他们此行来的都是些什么人？”咨询专家又问。

“共有四个人，一个主管生产技术的副厂长、一个业务科长、一个司机，还有一位是跟着来玩的年轻人。”

“很好。”咨询专家如此这般地向发明者提出一些建议，并推荐了一位从事商务工作的助手B先生去配合谈判。

B先生与厂家一行四人见面谈话不久便确定对方副厂长为主要对手，故意把精明的业务科长放在一边，并示意己方人员去与那位跟着来玩的年轻人攀谈，以套取有用的信息。

B先生："你们辛苦了，沿途没有去其他地方看看吗？"

副厂长（随意地）："没有时间跑那些地方。"

B先生："直接来的吗？"

副厂长："是的。"

（B先生从中大致推断出对方对交易的重视与急迫程度。）

B先生："我相信你们来是有诚意的。过去也有些厂家与我们接触过，我们希望多进行一些比较。我们必须对厂家和自己负责。你们知道，专利技术在制造过程中能否达到要求是我们比较关心的事情，因为这既关系到厂家的利益，又关系到我们的信誉，所以我们对合作伙伴的选择很重视。"

副厂长："我们很欣赏你们对工作负责的态度。我们对利益的认识不是绝对的、短期的。利益本身也意味着风险，有时候虽然眼下可能利益少一点甚至没有，但只要未来有发展前景，承担的风险能与我们的利益预期相当，我们还是愿意接受的。"

B先生："您很坦率。在讨论具体问题之前，是否可以对该技术的转让条件谈谈你们的看法？"

副厂长："您指的是交易条件还是生产条件？"

B先生："我想先了解一些生产条件方面的情况。您别介意，曾经有企业的生产条件不太令人放心，为了自己的声誉，我们还是放弃了。"

（生产条件相对交易条件而言显得不那么敏感，容易营造宽松的气氛。）

B先生接着问："你们的生产能力有多大？我想说的是，你们实际上每月用于这个项目的生产能力有多大？"

副厂长："我们首先要完成计划生产任务，然后才能将富余的生产能力投向这个项目。"

B先生："你们的技术实力有保证吗？"

副厂长："我们的技术力量比较强，我们有四名工程师，九名助理工程师，80%的技术工人能达到生产技术要求，余下的人员还可以通过培训提高技能。"

B先生："你们的设备配套情况怎样？"

副厂长："可以说基本配套。"

（B先生证实了不会产生新的投资问题。）

B先生："太好了。你们知道，人员、技术、设备条件对于产品质量有很大的影响。我们之所以了解这些情况，说好听一点，是希望通过转让技术树立起我们的信誉和形象；说实在一点，是希望彼此从中获益。"

副厂长："你说得很对。如果我们双方都能从比较现实的角度来看待这件事情，都通情达理，就容易把事情办好。我们提出的条件相当合理，您是否同意这个条件？"

B先生："交易条件必须双方都能接受，这是我们已经达成的共识。因此，为了创造出有利于这种条件成熟的环境，我们要多理解、多协调、多配合。我还想问一个问题。"

副厂长："请说。"

B先生："刚才我提到生产能力的问题，知道你们厂是用富余的生产能力投入项目，我担心如果这种能力不能形成经济批量，你们的技术引进就难以创造效益，您怎么看待这个问题?"

副厂长："应该说我们早就考虑过这个问题，如果我们正式生产，每月大约能达到6 000～10 000台的产量。"

B先生："能销售完吗?"

这时业务科长插话说："生产能力并不同于生产任务。我们的生产任务要根据市场情况来确定，目前任务量还达不到6 000台。"

B先生仍然不正面与业务科长交涉，还是向副厂长发问："这一点我们非常理解，但是我们想知道，最低的盈亏平衡产量是多少?"

副厂长经业务科长提醒，忙改口说："大约2 000台。"

B先生："我还是刚才的问题，这2 000台你们能卖掉吗?"

业务科长又插话说："B先生，我们这次来是很有诚意的，我们是不是可以讨论一下交易条件的问题？至于生产中的问题，技术上我们可以保证，也不会破坏这项专利技术的形象。"

B先生："我同意你的意见，我是想就交易条件的问题摸摸情况，因为在这之前有一些厂家的技术实力也是较为雄厚的，我之所以想了解你们厂的情况，并不是怀疑你们的技术实力和这次来的诚意，恰恰相反，我感觉我们双方都是比较坦率的，特别是副厂长的务实性给我留下了很好的印象。"

B先生随即提议是否可以休息一下，以便创造一个非正式沟通的环境。

很快，从己方人员那里得到消息，那位跟着来玩的年轻人曾抱怨本企业待遇差，生产经常中断，任务不饱和，全厂正发动职工找项目干。

这是一个极为重要的信息，表明对方有希望成交的思想准备和压力。如果不能成交，他们的企业会遇到麻烦。

在轻松的交谈中，副厂长不得不承认月销售量超过3 000台，因为这一点关系到厂方的诚意。（从逻辑上看，生产量达不到每月2 000台，就意味着亏损；月销售量达不到2 000台，就意味着产品积压。这样，厂方诚心前来引进该技术的理由便站不住脚。）

下午继续谈判。B先生简单地对前面的讨论和中间休会期间达成的共识进行了回顾，然后说："你们知道，根据我们可以提供的技术保证和产品成本资料，按目前市场同类产品的价格计算，每台产品的纯利润在400～420元，加之在专利保护期间所享有的有关优惠待遇，就按你们说的3 000台计算，每月最低纯收入为120万～126万元。有了这个效益保证，我相信110万元的价格条件是完全合理的。"不等对方回应，B先生说："不过，尽管如此，考虑到技术转让风险，建议合同签订时先预付90万元，合同生效40天再支付余下的20万元，总计还不到你们一个月的纯收入。您是否同意这个建议?"

（B先生以对付款方式的建议取代原来对付款额度的讨论，这是商务谈判较典型的做法。)

在经历了最后一番冲刺之后，副厂长感到自己压价的理由被动摇了。随之，B先生作出比较大度的姿态，表示允许厂方再考虑一番，同时他们也需要有一个对厂家进行选择的时间。B先生明显是在利用时间优势向对方施加压力。终于，科技发明者在经过紧张而友好的讨价还价之后，与对方以100万元成交，分80万元和20万元两次支付的办法转让了该技术成果。

设计一个好的诱导方案，等于在谈判者口袋里藏了一个诱饵。谈判者要适时地探索利用这个方案的可能性，通过提出问题，不断充实自己的信息，引导对方沿着不能拒绝的道路走下去。尼尔伦伯格强调，对于对手“在谈判桌上所有成功或失败的记录进行研究，有利于很好地理解对方的思维方式、行动路子和心理倾向”。这个时候，你的理由就显得分外有力。

**案例导读 5-10**

尼尔伦伯格举例说：“律师在法庭上盘问对方的证人时，绝不能只靠机灵，必须事先做好切实的准备。纽约州在处理交通事故案件时，按照程序律师得将原告送到被告指定的医生那里作检查。”这时，律师应该怎么办呢？“老练的律师绝不会让自己的当事人在他不到场的情况下接受检查。”首先，律师要去一趟医生的诊所，趁机看一下那个医生的藏书，记下与自己的当事人受伤情况有关的那些书的名字……到开庭时，这位律师就可以提出最有力的质询了。这位律师先要使医生承认，那几本书是该专科的权威著作，进而再使他承认他收藏了这些著作。这位律师已仔细钻研过这些医书，此时胸有成竹，能把这次法庭上的盘问变成对医生的检验——检验他是不是一位真正合格的专家。

资料来源：尼尔伦伯格．谈判的艺术．上海：上海翻译出版公司，1986：49.

### （三）先进后退的思维方式

这种思维方式主要是利用人们普遍具有的对环境变化自发调节、自动适应的心理倾向，先有意造成谈判环境的强烈反差，甚至引发一个僵局，把谈判中某些于己方有利的形势变成既成事实，再利用时间和环境的作用，促使对方心理趋于平衡。这种思维方式的思路是：

（1）采用比较极端的手段造成对己方有利的既成事实，迅速打破对方的心理平衡，甚至有意引发一个僵局，并让对手习惯于这种新形势；

（2）当对方感到无可奈何时，作出一些象征性的让步，以改善相互间的关系。

按照这种思维方式行动时，一定要了解对手，同时有两个约束条件：一是只适合于谈判实力比较弱的谈判对手；二是在实施第一步时，不能让对方看出你准备实施第二步的意图，否则会引起对方的强烈反应。由于这种思维方式在运用时需要有对环境和谈判对手的深刻了解和把握，所以只有少数政治家、外交家、商务专家和教育家敢于采用。这种思维方式若运用不当，容易导致谈判者失去退路，甚至使谈判失控。

有时，这种思维方式也可以作为一种防守策略。在面对咄咄逼人的谈判对手时，以其人之道还治其人之身，即谈判者首先提出一个不现实的谈判条件，然后以撤销这个条件换取对方的让步和妥协。

**重要视点**

懂得利用先进后退思维方式行动的谈判者，在取得的成果方面将获益更多。

**案例导读5-11**

有个企业因领导班子涣散、关系网复杂、管理混乱，一直处于亏损状态。为了改变这种局面，该企业的上级机关根据专家的建议采取了两个步骤。第一步是先从外面调来一位与该企业没有什么人事瓜葛的领导，大刀阔斧地对领导班子进行调整，制定并完善有关管理制度，选拔一批德才兼备的新人充实到各个职能部门。通过努力，企业迅速走上了正轨，扭亏为盈。但在这个过程中，必然要冲破各种障碍，触动某些人的既得利益，得罪一些人。当这个过程的第一阶段目标达到之后，将这位开拓型领导干部按事前的安排调离该厂。第二步是从该厂选出一位德高望重的领导来接任那位调离的领导，以缓冲一下过激的矛盾，对前任的成果予以肯定，并继续保持良好的人际关系环境。

### （四）晕轮效应思维方式

这种思维方式主要是通过制造晕轮效应干扰对方的知觉以造成对方判断失误，赢得有利的谈判地位。这种思维方式的思路是：

（1）探测对方对该问题了解的程度；

（2）充分利用不可比的谈判因素，或利用对方不熟悉的专业问题与对手磋商；

（3）利用对方的思维障碍造成错觉、失误或心态的失衡；

（4）表现出愿意商榷的姿态，谨慎地以让步换取更多的让步。

采用这种思维方式制定的策略表面上比较强硬，成功的关键是看能在多大程度上利用对方的专业知识或信息软肋削弱对方的自信心，并促使对方产生晕轮效应。

**案例导读5-12**

大多数消费者在购物时都知道应货比三家，其实就是为了在决策时多了解一些信息。比如在你问第一家店主之前（这时你尚未决定是否购买），先看看货，心理掂量着它大约值20元，如果店主说它至少要卖60元，你会感到自己原先开的价实在太低。当然，你还要多看两家，以判断一下那位店主开的60元是否实在。如果第二家、第三家开出的价都是 60 元左右，你便会得到一个大致的结果。同时，你还会调整自己的还价，比如还价 30 元或 35 元。

注意：你之所以要调整自己的还价，是因为你了解了有关这种商品价格的市场信息，是因为你把这种价格与商品的质量作了比较，是因为你感到自己当初的开价 20 元好像有点不合理（即自信心的动摇）。

现在反过来看这个例子。如果你不了解商品的质量特性呢？你极有可能只根据商品的价格来大致估计它的价值。在缺乏比较的情况下，假如店主开价不是 60 元而是 600 元呢？你会大大怀疑自己当初的开价是否合理。你调整的还价恐怕不会是 30 元或 35 元。由于怕被人笑话，或许你会还价 100 元甚至更高。

读者试比较一下，假如你上街买玉佩时对其质量和有关信息不甚了解，我（作为店主）向你开价 190 元，并声称："如果你真的想买，可以少一点钱，但你多少得让我赚一点。"（我做出认真的样子，表示不是开玩笑。）这样一来，你打算还价多少呢？

假设你还价 160 元，因为我多少总要赚一点才行。如果在同样的条件下，我向你开价 18 000元，你仍然还价 160 元吗？如果你不好意思还价 160 元，或者你调整还价为 15 000 元，这说明你的自信心受到了很大的影响。懂得这个道理，对你今后颇有益处。

研究表明，晕轮效应思维方式取得成功的关键是影响对方的心态。如果你的对手具有良好的心态，这种策略就不会见效；反之，对于掌握的信息不对称、心态不稳定、希望天上掉馅饼的人来说，就很容易见效。

## 案例导读 5-13

有时候，不法商人会合谋欺骗顾客。某日，有位女士到精品化妆屋买化妆品，她随意看了看那些进口化妆品，标价都在 200～2 000 元，不禁暗自估量起这些"精品"的身价，感到这些东西虽好，但确实买不起。尽管身上揣着 500 元钱，怎奈心痛不肯出手，只好看看，饱个眼福。在另一处，看上去也十分精美的化妆品却没有标价格，不知是不是样品。女士问服务小姐："那只唇膏是样品吗？"

服务小姐礼貌而热情地介绍说："这是从法国进口的，这是从瑞士进口的，都是卖的，价格标签暂时没有贴出来，因为刚进货，没来得及。小姐您买吗？"

"多少钱？你这里的商品有没有优惠？"

服务小姐朝着经理室喊道："唐经理，有位顾客想买我们'刚进的'那种唇膏，问价格有没有优惠？"

话音刚落，从经理室里钻出来一位经理模样的男人，手里抱着茶杯。他先打量了一眼那位女士，慢悠悠地说："瑞士唇膏 420 元，法国唇膏 700 元，要买吗？法国货没有优惠，瑞士的最多可以便宜 10 元钱。"说完便回到了经理室。

服务小姐解释说："我们可以给你优惠 10 元钱，刚才经理说瑞士唇膏是 120 元，法国唇膏 700 元，您要吗？"

“天哪！瑞士唇膏明明听那经理说是420元，我不会听错的。”女士心中一阵紧张和兴奋，她定住神，连连说：“要，要，我买瑞士唇膏。”说着从包里拿出110元钱交给服务小姐。

服务小姐点了点钱，说声“没错”，便递给那位女士一支令她激动不已的唇膏。女士急急忙忙出了店门，良久，店里传出窃喜的笑声。

有时候，“专家”“学者”“处长”“大老板”的身份也会给对方产生压力或晕轮效应。美国著名谈判学家卡洛斯在担任美国商业顾问机构的首席代表期间，研究了许多商务谈判策略，其中针对晕轮效应思维方式的研究成果有一点特别值得商务谈判者琢磨。当我们面对一位“专家”时，怎样才能探知这位专家的虚实呢？卡洛斯指出：“有些专家有真才实学，有些专家却徒有其表、名不副实。……一般人很容易被‘专家’的称呼唬住，变得缺乏自信，甚至不敢轻易发表自己的意见……当你面对一个‘专家’时，要保持冷静，不要对专家言听计从。专家也有弱点，对于你所擅长且特别了解的问题，对方未必比你知道得多。你可以通过扩大讨论范围来考察他的知识领域……显示你的无知，向他提出各种问题。”① 尤其可以通过提出某些你早就知道答案的问题来考验“专家”水平的深浅。如果发现了对方的错误，就为你利用这个机会创造了条件。

卡洛斯还指出：“卖主喊价较高或买主出价较低，都会造成对自己较为有利的结果。……喊价高得出人意料的卖主倘若能坚持到底，在谈判不致破裂的情况下，往往会有很好的收获。”②

### （五）伪假设思维方式（“迷魂汤”思维方式）

这种思维方式以马斯洛的需要层次理论和帕金森定律为依据。人在自身的低级需要得到满足（如稳定的生活环境、美食、性欲、休息等）之后，必然产生更高级的需要（如社交、自尊、成就、相互理解等）。越是较低层次的需要越容易通过自身的努力实现，越是较高层次的需要越要通过别人的认同来实现。自卑者、低能者、神经衰弱者渴望得到别人认同的愿望尤为突出。“伪假设”是指谈判一方为了加强己方的优势，根据对手的弱点及虚荣心，站在对手希望的立场对其进行假设，促使对手加深对自己的偏见，削弱对手的优势。

比如，对手明明是个外行，却希望别人把他当作内行，谈判者即可伪假设他是内行（这也说明了伪假设与假设的区别，如果假设对手是内行，则谈判者是真的把对手当作内行），并在行动上故意将对手当作内行来对待，多与其探讨更深入的问题，多在对手没有把握的事情上征求对手的意见，随时称赞对手的“高见”，引导对方的思想，使其看问题的立场和态度发生变化。

又比如，对手并无决策权，却希望别人把他当作有权的人，谈判者即可伪假设他是有权的人；对手虽然没有真才实学，但是做梦都想当教授，谈判者即可伪假设他是有学问的

①②［美］卡洛斯．经贸谈判实用技巧．北京：中国青年出版社，1988：5－6。

人……凡此种种，都是为了引诱对手失误。采用伪假设思维方式可以制定出许多有效的策略。

## 案例导读 5-14

尼尔伦伯格曾举了一个典型的事例："有一次缔结租约，对方的律师不幸正是这样的人。那是一次关于一项重要而复杂的租约的谈判。由于现实的环境各不相同，每次缔约的情况也都不相同，因此，具体问题应该具体处理。有一种现成印制好的《正式不动产租约》，被认为是标准租约，在日常交易中用得相当广泛。这种租约的内容非常精细，印有许许多多限制条件。即使是一个执业 50 年之久的律师，也记不住这些租约上每项条款的意思。会谈时，我的助手对对方的律师说：'这是一份标准的正式不动产租约，您是这方面的老手了，一定对它很熟悉吧。'这么一说，就使对方的律师不得不扮演起某种角色。对于眼前的这份租约，对方的律师不是拿来加以分析，而是不屑过目。他认为要是当面仔细研究这份租约，就会显得自己缺乏经验。此时，在别人的摆布下，他就扮演着一个对标准租约已经了如指掌的角色。他撇开租约的主要部分，在余下的时间里，与我们探讨另外打印的某些内容；与印制好的部分相比，那些内容其实没有多大意义。"尼尔伦伯格就是以这种伪假设思维方式为指导来制定谈判策略的，常使对手陷于不利地位。

**重要视点**

"宁可内行充外行，不可外行冒内行。"这个最实在而有效的道理却常常被谈判者忽略，导致付出了不该付出的代价。

当谈判者在谈判中以伪假设思维方式与对方打交道时，要给对方面子是很容易的，但若想通过这种办法达到控制对方的目的，则要困难些。最困难的是在对方的行为受到你的影响或达到你的意图之后或当对方处境尴尬之时，如何递上一把梯子让对方体面地下来，以避免谈判破裂或失控，这取决于对时机和方式的把握；如果处理不当，你递的梯子可能使对方陷入更糟糕的境地，甚至会使谈判走向绝路。

### （六）以情感人的思维方式

谈判者如果对提出的条件进行磋商，注意力会高度集中在问题上，这种谈判是对谈判者智力的考验，但是常常又有高智商者败在低智商者手下的例子，原因在于：他们在情商上打了败仗。

**重要视点**

一个眼神，胜过千言万语。一滴眼泪，强于百万雄师。在强悍的对手面前，巧妙地示弱是一种智慧，关键是你要抓住对手的软肋。

如果谈判一方存在人性的软肋、比较感性，则不能理性地判断，而是以感性决定自己的行为。

感情所表露的东西，有些是有道理的，有些则没有什么道理。即便是一个伟人，也有在情感方面吃败仗的例子。以情感人的思维方式有个特点，就是不纠缠道理，只强调情感。典型的套路是：以一个被深深伤害了感情的无辜者形象，依靠肢体语言、表情、声调甚至眼泪来讨论严肃的问题。

以情感人是一个中性的手段，无所谓好坏。它可以从正面引导人，也可以从负面引导人，关键是运用这个手段的谈判者的个人动机。我们不能给手段本身（工具）贴上标签。

### （七）因势利导思维方式（“牵牛鼻”思维方式）

心理学的研究表明，强者一般都具有侵略性，而人们对强者本能地存有戒备心理。在谈判领域也一样，谈判者都希望自己比对手强而不希望对手强于自己。当你与一位弱者打交道时，你就表现出开放性；当你面前是一位强者时，你就表现出防卫性。这些现象都说明，在谈判中，一味地针锋相对、毫无掩饰、赤裸裸地显示力量，对于实现己方目的是十分不利的。

因势利导思维方式是合作型谈判中广泛采用的有效的思维方式，常常作为陈述、说服、辩论的基础。它的一般思路是：

（1）摆出友善的姿态，倾听对方陈述；

（2）找出双方的共同点，并以此作为谈判的基础；

（3）通过说理沟通认识，对于暂时不能统一的意见分歧保持适当的理智。

#### 案例导读 5-15

美国著名成人教育家卡内基把寻求谈话共同点的方式称作苏格拉底式的思维技巧。他认为，通过不断得到对方“是”的回答，可以逐步扭转对方的态度，使对方接受原来其不赞成的意见。卡内基举了一个例子：

一家公司的总工程师通知西屋公司不准备订购它的发动机了，理由是发动机的温度过高。西屋公司的推销员前去交涉，就是从“是”开始进行说服的。

推销员说：“我同意你的意见，如果发动机太热，就不应该购买。发动机温度不应超过国家规定的标准。”

对方答：“是的，摸着都烫手啊。”

“有关规定说。发动机温度可以比室内温度高出72 ℉，是吗？”

“是。”

“厂房有多热？”

对方答：“大约75 ℉。”

“75 ℉加上72 ℉是147 ℉，是不是很烫手呢？”

对方答：“是的。”

“所以，以后你不要用手摸发动机了！放心吧，这个温度完全是正常的。”这个推销员就是用这个方式，把自己的意见通过对方说“是”灌输到对方的大脑中，使对方接受了订货。

### (八) 以我为主的思维方式（反因势利导思维方式）

在谈判中，劝说与反劝说、建议与反建议、诡辩与反诡辩常常交织在一起。谈判者常感“有理说不清”，甚至有理者处于下风，导致错失良机、冤枉遭索赔、任人摆布、陷入圈套等。出现这种情况的重要原因之一就是思维方式（当然还有其他重要原因，如口才、策略等）。

以我为主的思维方式是一种极其有效的谈判思维方式，它的精髓是：处事镇定，以我为主，跳出圈外，寻找薄弱环节，重点突破。它的一般思路如下：

(1) 倾听对方陈述，并通过反问来证实陈述内容的真实含义与意图；

(2) 避免陷入对方设置的思维陷阱，坚持阐述己方对于对方陈述的不同认识与见解；

(3) 事先准备若干最乐观的（合作性）方案、最可能的（建设性）方案和最悲观的（抵制性）方案并相机提出；

(4) 寻找对方的矛盾和弱点，重点突破。

在采用这种思维方式时，切忌：

(1) 岔开对方的陈述，或代替对方陈述（如打断话题提问，或急于显示“我早就料到你们最想……”），这种做法会导致对方产生敌意，或改变原有策略或反刺探己方意图；

(2) 过早暴露己方的需求；

(3) 在老大难问题（如在几轮谈判中彼此交易条件都没有变化的谈判内容）上纠缠；

(4) 引发人身攻击；

(5) 失去理智，决策时感情用事；

(6) 出现明显的逻辑错误。

在激烈交锋的谈判桌上，有时一方会提出某个提议并极力为其辩护，如果另一方在对方提出的这种很可能是刺探或仅作参考的提议的框框中周旋，便落入了对方设置的思维陷阱。较好的做法是提出一种反提议，跳出原来的圈子，让对方来讨论你的提议从而受制于你。你可以根据情况的变化随时决定是否回到对方的提议上。

运用虚头的理论知识谈判者很容易理解：一般来说，任何一方在提出一种提议之后，都会考虑到该提议可能会产生两种结果，即最佳结果 $A_1$ 和最悲观（但可以接受的）结果 $A_2$。当另一方提出反提议后，理论上也会产生两种结果，即最佳结果 $B_1$ 和最悲观（但可以接受的）结果 $B_2$。实际上，由于双方均不会完全同意对方的提议，也不会完全放弃己方的提议，故 $A_1$，$A_2$，$B_1$，$B_2$ 这四种结果很少能最终达成，但它们可以作为最终达成的结果 E 的框架。

谈判者根据自身的实践经验发现，当对方并未提出或没有意识到要提出反提议时，通常最终的结果会接近 $A_1$；而当对方迅速作出反应，提出反提议并极力为其辩护时，最终的结果接近 $A_2$，$B_1$，$B_2$ 中的哪一种完全取决于己方的谈判水平。

无论如何，谈判者都应当认识到，对待对方的提议，不应当只从表面上去看待它的合理性，一定要将这些合理性纳入己方的反提议中。如果只是围绕对方的提议来讨论，最后的结果就会离对方要求的目标更近，而离己方的目标较远。

**案例导读 5-16**

甲、乙两公司在一笔业务的执行过程中发生合同纠纷。甲公司认为乙公司由于人为的原因导致合同不能履约，应当承担部分违约责任，为此甲公司提出220万元的索赔要求。乙公司则认为该合同在履约时有相当一部分的违约出自不可抗力的原因，虽然同意赔偿要求，但认为至多赔140万元。双方相持不下。由于甲方急需资金，甲方有人建议是否可以先就赔偿140万元与乙方进行谈判，以期说服乙方在140万元的基础上增加赔偿额，这样可以缓解资金矛盾。

经过谈判咨询专家的提醒，甲方决策者认识到，一旦讨论“140万元赔偿额应不应该增加”的问题，是否同意增加的主动权将会掌握在对方手中；而如果讨论“220万元赔偿额可不可以减少”的问题，是否同意减少的主动权将会掌握在自己手中。由于把握主动权的一方更易于控制谈判的方向，所以，甲方一定要争取在谈判开始时让对方围绕己方的建议来讨论。

可以预料，最终结果是接近220万元还是接近140万元，双方讨论的议题和方式有极大的影响。

在许多国际事务中，我们会发现一个有趣的现象，将地区冲突、经济纠纷、贸易摩擦、内战调停等拿到谈判桌上来讨价还价时，懂行的谈判各方总喜欢抛出自己的“公平”提议，而回避讨论对方的提议。提议与反提议之间的力量平衡是这类谈判活动的特征之一。

事实上，以我为主的思维方式对谈判者思路是否清晰要求极高，无论外部的干扰有多大，都能坚持以自己的思路和方式控制谈判。思路清晰的谈判者给人以深刻的印象，特别是在辩论场合，思维逻辑严密者往往占据主动。谈判者应当学会正确运用逻辑思辨，纠正逻辑错误，并善于发现、利用或指出对方的逻辑错误。

**案例导读 5-17**

### 美国与奥地利关于纳粹受害者赔偿的谈判

1984年，美国与奥地利就美国的纳粹受害者索赔问题进行谈判。美国政府支持美国的纳粹受害者通过法律途径向奥地利政府提起索赔，而奥地利政府并不接受这种方式。

（1）美国政府谈判代表：必须是国家赔偿（虽然是在第二次世界大战期间奥地利政府实施的迫害，但国家必须承担责任）。奥地利政府谈判代表：不是国家赔偿（德国纳粹控制下的奥地利没有国家行为）。

（2）美国政府谈判代表：美国法律拥有对该诉讼的管辖权。奥地利政府谈判代表：如果涉及奥地利国家赔偿，应当由奥地利法院受理。

（3）美国政府谈判代表：必须通过法律渠道解决，反对任何非法律路径。奥地利政府谈判代表：奥地利现政府可以为第二次世界大战时期的政府伤害犹太人行为买单，但是现政府并不承担法律责任，所以主张通过非法律途径解决（言下之意是：如果你通过法律途径，那么你起诉谁？起诉原来的奥地利政府——那个政府已经不存在了；起诉现政府——现政府没有迫害过你；起诉国家——更不可能用另一个国家的法律来起诉，因为这本身就违反了国际法）。

（4）美国政府谈判代表：是否通过法律途径，应当取决于美国的纳粹受害者，而不是奥地利政府。奥地利政府谈判代表：我们无法判断美国的纳粹受害者的想法是否一致，我们倾向于设定一个法律诉讼受理时限。

（5）美国政府谈判代表：可以设定时限，但对于撤销或打算撤销诉讼的受害者，奥地利政府必须明确赔偿的数额和时间表。奥地利政府谈判代表：凡撤销诉讼的，奥地利政府可以考虑支付赔偿金。如果走法律途径，则必须等到结果出来，我们认为这对纳粹受害者是不公平的。

（6）美国政府谈判代表：奥地利政府应当在司法诉讼外受理赔偿申请，以防止受害者的赔偿申请被架空。奥地利政府谈判代表：可以受理，但不是由现任政府来赔偿，而是通过设立一个基金会来支付这些赔偿。

2005 年 12 月 8 日，奥地利总理沃尔夫冈·许塞尔对外界宣布，历经 21 年谈判，在美国的纳粹受害者决定放弃所有索赔的法律诉讼后，奥地利政府将从下周开始以非法律渠道向这些受害者支付总额约 2.1 亿美元的赔偿金。

许塞尔说："今天，我非常高兴地宣布，在美国法庭的最后一起（索赔）诉讼案已被撤销，相关法律渠道已经关闭。第一批赔偿金将于下周发放。"

奥地利政府将通过设立一个基金会来支付这些赔偿。目前，奥地利政府已经受理了 1.9 万起赔偿申请。

背景说明：奥地利作为纳粹建立的"第三帝国"的一部分曾对犹太人实施迫害。这些受害者要么被没收财产，要么被剥夺受教育、工作的权利。第二次世界大战结束后，美国的犹太人受害者开始向奥地利政府提起索赔诉讼。奥地利政府一直认为，只有美国的犹太人受害者放弃这些诉讼，它们才会通过非法律渠道进行赔偿。

### （九）调停者—仲裁者思维方式

在谈判中，有时谈判者会因种种原因和目的，人为地或非人为地造成谈判冷场、没完没了地辩论、纠缠、争吵等情形，当这种局面持续下去以至于谈判无法进行甚至中止时，则须利用第三方（中介人）的干预。

第三方主要扮演的是调停者或仲裁者的角色。调停与仲裁的目的都是帮助谈判各方解决纠纷，但调停与仲裁又有区别，调停人寻求的是非强制性的解决办法，而仲裁人寻求的是强制性的解决办法。然而，调停与仲裁之间有时又是难以区分的，这是因为仲裁前通常都要经过调停，强有力的调停人一般会提出一些建议方案或利用他的威信促使争议各方接受某项确定的解决方案。当作为调停者介入时，一般思路是：

（1）倾听、理解争执各方的陈述。

（2）将各方的人员与争执的问题分开。

（3）避免在了解各方真实的意图之前，过早对各方的陈述发表评论。

（4）独立提出建议方案，重点谈论自己对问题的看法，并请各方纠正自己的错误或提出建设性的改良意见，以找出各方的共同利益。

（5）要允许对方发泄情绪，不要对情绪性宣泄作出反应，切不可让这种情绪在各方之间进行传递（调停者充当传话筒是极其危险的，因为提出解决方案和简单传递信息之间的差异和后果是显而易见的）。

（6）非到必要时，不要急于解释误会。

（7）谈话应尽量富有弹性，努力契合各方的利益。

（8）征求各方意见，经过折中修正建议方案，然后回到第4步，直至认为各方可接受或再也无法接受为止。

当作为仲裁者介入时，应以调停者的思路为基础，不过要在最后增加两步：

（9）判断自己的身份在各方心目中获得认同（如说话算数、可信赖、具有权威等）的程度，若不足以达到仲裁者的要求，就到第8步为止，仅作为调停者存在，或另寻其他中介人，若能得到各方认同，则可进入下一步。

（10）根据自己的认识、能力和仲裁规则作出最终裁决，或诉诸法律、规章、惯例、政策等。

调停者—仲裁者思维方式在公开谈判或秘密谈判及其他类型的谈判中都有广泛的运用。

### 案例导读5-18

#### 分割—挑选法

在卡洛斯、尼尔伦伯格的著作中都曾谈到“切分苹果馅饼”的事例。两个小孩同分一块苹果馅饼，两个人都坚持要大的一块，谁也不愿意平均分配。于是大人向孩子们提议，可以由一个孩子先来切馅饼，他愿意怎么切就怎么切；另一个孩子虽然不负责切，但可以第一个选自己想要的那一块。这个建议大家都觉得公平，孩子们接受了。

我们会看到，在这个调停纠纷的例子中，大人并未采取简单的办法去指责两个孩子，或提出一些不易把握的“相互谦让”“尊老爱幼”之类的道德原则，而是提出了一个绝妙的建议方案，方案力求将利益的划分权与利益的优先选择权分离。所有的谈判者都不难理解这个范例（在有些著作中称为“分割—挑选法”）。

**案例导读 5－19**

**特许提问**

在解决意见分歧的过程中，有一种最简单有效的解决办法，叫做“强制达成一致的程序”。谈判者作为会议主席（中介者），可以在充分听取各方意见后，进行特许提问，即任何一方在得到进一步特许之前，不得展开任何不同意见的讨论。会议主席让某人首先发言——这个人提出的观点引起过争议，会议主席只是请他阐明或重述自己的看法，别人不得打断或提出反对意见。反对的一方只准提问，另一方有权从各方面阐明自己的观点，进而达到澄清事实、沟通信息、解释误会的目的。会议主席在整个过程中必须保持中立，不得发表任何暗示性评论，只可提出建议方案。

### （十）诡辩术

在谈判桌上，许多高明的谈判者常常运用诡辩术来为自己辩护，致使对方的思路受到干扰。实际上，诡辩是指一种故意违反逻辑规律，为谬论辩解的似是而非的论证。诡辩时必然要犯逻辑错误，但犯逻辑错误却不一定是诡辩。在谈判桌上会遇到形形色色的人，除极少数人属于“胡搅”外，一般人基于某种原因和目的会有意识地采取诡辩作为手段，如故意混淆概念、故意造成论据不足、故意自相矛盾、故意让目标偏移等。

诡辩者在违反逻辑的同时，往往利用某些相关因素的影响来加强自己的地位，如有的人善于通过诉诸舆论、感情、权力等使自己的论点合理化，这是谈判者应当警惕的。

对于大多数中国的谈判者来说，文化传统的影响使人们对诡辩术不屑一顾。谈判中常常既怕别人责备自己诡辩，又常将不能说服的对手斥为“诡辩者”。然而，在谈判中我们不可能总有道理，在对事物的认识方面，同样存在是否客观的问题。

以上介绍的十种典型的谈判思维方式，有的主要运用于前期思维活动，有的主要运用于临场思维活动；有的贯穿谈判全过程，有的仅存在于谈判过程中的部分阶段；有的适用于谈判战略，有的适用于谈判战术。谈判者在学习、运用这些思维方式时，有一个极为重要的问题不能忽视，那就是谈判的背景条件。任何思维方式只有在富有创见性的谈判者的运用中才会有所突破，有所创新，且富有生命力。

## 本章小结

价值观不仅影响谈判者的谈判作风，还决定谈判者的行为举止和对契约中权利与义务关系的判断。每个谈判者都会无意识地把许多自认为合理的观念带到谈判桌上来。因此，经验丰富的谈判者在商务实践中，会事先分析打交道的对象所处的文化环境，根据对方的特点制定相应的谈判策略，做好谈判准备，从一开始就争取赢得谈判桌上的主动。

人的行为受思维方式的影响极大。正确的思维方式是谈判者处理谈判过程中各种问题的保证。凡是具有特定文化背景和特定专业背景的谈判者都有与这些背景相关的思维习惯。谈判者在社会生活中的很多思维习惯也会被带到谈判活动中来。人们在社会实践中逐步积累起人生经验，在遇到新事物时，人们会根据自己过去的生活经验与获得的知识去假设事物的本源，推断它的发展。

为了保证商务活动朝着有利于实现己方目标的方向进行，商务谈判者在整个谈判活动中应努力使自己保持从容、理性、平衡的心理状态，为冷静面对和处理谈判过程中的各种问题创造良好的主观条件。

前期思维活动是临场思维活动的基础。在前期思维活动中所采用的思维方式与在临场思维活动中所采用的思维方式既有联系又有区别，它们的联系表现为两者在贯彻谈判原则、制定谈判策略方面对于谈判者行为、姿态、措施等采用的是一致的标准，它们的区别在于前期思维方式以假设为基础，属于静态的思维活动，而临场思维方式以事实为基础，属于动态的思维活动。

## 关键术语

文化差异　　谈判思维　　前期思维方式　　临场思维方式

## 思考与讨论题

1. 为什么沟通存在障碍不等于交易立场的真正对立？
2. 为什么说多渠道的交流方式是减少或消除沟通障碍的钥匙？
3. 为什么说尊重文化差异不等于认同对方的价值观？
4. 应对环境差异带给谈判者思维方式的影响的基本策略有哪些？
5. 为什么先谈原则后谈细节的做法会成为中国谈判者的习惯？
6. 如何看待中外在“法、理、情”方面侧重点的差异？

第六章

# 商务谈判策略的制定与实施

## 本章要点

宏观环境调查

微观环境调查

具体谈判需要的探询与事前考察

规则的解读与运用是确保策略奏效的关键

攻心策略

消磨策略

影子策略

强攻策略

## 第一节　谈判环境调查

商务谈判活动是在特定背景条件下展开的，因此谈判者必须了解影响和制约谈判过程的环境条件，善于解读在这些环境条件下发挥作用的游戏规则，为适应环境和巧妙利用规则打下基础，避免因信息不对称或规则解读的偏差造成己方的被动。

> **重要视点**
>
> 谈判环境调查的基本目的是为谈判者解读特定的游戏规则和制定相应的谈判策略提供背景支撑，防止出现误判。

谈判环境调查主要包括宏观的政治、经济、政策环境调查，微观的对手身份和谈判目的调查。在制定商务谈判策略和决定是否要组织专门的班子参与大型商务谈判之前，对宏观和微观环境的调查必不可少。这样做的好处是，首先从宏观上对谈判的环境有一个基本的了解，从微观上对商业机会所涉及相关商务伙伴的身份真实性、合法性、影响力和参与此次谈判的真实目的等有一个基本的了解，避免在制定和实施谈判策略时错误地估计宏观形势或对手的身份、实力。

### 一、宏观环境调查

#### （一）宏观政治环境

宏观政治环境是环境调查中最重要的内容，特别是大型商务谈判涉及面广、跨度大、时间长，宏观政治环境是否对我们有利直接影响着是否要介入谈判以及谈判的结果。谈判各方所在国之间的关系大体上决定了谈判环境的宽松程度。如果国家间关系较好，谈判环境宽松，谈判成功的把握就大；反之，谈判成功的把握就小。

宏观政治环境主要反映在谈判各方所在国的社会制度和信奉的政治信仰上，包括国家的意识形态和政治体制等。一般地说，政治关系密切或信奉相同政治信仰的谈判各方之间容易形成互帮互助的关系。在这种环境下，谈判较简单，出现问题较容易解决。我国与友好国家间的谈判大致属于这种情况。

当然也存在国家关系好，但意识形态、政治信仰不同的情形。这种背景下的谈判也是比较友好的，如非洲大部分国家与我国的谈判就是如此。在兄弟般的气氛中进行谈判，对于磋商的顺利进行是比较有利的。这种谈判的特点是先认兄弟，后认交易，即个人交情第一，重义气。在这样的背景下，要多注意企业领导人之间兄弟般的情感。有的兄弟喜欢钱财，有的兄弟看重级别，有的兄弟注意私交。兄弟们表露出的这些需要，往往是另一方为实现自己的目标所采取手段的依据。

除此之外，有些谈判各方之间友好关系的水分较大，在这种背景下，行为与思想的差异显得较为突出。在表达形式和交往原则上，各方都强调“友谊第一，交易第二”，但在实际问题的处理方式和谈判细节上，各方都重视“利益第一，友谊第二”。这种谈判的特征是姿态高、步伐稳，即“雷声大，雨点小”，谈判者比较注意说话的调子，如“我非常荣幸能与你就该项贸易进行谈判”，“我们很早就听说贵国在这方面取得的伟大成就”，“我十分高兴到贵国来会见你们伟大的领导人”，“我们是一衣带水、唇齿相依的友好邻邦”，等等。

**重要视点**

恩格斯指出：“政治是经济的集中表现。”一个不重视或不关心政治的商人，很难在经济竞争中拥有真正的实力。

政治环境的变化也是极为重要的影响因素。政治领导人的更迭、竞选局面的变化、某些政治事件的影响等会导致政治环境变化，原来的谈判条件在新形势下可能变得不合时宜。社会是否稳定，政府的人事变更是否会导致现行政策的变化等，都是必须在谈判之前仔细分析的因素。

### （二）宏观经济环境

除宏观政治环境外，宏观经济环境也会对谈判形势及谈判前景产生重大影响。谈判者所在国的经济发展水平、发展速度、在国际上的经济地位、市场发育程度、货币自由兑换程度、股票行情等都是制定谈判策略的重要考虑因素。如果谈判的一方占有市场垄断地位或在相关领域处于领先地位，那么，其在谈判过程中就具有绝对优势。占有谈判优势的一方会凭借垄断地位形成不可谈判的姿态以控制谈判方向。谈判的另一方首先应该打破对方的这种垄断态势，或设法借助规则的力量使对方放弃利用垄断地位获得不当利益的企图，而不应在具体问题上就事论事。没有地位、原则、姿态上的突破，具体问题无论怎么谈判也跳不出对方设置的框框。这个过程是艰巨而复杂的，敏感的谈判者会抓住那些易于改变的因素作为突破点，然后进入全面的讨论。除此之外，市场供求状况、经济形势的变化，均可以成为谈判者利用的背景，或作为预测对方条件的参考。

### （三）宏观政策环境

宏观政策环境尤其是近期政策环境的变化对大型商务谈判活动的影响极大。谈判者要注意了解影响交易的贸易政策、行业政策等。例如，与谈判项目相关的关税政策、投资政策、外汇管制政策、土地政策、行业限制或准入政策、农业政策、物价政策、就业政策、环保政策、水利发展政策、公共卫生政策、金融政策等。

如果谈判一方对另一方实行带有歧视性的政策，则与对方谈判受到的限制较多，谈判的难度较大，签约后履约也较困难。有时，由于政治环境的干扰，即使双方谈判者有勇气、有诚意达成某些协议，协议也可能成为一张废纸。需特别指出的是：在商贸领域的谈判中，如果谈判双方存在政治上的敌对关系或经济上的歧视关系，谈判者应首先请对方就有可能涉及歧视的产品、技术、专利等政策作出说明。如果确实存在歧视，必须要求对方事先取消这些政策以作为谈判的前提；如果歧视来自对方政府的政策，就应将行政许可证的获得作为谈判的前置条件，在没有取得许可之前，任何形式的商业合同都是难以生效的。

## 二、微观环境调查

### （一）对手身份的真实性调查

**1. 对手作为一个法人组织的真实性**

比如，是否有证据表明对手的身份已经得到有关企业、国际组织、政府的承认，或得到这些企业、组织、政府的正式推荐。

如果是外国已经上市的公司，己方可以找到一份该公司的年报。这个公开的背景信息可以从该公司所在国家的证券代理机构、媒体等渠道得到，也可以购买少量该公司的股票以获得持股人资格，从而获得该公司的年报。当然，也可以通过证券代理公司获得该公司前几年的年报，以使对该公司的判断更加谨慎。

假如该公司还没有公开上市，己方应该了解它的产权所有者（股东）、董事会成员、主要债权人（如银行、上游企业）是谁，并对这些人进行信用调查，征信局和信用数据库是一个不错的渠道。大多数情况下，西方的征信数据需要付费才能获得。

**2. 对手的谈判代表作为该组织成员或代理人的资格**

比如，查看相关授权文件、任命文件等。谈判者有权要求前来与自己谈判的对方代表出示相关证据，以了解这个人的姓名、职务、权力和目的。大多数西方公司对前方的谈判者都有授权书，他们凭借获得的权力在谈判中很少请示公司总部。那些资深的重量级谈判代表往往是在基本条款谈妥之后才在谈判桌边正式亮相。

己方在参与谈判之前，可以先就对方是不是该公司的代表、是否能够全权代表公司在交易条件上表态、需要经过哪些授权程序等进行调查，以确保自己是在与一个真正的谈判对手打交道。

**3. 对手组织存在的具体形式**

比如，了解对手的实际生产经营地址、营业活动范围、正在履行的协议及其相对人的身份、开户银行等。尤其要注意利用旁证进行核查，例如，对手开工的工程项目地址、产品代理公司、办公地址的房屋产权、写字楼租赁时间长短等。

### （二）对手身份的合法性调查

**1. 注册时间、注册资本、注册机关、注册有效性及存续有效性**

可以通过对方或第三方渠道进行核查。尤其需要注意的是，该公司是按照额定资本还是实际资本注册。如果是前者，则其资本实力与公司实际实力之间不能简单画等号。

**2. 组织的总部所在地与注册地址是否相符**

可以通过我国驻外机构、贸促会等进行核查。

**3. 对手组织的注册国籍**

对于有些外国组织在一个国家注册，又主要在另一个国家开展经营活动的情况要多加留心，可能存在法律管辖、行政管辖的特殊性，事后产生矛盾不容易解决。

### （三）对手影响力的调查

需要了解对方的市场影响力、资本规模、信用能力、履约能力、行业排名等。

### （四）对手参与谈判的真实目的的调查

对手参与谈判的真实目的必须弄清楚。如果对手参与谈判的真实目的与己方的基本目的不相契合，则应明智地退出谈判。

**重要视点**

在对要打交道的对手进行身份的真实性、合法性、影响力以及谈判真实目的等方面的调查时，需要审慎严密。

## 三、具体谈判需要的探询与事前考察

探询是指谈判者为了实现既定的目标或完成自己的使命而探求解决办法，寻找或确定谈判对象，并组织工作、准备资料。事前考察是指谈判者为了证实或补充必要的谈判信息，组织与谈判相关的专业人员、技术顾问、官员、负责人、律师等到潜在的商务伙伴所在地进行实地参观、交流，搜集必要的情报。

### （一）探询与事前考察的形式

探询与事前考察是谈判过程的前提，属于基础工作，但这并不意味着探询之后必然发展成正式的谈判。这个阶段的表现形式可以是访问考察、技术交流、学术会议、函电往来、人员互访、广告招商、新闻发布、委托第三方代理，等等。

当己方的目标制定后，谈判者首先应当考虑是否有比通过谈判来实现目标更好的方法。只有当有必要进行谈判时，谈判者才会面临寻求谈判对象和搜集情报资料的问题。通过搜集各类情报资料和现场考察来了解、选择谈判对象是十分重要的。谈判者必须对目前选定的对象和潜在的对象的有关资料非常敏感。有时潜在对象会因为某一方面的特点而成为首选对象。

有时候，通过扩大交流范围可以找到可能的谈判对象。即使暂时无法找到谈判对象，也可以结交更多的朋友，为以后的发展或合作打下基础。

考察是一种较为直观的做法，到确定或潜在的访问对象所在地去一趟，可以了解到更多的背景情况，对环境条件和对方的实力作深入的分析，以避免因主观臆断而产生认识上的偏差或失误。在考察的基础上，可以对未来彼此进一步交往的前景作出预测或估计，以决定是否可以邀请双方人员互访，等等。谈判者还可以利用自己的社会关系，直接通过朋友、亲戚、同事等去探询对象。

委托第三方代理自己向不同地区或同一地区的各种潜在的谈判对手了解情况并寻求合作机会，是一种间接探询的形式。选择中介人时要注意其信誉和能力。信誉表明了中介人过去的业绩和成就。如果中介人的业绩不佳，就难以完成使命。中介人的能力可能是自己独立具备的，也可能是在与其他人合作后具备的。当中介人引出的环节较多时，谈判者应特别注重对中介人的控制，有时可以选择用法律来约束中介人。要防止中介人充当双重间谍，或办事不力反泄密于外，或隐瞒事实编造故事，甚至从谈判双方谋取不义之财。中介人在探询与考察阶段的作用从长远来看应该是暂时的、过渡性的，当前景逐步明朗之后，应力争与谈判对手见面。

### （二）探询与事前考察需注意的问题

#### 1. 严密性与周到性

从实质上说，探询和考察是双向的，你在考察对方业绩时，对方也在考察你，考察过程中获得的情报资料对未来的谈判具有重要影响。因此，在组织工作上必须进行严密的部署，对问题的考虑和对行动方式的选择都应周到细致。了解什么、利用什么、避免什么、追求什么、怎么干、由谁干、变通措施的准备与启用等，事前都应想好。谈判者在探询和考察过程中的姿态应当引起高度重视，在了解别人需求的同时，要保护好自己的秘密。探询的姿态会在一定程度上反映出自己的长处或短处。在谈判领域中有一条判断谈判实力强弱的基本准则：被求者占有谈判优势地位。因此，谈判者在探询过程中，无论是采取面谈、函电还是其他任何一种形式，都要把握好对有无、大小、急迫性、关切程度、期望及后果等问题的表述。

**重要视点**

判断各方谈判实力强弱的基本准则是：处于被求地位的谈判者占有优势地位。

在探询过程中，谈判者最好不要承担实际义务，可以提出某种前景或有诱惑力的条件。谈判者也可以对本人的情况作大致的描述，但不应该过多地描述细节，要给自己留有余地。在探询时，中间环节应尽量减少，这样获得信息的可靠性更高。

为了吸引对方注意，谈判者在探询时还应针对对方可能的反应做必要的准备，使自己随时能对对方的反应进行积极的引导，一步一步地诱导对方的兴趣。

#### 2. 计划性与灵活性

探询与考察工作是按照计划进行的，但计划在谈判活动尚未确定之前并不是刻板的。总的来讲，目标相对不变，但计划实施的手段和条件却是灵活变通的。计划的目标如果要修正，必须在正式谈判前完成。目标要切实可行，不能脱离特定的背景，为实现目标所制定的措施要具体。实施办法一般有两种：一种是将目标细分成阶段目标，针对阶段目标制定相应措施，措施由易到难、由低级到高级，以对方能逐步适应、逐步接受为准，这是一种诱导的办法。另一种是反过来，首先采取措施力争对方接受己方的最高要求，如果不行，再退而求其次，力争对方接受己方次一级的要求，退让的总幅度要以己方能够容忍为限，且要在事前考察中进行评估。

# 第二节　商务谈判策略

## 一、什么是商务谈判策略

简言之，商务谈判策略是谈判者将科学的谈判思维方式与具体的专业技术知识、管理知识、贸易知识和法律知识相结合，充分发挥已有谈判经验和所掌握谈判资源的积极效用，为达到商务谈判的目的所制定的谈判方案、实施路径和应变预案的总称。

一个有效的谈判策略必须建立在拥有对称性优势的基础上。对称性优势，就是谈判者在谈判信息、谈判身份、谈判经验、谈判心理、谈判实力、谈判时间等方面所拥有的相对于谈判对手在特定条件下的比较优势。例如，谈判者拥有比对手更多、更有价值的谈判信息；谈判者拥有比对手更丰富的应对谈判环境变化、谈判节奏变化、谈判对象变化的经验；谈判者拥有比对手更沉稳的心理素质；谈判者拥有比对手更多的财力、更丰富的从业经验、更好的市场信誉和商业信用；谈判者拥有比对手更充裕的时间等，我们就说，该谈判者拥有更多的对称性优势。

明白了这个道理，任何一个经过谈判专业训练的普通谈判者，都可以通过对谈判信息、谈判身份、谈判经验、谈判心理、谈判实力、谈判时间的有效调整，制定出最适合自己的谈判策略。

**重要视点**

离开对谈判者自身特点和对手特点的比较，抽象地研究或讨论商务谈判策略不仅是无效的，而且是有害的。

## 二、如何制定有效的谈判策略

有效的谈判策略首先建立在“以结果评价手段”的原则基础上。经验主义学派大师德鲁克说：“成功的管理不仅在于逻辑推理的正确性，更在于结果的合理性。”可见，世界上永远不会有抽象意义上（离开具体谈判活动的背景、对象和内容）的最佳谈判策略，只有针对特定谈判者的特定目的和要求、适合该谈判者具体需要的谈判策略。一个有效的谈判策略，不外乎是在寻求对称性优势方面进行博弈。你现在拥有优势，并不等于永远拥有优势，甚至不等于以后还拥有优势。现在你该知道怎样制定谈判策略了，那就是不断寻求动态的对称性优势。

### （一）寻求谈判信息的动态对称性优势

谈判信息既是谈判者的耳目，又是谈判者驾驭谈判的一种手段。拥有谈判信息的优势是一种强大的力量，实际上，商业活动中的博弈首先是信息优势的博弈。由于商务谈判信息的特殊性，这种优势的相对性、动态性十分突出。谈判者只有不断地收集、补充、整理和更新自己的信息库，才能持续地在谈判中保持实力。

掌握的谈判信息对称，可以改善谈判者的实力状况。我们在第一章中对美国谈判学家约翰·温克勒的谈判实力理论的讨论也表明，通过寻求谈判信息的动态对称性优势，有助于操控谈判进程、方向甚至结果，获得有利的地位。

### （二）寻求谈判身份的动态对称性优势

比较研究发现①，西方人在商业活动中对买方和卖方身份重要性的看法大大有别于日本、中国和亚洲其他地方的同行。尤其是日本人，在竭力满足买方的每一种愿望和嗜好方面，几乎到了登峰造极的地步。日本的市场经济体制从西方学到了许多东西，而日本人又将短缺经济条件下的市场竞争发展到了可以通过技术方法进行精确评估的地步。例如，20世纪80年代初，随着TQC②在日本的普及，用户的需求特性指标可以通过技术手段变成制造厂家的技术特性指标。在日本，"顾客就是上帝"被当成一种理念，曾经获得了巨大的市场成功。然而，随着买方信用风险问题日益突出，这种理念在世界范围内受到了挑战。"顾客永远是对的"这类理念更多作为一种口号，而不是一种判断。精明的中国人在处理市场问题时理性得多，他们依然奉行"强者为王"的哲学理念。

越来越多的证据表明，在谈判中，通过寻求谈判身份的动态对称性优势，谈判者总能从中获益。例如，在某些谈判过程中，当一方有求于另一方时，谈判者可以通过积极求变，让自己在某些战术环节变成被对方所求的人；又如，谈判者可以寻求以领导、同乡、同学、亲戚、曾经共事的同事、老部下的身份与对方谈判，甚至以抓住对手某些把柄、控制对手某些资源、决定对手升迁与工作待遇、与对手的利益相关者有交易关系等为由参与谈判。

谈判各方参与人员的变化，实际上就是在获得这种身份的动态对称性优势方面的一种博弈。一个你尊敬的人的出现、一个你讨厌的人的参与、一个你欠了莫大人情的朋友的要求、一个比你更专业的工程师的意见、一个长期受客户信赖的经理的加入，背后都意味着一种特殊谈判身份的变化。这种动态变化是谈判策略中最容易显效的部分。

### （三）寻求谈判经验的动态对称性优势

谈判经验的优势来自谈判者特殊的经历。没有特定经历的谈判者很难在处理谈判细节问题时靠直觉作出判断。大多数谈判者的个人经历各异，怎么才能获得这种动态优势呢？

实际上，谈判经验不仅来自书本，更多要靠在实际工作中与有经验的谈判者共事、交流获得。因此，要制定有效的谈判策略，首先要清楚究竟谁有经验对特定的问题下结论，谁才是真正的行家。谈判领导人与行政领导人或许在人才的选定标准上有不同的观点，我们选拔人才的标准受行政干预和传统思维方式的约束很深，要不拘一格地选出能够担当大

---

① 陈维政．中国、北美企业家商务谈判行为及其价值观念的比较．中国社会科学，2000（2）．

② TQC：全面质量控制（Total Quality Control）的简称。该项管理活动由美国质量管理大师朱兰最先倡导，1980年以后，在日本小松制作所、新日铁等大型企业迅速普及。

任的人才，必须突破制度的障碍。

谈判班子在谈判经验上动态对称性优势的建立，是从对班子成员的选拔、聘任开始的。这种选聘实际上是企业之间制度比较优势的一种较量，尤其是在企业所有制基础上企业治理方式、经营模式、决策模式、人才使用标准的较量。企业在谈判者的派遣、人才激励的办法、计算的精准度、态度的灵活性、配合的效率等方面存在差异。谈判者可以通过对不同企业制度背景的了解、对谈判者在企业中身份地位的了解（投资者、高管、决策者、执行者、专业人士等），大致判断出对手的谈判经验以及发挥这些经验的内在积极性有多高。

谈判者可能有经验却不能发挥或没有完全发挥，也可能缺乏经验却努力发挥主观能动性，两种情况下谈判经验的动态对称性优势有所不同。谈判领导人在寻求谈判经验的动态对称性优势时，可能会遇到与现行制度、行政领导人观念的某些冲突。在制定谈判策略时，不仅要考虑谈判者的经验，还要考虑谈判者贡献这些经验的主观积极性有多大，以便及时将能干、愿意干、富有经验的谈判者选到班子中来，为制定有效的谈判策略出力。

### （四）寻求谈判心理的动态对称性优势

谈判策略在实施上的有效性，也要取决于执行这种策略的谈判者在心理上是否具有对称性优势。比如，一个需要扮演强硬人物的谈判者，由于不具备相应的性格特征，不能担负起相应的责任；一个从来没有与高层人物打过交道的人、一个对专业问题不熟悉的人、一个崇拜对手的人、一个在公众场合不能正常演讲的人、一个曾经失败因而具有自卑心理的人，都可能对实现谈判策略产生不利的影响。

一个有效的谈判策略在运用有关战术时，必须确保参与该项计划的人具有相应的心理承受能力。谈判班子的心理状态很大程度上取决于谈判领导人的心理状态，谈判领导人的心态、行为、处理不同意见时的只言片语，都会给整个班子成员以积极或消极的暗示。此外，与谈判对手打交道的经历、班子成员彼此配合的默契程度等，都会对谈判人员的心理状态产生微妙的影响。

谈判领导人要及时总结得失，把谈判班子成员的心态调整到最佳状态，将心理负担大、不能在实施战术意图时提供帮助的成员适时地调整出去，引进与执行任务的要求相适应的新成员。

### （五）寻求谈判实力的动态对称性优势

谈判实力的动态对称性优势与谈判者运用谈判信息的能力有关。实际上，公司的实力是一个客观存在，在谈判桌上如何展现实力取决于谈判者的意图：究竟想夸大还是想隐瞒。

谈判实力是一个综合因素影响的结果，财力、技术与管理水平、资信条件是基础，如何在信息控制和姿态展示上利用这些基础条件很有讲究。谈判者可以有意识地对自己的财力状况进行结构调整和包装，只将有助于谈判的那部分拿出来作为条件；也可以对自己的技术有所侧重或保留；还可以在管理上按照自己的需要进行特殊安排。谈判者唯一不能左右的是已经形成的资信记录。

### （六）寻求谈判时间的动态对称性优势

一个拥有时间优势的谈判者不一定能够始终拥有这种优势，时间的动态性很强，如果不善加利用，很容易就会失去。比如，当谈判者不得不赶在某个时间之前解决与对手的合作问题时，就得放弃在价格上，甚至质量上的某些要求；又如，当企业已经与下游企业签订合同，面临按期交货的压力时，就不得不考虑在关键原材料、稀缺零部件采购中放弃某些买方优势，在把预付款送到供应商手中的同时，还得客客气气地请求在时间上给予提前安排。

谈判时间的动态对称性优势还会因为谈判者文化背景的差异而发生变化。例如，欧洲人为了启动欧元作为欧洲货币，花了整整十年的时间反复进行谈判，就为了那个“一致同意原则”。为了达成这一原则，各国政府之间、国内政府与议会之间、政府与民众之间，都花了很多时间进行答辩、质询、评议、交流，他们认为签署协议之前的这些工作非常值得，因为他们知道，一旦协议签署，就得严格按照协议执行，不能后悔。而在东亚、尤其是在中国，人们很愿意看到在一个博览会上签署几十亿、上百亿元意向性协议，不喜欢花很长的时间进行磋商，因此，协议常常在不成熟的条件下签署，需要在以后的执行过程中改进，把磋商事宜留一部分到履约过程中解决。

**重要视点**

运用拖延战术，虽然可以对谈判对手施加压力、考验对手的耐心和意志，但是必须冒信用丢失、名声变坏的风险。所以，在利用谈判时间的动态对称性优势方面，谈判者要格外谨慎小心。

## 三、正确认识谈判策略与具体战术的关系

实践中，有的谈判者把谈判策略与具体的谈判战术混为一谈。结果，当他们发现某种战术不是很有效或根本不起作用时，往往对谈判策略产生质疑，把本来可行的策略也改变了。实际上，策略是一个大方向，具体战术只是实现这个方向的方法而已。换句话说，策略是为了使谈判达到特定目的而作出的一种整体谋划，是对谈判目标和方向的确认，而战术则是为了实现这一计划而采取的具体手段和方法。

在商务谈判中，战术是可以变化的，一个战术不管用时，可以尝试采用另一个战术，也可以同时采用两个甚至多个战术。但是，策略却是应当坚持的，除非人员、环境、资源条件发生了重大的变化，否则谈判者应当沿着策略所谋划的方向前进。谈判者不可轻易因战术的原因而否定策略，也不可以同时实施两个不同的策略。

例如，进攻和撤退是两种不同的策略，在组织进攻时，我们可以选择在正式会议上发起攻击，也可以选择在休会或非正式场合进行攻击，还可以选择轮番连续攻击（时间选择）；我们可以正面攻击，也可以侧面攻击，还可以背后攻击（空间选择）。组织者甚至可以将不同的时空战术交替运用。然而，我们却不可以既执行进攻策略，又执行撤退策略，

犯自相矛盾的低级错误，导致自己的成员无所适从。

再如，当我们决定通过高层谈判来推进解决问题时，相对于从下级业务人员拓展业务做起，这是另一种谈判策略。也许我们会发现，高层接触的效果并不如意，甚至还没有原来通过下级业务人员逐级推销的效果好。这时最容易遇到的挑战是，我们是否应该继续坚持高层接触？是否要回到原来的路径上转而走下级拓展的路线？你在决定是否要改变策略之前必须分析，是什么原因导致高层沟通的效果不理想，是不应该通过高层接触，还是高层接触中遇到了技术问题？也许，在高层接触中，就地位来看，己方派出的人员与对方的人员是平等的，但是，对方的高层人员是一位技术行家而己方的高层人员不是内行，无法就深入的问题交换意见，因此无法给谈判中的敏感问题定调子，那么只需改变一点战术，给高层人员派一位懂技术的助手，就可以弥补己方在动态对称性方面的不足，继续推进这种通过高层谈判解决问题的策略。如果效果依然不明显，仍然要先分析战术层面存在的问题，再审慎考虑策略层面的问题。

**重要视点**

谈判策略一旦确定，在组织执行上必须坚定，要使之成为全体谈判班子成员的共识。谈判战术只是在实施谈判策略过程中的路径选择，如果这些战术有助于实现谈判策略则应坚持，无助于实现谈判策略则应该求变，对其中的某些战术进行调整。

策略的效应需要通过战术的积累来实现，即每采用一种战术，都是对实现谈判策略的一种推动，使谈判朝着既定的方向前进。谈判者不应指望只通过一个战术回合就取得重大商务谈判的成功。

谈判者对待策略应该有一个客观的认识，不要事先给某种策略贴上标签。谈判策略只是实现谈判目标的一种手段，没有好坏、高下之分，谁掌握了它都可以用于特定的目的。如果我们在使用策略时的目的与法律、社会规则、伦理不相符，则策略会留下人为的烙印。

## 四、规则的解读与运用是确保谈判策略奏效的关键

从重返关税及贸易总协定的努力到 2001 年加入世界贸易组织成为现实，我国政府和企业逐步意识到一个重要的理念所带来的影响，就是从单纯地考虑立场或利益中解脱出来。在市场经济背景下，商务谈判的法则既不是单纯强调立场至上，也不是单纯强调利益优先，而是强调规则意识。

**重要视点**

建立规则意识意味着三个基本点：服从于规则，解读好规则，应用好规则。这是我国在市场经济发展过程中得到的宝贵经验。

以立场至上为原则的专家认为在谈判中要敢于说“不”，以彰显立场的强大和独立性。龙永图先生曾说过，谈的过程就是沟通的过程。说“不”是一种非常简单的办法，在谈判当中做到立场强硬很简单，比如说一些强硬的话，摆出非常漂亮的姿态，而不需要研究任何材料。“但是如果你想达成一个协议，在非常复杂的情况下形成一种妥协，你就不能简单地说‘不’，而需要研究资料、了解对方的背景、评估后果，你需要的是解决方案。”这些都涉及对游戏规则的理解。

龙永图强调说：“所以在这几年的谈判过程当中，我不太轻易说‘不’。我们加入世界贸易组织以后确实要有一个全新的观念，就是在处理世界经济贸易问题时，应该善于取得共赢的结果，这符合国家的利益。一两句气话、一两句豪言壮语解决不了中国的问题，关键是要在全世界各个国家之间达成谅解，取得共赢的结果。”

这就是说，商务工作是在特定环境、特定领域（行业、行规）中开展的，因此必须服从市场规则。如果缺乏善于解读市场规则（包括潜规则）的专家与善于运用谈判规律（以及由此决定的思维方式和行为模式）的专家，企业将得不到必要的帮助。

如何解读规则直接影响到规则的成效，这几乎构成谈判策略的核心问题。换句话说，怎样理解规则（内容）决定了怎样对待规则（态度），而怎样对待规则决定了怎样运用规则（时机），这些都是谈判者实施谈判策略的基本功。

## 案例导读6-1

### 契约精神：是谁不讲信誉？是谁不懂规矩？

**背景**

2011年10月，美国篮球职业联赛（NBA）劳资双方就劳资条款和联盟收入分配问题产生纠纷，导致季前赛停摆，新赛季的全部季前赛被迫取消，常规赛也面临缩水。NBA总裁大卫·斯特恩努力充当第三方进行斡旋，因为赛季缩水对任何一方都不利（票房、商业广告、赞助商、相关产品运营都将因此遭殃），最后是两败俱伤。若常规赛缩水达到20%以上，NBA的声誉、总收入都将受到重创。

**大量球星涌入CBA，形成一道中国球市“繁荣”的景观**

一个叫肯扬·马丁的大牌球星从NBA（掘金队前锋）来到被他称为“极具吸引力”的中国男子篮球职业联赛（CBA）效力——他与CBA新疆广汇队签约，年薪将超过自己的队友J. R. 史密斯，达到300万美元以上，创下最高薪合约纪录。根据中国篮协的规定，肯扬·马丁一旦与CBA球队签约，即使他在NBA停摆结束后也不能立刻重返NBA。（早些时候，掘金队的另外两名自由球员威尔逊·钱德勒、J. R. 史密斯都签约了中国CBA的球队，威尔逊·钱德勒签约的是浙江广厦队，J. R. 史密斯签约的是浙江稠州银行队。）

**NBA复苏后对大牌球星的诱惑**

2012年1月，NBA复苏，大量大牌球员从世界各地回归。

洛杉矶快船队向肯扬·马丁伸出了橄榄枝。但是，新疆队不放人，中国篮协不放人，人们想到的只是协议对肯扬·马丁的约束。然而出乎意料的是，富有经验的经纪人安迪·

米勒出面，还是让马丁悄然出走成功回归 NBA。

2012 年 1 月 23 日是中国的春节。在这一天，国际篮联给中国篮协和新疆队发来澄清信（这是证明球员是否为自由球员的关键，也是快船队与马丁签约的通行证）。不巧的是，中国人过节去了。依照国际篮联的规定，5 天不予回复，就默认该球员为自由之身。马丁成功地绕过中国篮协和新疆队，回归 NBA。

2 月 2 日，马丁和快船队签下一份一年 250 万美元的合同，比照在 CBA 的合同年薪少了 50 万美元。这一切都是安迪·米勒（比卢普斯、加内特等球星都是他的客户）一手运作的。

**规则解读：是谁不讲信誉？是谁不懂规矩？**

马丁为什么要离开 CBA？因为在 NBA 打球的预期稳定，那是一个契约为王的成熟市场，球员可以保持自己的竞技状态并延续运动生涯，收入分配有球员工会集体谈判机制。马丁在中国的经历告诉他，CBA 没有工会，即便有也是一个维稳的官办组织，不可能为劳工说话，也不可能有效制衡资方。中国的朋友告诉他，中国的工会领导人一般只有相当级别的人才有资格当，所以那是领导机关。

马丁神不知鬼不觉地拿到了国际篮球联合会（FIBA）的澄清信，加上 J. R. 史密斯、钱德勒等大牌球星这一段时间的是是非非，让不少人更加相信他们的观点：外援尤其是大牌外援的大量涌入，其实是助长了 CBA 的虚假繁荣，暴露了中国体育市场环境的脆弱和体制的缺陷。这一切很快就会烟消云散。

我们的主流媒体一边倒地指责这些大牌球星不讲信誉，不守规矩。但为什么这些大牌球星在 NBA 就规规矩矩不出事呢？

首先，我们得搞清楚球队需要谁。球星首先必须满足球队战术体系的需要，其次才是经营层面的市场推送和品牌提升。肯扬·马丁的澄清信事件就是一出肥皂剧，一系列的连锁反应摆在那，大家都被动，却怨不了球员。另外，为什么选的问题应该交给职业经理人，怎么选的问题应该交给球队教练。

其次，我们缺乏契约精神（对规则的解读、尊重和运用），在怎么选的过程中经常因为缺乏严谨甚至苛刻的态度，以及相应的经验而使初级联赛阶段的缺陷得以暴露。球员和经纪人很容易找到合同的漏洞；同时，经纪人机制的不完善让球队在争端出现时直接和外援针锋相对，最后一拍两散。

最后，外援怎么用，不是一个简单的战术执行和数据统计问题，而是俱乐部运行体系是否科学，是否符合国际先进俱乐部链条式运行标准的机制问题。新秀的培养和获取机制、本土球员的配比、科学的内部管理和保障制度、国际化的品牌营销理念等连同外援的使用在一个高效专业团队的控制下（例如，经理人团队、猎头机构、经纪人团队、教练团队），将实现有序运转。

不过，马丁从 CBA 脱身的“成功”不易复制，NBA 在与那些效力海外联赛的球员谈判时态度相当谨慎。相传有意招揽 CBA 浙江稠州队外援 J. R. 史密斯的湖人总经理库普切克，接受 NBA 官网采访时重申，国际篮联的澄清信是签约的通行证。“打个比方，有一名在中国北京某球队效力的球员被我们看中了，那么我们会通过NBA向国际篮联索要澄清信，NBA会联系国际篮联，然后国际篮联再联系北京的球队，得走完这一流程才行，”库普切克说，“总之，直到我们拿到他的澄清信，才能正式签下他，否则不管那名球员看上去多像是自由球员，我们都不能签他。”

## 五、一般谈判策略简介

综上所述，我们不难发现谈判策略实际上是一个“谋攻”的过程。上兵伐谋并非只有谋略家才可为，经过适度的专业训练，谈判者的思维方式和行为方式都可以获得明显的改善和提升。这个过程中最关键的是学习者要做到知、行、悟合一。谈判策略更青睐实践家，从这个意义上说，在课堂教学层面和理论考试层面都很难真正培育出谈判谋略家。本节就常见的一般谈判策略列举如下。

### （一）攻心策略

攻心策略属于上策。其基本的策略思想是通过关注谈判对手（个体、群体）的情感、欲望、需求，从根本上影响、改变对手的心态，引导其立场，促使对手的行为发生积极的变化。事实上，攻心也要根据对手的需要层次进行。要攻心首先要了解对手的心理需要，从较低层次的生理需要、安全需要到较高层次的自尊需要、成就需要，你必须成为一个了解和洞察人的行家。攻心策略有许多做法上的要求，包括：

**1. 礼数周全**

谈判者尊重对手的个人习惯、文化习俗、宗教信仰等。在安排接待、住宿、饮食、礼品等方面注意细节；可以适当提高接待规格，如安排较好的住宿条件、高档的宴请、高规格的交通工具、高级别的领导会见等。

**2. 宽容大度**

积极开导对手，对其失礼、失态、急躁的言行进行安抚，积极面对而不消极回避，努力理解而不贸然赞同，提醒而不迁就。拿出最大的耐心对待对手的刁钻提问，甚至对重复、急躁的问题保持良好的态度，用宽容化解对方的情绪。

**3. 私下规劝**

绝不将彼此的矛盾扩大化。对不便于在公开场合谈判的问题，应通过缩小谈判范围、改变谈判时间、变换谈判地点、调整谈判人员等方式，充分运用非正式的环境，在轻松的氛围中开门见山地讲清楚。要发挥私下规劝的作用，给足对方面子，晓以利害。

**4. 交友在先**

攻心之前要交心，交心是从交友开始的。谈判者要关心对手的业余爱好和生活方式，努力成为对手的朋友。朋友之间的交流和普通同事、商业伙伴之间的交流的不同之处在于是否交心。心灵若能互通，芥蒂自然减少，信赖度自然提高。

**5. 博取同情**

谈判者通过表达自己的为难、痛苦、弱势，唤起对方的同情或恻隐之心，从而达到阻止对方继续施压的目的。这种策略要力求真诚，言辞恳切。示弱作为一种谈判策略，往往被谈判者忽略，实际上恰到好处的示弱更能让对方获得成就感。

**6. 允许选择**

在提出的多个可供选择的解决方案中，谈判者通过事先设置的底线，将己方的利益置于保护之下，然后在姿态上允许对方任意选择不同的方案，以达到明退暗进的目的。

### （二）消磨策略

消磨策略以谈判者的耐性和韧劲为手段，在自己具有时间优势的条件下，通过相持、纠缠、轮番谈判，消磨对方的意志，从而达到己方的谈判目的。消磨策略在做法上的要求包括：

**1. 疲劳消耗**

谈判者通过安排一系列耗费精力的谈判内容或议题，让对方处在超负荷、单调、反复、厌倦的状况中，在体力、精神上感到疲劳，进而动摇立场或改变想法。

**2. 笑面菩萨**

在意见分歧的谈判中，无论对方的态度如何、理由是什么，谈判者均要保持态度友善、立场坚定，绝不轻易改变自己的主张。你的态度越是不可改变，你的温和就越令对方难以拒绝。谈判者不要纠缠于争论之中，要少说、认真倾听、理性分析、坚持立场。

**3. 金蝉脱壳**

通过谈判成员的轮换，使自己在尴尬的问题上脱身。通过谈判议题的转换，寻求更好的交易时机。要做到虚实结合，撤离和介入互相变换，以变应变，不断寻找谈判的突破口。

**4. 拖延时间**

用时间消磨对方的意志。有意识地将谈判时间的安排弄得不紧凑，中间夹杂多次休会、停顿、反复。通过放慢谈判节奏，配合外部环境条件的变化，促成谈判对手态度的转变。

**5. 轮番上阵**

通过谈判班子成员的分工，以不同的问题轮番与对手进行交流，持续向对手施加压力。轮番的形式可以多种多样，公开的谈判与私下的磋商相结合，群体的谈判与个体的交流相结合，正式谈判与非正式谈判相结合，和风细雨的讨论与疾风骤雨的争吵相结合。

**6. 红白脸谱**

在谈判中，如果有成员配合，则可以由一个人扮演强硬的“白脸”，态度坚决、寸步不让、大喊大叫、咄咄逼人；另一个人扮演温和的“红脸”，积极配合、劝说拉拢、嬉笑安抚。为了给己方留有余地，通常强硬的人物由己方的助手来扮演，而温和的人物则由己方的主谈人来扮演。

### （三）影子策略

影子策略是指通过发起一场无形的谈判，让谈判对手找不到可以讨价还价的对象，进而削弱对手的谈判实力。影子策略有许多做法上的要求，包括：

**1. 制造迷局**

在谈判中故意释放、利用、渲染某些不确定信息，扩大或缩小谈判的范围，增加或减少成交的预期稳定性。让真正的核心人物在谈判中以特定的身份“置身事外”，既能够掌控局面，又能够进退自如。通过这些变化，让谈判对手在希望和失望之间难以自拔。

**2. 欲说还休**

谈判者不暴露自己的真实想法，对于对手的观点、交易条件照单全收。凡是对手的建设性建议，己方都有兴趣认真考虑，但就是不亮明自己的立场。尽量引导对手多说，多表态。将自己放在一个外行、听者的位置，让对手替己方设想交易条件，不动声色地将好处据为己有。

**3. 声东击西**

谈判者通过转移对手的注意力，将重要的交易条件与一般的交易条件故意混淆，以获取低成本的交换结果。采用这种策略，在制造声势时要选择好谈判内容，引起对手的关注，让对手认为你的交易条件值得重视。充分了解对手的价值观和需求，发现对手认为十分重要而己方并不看重的交易条件，以此作为交换条件，是实现声东击西的关键。

### （四）强攻策略

这种策略是以谈判者具有较强的谈判实力作为基础的。强攻需要资本，如果谈判者在制定游戏规则、控制市场、影响价格、左右行情等方面具有优势，就可以以绝不退让或高压的姿态迫使对手屈服。因此，总的来说，强攻策略有单边主义倾向。强攻策略在做法上的要求包括：

**1. 针锋相对**

谈判者在谈判中，对于对手的交易条件、观点和要求，均以不可商量的态度、毫不妥协的条件予以否定，并给对手制造巨大的精神压力和障碍。谈判者单方面提出自己的要价条件，简明扼要地进行陈述之后，要求对手就此条件进行技术性磋商，只讨论执行中的问题，拒绝讨价还价。

**2. 震惊愤怒**

让己方成员中一位足以引起对手关注的人在谈判中说“不”。故意地、夸张地表现出震惊愤怒的神情，达到动摇对手心理防线的目的。这种策略在实践中，需要配合行为来加强影响力，例如拍案而起、忍无可忍、摔打本子、撕毁资料、高声喊叫、拂袖而去等。

**3. 最后通牒**

一般在谈判的最后阶段，通过提出一个新的建议、新的交易条件、新的时间表作为合同是否成立的最后条件，不再做任何新的让步或更改。需要注意的是，最后通牒只是一种手段，配合其他策略运用时，依然有回旋的余地，只是这个余地由谈判者自己掌握，不可示人。

**4. 先决条件**

通过开出一个虚盘，提出谈判的前置条件，给对手划定一个谈判的范围，仅在该范围内讨论交易。提出先决条件的好处是可以公开地为自己确定谈判的底线，尤其是可以在以后的细节谈判中为自己赢得保底利益。

## 案例导读 6－2

### 铁路工程招投标潜规则——投标方制定谈判策略不得不面对的环境

2011 年 7 月 23 日温州动车追尾事件，终于使我国铁路工程招投标过程中的潜规则露出冰山一角。

公开渠道中，几乎没有高铁建设的招标信息及中标结果。铁道部集采购、运营、监管于一身，在铁路设备招标中，裁判和教练两位一体，掌握生杀大权。

甬温线特大铁路事故发生后第六天，北京全路通信信号研究设计院（以下简称全路通号）浮出水面。

上海铁路局新任局长安路生在事故调查组第一次全体会议上披露，由于温州南站信号设备在设计上存在严重缺陷，遭雷击发生故障后，本应显示为红灯的区间信号机显示为绿灯。他指出，存在设计缺陷的信号设备由北京一家研究设计院设计。这家研究设计院正是中国铁路通信信号集团公司（以下简称通号集团）下属的二级国有独资企业全路通号。在中国铁路信号领域，通号集团的地位类似通信领域的中国移动，与中国中铁、中国铁建并称为国资委下属的中国铁路建设三大央企。

“铁路需要的东西很多，水泥、铁轨、信号灯、控制系统等，都是不同公司提供的。”国家发改委综合运输研究所研究员董焰此前接受《中国新闻周刊》采访时说，铁路系统线上线下涉及的零部件就如同一个小王国，“所以铁路招标琐碎、繁杂、次数多，很容易钻空子”。

回溯到 2008 年 5 月 9 日，通号集团的公开资料显示，这天，通号集团和中铁电气化局共同与沿海铁路浙江有限公司签订了新建铁路甬台温线四电系统集成工程合同，通号集团承接该合同的通信信号系统，合同价格约为人民币 5 亿元。拿下合同后，通号集团又将工程分拆招标，中标单位包括佳讯飞鸿、世纪瑞尔及通号集团旗下的全路通号、卡斯柯信号有限公司等单位。但《中国新闻周刊》的记者多方查询，未找到任何相关的招投标信息。

蹊跷的是，全路通号曾经是世纪瑞尔的第一大客户，两者不仅共同参与了高铁建设项目，世纪瑞尔还向全路通号提供了多种核心技术产品。根据世纪瑞尔公司的半年报，2011 年上半年，在世纪瑞尔的主营产品中，铁路综合监控系统（含通信监控）实现收入 2 594.66万元，铁路综合视频监控系统实现收入 1.23 亿元。报告期内公司来自铁路市场的营业收入占比超过 90%。《中国新闻周刊》的记者发现，类似于世纪瑞尔这样依附于高铁项目的创业板公司还有佳讯飞鸿、特锐德、鼎汉技术等，因产品涉及行车安全监控、铁路调度信息、铁路箱式变电站设备和轨道交通信号智能电源等高铁相关领域，均与通号集团有合作。

全路通号成立于1953年。2000年，铁路系统进行政企分离改革，通号集团与“娘家”铁道部脱钩，全路通号由此划归国务院国资委管辖。正在这时，全路通号遇到了发展高铁的契机，其以欧洲标准研制出两代CTCS系统，后被列为动车线路标准配置之一。CTCS 3代系统被批准立项后，在国家科技支撑计划的资助下迅速完成，用于300公里/小时的高速铁路列控。而列控信号的传输设备，包括获得国家科技进步二等奖的ZPW-2000A闭塞系统、GSM-R无线网络设备，亦由全路通号完成。

随着高铁建设潮涌，全路通号的发展速度惊人。北京一家会计师事务所出具的审计报告显示，2007年之前数年，全路通号年净利润为1 000万～2 000万元。2007年达到6 300万元，2008年之后数年，更是翻倍，冲到1.3亿元以上。

“全路通号相当有来头。”铁道部人士告诉《中国新闻周刊》，铁路系统内部都知道，全路通号聚集着一干有权在铁路系统技术评审中发言的专家，其模式是在政府资金支持下，既设计研究，又委托生产，然后在铁路系统内顺畅地销售产品。

《中国新闻周刊》的记者拿到的一份2010年全路通号应收账款单据显示，与全路通号存在一年期或两至三年债务关系的涵盖中国所有大区铁路局、大型城市的铁路分局。全路通号十多年来的技术圈地遍布每一条铁路动脉。面对《中国新闻周刊》“公司跟铁道部是什么关系”的提问，全路通号党委宣传部部长田振辉表示：“这个我不太清楚。”

“全路通号虽然在产权关系上与铁道部分离，但在决策上仍难以摆脱铁道部的控制。”铁道部张某表示。

7月28日，在全路通号官方网站上刊登了致此次事故死伤者及家属的道歉信。值得注意的是，这封道歉信的落款日期是7月27日。7月28日晚，该道歉信又被删除。

从规定上看，铁路工程的招标从标准到程序都很严谨，然而事实却不尽然。

例如，在铁道部公布的《铁路建设工程招标投标实施办法》中明确规定：任何单位和个人不得违法限制或排斥本地区、本系统以外具备相应资质的法人或其他组织参加投标，不得以任何方式非法干涉招标投标活动。然而，在铁道系统内有不成文的规定，即铁路系统外的企业需要与铁道系统的企业组成联合体，方能承揽铁道业务。“这是因为铁路信号系统关系到特殊安全，铁路系统工程与生产过程涉及很多专业问题。”铁道部张某告诉《中国新闻周刊》，铁路部门对涉及运输安全的配套产品采购实行行政许可，一般会设置较高的产品准入门槛，以达到保证运输安全的目的。

“铁路的工程基本由国有大型企业来实施，它们具有过硬的素质。另外，整个管理有一套办法，工程分段之后分配给某局某处。”中国工程院院士王梦恕接受《中国新闻周刊》采访时主张，工程质量应采取终身负责制，也就是你只要修这段路，要求达到100年寿命的就得负责100年。

《铁路建设工程招标投标实施办法》明确规定：铁路建设工程招标投标活动应遵循公开、公平、公正、诚实信用的原则。但熟悉铁路工程的人士却告诉《中国新闻周刊》，现在的铁路项目基本都是内定。崔仁（化名）曾参加某高速铁路物资的招投标，他告诉《中国新闻周刊》："只有那些符合铁道部要求的企业才有资格递交标书。"据报道，上海万宏动力能源公司就在屡次审查通不过、得不到竞标资格之后，放弃与铁路部门打交道，转而投向地铁。"该有的证我们都有，产品质量也没有问题，但从来没有通过审查。"总经理金祥生说道。

崔仁说，在审核和竞标过程中，每个竞标单位的资料都放在各自的纸盒中，纸盒上面清楚地标明竞标企业的资料，中铁几局的名字都写在上面。经常参加审核的专家很容易看出哪个标书是自己人的。有经验的专家也可以看出哪个公司对项目志在必得，哪些企业是在陪标。通常，招标规定最少要有三个企业投标才能评标。在他看来，整个招标过程就像是铁道部自家人在"分活儿"。

崔仁所在的公司为了获得参与铁道部项目的机会，通常要和中铁工、中铁建等少数国有企业或其下属企业联合，借助其名号为自己加分。做了七八年的铁路工程，崔仁明白，很多招标只是走一个过场。比如，崔仁发现，招投标结果公示的时间通常临近下班，公示期只有 3 天，往往是周五、周六、周日。

又如，按照规定，在承建中出过事故的单位，至少三个月内不许竞标。但崔仁发现，有些铁路项目在集团过了限制期之后才开始招标。"表面看起来程序完备，但裁判和教练同属一人。"崔仁说。铁路系统审批程序和招投标规则几乎完全掌握在系统内部，人为干预现象时有发生，有的是领导直接打招呼，有的是中介干预招投标，有的是相关企业联合围标串标。

中国工程院院士王梦恕曾表示对招投标过程中的中介环节很不满。"我曾强烈建议取消中介组织，"他说，"招投标中很多问题出在中介环节，他们利用社会关系搞投标，收取中介费。"这些中介组织包括退休干部、企业资深员工等，他们利用各自的关系，在招投标过程中进行灰色交易。

最为荒唐的是，有些项目招投标尚未开始，已有中标单位"提前"开工。比如，《新建铁路南京枢纽南京南站站房与地铁结合部应急工程施工总价承包招标公告》发布于 2008 年 12 月 25 日，但在 2008 年 1 月，中铁十三局已经将第一根桩打入地下，2008 年 3 月 18 日"京沪高速铁路南京南站桩基部开桩"典礼上，中铁十三局集团二公司南京公司的领导及参建员工悉数参加了开工典礼。

国家审计署有关人员向《中国新闻周刊》透露，南京大胜关长江大桥工程土建及监理 1 标和京沪高铁咨询业务等项目，招标时间分别为 2006 年 7 月和 2007 年 12 月，而中铁大桥局和铁科院（北京）工程咨询有限公司这些后来的中标单位都在招投标程序启动前数月便开始了工作。

中标后，转包现象也很普遍——只用 1/4 的成本就可以搞定。"工程也是层层转包。"崔仁说，他们公司在一些项目上也是依托关系成为第三层转包方，但并非自己建设，而是"抽点"后再向下转包，这也导致最后实际的承建方为保证有所盈利，不得不偷工减料、以次充好。"拱架的间距、仰拱的方数、二衬的厚度、钢筋的数量、锚杆的长度、小导管的数量、喷锚的厚度，各个环节都有很多省钱的办法。”这导致许多投资几百亿元的项目，实际并没用这么多。崔仁说，他曾经接手一项工程，投资额是3亿元，最后大概花了8 000万元，全分给各个利益关联方。

事实上，铁道部前部长刘志军案发和高铁建设的招投标有关。据媒体报道，铁道部为中铁泰可特环保工程有限公司（以下简称中铁泰可特）“量身定制”了京沪高铁声（风）屏障项目，将中铁泰可特内定为中标单位。中铁泰可特是山西晋城女企业家丁书苗的关联公司。声（风）屏障主要用于高速公路、轨道交通等两侧的隔声降噪、挡风，总长1 200公里，分为6个标段（共21个包），两次招标，总投资额约50亿元，吸引了十几家国内声屏障企业参与投标。

铁路是中国经济中管理、运行最为封闭的行业，这注定了在与之相关的招投标中，“内部人”会发挥巨大作用。无论刘志军是否落马，山西已成为中国高铁设备生产的重镇之一。迄今为止，中国内地唯一能够生产轮对的设备供应商就设在山西。

《中国新闻周刊》的记者从审计署了解到，从2009年开始，审计署固定资产投资司开始对京沪高铁项目进行跟踪审计。招投标不规范的问题一直是审计监督的重点，而且这个问题有愈演愈烈之势。在2010年的审计公告中，项目审计中发现最大的问题资金即出现在违规招投标中，涉及金额49.36亿元。审计署的跟踪审计将会揭开铁路建设招投标形同虚设的神秘面纱。

资料来源：庞清辉．铁路工程招投标潜规则．中国新闻网，2011-08-05.

## 本章小结

谈判环境调查的基本目的是为谈判者解读特定的游戏规则和制定相应的谈判策略提供背景支撑，防止出现不该有的误判。

宏观政治环境主要反映在谈判各方所在国的社会制度和信奉的政治信仰上，包括国家的意识形态和政治体制等。

除宏观政治环境外，宏观经济环境也会对谈判形势及谈判前景产生重大影响。谈判者所在国的经济发展水平、发展速度、在国际上的经济地位、市场发育程度、货币自由兑换程度、股票行情等都是制定谈判策略的重要考虑因素。

宏观政策环境尤其是近期政策环境的变化对大型商务谈判活动的影响极大。

有效的谈判策略首先建立在“以结果评价手段”的原则基础上。经验主义学派大师德鲁克说：“成功的管理不仅在于逻辑推理的正确性，更在于结果的合理性。”可见，世界上永远不会有抽象意义上（离开具体谈判活动的背景、对象和内容）的最佳谈判策略，只有针对特定谈判者的特定目的和要求、适合该谈判者具体需要的谈判策略。一个有效的谈判策略，不外乎是在寻求对称性优势方面进行博弈。

## 关键术语

环境　　探询　　事前考察　　谈判策略

## 思考与讨论题

1. 宏观环境调查主要包括哪些基本内容？
2. 微观环境调查主要包括哪些基本内容？
3. 探询与事前考察要注意哪些基本问题？
4. 探询与事前考察的基本形式有哪些？
5. 如何制定有效的谈判策略？
6. 怎样看待寻求谈判经验的动态对称性优势的必要性？
7. 怎样看待攻心策略？
8. 影子策略的精髓是什么？如果你是一家企业的上游供应商，在考虑采用影子策略时你有哪些构想？

第七章

# 商务谈判的一般技术原则

## 本章要点

第一类风险与第二类风险
让步的一般技术原则
善于用反提议应对提议
出牌时认清无形的规则

# 第一节　对一般谈判技术原则的解读

## 一、认真对待首次开价的技术风险

实证研究表明，依照通行的市场规则和交易惯例，谈判者首次确定的交易条件一旦开出，对开价方即形成当期谈判中的最优交易条件。这一交易条件的风险大小取决于谈判者对市场的洞察力和虚头的设置水平。

我们所说的市场规则和交易惯例，既有受规律支配的因素（如价值规律），又有受道德约束的因素（如商业道德）。谈判者不开价则罢，一旦开了，就要受上述因素的约束，无论你的谈判信息是否对称，首次开出的这个交易条件基本上划定了未来讨价还价的一个单方面底线。对卖方而言，当期能实现的最好的交易条件就是首次的要价，随着谈判的深入和对方的还价，实际达成的交易条件可能会低于这个要价；同样，对买方而言，一旦还价，当期能实现的最好的交易条件就是他的首次还价，随着谈判的深入和对方的再次还价，实际成交的交易条件可能会高于这个还价。如果谈判者想在首次开价后反悔，则可能面临涉及规则和道德方面的指责。

事实上，受信息因素影响，谈判者开出的交易条件可能比对方预想的好，也可能比对方预想的糟糕，这时，谈判对手会对开价进行评估。如果确信你的开价比他们预想的还好，那么你想从现在这个交易条件后撤是十分困难的，对方会对你施加影响，使你无法后退。有的谈判者可能会说，即使我们犯低级错误，对手也不一定能抓住这个机会，然而，我们对谈判者的忠告是：宁可相信对手会对我们的失误加以利用，也不要存有侥幸心理。

**重要视点**

如果谈判者不能确定自己的谈判信息是否对称，可以让对方首先开价。你需要做的是评估对方的交易条件，而不要立刻对这个交易条件作出还价。

从技术风险上看，谈判者首次开出的交易条件要冒两种风险：

第一类风险（也称 $\alpha$ 风险），是指因交易信息不对称或虚头水平设置失误导致难以规避损失的风险。这类风险一旦发生，对谈判者来说意味着重大的机会损失。例如，当卖方开出的可接受最低交易条件明显高于买方可以承受的最高预期，此时买方面临较多的选择和询价机会而对卖方的价格失去还价的兴趣，风险就产生了（见图 4－4）；又如，当卖方开出的交易条件明显低于买方的首次开价时，买方抓住机会套牢卖方要求成交，风险也就产生了（见图 4－5）。当然情况也可以反过来，当买方开出的可接受最低交易条件明显低于卖方可以承受的预期时，卖方面临较多的选择和市场机会而对买方的价格失去成交的兴趣，风险就产生了（见图 4－4）；或者，当买方开出的交易条件明显高于卖方的首次开价时，卖方抓住机会套牢买方要求成交，风险也就产生了（见图4－5）。

第二类风险（也称$\beta$风险），是指因信息对称或虚头水平设置恰当而可以规避的风险。这类风险即使发生，谈判者也有机会挽救。例如，当卖方开出的首次交易条件高于买方可以承受的最高预期，而买方对卖方的价格尚未失去还价的兴趣时，卖方可以通过调整自己的交易条件以接近买方的预期，虽然风险存在，但是依然有成交的可能性（见图4－2）；又如，当卖方开出的首次交易条件低于买方可接受的最低交易条件但高于买方的首次开价时，即使买方想抓住机会套牢卖方要求成交，卖方依然有机会修正自己的交易条件（见图4－3）。反之亦然。

事实上，谈判者的首次开价永远都会面临两类风险。交易信息的对称和虚头水平的设置都是动态的概念，因此，虚头水平的设置是把双刃剑，谈判者要特别注意防范$\alpha$风险。

## 案例导读7－1

一位漫无目的在街上闲逛的先生走到一个货摊前，看着货摊上摆放的商品。摊主热情地迎上来打招呼："先生，您要买点什么？"

"我只是随便看看。"先生答道。

"您看看这只应急灯，质量好，充一次电能连续照明6小时，包您用10年没问题，现在才卖140元，绝对值。"

"我有应急灯。"

"那您看看这只电子钟，上一节5号电池走一年没问题，60元，摆在客厅里相当漂亮，怎么样？"

"算了，不买。"

"这些都是装饰品，给您夫人和孩子选一个，快过年了，保证是个意外的惊喜。我可以给您包装礼品，200元左右，任您挑选。"

先生不做声，只是端详着。

"您好像还下不了决心，190元，怎么样？"

先生仍不做声。

"如果你真打算买，180元拿去，我今天还没有破这个例。"

先生感到有些为难，打算离开。

"这样，175元，我认了……170元……您回来，160元怎么样……"

结果先生走了。

另一个例子正相反。美国谈判家雷法讲了这样一个故事：一个名叫拉里的人在墨西哥城的大街上散步，无意中看见一家皮箱商店橱窗里的一只手提箱。店主人正好站在门外，他马上走过来，热情地问："您对这只手提箱感兴趣？"

"不，我只是随便看看。"拉里说。

"您花15美元就可以把它买下来，很便宜。"

拉里家里已经有一只相当好的手提箱，他回答说不想买。

"好吧，那就降到 14 美元吧。"——降价。

"13 美元怎么样？这下可真是值了。"——降价。

这时，拉里感到挺有意思，他并不想买手提箱，只是出于好奇，想知道这位店主人最后能把价格降到什么程度，因此，他只是在橱窗前来回转，也不说什么。

"我再降到 12 美元。在我们这里，您再也别想用这样便宜的价钱买到这么好的手提箱，不信您打听打听。"——降价。

"好吧，您显然是一位游客，身上带的钱也不多，给您破个例，给 11 美元就拿走吧。"——降价。

"真的，太便宜啦，这是我最后的让步。如果您答应不对别人说出去，那么我就以 12 美元的价钱卖给您。"

"等一下，"拉里打断他的话，"您刚才不是答应以 11 美元卖给我吗？"

"我是那样说的吗？真糟糕！我说错了，我真不该那样答应您。可是，就算说错了，我也要讲信誉，对于您，仅仅对于您一个人，我卖 11 美元。"

拉里交了 11 美元，拿走了这只手提箱。

资料来源：张强．赢家正道——西方八大谈判模式．成都：西南财经大学出版社，1999：329.

## 二、重视报价的前提条件

由于首次开出的交易条件可能存在两类谈判风险，因此谈判者尽可能降低风险的手段有两种：一是从宏观上加强对市场的了解，重点寻求交易信息的动态对称；二是从微观上重视对对手真实需求的了解，重点解决虚头水平的设置问题。这是报价的两个基本前提。

**重要视点**

当谈判者基于特殊的原因必须报价而谈判信息并不对称时，应当重视虚盘条件对自身的保护作用。

从宏观上加强对市场的了解有利于谈判者控制谈判，避免盲目报价，这可以通过市场调查、行情分析与预测等技术手段解决。如果谈判者自身能力有限，还可以寻求外包。然而，如果要从微观上了解对方真实的需求，则要靠谈判者的情商，在这个问题上技术手段帮不了太大的忙。到目前为止，科学技术手段还不能解决了解个人需求的问题，而通过人文手段的交流却可以接近人的内心世界。

需要说明的是，市场信息、对手的需求都是动态的概念，在你了解它们的同时，它们自身又在不停地发生变化。这种情况有点类似于一个人坐在行驶的车上向朋友报告自己所在的位置，如果你只是报告自己当时所在的位置，那么朋友得到信息时，你已经不在那个位置上了，于是人们想到了"提前量"这个问题。谈判者怎样才能从宏观上加强对市场的了解呢？你必须预判。一个初涉股市的人可能只看到价格的变动，如果他没有预判的概念，就很容易成为一个行情的追随者。积累了一定的经验后，或许他会发现，原来股票价格的变化与交易量之间有一定的内在联系，通过观察成交量的变化去判断价格的走势，可以在一定程度上判断市场供求关系的变化；通过观察换手率去判断入市资金的变化，可以推断股票价格的变化。这样，就可以逐步认识和掌握图形与信息之间的内在联系。

我们如何从微观上对对手的真实需求进行判断呢？通常，对手的需求是分层次的，其真实的需求往往会隐藏起来，不会轻易告诉你。那些经掩饰的需求只有在必要时才会有限度地告诉你，那些你不问对方也会主动告诉你的信息，有相当一部分属于姿态和宣传。它们之间的关系犹如层层包裹的暗箱，越是核心的需求隐藏得越深（见图 7-1）。谈判者可以通过在交流中了解对手的思维方式、思维习惯去推断对手的真实需求。但是对手的思维方式和思维习惯是看不到的，有没有办法“看到”呢？实践告诉我们，有三个办法可以帮助谈判者“看到”对手的思维：第一，你可以了解对手的职业，职业是看得到的。一个人从事特定的职业会有特定的习惯，职业习惯是推断思维习惯的重要参考。例如，教师有教师的职业习惯，律师有律师的职业习惯，商人有商人的职业习惯。他们的职业习惯会通过语言、举止显现出来。第二，你可以了解对手的生活环境与工作环境。环境也是可以看到或者感受到的。特定的环境对人的思维习惯起着制约和教化的作用。第三，你还要注意对手一般会面临怎样的竞争压力，可以通过观察、试探和询问对手的同行等得到答案。

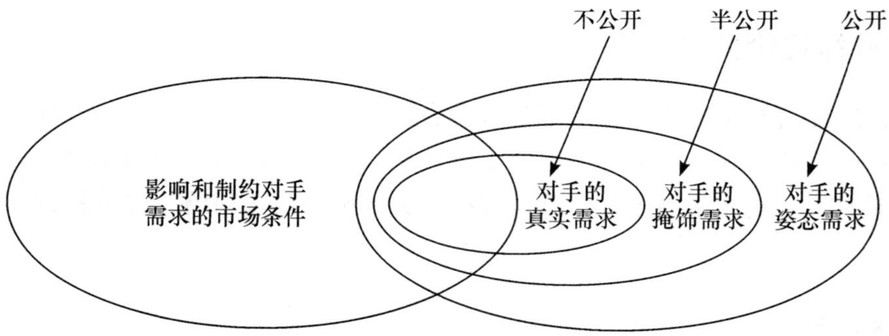


**图 7-1　信息的对称性是报价的前提**

正因为谈判者对核心的需求会进行掩饰，所以要了解这些需求，必须让对手在披露信息时有信任感、安全感或觉得有利可图。换句话说，我们不能只顾及自身的想法，要把商业伙伴的需求当回事，尊重他们的需求，在符合己方利益和满足对方需求之间找到平衡点。

如果报价的前提并不具备，那么可以让对手开价。在信息不对称的情况下，谈判者可以保留询价的权利，但不要急于开价或还价。在任何情况下，都不要代替对手回答问题，即使这些问题己方已经十分熟悉了。

**重要视点**

你可以对对方的交易条件进行确认，但不可以代替对方对交易条件表态。在信息对称性问题上，谈判者必须保持低姿态。

## 案例导读 7-2

### 关于大学生求职问题的对话——你在提出待遇要求时了解公司的需求吗？

自 2006 年起，在普及大学教育的同时，大学生就业难问题逐步浮出水面。缺乏求职经验的大学生忽然要面对越来越激烈的就业压力，有些人感到茫然和惶恐。每年各种形式的招聘会令大学生目不暇接，然而调查显示，绝大多数学生并没有意识到求职的过程实际上是一个谈判的过程。许多自荐书千篇一律，立足于推销自我，而忽略了对方（用人单位）的需要。在面试中应聘者对用人单位的具体情况往往一无所知。下面是一段访谈对话。

访谈者：怎么想到要干这份工作？

受访者：没想到。只是暂时的，我也不知道该干点什么。

访谈者：应聘时是怎么考虑的？

受访者：开始的时候考虑得很多，结果我看上的工作人家没有看上我。想起来又不服气，我在学校是学生会干部，工作出色，别人却好像对我这些经历不怎么在意，我很迷茫。前后找了几家，身边的同学陆续有了工作，自己就有点沉不住气了。这家公司赶着要人，让我当天下午给他们答复，我没有多想就来了。来了之后才发现，这里并不适合我。不过老师辅导的时候说，要骑马找马，想想也对。先将就着，有了合适的工作再跳槽。

访谈者：你理想的工作是什么？假如要跳槽的话，下一步怎么走？

受访者：我妈是老师，有假期。我就特别羡慕，想当老师，实在不行，在办公室里工作也行。

访谈者：说说你的应聘过程。

受访者：别说了，特生气。我拿着自荐信挤过去，他们看都没看完就扔到角落里，太不尊重人了。我的自荐信和其他自荐信被装进一个麻袋，看着他们拖走，我真不知道该怎么办。您能不能给我一点建议？

访谈者：问一个别的问题，你谈过恋爱吗？

受访者：我谈得比较早，大二刚进学生会时就谈了。

访谈者：顺利吗？

受访者：不错吧。那时候追得也挺辛苦，好在感动了上帝，爱神之箭把我们都射中了。

访谈者：人家凭什么就答应你？

受访者：爱一个人是很用心的事情。成天都在琢磨她想什么，需要什么，自己怎样才能成为她要求的那个人。

访谈者：找工作的时候要是能够把公司当作情人来看呢？

受访者：没想过。

访谈者：你如果是公司的招聘者，面对几百份自荐信，每份自荐信你会看多少？

受访者：没法看，只能看个大概。

访谈者：那么你怎么将人才从人海中找出来呢？

受访者：找不出来。

访谈者：单位领导问责你怎么办？

受访者：要么直接告诉他没有找到，要么从那些自荐信中凭感觉胡乱找一个，要么根据领导的暗示找他需要的那一个，责任归我，功劳归他。

访谈者：为什么会这样呢？

受访者：谁都没办法仅根据自荐信就找到人才，因为看不出人与人的区别。

访谈者：如果我就是你想跳槽的那家公司的老板，只让你问三个问题，你打算问什么？

受访者：一是待遇，二是工作条件，三是休假制度。

访谈者：知道我在想什么吗？

受访者：不知道。

访谈者：你在提出待遇要求时了解公司的需求吗？其实追女朋友与找工作之间有些相似之处，这就是问题所在。谢谢你接受访谈，希望你以后工作顺利。

资料来源：引自中共成都市委委托研究课题“城乡一体化过程中的就业政策安排”之问卷调查，课题主持人张强，2008。

## 三、让步的一般原则

在市场条件下的谈判过程中，让步是一个值得研究的环节。关于让步的一般技术原则，西方有许多学者都进行过深入的研究。除了本书所介绍的著名谈判学家卡洛斯、温克勒以及雷法之外，美国学者约翰·格雷厄姆在20世纪90年代末提出了商务谈判中处理让步问题的10个忠告[①]（见表7-1）。

**表7-1　商务谈判中处理让步问题的10个忠告**

| 序号 | 处理让步的原则 | 要点 |
|---|---|---|
| 1 | 在重要的问题上不要首先作出让步 | 如果重要的问题太多，谈判者一定要清醒，不要把所有的问题都变成重要问题 |
| 2 | 不要轻易接受对方的第一次开价 | 对数字条件的评估不要受对方口头或文字解释的影响，要坚持对信息的对称性进行独立判断 |
| 3 | 要想鼓励对方降低最初的过高要求，应当利用让对方采取行动的方式，不要以还价来回应对方的过高要求 | 如果你以还价的方式来要求对方让步，那么在提出要求的同时，你也开出了条件，这在信息不对称的情况下是很危险的 |
| 4 | 作出小的让步，不要对对方可能的回应期待过高，否则你会很失望；如果你一开始就作出了重大让步，那么你可能会更加失望 | 让步的次数多少比让步的幅度大小更有价值，大幅度的让步不但对维护自己的交易条件不利，而且有损自己的信用形象 |

① ［美］约翰·格雷厄姆．文化对谈判的影响．国际商业研究学刊，1999（16）：81-96．表7-1中的要点系笔者所加。

续前表

| 序号 | 处理让步的原则 | 要点 |
|---|---|---|
| 5 | 要坚持缓慢地让步，以获取对方对你的让步的足够重视 | 一个数字条件开出之后，不要立刻再用一个数字条件去修正它，要始终坚持以文字或口头描述的方法对自己的数字条件给予必要的支持 |
| 6 | 要让对方觉得再逼迫你让步有可能对谁都没有好处 | 价格会对质量、交货期、服务成本、技术支持等产生影响，要让对方意识到它们彼此之间的制约关系 |
| 7 | 你越认为重要的问题，让步越应该晚一点作出 | 对于自己看重的交易条件，最好找到可以替代的其他条件进行有效的保护，不要轻易拿重要条件做交易 |
| 8 | 不做无条件的让步，每一次让步都应当力争有所回报 | 连续让步是谈判者的大忌，要想尽可能获得对方的连续让步，谈判者需要多运用综合的影响力 |
| 9 | 对对方的让步要感到理所当然，不要觉得心有不安 | 保持对对方让步的鼓励和高期望值，而不是表现出对让步满意 |
| 10 | 不要觉得你应该对获得的每一个让步都给予回报 | 回报是有成本的，因此不要主动做增加成本的事情 |

总的来说，让步的一般原则有四个：第一，争取用高期望值换取对手实盘化的让步，尤其要争取获得对方的连续让步；第二，如果需要以对等原则处理让步，则强调让步的对等性只是一种形式上或姿态上的，让步不应当被看作是被迫的妥协，而应当是获利的一种手段；第三，谈判者对彼此让步价值的判断，并不等于对手对该价值的认同，没有对于对手价值判断标准的了解和让步形式上的变通，让步可能成为机械的、无谓的妥协；第四，对对手的让步要多评价，少回应。

## 案例导读 7－3

### 保持高的期望以获得对方更多的让步

某年，国际航空运输协会中止了它一贯的对于航空票价的政策。

此后不久，我的上司建议我立刻与航空公司联系，以确定由于这项政策的变化我们可以从中获得多少票价上的让步。我们所工作的中东分支机构位于迪拜，这是离沙特不远的一个小石油酋长国。我们的 3 500 多名雇员和家属每年总共要飞行数百万公里。

“这是个好主意。”我对上司说。想想看，要是减价 5%或 10%，甚至 15%，将大大节省我们每年的旅行开支。然而，当上司建议我们要求在机票价格上减价 50%时，我愣住了。

“您是在开玩笑吧?”我吃惊地问。

“我想，要求 50%是合适的。”上司冷静地说。

当我们第一次约见来自英国航空公司的代表时，他们谨慎而有礼貌地告诉我们，应当将我们的价格条件降低一些，否则生意不太好做。

后来，荷兰皇家航空公司以一种不太友好的方式提出了与英国航空公司一样的要求。汉莎航空公司也是如此。我心想："我们的要求是不是真的有点过分？"

"老板，或许我们可以降低要求，看看会怎样。"我建议道。

"我不知道。不过，我们再等一等，看看情况会怎样。"上司坚持说。

随后是毛里塔尼亚航空公司，如同与其他航空公司的见面一样，我首先扼要陈述了我们公司的态度，明确提出我们希望未来的机票价格能下调50%，这引起了对方代表的一阵骚动。他们一边做手势一边向我们说明了几点不可能的理由。

"这样谈下去一定很尴尬。"我心想。

然后，他们要求单独给他们的总部打个电话。10分钟后，他们带着严肃的神情回来了。

"先生，"其中一位代表神色严肃地说，"你们的要求很难满足，我们最多向你们提供40%的减价。"他抱歉地讲。

"对不起，您说什么？"我问。

"40%，先生。"他重复了他的报价。

"简直不可思议，"我心里想，"给我们一些时间考虑考虑。"我回答道。

他们刚离开，我和上司就高兴得跳了起来。这是我们从不同航空公司那里得到的第一个让步。不久，英国航空公司、荷兰皇家航空公司以及汉莎航空公司纷纷降低它们的票价，幅度大大超出我们最初的预期。

这种情形在谈判期望水准的确定方面值得借鉴。起初看来似乎有些轻率、武断的谈判方法后来被证明是有效的。你也许会问，这不是在航空公司最虚弱的时候放它们的血吗？事实上并非如此。后来我们发现，航空公司也欢迎这种新的安排，它们认为减价比预计的要小，同时，一些航空公司会很高兴，因为它们得到了比竞争对手更好的谈判结果。

回顾一下，我们对从一开始就提出高要求的做法存在各种担心：

"他们会不喜欢我。我会让他们发疯，这会损害我们的关系。"

"我们的开价超出了市场价。"

"也许我们的要求不合理。"

"这样做会令人尴尬。"

事实证明，许多担忧是多余的。

资料来源：［美］弗兰克·L. 阿库夫. 国际商务谈判. 上海：上海人民出版社，1995.

一个谈判者站在主观的立场上觉得让步价值高或低，并不等于对手也认同该观点。所以，没有对对手价值判断标准的了解和自身在让步形式上的变通，你的让步可能成为一种机械的、无谓的妥协，导致这种情况出现的关键是谈判者价值观的差异。

## 案例导读 7-4

一古董商到临安①（今杭州）乡间淘宝。这日偶然见一妇人正用一瓷碗盛皂角水梳头，细一看那碗，心中大惊，只见那瓷碗造型别致，釉色粉青，胎薄几近透明，釉面细腻，蟹爪纹开片均匀，实为罕见珍品。只听说在皇宫里才有一对，怎么在这样一位村妇手中也有一只呢？于是古董商上前搭讪。

"大嫂，在梳头啊。"他举头望着天上灼热的太阳，做出借屋檐躲荫的样子。

妇人见一个陌生男子与自己搭话，不高兴地说："你这兄弟好没礼貌，妇人家梳头有什么好看的。"

男人继续道："我见您头发乌黑，想必所蘸那水中有什么宝贝。"

"村里人都用皂角熬水洗头，自然这样，有啥稀罕。"妇人随意把碗放在窗台上。砰的一声响，男人心里一阵发虚。偷看一眼，还好，那宝贝没有碰坏，质地上乘，品相一流。

他试探着说："我可以看看您那碗里的水吗？"

"看便看，拿去。"妇人将碗拿给他，"我看你这人奇怪得很，正经的东西不看，看梳头水。"

男人像迎接皇上一样差点儿没跪下，眼疾手快地接住宝贝。他的手微微有些发颤，爱不释手地拿着仔细端详。他确信这是稀世珍宝。

"我说你这个人奇不奇怪？看水就看水，你举起来看碗底干什么？"妇人的话把他拉回到现实。

男人傻乎乎地嘿嘿笑，"让您见笑了，我其实不是想看水。我是想问，您这碗是在什么地方买的？"他一脸厚道，补充说："这碗，我娘曾经留给我一对，跟您这个一模一样，可惜摔坏了一只。碗虽然普通，但那是我母亲的。嫂子您别见笑，看见这只碗，我就想起了我娘。您若能成全兄弟，告诉我这碗在哪里有卖也成。"他明明知道没有答案，却这样问。

妇人说："这哪是买的呀，是我家男人从野地里拣的。洗干净，将就用用。"

不可能！男人很清楚，宋朝官窑里的东西，千里挑一之后送进宫里，余下的毁掉填埋，怎么可能在野地里，莫非，附近有窑址？有碎片？就是碎片也是宝贝啊，何况是眼前这个品相的碗。男人便不动声色地问："嫂子，您说的那地方在……"

"村西头，地下有点破瓷片，就捡了这个东西。"

男人嘿嘿地笑说："要不，您将就着把这个碗卖给兄弟吧，我只为拿回去配个对，也算是给我娘一个交代。您开个价钱，嫂子。"

妇人觉得这个男人倒是有点孝心，不过既然要卖，当然要卖个好价钱。她不情愿地说："用惯了的东西，不卖。"

男人悻悻然地仰天说："看来，我是和这碗无缘了，如今尽孝也难啊。"说罢将那碗还给妇人并道谢。

① 临安：南宋官窑所在地。

妇人接过东西，一条心计涌上来，问："难得你一片孝心，兄弟不是说着玩吧？"

"哪里的话，嫂子，我是个实诚人，东西虽然不算什么，但是个缘分，若能承让，我替我娘给您道谢了。"

妇人拿着碗端详片刻，开价说："不是我心凶，这世道让人没办法，我看你像真看上这个玩意儿了。你若真要，算我成全你的孝心，50个铜圆，要便要，不要也罢。"说着将碗里的水倒掉了。

"50个铜圆，可以买60个鸡蛋了，嫂子不会开玩笑吧？"男人见妇人没有让步的意思，接着说："行，50就50，哎哟，这碗可是我家的宝贝，得让我挣上两天的钱。"接过碗，用肩搭布擦去水渍，小心翼翼地装进去，数了钱，道过谢，离开了村子，然后一路不停，直奔回家……

二掌柜才开门迎客时分，就看见大掌柜急匆匆回来，环顾左右，低声对二掌柜说："关门。今天不做生意。"不明事因的他跟着进到里屋，只看见大掌柜从怀里掏出一个东西来，细看，差点晕倒！这不是……

"嘘——"大掌柜说，"知道吗？猜猜值多少？"看到二掌柜心虚不敢猜的样子，笑眯眯地把那宝贝摆在桌上，说："看清楚，至少2 000块大洋。"

这个案例很典型，在妇人眼里，那个东西不过是丈夫从外面捡回来的一个碗而已，和普通碗的价值相比，她已经卖了10个碗的价钱，算小赚了一笔。古董商却看到了碗的真正价值，更重要的是，他将这种巨大的利益不动声色地据为己有。

**重要视点**

作出让步时，你的表情很容易泄露你心中的秘密。让步不仅是经济数学问题，也是行为语言问题。

如何看待对手的让步姿态？有两种情况值得注意：一种是对方虽然同意让步，但提出的让步条件非常苛刻；另一种是对方采取合作的策略，让步时并不附带前置条件。如果是前者，双方的谈判就会变得异常艰苦；如果是后者，双方在协调立场方面会容易一些。不管是哪一种情况，谈判者必须搞清楚，对方的行为是理智的还是带有情绪的。

还有一种情况是当己方与对手正式接触之后，发现对方的让步比己方预期的更快、更大，这说明己方原来内定的让步幅度偏大。在己方的首次开价被对方迅速认可之后，即使不能马上达到己方的要求，己方也应当调高对于对方让步的要求，同时放慢己方让步的速度，调低己方让步的幅度。如果己方的首次开价一抛出来即被对方接受，这说明己方的交易条件有失水准，应当立即采取其他相关措施予以补救，如在交易数量、交货期、运输等方面提出苛刻的条件。

谈判者应该从中总结经验：即使己方能够完全接受对方的开价，也不可暴露出来，而应稳重地，有时甚至可以故作姿态地进行一些磋商。

在这种情况下，还有一个较为麻烦的问题，就是当对方首次让步的幅度比己方预期的更快、更大时，是否意味着对方还会在今后的谈判中继续作出这种大幅度的让步？一种可能是对方对己方的交易条件分析、估计得不充分或在此问题上根本就是外行，并未意识到其让步的后果，只要己方不露声色地继续施压，对方还可能再作出令己方觉得是大幅度的让步。另一种可能是对方在让步之后认为自己已经达到了最大限度，无论如何不肯再作出任何让步，并且态度越来越强硬，迫使己方作出相应的妥协，否则，谈判将陷入僵局，甚至中断。

## 四、注意运用好价格条件与非价格条件的制约关系

就盘而言，任何非价格条件与价格条件之间都有某种形式的联系，谈判者必须认识到利用这种联系控制价格谈判的意义。善于利用多因素谈判技巧获得更大的谈判余地和资源运用空间是谈判者提高谈判能力的重要途径。

对这一技术原则大致可以从三个方面来理解。谈判者要尽量避免参与单一因素谈判；越看重价格条件，就越要注意利用非价格条件的影响力；要最大限度地开发和利用非价格条件，通过谈判主体的换位或缺位、对谈判时间和空间的利用、虚盘和实盘的转换、正式谈判和非正式谈判的交叉等手段，实现己方利益的最大化。

**1. 处于弱势一方的谈判者要尽量避免参与单一因素谈判**

单一因素谈判是指谈判者只就对方所要求的单一交易条件进行权衡，在没有谈妥当前的交易条件之前不讨论其他的交易条件，结果由于力量对比的差异，弱势一方往往只能按照对方的游戏规则和要求行事。这种谈判实际上只是一种实力的简单较量，对处于弱势的一方而言，没有真正意义上的磋商。比如，对卖方市场下紧俏商品的采购谈判，买方是否按照卖方的要求支付预付款的谈判，大型卖场的供应商与卖场就结算方式、日期等的谈判等，都属于此类谈判。

单一因素谈判由于不涉及其他可以借力的关联条件，所以弱势一方几乎没有更大的选择余地。如果你是强势的一方，则恰恰相反，也许尽量将对方拖入单一因素谈判是一种比较有效的手段。

如果是多因素谈判，谈判者可选择的谈判条件就比较多。要特别注意非价格条件与价格条件之间微妙的相互依赖和制约关系。尽管价格条件是商务谈判的核心问题，但是谈判者不可以简单地判断是先谈价格条件好还是后谈价格条件好，这取决于其在供求关系中的立场。

**2. 充分利用非价格条件对价格条件的影响力**

商务谈判的所有磋商结果都与价格支付相联系。虽然价格条件是交易条件的核心，但并不是说它时时刻刻都处于支配地位。当交货期成为最紧迫的事项时，价格条件会让位于交货条件；当对售后服务的依赖性更大时，提供这种服务的一方也许更具有价格谈判优势；当对保管条件有特殊要求时，谈判者或许会觉得花大价钱确保货物安全是值得的，等等。在这些情况下，谈判过程显现出多姿多彩的特征。

**重要视点**

将对方最看重的交易条件作为你的交易条件的前置条件时，不要一味地向对方施加压力，而应该知道如何帮助对方在恰当的时候消除压力。

**案例导读7-5**

### 非价格条件（容量、成本、包装）给价格条件带来的影响

以下是广东省某食品公司的市场定价表（见表7-2）。为了达到重点促销家庭型包装和礼品型包装的目的，公司将休闲型、实惠型、家庭型包装主要销往社区便利店，而将礼品型包装主要销往专卖店和会所。

表7-2　　某食品公司的市场定价表

| 包装分类 | 容量（克） | 成本（元） | 定价（元） | 包装（元） | 总成本（元） | 投入产出比 |
|---|---|---|---|---|---|---|
| 休闲型 | 227 | 2.10 | 3.70 | 0.12 | 2.22 | 1.67 |
| 实惠型 | 454 | 4.20 | 6.90 | 0.14 | 4.34 | 1.59 |
| 家庭型 | 900 | 8.40 | 12.90 | 0.16 | 8.56 | 1.51 |
| 礼品型 | 454 | 4.20 | 11.80 | 2.20 | 6.40 | 1.84 |
| 家庭型与礼品型简单平均投入产出比为（1.51+1.84）/2=1.675>1.67 | | | | | | |

公司设计的这个促销方案有几个要点值得关注：

一是在社区便利店中，不同包装的产品，其单位价格的增长率略小于其单位数量的增长率。比如实惠型包装的单价（6.90元/包）只是休闲型包装单价（3.70元/包）的1.86倍，而其容量却是后者的2倍，单位总成本（4.34元/包）是休闲型包装（2.22元/包）的1.95倍；家庭型包装的单价（12.90元/包）只是实惠型包装单价（6.90元/包）的1.87倍，而其容量几乎也是后者的2倍，单位总成本（8.56元/包）是后者（4.34元/包）的1.97倍。

二是重点促销的家庭型与礼品型包装的简单平均投入产出比高于休闲型与实惠型包装。如果主推这两款包装产品，公司将获得更大的收益。

稍加分析就会发现，实际上这种促销方式是通过诱导顾客对不同包装分类产品性价比的评估，引发心理失衡而达到既销售不同包装分类产品又重点促销特定产品以扩大销量的目的，是一种无形谈判的形式。

**3. 要善于利用谈判主体或客体的虚实变化**

谈判主体的换位或缺位，可以为调整谈判策略、控制谈判节奏和方向制造机会。谈判者离开现场的同时，也无声地剥夺了对方讨价还价的权利，可以为寻求更好的价格条件创造条件。

## 五、留心谈判顺序的安排

谈判顺序的安排存在于所有多因素谈判和关联项目谈判之中。谈判者不仅要善于通过

理性的判断安排好谈判顺序，而且要善于利用人文手段和一切情感的力量为实现这一安排铺平道路。换句话说，理性地安排谈判顺序（议程）和能否按照这个安排顺利地进行谈判（实施）是两个不同的问题。谈判者认为应当优先解决的问题，其环境条件是否具备、谈判对方是否同意按照这个优先顺序进行谈判是谈判者不能完全控制的，所以，人文手段的作用不可忽视。

**1. 对非关联项目的谈判进行清理是提高谈判效率的有效手段**

在多因素谈判中，有些项目之间存在紧密的联系，有些项目之间只存在一般的联系，而有的项目之间没有联系。为了提高谈判效率，谈判者要注意按照管理的效率三原则①对谈判项目进行梳理：首先，将既可以谈也可以不谈的项目清理出来，暂时不急于列入议程；其次，将彼此之间没有太大影响的项目清理出来，适当合并或简化，留待机会成熟时专门处理；最后，对剩下的那些存在关联关系的项目，在谈判之前应当根据其对各方的影响进行适当的安排，使之对己方产生的负面影响尽可能小。

**重要视点**

谈判者在对谈判议程进行安排的非实质性磋商中，争取有较大余地的谈判顺序是谈判议程的上佳之选。

**2. 优先处理高关联度或高依赖度项目是降低后续谈判风险的基本措施**

什么是高度关联的谈判项目？一般来说，在特定的时间和空间条件下由于受某种因素（市场的、行政的、法律的甚至习惯的）影响，任何变化都会对其他项目产生直接制约后果的谈判项目，就是高度关联的谈判项目；如果项目之间只产生间接制约后果，就是一般关联项目。在这里要注意的是，我们界定谈判项目的关联性，一定是针对特定时间和空间的，因此，对它们的关联性判断，随着时间和空间的变化，会呈现出动态性。例如，彼此存在配套关系的技术设施谈判项目、相关联产品的谈判项目、有较为明显的投资或业务关系的关联交易谈判项目，都属于典型的高度关联项目，它们之间的顺序安排对谈判者的自由度和谈判后果的影响较大。

谈判的自由度随着关联项目谈判的深入而减少。例如，在过剩经济条件下，买方市场优势明显。一个电冰箱制造商在决定与压缩机供应商进行采购谈判之前、一个电脑制造商在决定与显示屏供应商进行采购谈判之前，都占据着可以货比三家的优势地位。即使是在短缺经济条件下，买方也有买与不买的选择权。买方在决定成交之前是自由的，其自由度最大。随着第一笔业务的成交，买方在随后与下游企业的谈判中会受到诸多限制，比如，交货期、品质、价格要求的限制等，其自由度随着交易谈判的深入逐步减少。此后，还会受到售后服务、应收款、现金流变化的限制。再往后，还有与银行打交道的限制，甚至在与供应商结算、供货等方面受到新的限制。产生这些限制的根源是资金流动性降低。受限制的一方为了摆脱它，必然会采取一系列的反限制性措施，如优先将对自己约束力大的项

① 管理的效率三原则：一是可有可无的管理事项一律删除；二是必须有的管理事项尽量合并；三是已经合并的管理事项尽量简化。

目通过先期的谈判确定下来，再讨论其他的项目。

高依赖度的项目谈判得越早，对增加谈判者的自由度越有利。比如，对手拥有核心竞争力的项目、己方对对方有可能形成依赖的项目，一定要争取先谈，以尽早将不确定因素稳定下来，防止被对方下套。若你有A，B，C三个关联项目要谈判，会如何确定它们的顺序呢？经过进一步的比较你发现，对A项目的谈判，你有一个竞争对手，而你的商业伙伴有三个竞争对手；对B项目的谈判，你没有竞争对手，而你的商业伙伴有两个竞争对手；对C项目的谈判，你有四个竞争对手，而你的商业伙伴没有竞争对手。那么，在谈判顺序的安排中，如果能争取优先谈C项目，其次谈A项目，最后谈B项目，或许对你是最有利的安排。当然，实际情况比这个假设更复杂，需要考虑的因素也更多，但是以这种基本原则进行项目的综合比较和安排是有价值的。

**3. 重视非实质性谈判对实质性谈判的影响**

实际上，你单方面认定的谈判顺序不一定能为对手所接受。你认为重要的问题，对方或许认为不那么重要；你想先谈的问题，对方可能认为不需要或者不想与你先谈；对方认为要先谈的问题，或许你又不想先谈。怎么办？我们在实践中会感觉到，谈判顺序的安排首先是理性的智商游戏，其次是情商游戏。谈判者要利用所有对手易于接受的方式来安排谈判顺序。换句话说，在谈判者的姿态和真实动机之间可以有一定的差距。

**重要视点**

在谈判议程的安排中，努力体现形式上的公平有助于获得事实上的利益。

## 案例导读7-6

### 先培训还是先购买软件

软件的更新周期越来越短。一般来说，只要潜在客户有要求，软件开发商为了推销自己的产品，都愿意给他们做一些免费培训工作。这个过程可以让潜在客户体验到产品的好处。大多数客户会利用好这一安排，在体验各种软件的使用效果之后再作出购买决定。但是，有的客户在购买了软件以后才提出培训的要求，推销商的积极性就不如销售之前高，甚至提出有偿培训作为回应，因为已经卖掉了产品。可见，客户的诉求是在购买之前还是之后提出，效果大不一样。

**4. 借助规则或惯例（先例）安排对己方有利的谈判顺序**

除了时间之外，规则或惯例（先例）也是谈判者可以利用的手段。规则通常是由立法机关、政府、特定组织（如国际经济组织、行业协会、技术标准制定机构、权威学术机构等）提出的对特定对象有约束力的法律、法规、条例、办法、通知、议定书、协议、标准、程序、暂行规定等的统称。规则被普遍认为是谈判者可以借力的谈判资源，由于它不是谈判者自己制定的，所以具有一定的客观约束力，有利于谈判者在向对手提出条件时将自己置身事外。惯例是约定俗成的做法，先例是过去特定条件下的特定做法，尤其是在信息不对称的条件下，谈判者之间按照惯例（先例）处理特定事件常常被视为是正常现象。精明的谈判者会巧妙地借助规则或惯例。

## 案例导读 7-7

### 在最惠国待遇原则下的谈判

在 WTO 框架下的谈判，凡是涉及与一般义务相关的谈判，顺序的安排尤显重要。在最惠国待遇原则下，WTO 一成员方在货物贸易、服务贸易、与贸易有关的知识产权领域给予任何其他国家（无论其是否为 WTO 成员）的优惠待遇（如低关税、优惠政策或其他特权），无须再通过谈判，将自动地、无条件地立即给予其他各成员方。我们发现，政府和企业在利用这一原则方面有极大的空间。

利用好这个空间有两个重点：第一是准确解读这个原则；第二是合理利用这个原则。

解读原则的重点是：第一，在货物贸易谈判中，要注意用最惠国待遇原则讨论产品的关税税率、与进出口有关的任何费用、征收税费的方式、政府制定的进出口办理或审批程序、影响或限制产品销售的政府规章、影响或限制产品使用的政府规章。第二，在服务贸易和知识产权领域的谈判中，要注意最惠国待遇不仅适用于讨论中央政府采取的影响或限制服务贸易的措施，也适用于讨论地方政府制定的影响或限制服务贸易的措施。第三，只要是 WTO 成员，不管其具体的政府部门是否作出承诺，最惠国待遇原则都适用于该部门。第四，一成员政府在首次承诺义务的谈判中，可将不符合最惠国待遇原则的服务贸易措施一次性地以例外清单的形式提出进行谈判，但这种例外的最长年限不得超过 10 年。清单获得通过后若该成员还想增加新的不符合最惠国待遇原则的服务贸易措施，则必须获得 WTO 至少 3/4 成员的同意。

利用原则的重点是：首先，在关税减让的顺序中，应当优先考虑对 WTO 成员，而后考虑对非成员的关税减让安排，以降低成本。其次，在充分利用最惠国待遇原则的例外谈判为己方争取尽可能多的权益时，依然要考虑顺序的安排。（相关权益主要包括四个领域：一是以关税同盟和自由贸易区等形式出现的更高水准的区域经济安排，在这些区域内实行的是一种比最惠国待遇还要优惠的特别优惠待遇，该区域外的 WTO 成员无权享受该待遇。二是发达国家成员可以根据 1979 年 GATT《关于有差别与更优惠待遇、对等与发展中国家充分参与的决定》制定的方案对发展中国家成员实行特殊优惠和差别待遇。三是在边境贸易中，一国成员可以给予毗邻国家更多的贸易便利。四是在知识产权领域，允许成员方就一般司法协助国际协定中已经享有的权利或在 WTO 正式运行前已经生效的国际知识产权保护公约中规定的权利保留一些例外。）

依照这种安排，显然，我们在对外谈判中给予非成员方的优惠，使其他成员方顺理成章地拥有同样的优惠条件；反之则不然，如果我们优先给予成员方优惠，非成员方并不享有同样的优惠待遇。越是大宗交易，越会显现出差异性。

谈判者必须明白，从理性上说，惯例（先例）只不过是过去特定条件下的一个谈判结果或习惯做法，并无必然的合理性。尤其应当警惕的是，在信息不对称的情况下，惯例（先例）常常成为人们进行判断的坐标，结果往往受到惯例（先例）的影响。无论国内还是国外，文化习俗是占有“主场”之利的谈判者最常用的惯例，尤其是在非实质性谈判中，常以文化习俗作为手段，让对方习惯或默认这种安排。过去的做法或达成的交易条件往往成为后人的参照，但是环境的变迁容易被人忽略。

## 六、设定底线是提高谈判效率的基础

一方为谈判设定底线的做法往往会遭到另一方的抗议，但是这个看起来没有道理的做法却是处理复杂矛盾和提高谈判效率的关键。设限谈判从一开始就通过一种强制性的安排把可能导致谈判各方纠缠不休的因素剔除掉，扫清容易导致低效率高成本谈判的障碍，这是强力推进原则下最典型的做法。

如前所述，商务谈判不仅在退让时有底线，更重要的是，在进攻时也要有底线。如果被限制一方的谈判者不希望谈判破裂，就会对底线给予足够的重视，这时，底线就成了另一方推进谈判的有力手段。设定底线的方法很多，关键是搞清楚对手究竟对什么底线比较敏感，更重要的是，谈判者不可以将这个底线随时随地拿出来威胁对手，而应当与对手一道就如何避免触及底线进行积极的磋商。

**重要视点**

设定谈判底线不是强势一方的专利。谈判者利用好底线对谈判的促进作用，可以有效地消除简单磋商环境下难以解决的矛盾。

### 案例导读 7-8

**由历史上的三个事例尝试理解设定最后时限对提高谈判效率的基础性作用**

**事例 1：中国证监会设定最后时限，强行推进股改过程的博弈效率。**

2004年1月31日，国务院发布《国务院关于推进资本市场改革开放和稳定发展的若干意见》，中国证监会随即宣布2006年6月30日是上市公司股权分置改革中流通股与非流通股持有者对价谈判结果的最后时限，不能达到要求的公司可能面临严峻的后果甚至退市，这是进一步推进资本市场发育的一个强力信号。

在这个背景下，上市公司究竟以多大的成本为代价获取非流通股的上市流通权，涉及流通股与非流通股的股东之间在利益谈判上的博弈。这个博弈通常以当时的流通股总股本为基数，以资本公积金向股改方案实施股权登记日登记在册的全体流通股股东转增为交易筹码，以此获取非流通股股东所持非流通股份的上市流通权。那么，这个对价水平是否合理呢？

事实上，由于立场的原因，通常流通股股东开始都会认为对价水平偏低，几乎是一致反对。同时，非流通股的中小股东也提出，由于其长期投资未得到应有的回报，由发改委和中国证监会推进的股改对价方案不应该由非流通股的中小股东承担责任和损失。矛盾已经浮现出来，甚至直接影响到大股东与中小股东、流通股股东与非流通股股东之间的利益关系。

虽然股权分置的对价谈判是一个市场化的问题，但是如果任由当事人之间就对价进行磋商，则很难在非流通股股东和流通股股东之间找到人人能够接受的平衡点，无论怎么磋商，总有股东不满意。在双边谈判条件下，即便是独立董事，也只能就公司股权分置改革程序的合法性进行评价，无法也没有资格就对价水平的公平性进行评价。

问题来了，股东之间的利益什么时候才能实现平衡？是无休止地谈判吗？

从谈判的技术原则来看，监管部门设定的 6 月 30 日以前完成股权分置改革这个最后时限发挥了积极的推进作用。因为当一步步接近这个时点时，各方很快会发现原来非流通股股东寻求最小代价和流通股股东寻求最大受益的努力逐步被对退市的担忧所替代，各方的根本利益在来自外部的压力下渐趋一致。各方意识到，在这个时限下，只能寻求相对满意的结果，以避免无休止的争吵引发严重后果（退市）。因此，大多数上市公司在接近最后时限就对价问题表决时，绝大多数的股东都投了赞成票，推动了方案的通过。

回过头来看这个似乎没有道理的设限环节，它是提高谈判效率的关键。如果非要等到股东们吵完了架再报国资委批准，方案可能永远不会有出台的那一天。

**事例 2：伦敦铁路工会设定最后时限，将谈判的球踢向资方。**

2012 年伦敦奥运会前夕，伦敦铁路工会突然于 6 月 9 日组织大罢工，声称如果资方在奥运会开幕前不同意提高工资的话，他们将在整个奥运会期间组织地铁罢工。此消息一出，英国政府意识到劳资矛盾极可能发展演变成对国家信用的威胁，双重压力之下，资方知道时间的优势不在自己这一边，只好答应以加班费的名义解决，最终工会取得了这场谈判的胜利。

这种利用国家重大项目安排要挟政府或资方的做法在英国各行业工会和跨行业组织中一直有传统。2012 年 6 月 15 日，眼见铁路工会的目的将要实现，英国最大的工会组织“联合工会”中的巴士司机成员组织宣布，将于 6 月 22 日举行大罢工，这将导致伦敦公交巴士系统 30 年来首次陷入瘫痪。工会表示，如果得不到奥运会期间给予额外奖金的承诺，将继续罢工。奥运会期间，伦敦公交巴士运输乘客的数量预计至少将增加 80 万人，代表 2 万名巴士司机利益的联合工会从 2011 年开始就要求伦敦 21 家巴士公司为此给予司机每人 500 英镑的额外薪酬，但这一要求并没有得到资方的积极回应，联合工会于是在 15 日宣布将于一周后举行罢工。

联合工会表示，届时，来自 21 家巴士公司的成千上万名司机将走上街头。联合工会伦敦地区的负责人卡瓦纳说，出现这样的局面要归咎于巴士公司和伦敦交通局，因为巴士公司一直都没有出面和联合工会就巴士司机在奥运会期间的额外劳动补偿进行商谈，伦敦交通局也抱着不干预的态度不闻不问。卡瓦纳还表示，这一纠纷其实很容易解决，如果巴士公司和伦敦交通局继续不作为，那么工会将采取进一步行动，在奥运会更加临近时及奥运会期间继续罢工。

联合工会表示，伦敦巴士司机是伦敦交通部门唯一没有因其在奥运会期间的额外贡献获得奖金承诺的员工群体，希思罗机场快线、城际铁路、轻轨、地铁等其他交通部门的员工都已获得至少500英镑额外奖金的承诺。

**事例3：中国主导的亚投行设定创始成员国的申请时间底线，美国的盟友纷纷倒戈加入。**

2015年3月31日是亚投行接收意向创始成员国申请的截止日期。截至2015年3月31日18时，提出申请以意向创始成员国身份加入亚投行的国家总数已达46个，其中30个国家已成为正式的意向创始成员国。

亚投行的朋友圈中，既有新兴市场国家，又有发达国家；既有区域内国家，也有区域外的国家；既有世界主要经济体，也有中小经济体。为何到临近截止日期时多国纷纷扎堆加入？其实道理非常简单，在2015年3月31日前申请才能成为意向创始成员国，在未来的投行业务中将拥有更多话语权。

“全球经济的重心正在东移，亚洲经济的发展带动了对基础设施的强大需求，而亚洲的基础设施投资需求很大，形成了一个很大的市场，大家都想参与这个市场。”中国社科院世界政治与经济研究所副所长姚枝仲指出。据专业测算，到2020年，亚太地区道路、电力等基础设施市场的资金需求规模将高达8万亿美元，而现有的世界银行、亚洲开发银行等国际多边机构都没有办法满足这个资金需求。谁能拒绝这个巨大蛋糕的诱惑？谁心甘在未来的投行业务决策中被边缘化？

从谈判的技术角度分析，中国在亚投行以创始成员国身份拥有的股权比例为26.06%；而亚投行章程规定，重大事项（例如行长人选）必须75%以上的成员同意，这就意味着中国事实上拥有一票否决权的威胁是存在的。当然，域外国家加上域内的澳大利亚、新西兰是可以通过征集投票权获得否决权的，以与中方抗衡。不过，要实现这一目的，2015年3月31日18时以后如果没有递交加入亚投行的申请，分享“蛋糕”和制衡的所有设想都可能成为泡影。所以，最好的办法是尽快搭上中国经济快速发展和区域经济发展“俱乐部”的顺风车。

## 第二节　应用谈判技术原则时需要注意的基本问题

### 一、善于用反提议应对提议

谈判过程中某方提出的看起来“合理”的提议背后，往往都暗藏着正当或不正当的利己目的。实证研究结果表明，直接讨论对方提议的风险在于，谈判者难以避免落入对方预先设置的谈判陷阱。

从理论上说，在谈判各方的提议之间存在一个中间值，这是一个抽象意义上的平衡点

(见图 7－2)。事实上，谈判各方在自己所主张的提议的背景下，都有一些自己所熟悉的信息，其中有许多信息不能透露给对方。如果你按照对方的提议进行讨论，相当于处在一个不熟悉的环境中，有什么陷阱只有对手知道，你却全然不知。如果对方的提议中有一些看起来是有意义的，你是否应该正面回应呢？答案是肯定的。只不过在回应时应当将对方的合理提议纳入到你的提议中来讨论，而不是讨论对方的提议。

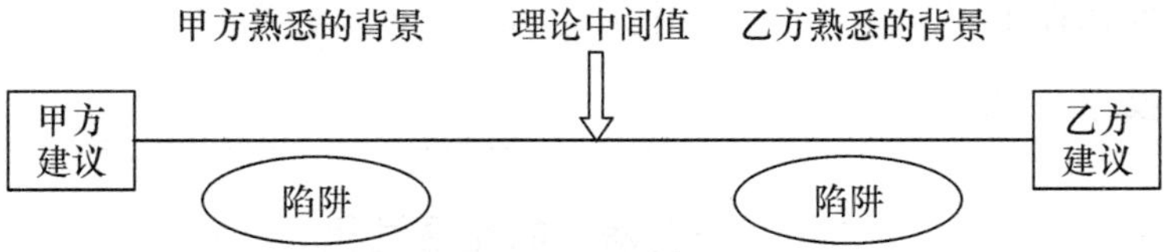


**图 7－2　提议与反提议之间的博弈**

## 案例导读 7－9

### 思维的陷阱

菱形网公司推出新产品后，立即在市场上获得良好反应，迅速抢回了被格拉公司夺走的市场份额。就在此时，菱形网合作伙伴之一的供应商通知它，该产品的关键材料价格将提高 10%左右。怎么办？

过去碰到类似情况时，企业的采购人员往往在对手抛出的提价幅度内进行谈判，陷入对手设置的谈判陷阱，这样谈判的最好结果是不涨价或少涨价，并没有实质性的突破。

新上任的采购经理并不愿意继续按照这种游戏规则行事。他在分析了菱形网公司市场扩张的态势之后，发现过去对供应商过度依赖的局面正在发生变化，于是，他迅速联系第二个供应商，把第一个供应商的价格条件作为敲门砖，表态说，如果第二个供应商愿意提供比第一个供应商更优惠的条件，可以考虑重新构建供销关系。这个表态迅速在两个供应商之间引起了一场战争。同时，他又指示谈判人员不要受对手影响，要独立地提出己方意见。由于菱形网公司的产品热销，有了销量的保证，完全可以要求价格下调，大家在下调多少的问题上进行谈判。菱形网公司提出原材料降价 4%，这样一来，谈判就围绕着降价多少来展开。虽然看起来有点不可思议，但菱形网公司却如愿以偿，最终以比原来的供货价格低 2%的条件签约。

从技术的角度分析，谈判者运用反提议应对对方的提议，有一些值得注意的操作要点。如果谈判者只是固执地坚持自己的提议，而对对方的观点、心态不加以引导，是很难让对方重视你的提议的。尝试一下有利于改变对方关注点的做法或许是有益的。

**1. 作出不愿意再讨论对方提议的姿态**

这种做法有别于拒绝或拖延对于对方意见的讨论，虽然还在“被迫”讨论对方的提议，但是你的冷淡已经向对方传达了一种信息，你很疲惫、厌倦、不感兴趣。这样做的结果是诱导对方要么给你一些好处，要么讨论你的提议。

**2. 给对手留下一些时间对你提出的条件进行评估**

谈判者主动提出反提议时，由于对方拼命抵抗，谈判极有可能陷入僵局。这时，你需要的是余地和时间，如果你能给对手一些时间考虑，不要他马上答复，实际上已经强行将对手纳入到你的提议中来。当然，心急的对手也许会立刻告诉你："我现在就可以回复您，我们实在不能答应这个条件。"不要对其态度做出回应，可以说："别急，想好了再给我意见"，因为主动权在你手中。

## 案例导读7-10

### "最后一套房"的交易过程

王大为的理财观念是，如果经济形势向好、社会稳定，投资房地产是个不错的选择；如果经济形势动荡，手中还是多一些现金好。2009年的房地产市场在金融危机之后出现复苏的迹象。喜欢投资房地产的王大为带着一家老小来到城市新区帝豪楼盘看房。他大致比较了这一地带的楼盘后，想买一套房做投资。

这里来了一拨又一拨的看房者，围在沙盘前看环境的、到现场看景观的、直接到样板房看装修效果的、询价的，好不热闹。一位姓戴的售楼小姐热情地迎上来，要给王大为介绍楼盘的优势，未等她开口，王大为就说，先看看吧，不急，如果有意，再麻烦你。他要了一张戴小姐的名片，就到现场去了。在查看了商品房销售的必备证件之后，王大为让家人到一边去，他要与戴小姐谈谈。这是一个习惯的约定，妻子知道，要她在必要时扮演一个敲边鼓的角色。

王大为坐在客户休息区，要了杯水，等戴小姐找上来。

"怎么样，王先生，看了哪一套？要早点下手哦，房子这种商品，没有一套是重复的，别人下了手，您的选择空间就小了。"戴小姐坐下来说，"今天来选房的人比上周还多，有好多人都是业主带来的。"

王大为说："我很犹豫。你们A区7幢28层D座那套房子的价格是多少？"他刚才看见销售态势图上标注已经卖了。

"对不起，您看上的那套已经卖掉了。我们的房子很好卖的。"戴小姐指着墙上的销售示意图说，"要不，您选其他套型相近的怎么样？"

王大为说："我去过现场，就那个位置的环境还不错，停车、进出、景观、安全都不错。"

戴小姐说："您刚才只看了外部环境，房子的感觉还要从里面找。我给您推荐两套房，您先看看现场，与您想要的那套环境差不多。"于是，王大为叫上一家老小，游园似地跟在戴小姐身后。

"这一套是南北朝向，冬季每天上午都能保证晒三个小时的阳光，夏季只晒不到两个小时。采光条件好，外面的景色尽收眼底。"

妻子说："这个卧室有点儿鸡肋。做卧室吧私密性差，你看对面的楼，把这里看得清清楚楚，我总不能天天拉上窗帘吧。做书房又有点浪费，再说，隔壁的卫生间还得改造。

大为，我怎么觉得性价比还不如上午在珠江国际看上的那套呢。”

戴小姐夹在夫妻之间听他们拌嘴，不好说什么。一行人又看了第二套房，王大为总是觉得不甚满意。

戴小姐说：“还有一套房，是这种套型的最后一套。你们看看吧，找找感觉。”说着带他们去看那套房。戴小姐知道，那套房子各方面条件不错，按经验不愁卖，公司开盘时为了造势故意贴上了“已售”的标签。如今这些套型卖得差不多了，本来可以用来炒一把，她的一个朋友定金都准备好了，想套短利。只是，今天如果努把力，再卖掉一套，本月的提成率就能上浮一个点，月收入突破 4 万元没有问题。她有些兴奋，故意带大家走了一条能看见绿地景观、中庭、电梯间空中花园的路线。

打开房，王大为眼睛一亮，他看见父亲和妻子都露出满意的神情，率先暗示说：“是挑剩下的吗？楼上没有同样的套型吗？”

戴小姐说：“真的没有了。”

妻子自然明白，拉住王大为的衣袖说：“你想清楚啊，我怎么觉得你老是看花眼。”

“清盘价多少？”他问。

“每平方米只卖 7 600 元，这个价格是考虑了所有优惠条件之后的。怎么样？您知道，房地产商在最后清盘时，不是考虑赚钱，而是为了尽快脱手，所以尾盘的套型和环境肯定都是不错的。”戴小姐说。

“不见得吧。”王大为说，“人家挑剩下的怎么可能是好的呢？难道前面买房的人都看花眼了？”

“您说的那是假尾盘，真正的尾盘在销售之初都处理成‘已售’，是为了最后好销售。”

“如果我今天就签约呢？”王大为说，其实他本来就打算一次性付款。原来买房用过按揭，按照国家目前的规定，从第二套开始，首付款高不说，还得去单位开什么证明。他之所以说“如果”，是想摆出一个姿态。“珠江国际的地段是最好的，这你知道，他们对按揭可以再给 2%的优惠。”前不久他才在那里买了房，是一次性付款，只是他把它说成了按揭。

戴小姐笑了笑说：“这是我们老总定下的最后价格，我的权限只能到此，我只能说，您要是下单，不会后悔。”

“你想尽快卖给我？”王大为也笑，“让我猜猜，你要么没有开张，要么是提成率快要冲顶了。”他忽然严肃地说：“我是认真的，你要是做不了主，就是跟提成过不去。我要是你，就去上司那里争取一下。怎么样？我等你的好消息。”

戴小姐见他确实心诚，经这一提醒便说：“我去请示一下，但是不敢保证。”王大为示意她快去。

很快，戴小姐回来说：“我说了好多话，经理答应，如果您现在就要，我是说今天就签约的话，可以再优惠一点，我们跟珠江国际一样，给您再降两个百分点。”

妻子站在一旁笑着说：“小戴啊，不是我想插嘴，你们的尾盘如果与珠江国际的优惠幅度一样，我还考虑你们这边吗？我们买房是为了投资，不是急着等房住，钱不是问题。”

戴小姐一脸无奈，说道："嫂子说得是，但是我只有这个能耐了。"

王大为说："你也是，我们要是下了单，对你也有好处。怎么不让你们经理出来与我们见个面呢？我帮你说服他好不好？"

不一会儿，一个穿西装的男子在戴小姐的带领下走过来与王大为握手，说道："抱歉啊，就是看在您有诚意的份上，我们才提供这个优惠。"

"再多一点优惠行不行？"

"真的，就这么多了，如果您实在不要，我们也不勉强。"经理说。

王大为说："多少给我一点安慰，让我有理由和决心下单。我说个一点也不过分的要求，你们多少比珠江国际那边更优惠点吧。"

经理沉思一会儿说道："这样吧，在原来的基础上，我做主再优惠5 000元，算是一个态度。"

王大为看看妻子，妻子说："堂堂一个大开发商，就优惠5 000？"她只字不提那5 000元之前对方所提供的优惠，"那我要是一次性付款呢？"

经理说："嫂子，不瞒您说，这个价，就是一次性付款也到顶了。"

"那我们还讨论什么？"妻子冲着王大为说，"按揭和一次性付款没有区别，我还是第一次听说。"

经理解释道："嫂子，听我说，其实你们用什么方式付款，对我们开发商而言一点儿影响也没有。反正我们从您这里收款和在银行那里收款性质差不多。如果你们采取按揭的话，就要给银行多付一些利息。我们是无所谓的。其实，我倒是建议你们，如果是投资的话，反正手头有余钱，不如多按揭两套更划算。"

王大为见经理不动声色地给妻子下了套，连忙把话题拉回来，建议说："我说一个数，你不必马上回答。今天您也看见了，我是有诚意的，如果能在刚才的基础上再少1万元，我现在就下单，一次性付全款。"

经理无奈地摇头说："我告诉您，真的是没有办法了。您的信用卡很诱惑人，我们也想做成这一单。但如果缘分不够，那就只有遗憾了。"他有些不耐烦。

王大为说："我是真心的，不是拿房子这事闹着玩。您不必马上回答我，明天中午以前，我不会做出任何决定，我等您的消息。这是我的电话。"说完，递给经理和戴小姐一张名片，对经理表示感谢，并称赞他很专业、敬业、灵活。

经理走了。戴小姐有些遗憾，她以为经理出马，问题会迎刃而解。沮丧的她礼貌地给王大为倒了杯咖啡，绝望地说："您再考虑一下吧。"

王大为安慰她说："我们帮你一起努力，如果能行最好。到时，你得请我们吃饭。"

戴小姐走了。妻子问："你看上那套了？要是他们不让步怎么办？"

王大为悄声说："戏还没完。你想想，部门经理的决定绝不是最后的决定，他可能会向他的老板汇报。戴小姐也会为自己的利益着想帮我们说话。我给了他们时间去争取，明天以前达成协议，戴小姐的收入将不菲。"

"要是达不成呢？"

“我们有损失吗？没有。戴小姐有损失吗？如果她有能耐在其他房子的销售上有所突破，也许也没有损失。”

“要是人家真的就在今天再卖掉一套房呢？”妻子说。

“那还得看是否能遇到像我这样一次性付款的人。她们的提成是按照实际到款率计算的。想想，支付方式本身就是钱。反正我是投资者，不着急等房住。”

“走吧。”妻子说。

“等等看，我们休息一下。”王大为做出一副无所谓的样子，开始逗孩子。

不一会儿，戴小姐兴冲冲地走过来，对王大为说：“老板同意了！我们经理请示了老板，太不容易了。王先生，您现在就签约吗？”

妻子看了王大为一眼，接过话说：“当然，一次性付款，今天先交 2 万元定金。”

“行行行。”戴小姐由衷地说，“谢谢。”

“还有，那饭局呢……”王大为诡异地笑着。

资料来源：改编自 2009 年度成都房市真实案例。

**3. 不要被对手的“最后提议”所惑**①

鲍切尔指出，在很多情况下，谈判者可能会发现对方的“最后提议”不一定就是最后拍板而不能改变。许多最后提议背后隐藏着对你的耐性的试探。

进行试探，语气坚定，看起来不可再商议，这是许多谈判者惯用的手法。“最后”这个字眼确实能唬住一些缺乏耐心的人。对手的最后提议是否真的是“最后”，不是取决于这个字眼，而是取决于你选择接受还是质疑。

鲍切尔说：“经验一再证明，实际上对方并不指望你真的相信那是‘最后’的交易条件，他们只是在试探你的反应，从而确定你是不是一个好对付的人。有时这种试探立刻收到了成效，于是试探方赢得了‘额外’的交易条件。”

他建议：“谈判者有理由以耐心和怀疑的态度对待任何被冠以‘最后’字眼的提议。要多打几个问号，再深究一下，争取更好的提议和报价。你会吃惊地发现，多数所谓的‘最后提议’原来还可以讨价还价。”②

对付这种所谓最后通牒式的谈判，谈判者可以拿出充分的耐心和磨劲，让对方知道，你的要求合理、态度诚恳，对他们给出的“小小让步”抱有一种期待。

鲍切尔提醒：“他们在试探你时，只是不愿意放弃对自己有利的一线希望。他们中有的人需要与上司讨论，或征询某个主管、第三方的意见，然后才会考虑是否再做让步。在他们与有关人士商讨后，你有可能获得他们新的提议。你的压力和批评甚至威胁，在他们的结果出来之前不可能促使他们作出新的提议，因为，如果你一味地催逼对方立刻作出让

① ［加］杰夫瑞·鲍切尔．致胜奇谋：现代西方谈判艺术．成都：西南财经大学出版社．1999：102.

② 同①101.

步，只会让自己烦恼，也会使对方不快。”①

## 二、避免以“第一人”身份参与高风险谈判

从法律、惯例、习俗的角度进行的研究表明，以“第一人”身份参与谈判的最大不利之处在于承担了较大的承诺风险。换句话说，如果条件允许，谈判者要尽可能以第三人身份参与高风险谈判。

尼尔伦伯格认为第三方战术是相当重要的一种战术。他认为，第三方作为代理人受一方或各方之托而具有的观点倾向性，给谈判的形势带来了特殊的影响。

从大量的实践来看，有时谈判者以第三方身份出面，其效果和灵活性都会更好。弗朗西斯·培根在其《谈判论》一文中就第三方战术的运用指出：“凡处置此类事情，一般而言，与其本人出面交涉，不若假手第三方出面。若授权委托人代办，则宁用其处事则忠于所托，禀报则如实相告的寻常之辈，也不用其行则每好借人所托而滋事逞能，言则惯于夸大其词以取悦于人的狡黠之徒。委人既宜用其乐当此任者，是可得其促成之功；又宜用其堪当此任者，是可展其专擅之能；如阐扬是非、晓达利害，用气豪胆壮之人；游说劝导、微言大义，用能言善辩之人；明侦暗察、探究虚实，用乖巧诡谲之人；廓清迷雾、挑明事理，用率直唐突之人。再则宜用其一向有幸胜任所托者，是可鼓其信心，尽其竭诚不负所托之力。”②

### 案例导读7-11

有一次，尼尔伦伯格的一位委托人安排了与对方的一次会谈，到约定时间，这位委托人的律师和尼尔伦伯格都到场了，委托人自己却失约了。等了好一会儿，这位委托人还没来，于是，尼尔伦伯格建议不用等了，直接开始谈判。随着会谈的进行，尼尔伦伯格发现在实现既定目标方面相当顺利，他要求对方作出承诺时，由于对方当事人无法回避，都给予了承诺，而每当对方要求他作出相应的承诺时，他却以“授权有限”来回应。这样，尼尔伦伯格以一个代理人的身份，为其委托人争得了对方的许多让步，而他却无须以任何方式向对方作出承诺。

事实表明，在高风险谈判中，对谈判代理只赋予有限的权力，或要求其按指令行事，不得自作主张，是一种极其有效的方法。对方意识到这位代理人只能根据得到的指令办事，在提出要求时就会注意分寸。

在某些谈判中，代理人会为了自身的利益去力争有利的结局。例如，律师在胜诉之后可能获得当事人的某种回报；在汽车交通事故的案件审理中，代表被告出面的保险公司极力以被告代理人的身份行事，努力争取最佳解决方案，因为对原告的赔偿以及诉讼费用全

① ［加］杰夫瑞·鲍切尔．致胜奇谋：现代西方谈判艺术．成都：西南财经大学出版社．1999：103.

② 尼尔伦伯格．谈判的艺术．上海：上海翻译出版公司，1986：125.

得由保险公司承担。

谈判者要记住，在谈判中尽量避免与对方的代理人交手，只要有可能，就应该盯住对方本人。尼尔伦伯格似乎想以此强调，要尽量与握有实权的人打交道，因为任何一个中间人从某种意义上说都是你实现自己目标的障碍。不难看出，尼尔伦伯格对于代理人授权问题并未采取一概而论的态度，关键是看你“站在哪一边的立场说话”。既然影响谈判的因素千变万化，谈判的对象和环境千差万别，就不应该单一、机械地套用这些经验。

## 三、出牌时认清无形的规则

谈判犹如出牌。商务谈判的成果一般会以契约形式确定下来，作为约束各方行为的规则。然而，即便是在市场经济环境下，这些有形的规则（如法律、政策等）也不能解决所有的问题，无形的规则在某些特定条件下，会比有形的规则更能对谈判者产生影响。所以，谈判者有了关于盘的概念后还会发现，在文化环境的影响下，谁先出牌并不重要，重要的是按照什么规则出牌；尤其是如何解读这些规则、如何运用这些规则显得很重要。各方对无形规则理解、认同和尊重的程度是谈判者对合同效力看法的基础。

**1. 文化习惯是不能忽视的潜规则**

谈判者在特定文化环境下生存，必然受到环境的影响。当绝大多数人都认同某种社会规则时，少数人的违规行为就会遭到来自各方面的巨大压力和惩罚，因此，谈判者在进行交易条件的磋商时，除了与对方进行有形的博弈外，也在与特定环境下的文化习惯进行无形的博弈，甚至可以说，许多谈判者看不见的内源性动机实际上都是环境影响的结果。

一个最简单的事例是：当“作弊可耻”成为绝大多数人的共识时，环境具备强有力的手段（制度的、技术的、法律的、道德的）以压制作弊行为的产生，作弊者将付出高昂的代价，作弊事件会最大限度地减少；相反，如果环境对作弊行为听之任之，甚至认同作弊的结果，作弊就可能成为人们竞相采取的手段，不作弊者会被视为傻瓜，“作弊可耻”的道德标准反而会遭到耻笑。

所以，谈判者不可以一厢情愿地充当游戏规则的布道者，在决定是否参与某个游戏之前，必须对这个游戏的环境有充分的认识。在潜规则面前，谈判者要想进行一场针对规则或环境的堂吉诃德式的“一个人的战争”，结果可想而知。

**案例导读 7-12**

### 重庆律师周立太的尴尬遭遇

2007 年 8 月 25 日，重庆律师周立太发表博文《又有一群“狗日的”跑了》，称 2005 年 11 月，他接到东莞利兴塑胶制品公司员工的电话，希望获得帮助。至 2007 年 8 月 15 日，他帮助 70 余名民工讨回拖欠的工资，其中 60 人得到了 70 万元经济补偿金和拖欠的薪水。拿到这些钱的当天，这些人全跑了，应当缴付的 7 万元律师费化为泡影。周立太帮助民工要回了欠薪，自己却被欠薪了。为此，他气愤地在博文中骂道：“这些拿到钱就开溜的当事人，我只能说：‘真是一帮畜生！’”

一时间，网上就周立太该不该为民工有偿打官司展开了热烈的讨论。

自2000年以来，由于各地政府在计划外大量实施政绩工程，导致资金无保障，工程款被拖欠，民工工资被拖欠的结果。作为弱势群体，民工在打工时，需要办理许多证件（如健康证、暂住证、身份证明、担保证明、特殊工种上岗培训证、生育证明等），跑许多政府部门，但他们在讨要本属于自己的工资时，却没有人真正替他们说话。如果寻求法律援助，诉讼成本很高，民工无法承受。于是，许多民工通过跳楼、杀人、自杀等极端的方式引起社会的关注。

重庆律师周立太在全国第一个提出以“风险代理＋分成”的方式解决民工权益维护问题（其实质是：法律援助＋市场化运作），方法是：律师与当事人先签合同，规定由周立太垫付律师费打官司，打输了不收钱，打赢了之后根据执行的标的进行分成。许多民工在走投无路的情况下，纷纷委托周立太替他们讨要血汗钱。然而，至2004年，拖欠周立太律师费的民工达400多人，总额360万元。周立太现在又跟那些拖欠律师费的民工打起了官司。这些官司都非常类似——打官司以前，民工称他是包青天；打赢官司以后，民工称他是黄世仁。

**2. 认清潜规则对有形规则的巨大制约作用**

一个行业会有一个行业的规则，一个社交圈子会有一个圈子的规则，这些规则是业内、圈内人士知晓的，并不一定以法律、政策等公开的形式体现出来。无形的规则体现着能左右行业、社交圈子的强大力量，这些力量具有真正的话语权。谁要是不按照这些不成文的规则行事，那些有形的规则就会在效力上大打折扣，甚至成为一纸空文。

谈判者认清潜规则对有形规则的巨大制约作用很重要。当谈判者从规则的角度对特定问题进行评估而找不到合理的解释时，就应当考虑潜规则的影响力。

**重要视点**

在复杂的社会制度和文化环境下生活的谈判者，与其做老实人，不如做明白人。

圈外人是很难认清潜规则的力量的。这是因为，潜规则并不完全遵从逻辑的法则、制度的法则、公平的法则、公开的法则，许多情况下，潜规则只可意会不可言传。例如“领导永远是对的”，这虽然不符合逻辑，但可能是一种让人意会的规则，成为特定社会条件下的一种规则。又如，当官员的行为受到公开的监督时，“夫人经济”可能成为一种潜规则。

总结起来说，潜规则对有形规则的巨大制约作用主要表现在：第一，潜规则是人们私下认可的对行为的约束，这种认可可以是主动的，也可以是被动的，凡是不认可这种约束的人会被利益集团所排斥。第二，这种在实际上得到遵从的规则，可能背离了正义观念或公开的制度规定，侵犯了主流意识形态或公开的制度所维护的价值观，因此不得不以隐蔽的形式存在。当事人对这种隐蔽形式给予认可，只有认可这种规则的人，才可以在公开的制度下生存、获益。第三，通过这种隐蔽，当事人将正式规则屏蔽于局部互动之外，或者拉入私下交易之中，凭借着私下的规则替换，获取正式规则所不能提供的利益。总之，通过潜规则，当事人可以极大地降低交易成本，避免交易风险，获得公开或公平条件下不能获得的巨大好处。

**案例导读 7－13**

2005 年发生了震动全国的七省“官煤勾结案”。内蒙古、山西、湖南等地 989 处煤矿有官员投资入股。当年中央纪委、监察部、国务院国资委、安监总局联合颁布法令，要求国家机关工作人员和国有企业负责人退股。国务院要求截至 2005 年 9 月 27 日，所有投资入股的公务员必须退股，然而大限到时内蒙古居然没有一个官员退股，湖南持观望态度，有官员表态说宁肯丢官也不丢煤，中央不得不将大限时间再次推迟到 10 月 10 日，这反映出中央政府对“官商群体”的无奈。对“官煤勾结”这一众矢之的，各界讨伐之声不绝于耳。

2007 年 9 月 3 日，山西省吕梁市纪委对孝义市公安局中阳楼派出所所长霍耀山违反有关规定入股经营煤矿立案调查，此案在当地引起了很大震动。霍耀山一案，是典型的警煤勾结、官煤勾结侵犯受害人合法权益的腐败大案。知情人透露：霍耀山为摆平此案，已经花费了 1 000 多万元，其中仅给一人就达 200 万元。一个基层派出所所长为了获取不义之财，竟然顶风违纪，参股经营；为了偷税逃税，竟然使用假发票；为了霸占国有煤矿，竟然伪造公文、印章，这些行为实在让人瞠目结舌。更令人意想不到的是这个派出所所长的能量，被纪委查实违纪参股经营的企业竟安然无恙。官煤勾结难道真的是钢板一块，无法打破？人们的诸多疑问如何消除？

派出所所长入股经营煤矿问题被认定后，由此牵连出来的伪造政府公文、印章骗取工商登记变更一案也由吕梁市公安局侦查终结并移送吕梁市检察院。

然而，霍耀山现在受到的处理仅仅是“免职”。

孝义市公安局的说法是，公安局无权处理科级干部，目前只能是“免职”。等到纪委有了处理结论，才能作出进一步处理。

孝义市纪委的说法是，要等到吕梁市纪委有了最终结论，才能对霍耀山作出处理。

吕梁市纪委的说法是，山西省公安厅和吕梁市公安局已经立案调查，要等公安部门的最终结论。

吕梁市公安局的说法是：该案已经移送市检察院，据说检察院决定不予起诉。

最危险的是，入股的官员只是浮在表面的小公务员，“大人物”往往通过其他法人资本形式隐性入股，他们不以货币出资，而是以权出资。

资料来源：派出所长官煤勾结，千万元“摆平费”摆平了谁？. 人民网，2008－10－08.

### 3. 没有信用就没有信任

谈判者应当明白，在市场经济条件下，法律不能解决所有的问题，因为市场经济既是法制经济，又是信用经济，法律和信用是维持市场有序运转的两个重要的基本机制。事实上，与法律相比，信用机制是一种成本更低的机制。在许多情况下，具有强制力特征的法律是无能为力的，恰恰是具有非强制力的信用能起决定性作用。可以说，信用缺失的社会不可能有真正的现代市场经济。早在两千多年前，孔子就说：人而无信，不知其可。随着时代的变迁，这句话越发显现出对人类文明进步所具有的意义。1988年1月，全世界的诺贝尔奖得主在巴黎集会后发表了宣言，第一句话就是："人类要在21世纪生存下去，必须回首2 500年去吸收孔子的智慧。"

**重要视点**

子贡问政。子曰："足食。足兵。民信之矣。"子贡曰："必不得已而去，于斯三者何先？"曰："去兵。"子贡曰："必不得已而去，于斯二者何先？"曰："去食。自古皆有死，民无信不立。"

——《论语·颜渊》

换句话说，信用经济是一种比法制经济层次更高的经济形态。在信用经济环境下，可以降低谈判成本，提高磋商效率。当代市场经济发展的经验和教训都证明，在信用缺失的条件下，商务活动中磋商的成本远远高于通过磋商所能获得的收益。

## 四、善于利用时间战术

如果在实质性谈判过程中谈判者不能在短时间（如一轮谈判）内解决问题，就必须考虑时间因素。

时间是一种战术。在谈判中可能双方对时间都没有限制，实际耗用的时间完全视谈判进展程度而定，在这种情况下，虽然在形式上双方不会感到压力，但并不意味着可以忽略时间的影响。这是因为，在谈判过程中，外部形势随时都在变化，有可能导致谈判双方总体利益的变化。例如，在原材料行情总体看涨的情况下，原材料经销商与采购者即使经过长时间的讨价还价之后达成协议，经销商的资金运转和采购者的采购成本也将受到影响。

如果谈判有时间限制，那么双方在谈判中各自承受的压力视时间限制的不同而不同。从战术上说，有时间限制的谈判可能迫使谈判者对整个谈判计划进行修改，谈判双方在谈判进展程度上都会有一定的压力。显然，有时间限制的谈判对于具有优势地位的一方更为有利。谈判的时间限制可能是一方提出的，也可能是双方共同确认的。如果是由其中一方提出的，则极可能是以时间作为谈判的一种战术手段；如果是双方共同确认的，则时间在谈判中的作用主要表现在以下几个方面：

（1）在一开始就考虑到时间的限制，让步频率越高的一方，谈判结果对其越不利。

（2）由于双方都意识到时间限制对于对方有压力，极可能在谈判之初双方都不作任何让步，或只作姿态性的让步。

（3）由于双方都意识到时间限制对于自己有压力，极可能在谈判最后时限之前的某段时间，双方都积极地寻求达成交易的可能性，并作出某些实质性的让步。

（4）在最后时限到来之前，谈判实力较弱的一方会感到巨大的压力，除非其不想成交，否则最后的结果往往是全盘接受对方的交易条件。

（5）谈判双方的实力越是彼此相当，则双方作出让步的时间就越迟。双方既不会过早地作出让步，也不会拒绝作出任何让步，适时的让步对双方都很重要，甚至有的让步直到最后时限之前的几分钟才作出。

（6）如果时间限制太短，以致双方均未将有关通信联系、与第三方接洽、交通条件等方面的因素考虑进去，时间限制在战术上的作用反而会丧失。

当时间被谈判的一方作为一种战术手段加以利用时，其战术作用的大小与三个因素有关：谈判者所做决定的重要性；实际可供谈判的时间长短；谈判者与己方联系的紧密程度。

对方所做的决定越重要，己方提出时间限制给对方施加的压力就越大。己方提出的时间限制越短，对方在谈判中感受到的压力就越大。对方越是远离其同事和上级，越是独立行事，己方提出的时间限制越会对其造成压力。

从战术上讲，谈判者在时间限制上给对方施加的压力并不是越大越好。时间战术作用的大小最终体现在谈判者能否使对方在规定时间内依照己方的意图作出不可撤销的决定。比如，当对方所做的决定很重要时，己方在时间限制上向对方施加巨大压力，企图强迫对方采取行动，结果极可能因对方承受不了这样的压力而强烈要求向其上级汇报，这样，时间限制给对方形成的压力就不大了。或者，虽然对方不可能与其上级立即取得联系，但对方会降低自己的谈判目标和要求，拒绝作出不可撤销的承诺，这样，对己方而言，时间战术的作用就变小了。

## 五、引入必要的对赌是降低预期风险的基本手段

在谈判成果预期不稳的情况下，谈判者可以利用对赌形成的对冲机制降低预期风险，维护自身利益。

对赌作为一种平抑风险的手段，核心是设计一套可为谈判各方所接受的对赌标的，并有可以操作的触发机制。实际操作中，为了防止出现预期不稳的风险，股权比例、回购方式、债转股的条件、公司成长性（规模）、利润率、市场份额、分红条件、现金补偿等凡是涉及各方核心利益的条件，都可以作为对赌标的。

对赌的关键有两点。一是“下注”不能悬空，即参与对赌的当事人不得在未履行义务的条件下提出对未来权利预期的要求。例如在风险投资谈判中，有些创投机构因为专业判断水平有限，难以对投资对象预期好坏进行评估，往往在对赌协议里对投资进度作出一些保留性规定，比如先预付10%的资金（而不是一次性投资到位）作为试探性投入，更有甚者先以债权方式介入，控制住债转股的主动权，看看企业的发展情况再决定是否继续投资，实际上是把投资对象绑架进赌局，而自己并没有入局。如果企业出现运营问题或不能实现预期目标，创投机构后面就可以顺理成章地赖账。事实上，这种做法隐含着由于投资资金不够而导致项目流产的诱因，所以从被投资公司的角度看，当谈判中只签了对赌协议而对“下注条款”不加审视，允许创投机构分期投资时，就等于让企业把风险全部承担下

来而将实际控制权拱手让人。对赌的第二个关键是为触发机制配备职业经理人，但目前中国缺乏有效率的职业经理人市场，所以对赌条款一旦触发，公司被接管后缺乏接手的经理人团队，基本上就意味着双输的大败局，很难再有赢家。这种状况的出现很多时候是由于对赌条款的基础条件不具备。所以谈判中是否签署对赌协议，不仅要看市场预期，还要看触发对赌机制后企业是否提前准备好了职业经理人。

抵御市场风险的对赌谈判在房地产投资业务中有先例。在金融风险增长的条件下因对赌条款而陷入困境的企业不在少数，最明显的要数房地产行业。2008年排期赴中国香港上市的近20家内地房企，当初引入战略投资者时，为囤积高价土地向投行的融资少则2亿美元，多则5亿美元。房地产商判断市场向好，而投行判断市场有风险。作为财务投资者的投行为了规避风险，在谈判对赌条件中要求平均年回报率在30%左右，如果你达不到，对不起，动用现金补偿。到2014年为止，这20家拟上市企业只有两三家成功上市，在资本市场对房地产股估值（PE）逐渐下降的情况下，其他企业想在规定期限内成功上市几乎是不可能完成的，这就意味着对赌机制很有可能被触发，投行会在今后要求更高的回报率，或企业被迫让出股份实施债转股，进而诱发控股股东变化和接管公司、改组董事会、撤换管理层的行为。

“分期投资，则分期对赌；全部投资，则全部对赌；附条件投资，则附条件对赌。”这应当成为谈判者在处理对赌问题时秉持权利义务对等诉求的基本原则。

## 案例导读 7-14

### 解读对赌及特权条款对公司新三板挂牌的影响

根据东方财富Choice金融终端收录的数据，2014年12月17日至2016年3月3日，新三板共有146家挂牌企业与风投机构、个人投资者、新三板投资基金、大股东等签署508份对赌协议。基于我国法律法规及新三板挂牌要求，若公司拟申请新三板挂牌，应当妥善处理与投资者所签署的对赌协议及投资者特权条款的问题，以确保顺利挂牌，并为公司后续的资本运作打好基础。

一、如何解读对赌协议的效力

对于拟申请新三板挂牌的企业，在正式挂牌前，如果引入私募股权投资者，投资方为降低投资风险，维护投资收益，往往要求在投资协议中加入对赌条款，即以公司未来业绩、挂牌时间等为对赌目标，如果公司无法实现目标，则需对投资者进行股份或现金补偿或进行股份回购，以确保投资收益或实现顺利退出。

最高人民法院（以下简称“最高院”）对“甘肃世恒案”作出的判决（被业界称为“对赌协议第一案”），肯定了投资方与股东签署对赌协议的效力，认为双方约定的补偿承诺属于当事人真实意思表示，不损害公司及债权人利益，不违反法律法规的规定；而对于投资方与公司之间的对赌，最高院认定其无效，认为该约定使投资方获得相对固定的收益，脱离了公司经营业绩，会损害公司和债权人利益，违反了《公司法》第20条和《中外合资经营企业法》第8条的规定。

此后，最高院对另一个有关对赌协议的案件（即苏州周原九鼎投资中心与蓝泽桥、宜都天峡特种渔业公司、湖北天峡鲟业公司投资合同纠纷案）作出的二审裁定明确了对赌协议中要求特定情况下股东应当回购股份的承诺属于“缔约过程中当事人对投资合作商业风险的安排”，并且通过说明这种股权回购的约定内容不存在《合同法》第52条规定的合同无效的情形，肯定了股东与投资人之间对赌协议的有效性。

因此，股东与投资人之间的对赌条款因基于意思自治原则而具有法律效力，而公司与投资人之间的对赌条款由于会对公司和债权人利益造成损害而被认定为无效。

二、新三板中对赌协议的影响及实际谈判过程中处理方式的建议

（一）公司不参与对赌协议

依据最高院有关对赌协议的裁定，准备在新三板挂牌的公司应当避免在引入投资者时，以公司作为主体签署对赌协议，以防止在后续出现纠纷时含有对赌条款的投资协议被认定为无效。依据《全国中小企业股份转让系统业务规则（试行）》（以下简称《业务规则》）的规定，新三板挂牌公司应当具有持续经营能力。若对赌主体涉及公司，则会导致公司的利益与未来经营不稳定，从而影响公司的持续经营能力，同时也会对挂牌后新增股东的利益造成不确定影响。因此，公司不能作为对赌协议的主体。

（二）股东与投资人在对赌条款中的关注点

1. 涉及股份补偿的对赌条款，不能导致公司控制权的变化。根据新三板《业务规则》2.1条的规定：挂牌公司应当满足“具有持续经营能力”“股权明晰”等条件。如果对赌条款中涉及控股股东以股份进行补偿，需控制在控制权不受影响的范围内。如果对赌的业绩与实际业绩差异过大，根据股份补偿的计算原则，可能导致控制权变化，从而导致对公司持续经营能力的影响及对其他股东利益的损害。股份补偿的计算方式通常按照理论上的最大影响值测算，只要存在控制权变化的可能性，就有可能对公司整体经营产生影响。因此，拟在新三板挂牌的公司，股东与投资者签署对赌条款时应予以关注。

2. 涉及现金补偿、股份回购的条款，需要考量控股股东或实际控制人的履约能力。在涉及现金补偿、股份回购义务时，控股股东或实际控制人应当控制履约的风险，避免因无法履约而导致公司股权结构发生重大变动，或者出现其他影响公司持续经营的情况。

三、如何应对新三板中投资者特权条款的影响

公司在引入投资者的过程中，投资者还会通过协议要求“特别权利条款”，例如，一票否决权、反稀释权、优先分红权、优先清算权、优先认购权、共同出售权、领售权等。公司不应当参与上述条款的签署，承担相关的义务；同时，公司控股股东、实际控制人或其他原股东在与投资者签署协议的过程中，应结合新三板挂牌要求，针对每一项特别权利进行处理。

1. 一票否决权。投资协议中常常会赋予投资者对公司重大事项的一票否决权，即未经投资人同意的重大事项公司不得执行，以保证投资人对公司的影响力，避免控股股东或管理层滥用权利，侵害投资者利益。上述重大事项一般包括股权结构的调整、公司一定金额以上资产的处置、公司管理层岗位的变动等。

根据《公司法》第126条的规定，对于股份有限公司，股份的发行实行公平、公正的原则，同种类的每一股份应当具有同等权利。而投资人的一票否决权有违《公司法》的同股同权原则，会对其他股东的表决权构成侵害。此外，从公司治理角度看，投资者的一票否决权超越了公司股东大会、董事会的多数表决机制，不符合新三板挂牌所要求的“公司治理机制健全”的基本条件。因此，对于拟申报新三板挂牌的公司，对该条款应当予以清理。

2. 反稀释（反摊薄）权。投资者为了避免公司后续融资过程中因为认购价格低于其投资时的价格而导致其股份权益被稀释的情形发生，通常会设定反稀释条款。如果触及此条件，会要求公司控股股东或实际控制人以现金或股份方式补偿差额。

反稀释条款应当仅限于公司控股股东或实际控制人与投资者之间的协议，不能触及公司其他股东（尤其是挂牌后的新增投资者），即任何未认可该条款义务的股东。从新三板挂牌角度来看，应当对此进行充分的信息披露，如果涉及股份补偿，不能造成公司控制权的改变。

3. 优先认购权。优先认购权是指投资者优先于公司其他股东参与认购公司新增发股份或者受让公司原股东转让股份的特别权利。

控股股东、实际控制人如果接受投资者的优先认购权，则仅限于双方之间的约定，不得优先于公司其他股东（尤其是挂牌后的新增其他投资者），并且需在新三板申报材料中加以披露。同时还需要注意的是，投资者相对于控股股东的优先认购权，应限定在不影响公司股权结构发生重大变化的前提下，尤其是不得直接影响控制权，否则会对公司挂牌上市构成障碍。

4. 优先分红权。投资者享有优先于其他股东的分红权。如果公司控股股东或实际控制人接受投资者的优先分红权，则仅限于双方约定，投资者不得超越其他股东享有特权，并且需要在新三板申报材料中进行披露。

5. 优先清算权。公司出现解散事由并启动清算程序时，在根据法律规定支付清算费用、缴纳税款、安置职工、偿还债务后，对于剩余财产，投资者享有优先于其他股东进行分配的权利。同上述原则，优先权仅限于投资方和控股股东或实际控制人之间的约定，超出此范畴即为无效，并且应在新三板申报材料中予以披露。

6. 领售权。投资方为了保护投资退出权益，往往会在投资协议中规定在股份满足可出售的条件下（通常是设定一个价格标准），如果第三方提出收购要约，公司股东应当同意按照此条件出售股份，不同意出售的股东有义务按照同等条件向投资者等愿意出售方进行收购。

该条款虽然具备一定的效力基础，但由于可能触发公司整体出售及公司控制权的变化，涉及对公司其他股东权利和义务的安排，且超越了公司股东大会的正常表决机制，因此从新三板申报的角度来看，会对公司持续经营能力、治理结构构成影响，应当提前清理。

## 本章小结

商务谈判策略是谈判者将科学的谈判思维方式与具体的专业技术知识、管理知识、贸易知识和法律知识相结合，充分发挥已有谈判经验和所掌握谈判资源的积极效用，为达到商务谈判的目的所制定的谈判方案、实施路径和应变预案的总称。一个有效的谈判策略必须建立在拥有对称性优势的基础上。谈判者可以通过对谈判信息、谈判身份、谈判经验、谈判心理、谈判实力、谈判时间的有效调整，制定出最适合自身的谈判策略。

谈判者不可把谈判策略与具体的谈判战术混为一谈。谈判策略是一种大方向，具体战术是实现谈判策略的方法。换句话说，策略是为了使谈判达到特定目的而作出的一种整体谋划，是对谈判目标和方向的确认，而战术则是为了达到这一目的而采取的具体手段和方法。在商务谈判中，谈判者不可轻易因战术而否定策略，也不可同时制定两个不同的策略。

谈判者在运用技术原则时要注意两种风险：第一类风险（也称 $\alpha$ 风险），是指因交易信息不对称或虚头水平设置失误导致难以规避损失的风险。这类风险一旦发生，对谈判者来说意味着重大的机会损失。第二类风险（也称 $\beta$ 风险），是指因信息对称或虚头水平设置恰当而可以规避的风险。这类风险即使发生，谈判者亦有机会挽救。

商务谈判的成果一般会以某种契约形式确定下来，作为约束各方行为的规则。然而，即便是在市场经济环境下，有形的规则（如法律、政策等）也不能解决所有的问题，在某些特定条件下，无形的规则会比有形的规则更能对谈判者产生影响。

## 关键术语

第一类风险　　第二类风险　　单一因素谈判　　反提议　　对赌

## 思考与讨论题

1. 谈判者首次开出交易条件要冒哪两种风险？

2. 报价的前提条件有哪些？

3. 如何看待美国学者约翰·格雷厄姆在20世纪90年代中期提出的商务谈判中处理让步问题的10个忠告？

4. 让步的一般技术原则有哪些？

5. 怎样看待价格条件与非价格条件的制约关系？

6. 为什么处于弱势一方的谈判者要尽量避免参与单一因素谈判？

7. 设定底线对提高磋商效率有什么作用？

8. 为什么说文化习惯是不能忽视的潜规则？

9. 谈判者认清潜规则对有形规则的巨大制约作用有什么意义？

10. 为什么说引入必要的对赌是降低预期风险的基本手段？

第八章

# 商务谈判语言的形式及其辅助手段的运用

## 本章要点

影响商务谈判语言运用的主要因素
避免商务谈判语言失误的基本措施
建立信任感
重视秘书和翻译的作用

## 第一节　商务谈判语言的类型与表达形式要求

谈判者是通过与人打交道来从事谈判活动的。谈判者相当一部分思想、意图的表达需要通过语言来进行。语言既是一种社会现象，也是一种心理现象，但语言并不简单地指“说话”。语言学认为说话是指人们说的全部内容，即言语；将人们具有共性的、规范的、认同的言语及文字（包括符号）加以总结和系统化，即语言。言语是语言的基础。谈判语言是指在谈判领域中运用的语言。

商务谈判语言涉及语言学、修辞学、逻辑学、心理学、美学、管理学、经济学等领域。研究谈判者在谈判活动中利用语言进行表达的原则、方法、技巧及规律的学科叫做谈判语言学。谈判语言学是一门边缘学科，既与谈判学有紧密的联系，又有自己独立的研究对象、研究方法和学科体系。学习、研究、运用、总结谈判语言的艺术，是谈判者迅速提高自身谈判能力与谈判水平的重要手段。人们都有这样的体会，同样一件事，同样的要求，由不同的人来表达，效果就不同。不恰当的语言可能产生误会、带来困惑、引起窘迫、造成尴尬，甚至激怒对方，恰当的语言则可消除误会、促进了解、利于沟通、增进友谊、强化效果。因此，谈判者必须对影响谈判语言运用的主要因素、不同性质谈判语言的一般要求、谈判语言运用的技巧、谈判语言的效果等问题有最基本的认识和了解，为在谈判活动中灵活运用语言打下基础。

### 一、谈判语言的类型

在商务谈判活动中，最常见的谈判语言可以依照其表达形式的特点进行分类，不同类型谈判语言的特征决定了其运用范围和运用要求。

**1. 口头谈判语言**

口头谈判语言是在一定的环境背景下谈判者之间直接对话的语言形式，是最直接、最灵活、运用最普遍的谈判语言。它在谈判活动中能及时、充分地表达出谈判者的要求、愿望或意图，无论是正式谈判还是非正式谈判、公开谈判还是秘密谈判，或者是其他任何类型的谈判，均可以运用口头谈判语言进行。口头谈判语言的特点是：它的语意受到特定语言环境（语种、文化、现场环境、谈判对象、语气等）的影响，许多交流背景因素决定了口头谈判语言的构成，谈判者彼此默认或熟悉的背景因素越多，语言构成就越简单；口头谈判语言传递的信息弹性较大，不容易形成具有约束力的条件。

**2. 电话谈判语言**

电话谈判语言是一种特殊的口头谈判语言。它与口头谈判语言的差异是：口头谈判语言一般在谈判者面对面的场合使用，电话谈判语言通常不是在谈判者面对面的场合使用，因此，电话谈判语言是一种间接的口头谈判语言，其运用的好坏直接关系到它所传递的信息是否准确。比如，由于采用电话商谈时无法观察或把握对手的表情、环境、有无第三者在场、有无窃听等情况，因此，谈判者难以保证准确传递己方的意图，难以准确把握对方的真实意图，难以观察谈判现场环境的变化，难以避免信息的泄露，难以预防因通信设备发生故障而引起的误会、谈判中断，等等。但是，正因为电话谈判语言有这样一些特点，老练的谈判者往往利用它来进行某些特殊的谈判，以赢得有利的谈判地位。随着通信手段日益现代化，许多新型通信方式开始改变电话谈判语言的环境条件，例如21世纪初电脑、3G通信手段的运用，开始对电话通信条件产生革命性的影响，电话谈判语言的特性有了新的变化。

**3. 书面谈判语言**

书面谈判语言是以文件、规定、纪要、摘录、资料、合同、附件、说明、印刷品等形式表达谈判意图或条件的。它的特点是严谨、正式感强、灵活性差。采用书面谈判语言难以表达行为语言信息，决策性失误（如表态过火、承诺过多等）难以避免。书面谈判语言的运用必须十分谨慎。

**4. 函电谈判语言**

函电谈判语言是一种特殊的书面谈判语言。它除了具备书面谈判语言所有的特点之外，还具有由函电传播媒介性质引起的、与邮政及电信技术进步程度相对应的特点，如精练（尤其是商务谈判函电普遍采用标准化、简洁的发盘及磋商用语）、保密性好（以先进的密码翻译系统为手段）等。函电谈判语言的运用范围正日益扩大。

## 二、影响商务谈判语言运用的主要因素

影响商务谈判语言运用的主要因素有以下12个：

**1. 不同的谈判领域**

例如技术谈判领域、贸易谈判领域、管理谈判领域、法律条文谈判领域、投资谈判领域、服务保障谈判领域等存在的差异。这种差异性对于谈判语言的专业性提出了特殊要求，你必须首先是熟悉该领域的行家，说话才可能在该领域具有影响力。

**2. 谈判活动的性质**

例如对抗性谈判与协调性谈判、竞争性谈判与合作性谈判、实质性谈判与非实质性谈判、调停谈判与仲裁谈判、正式谈判与非正式谈判等性质的不同。由于谈判活动性质的约束，谈判语言在表达轻重、表述角度等方面必须与之相匹配，以契合该谈判活动的性质，避免各方误读、误判。

**3. 谈判各方的力量对比**

例如谈判实力的强弱（包括财务实力、技术实力、管理水平、资信条件等）、环境预期变化的大小、资源条件的优劣等。谈判实力的差异会反映在谈判者说话的姿态、口吻，以及谈判语言在表述上的余地等方面。

**4. 谈判各方的谈判策略**

例如是进取型的还是防御型的、基于建立长远关系还是基于眼前利益等。谈判语言随之会受到影响，表现为是咄咄逼人的还是委婉亲和的、是和缓淡定的还是急不可耐的。

**5. 谈判者的文化修养及知识结构**

例如谈判者的文化修养、人文教养、是否通晓国际惯例、专业知识的掌握程度等，它们会对表述有关问题的方式、理解和回应有关问题的方式带来影响。

**6. 谈判者彼此熟悉及了解的程度**

谈判者彼此熟悉和了解的程度不同，谈判语言在运用时的自如程度、直率程度也不同。

**7. 谈判者的个人私交**

这是一个十分重要且微妙的影响因素，它不能跟个人间的熟悉程度画等号。个人私交在许多方面能对谈判进程、结果产生影响，甚至可以超越谈判语言运用的范畴。

**8. 谈判者自身的心理状态**

谈判者对谈判结果的预期不同、心理平衡能力不同，谈判语言运用的连贯性、合理性也存在差异。

**9. 谈判者的个人谈判风格**

个人谈判风格实际上是谈判者的地位、性格、文化水平等的综合反映，它是在谈判经验逐步积累过程中形成的，会体现在谈判语言的运用中。

**10. 谈判者的风度及给对方的印象**

谈判者的风度对语言的感染力、说服力等的辅助作用十分显著。

**11. 谈判者的地位高低和权力大小**

一个地位相对较高、在权力上具有优势的谈判者，由于资源调度的能力更强，其语言的影响力也相对较强。反之亦然。

**12. 谈判者扮演的角色**

谈判者扮演的是强硬的还是温柔的角色，是管理者还是被管理者，是当事人还是代理人，是中间人、顾问还是决策者等，其语言也会受到影响。

在上述影响因素中，前三项是影响商务谈判语言运用的最基本的因素。

## 三、避免商务谈判语言失误的基本措施

无论是口头谈判语言、电话谈判语言、书面谈判语言，还是函电谈判语言，都有自身的局限性。由于不同类型的谈判语言具有不同的特点，因此在实际运用中往往要采取综合、互补的措施，以扬长避短，发挥不同语言形式的功效。谈判者的经验再丰富，也不能保证参与谈判活动时没有失误，所以，通过一系列的防范措施，避免或减少商务谈判活动中语言传递信息的失误，对谈判者赢得主动的谈判地位至关重要。

**1. 严格相关法律文件的审查程序**

凡是作为或可能被当作法律文件的书面材料，必须坚持进行固定的、标准的、严格的审查。要坚持在法律文件生效之前，指定专人（如法律顾问、技术顾问、部门负责人等）对文件的文字意义、附件内容进行审查。

文字条件和数字条件的审查要分别进行。例如，文字有无错、漏、歧义的情况；数字有无少了或多了一个零，小数点是否点错了地方，单位是否正确等。

**2. 坚持在回答问题之前先确认对方的真实意图**

谈判者不能按照自己对问题的理解进行讨价还价，而应当首先确认对方是否同意或理解谈判条件，然后进行谈判。

## 案例导读8-1

关磊是一家电器控制设备公司的业务员，由于工作需要，他要购买一辆汽车用于长途出差。在比较了不同类型的汽车和政府对小排量车的优惠政策之后，他决定买一辆排量1.4升的国产车。

汽车销售代表十分高兴，盛赞他的眼力，感谢他的惠顾。经过一番讨价还价，关磊以8万元买下了这辆车，商家同时送他4万公里或3年的免费保养、1 000升汽油和真皮座套。

国产车没有辜负关磊的期望，磨合期满，各方面的配置和性能都令他满意。毕竟8万元的车能达到合资品牌车要花14万元才能有的配置和性能，他觉得值。

第一次保养，关磊坐在舒适的客户休息室里，听着悦耳的音乐，看着杂志，隔窗就能看见自己的车在车间里的情况。他对这家4S店开始有了好印象。这时，一位客户中心代表满面笑容地走过来，对他说："关先生，我是您的车保姆，张静，安静的静，您叫我小张就可以了。"

"哦，谢谢。"关磊接过她递来的名片，"车保姆？第一次听说。挺新鲜的。"

"我的职责就是确保您的爱车在任何时候都处于最佳状态，让您省心。"

"到现在为止，我的车还没有出过什么大的毛病。"关磊说，"这是我的第一辆车，我希望它能够让我赚到更多的钱，所以要故障少、省油，才能省心。"

张静随手递过来一本专业杂志，"您可以看看这本杂志的介绍，上面有几款专门针对小排量发动机的增压装置，如果您感兴趣，我再给您做详尽介绍。"说完她甜甜地一笑，给关磊倒了一杯可乐，走了。

关磊看着张静离开的背影，心中暗自赞叹：好一个不动声色的推销高手。不过，反正坐着也是坐着，看看杂志的介绍也无妨。

很快，关磊被一款法国产的增压装置迷住了，如果他的发动机装上这个玩意，最大功率可以从现在的65KW/5 500转一下子提高到74KW/3 300转，这几乎是1.6升排量中最先进发动机的技术参数了，而且油耗可以从实际的6.7升/百公里降到6.2升/百公里，账不可细算啊。就在他看得专心时，张静已经坐在了他旁边，"怎么样？想给您的车加装一个更强劲的心脏吗？"

关磊不得不承认自己确实被它吸引住了。他问："这一款装置连同改装费一共多少钱？"

"我先不告诉您。您知道，这是一款完全符合国家对发动机改装要求的最新技术产品。您猜猜看？"

"我不知道。"关磊不想表现得太在意。他随意地说："超过4 000元我就不能承受了。”

“那我告诉您，这款装置是法国原装的，连同改装费一共 6 200 元。虽然有点儿贵，但您要是知道它安装好以后终身免费维修，就不会嫌它贵了。”

“你这么说，以后维修时怎么确认啊？有合同吗？”

张静笑了，说：“看来您认真了。我觉得您好专业哦，肯定是搞业务的，对合同那么敏感。实话说吧，没有合同，但是我可以保证，将这些条件写到发票背面和保养手册中。”

关磊动了心。于是，张静拿着开好的发票和保养手册，分别写下了“本公司提供的动力改装部分终身免费维修”的字据，加盖了公司印章。

关磊细细地端详，问道：“我理解这句话的意思是，‘本公司提供的动力改装部分，终身免费维修’，就是说免除一切费用，对吗？”

张静说：“只收取工时费。”

关磊说：“那么，可不可以在句子中加进那个重要的逗号呢？否则，将来可能产生多种理解。如果发动机改装了，就不是原来的发动机了，是不是可以理解为只要安装了这套装置，从此都免费维修？”

张静说：“您挺有意思的，我说过了，只对改装部分，也就是说装置那部分的维修是免费的。”

关磊不同意她的说法，核实说：“刚才你说工时费是不能免的。要是修不好呢？或者因为修理而导致原来的发动机技术参数下降呢？是否可以将改装后应该达到的技术要求也写进合同中呢？”

张静说：“可以。”

关磊进一步说：“按照你刚才的承诺，我还有两个问题，一是可不可以先付一部分款，比如 2/3 的费用，我先付 4 000 元，等一个月的试用结果出来，达到了技术要求，再付余款。我以 500 升汽油票做抵押，这很公平。二是如果发动机的技术参数因安装了这套装置而出现下降，你们应当负责修复，不能修复的，应当赔偿或更换，不知道你们有没有这个信心？”

张静说：“这个做法我们还没有先例。不过对于您的第一个要求，我可以向经理汇报一下，估计问题不大；对于第二个要求，我不敢保证经理能同意。”

关磊笑了笑说：“你先去跟经理说说，我诚心要安装，就是不知道他有没有信心做这一单。”

**3. 作出任何妥协之前一定要先核算**

商务谈判中的妥协往往意味着对最后交易条件的认可。由于妥协之后，当初的谈判目标会受到一定的影响，所以对这种代价要认真地核算。不过，妥协应该是有条件的，不要做无条件的妥协。让步不是由于谈判者软弱，而是获利的一种手段。

**4. 要坚持对所有的数字条件做备忘录**

谈判者无论是与新客户还是与老客户做业务，都要坚持对所有的数字条件做备忘录，既可以防止己方犯低级错误，又可以避免对方利用己方的失误。

**5. 对于对方反复强调的交易条件要保持敏感**

谈判语言交流是一个双向沟通的过程。对于对方反复强调的交易条件要有职业的敏感，在作出回应之前不动声色地保持一种外松内紧的姿态十分重要。要尽快利用己方的信息渠道，对这些条件进行甄别和分析。谈判助手与主谈人之间要密切配合，千万不要在未经商议的情况下各行其是，贸然回答，提出看法或作出承诺。

## 第二节　商务谈判语言的辅助手段

为了增强商务谈判语言的表达效果，谈判者常常要借助一些辅助手段。有些辅助手段可以通过谈判者自身的努力实现，有些辅助手段则需要有关人员的协调配合。

### 一、建立信任感

杰夫瑞·鲍切尔指出，信任是商务谈判活动必不可少的基础。没有信任，谈判很难进入实质性阶段，解决不了什么问题；没有信任，双方都不愿意在需要对方合作的问题上作出承诺；即使彼此签署了协议，如果没有信任，各方是否会尊重签订的协议，依然是个未知数。

信任感是通过时间培育起来的，建立信任很难，破坏信任却很容易。谈判者一时不慎或一个念头或行为，就可以将业已建立的信任关系毁掉。习惯上，商人都倾向于根据对方以往的行为表现来判断对方是否值得信赖。

特别是在不同文化背景下的谈判者之间，建立信任更需要时间。我们在与西方人打交道之前，可以通过多接触逐步建立起信任关系。有什么办法可以增进信任？鲍切尔给出了12条建议。①

**1. 把自己的想法向对方敞开**

不要把自我思想的敞开与讨好对方混为一谈。某些推销员看见客户就条件反射地笑，主动握手，竭力装得外向随和、讨人喜欢。然而，他们究竟在想什么，你也许总也弄不懂。真正的敞开思想，不是在行动上没有原则或底线，而是愿意面对所有存在的困难和问题，不放过任何可以交流自己想法的机会。它是一种愿意从各种角度分析问题的承诺，而不是回避、掩饰自己的不同意见的姿态。越是让对方从你敞开的思想中感受到不弄虚作假的立场，就越能让对方有安全感，也越容易进入实质性问题的谈判。

**2. 诚实**

诚实是一种行动的证明。谈判者不可能声称自己是诚实的就让对方相信他是诚实的。

① ［加］杰夫瑞·鲍切尔．致胜奇谋：现代西方谈判艺术．成都：西南财政大学出版社，1999：32.

诚实不是口头说了就算数的，需要用行动来证明。谈判者尊重事实吗？直率吗？说话守信吗？回避问题吗？可见，诚实是一系列行动的证明。

**3. 冷静**

如果一个人说话总给人一种神经质的感觉，别人对他就很难留下良好的印象。一个说话没有原则和理性的人，即使说得在理，也难以获得信任。在重大谈判之初谈判者出现紧张情绪是正常的，缺乏经验的人更是如此。用不同语言交流的人可能会担心，他们的真实意图会不会被误解，这时，能够冷静处事的人更容易让人产生信任感。

**4. 展示历史的足迹**

对方是否信任你，很大程度上取决于他对你的印象。因此，对方在没有完全了解你之前，肯定更愿意相信一个与你打过交道的人。一个人要留给别人好印象，可以有多种方式，包括吵架在内都可以促进交流，你需要的是展示历史的足迹。

**5. 关注对方的需求与目标**

谈判者不能指望只陈述自己的想法就获得对方的响应，如果你不关心对方的需求，就不要指望对方对你的想法感兴趣。

谈判者在倾听对方的意见时，要努力对其背后的需要保持职业敏感。尊重对方的需求，努力发掘对方与己方目标之间的关联性，比单纯要求对方接受己方的条件或单纯放弃己方的条件，结果要好得多。

**6. 合作**

合作可以被视为进一步关心对方需求的实质性行动。谈判者不坚持走合作的路线，就不可能真正回应对方。要使得对方具有合作性，首先你自己要有合作性。谈判者应当通过积极的合作姿态获得对方积极的回应，不要轻易放弃这种努力。

**7. 言而有信**

参与商务谈判的人都会强调自己的基本利益。在兑现承诺之前，你说的话都会在对方心中留下疑问，他们在看到你的行动之前不会改变自己的基本利益需求。

过去的信用与未来的真诚之间有紧密的联系，人们不能看到你的未来行动，但是可以通过对你过去信用状况的了解进行推测。

**8. 正面的思维**

如果我们总是从反面看问题，对于事态就会有许多负面的评价。面对一个盛了半杯水的杯子，乐观的人会说“好在还剩下半杯水”，悲观的人则会说“糟糕，只剩下半杯水了”。

正面的思维会从正面影响他人。无论前面的路多么难走，人们更愿意跟着有信心的人朝前走。

**9. 接受对方**

如果从心里不接受对方，则意味着你觉得对方不行，不值得信任。如果你在对方的眼中也是这样一个形象，对方肯定不会将你的理由和利益看得与他的一样重要。

人们依靠直觉就能判断出自己在对方心中的位置。如果你不相信，那么问问谈恋爱的人，看看办公室里的人事矛盾，这些都是最现实的活教材。

**10. 保持谦恭**

这表明你愿意相信还有促进谈判的更好的手段，愿意修正对某个问题和某个人的看法，对他人的意见十分看重，对自己的方案并不持一种封闭的态度。你的这种姿态更容易使对方信任你。由于你的开放，对方不会把你看成是一个老在宣扬自己观点或立场的人。谦恭是获得实质性好处的聪明之举，咄咄逼人和盛气凌人的作风虽然可能获得某些表面上的赞美，却多为假聪明之举。谈判者应该认识到自己并非完美之人，对方的意见同样值得重视，说不定在某个问题上对方的某个观点和措施比自己预想的还好，这样更有助于实现你的谈判目标。

**11. 多引导少批判**

对于对方的不同意见，从商业的角度考虑，引导比批判的效果更好。道理在于：批判对方的意见无非是要一种"正确的结论"，而引导对方的看法更在意的是"有利的结果"。商业活动更看重后者。谈判者要将立场斗争的思维转化为维护双方实质利益的思维，这样更容易建立彼此的信任。

**12. 善意**

善意是一种无形的精神品质，能够带来有形的物化结果。有善意，就有利于双方的交流；缺少善意，则必然使双方关系出现困难。在生意场上，善意能产生更好的沟通效果，生意人更愿意与一个友善的人打交道，而不愿与一个处处刁难人的对象打交道。

## 二、表现出应有的姿态与风度

商务谈判者给人的第一印象至关重要。在商场中打拼的现代商人应当有与时代相符的行为举止，注重自己的姿态与风度。

**1. 谈判者的仪态要与谈判活动的内容和性质相适应**

在社会生活当中，服饰仪表对于不同的人有不同的作用，有的人为了美，有的人为了炫耀身份，有的人为了遮羞御寒。对商务谈判者来说，服饰还应与其职业、地位、素质相适宜。

从某种程度上说，谈判者的穿着与仪态会直接影响对方的感受和对本人的评价。在我国北方某省曾经发生因外商不满我方谈判人员过分随便的穿戴和举止，认为我方缺乏最起码的礼貌和最基本的诚意而拒绝与我方进行商务谈判的事例。服饰与仪态是一个有机的整体，它反映着一个人的审美情趣和文化修养。心理学研究告诉我们，我们是否接受某个人的主张、鼓动和宣传，并不完全取决于这个人的观点，同样的观点由具有不同地位、权威、影响力和形象的人说出来，听众的接受度不同。我们只有首先接受这个人，才会接受他的主张、鼓动与宣传；如果我们不接受这个人，那么他说的话的影响力就会打折扣。从事商务谈判活动的人，应当通过自身服饰、仪态、举止、职业修养积极地影响和引导对方。

**2. 谈判者在说话的过程中应当随时注意对方的反馈**

通过与对方交流感受，观察他们的情绪波动和感情变化，随时做出适当的姿态以赢得对方的信任、尊重，是从事商业活动时获得稳定预期的必要条件。有些谈判者在语言表达过程中过分注重遣词造句，在他们看来，最重要的是讲话的内容和语言的表达形式。而事实上，很多谈判者的经验告诉我们，无声的细节交流和感情的力量远远超过了语言的力量。

谈判者的姿势（体态）可以传达某种信息：歪头斜肩、伸脚舞腿、吊脚抖身，容易让人联想到自律性差、不爱整洁的人；战战兢兢、慌张不定、两脚打战，说明这个人缺乏自信心；昂首挺胸、步履稳健、风度十足，这种人信心百倍，给人以信赖感。

**3. 注意语调对谈判者姿态和风度的支撑作用**

谈判者姿态与风度的一个重要组成部分便是语调。我们所说的语调包括四大要素，即音速、音调、音量、停顿。谈判者应善于运用这四大要素的变化，根据讲话的目的，有效地影响并调动对方的情绪和注意力。

谈判者在讲话时紧张会极大地影响其语调，故应努力克服。紧张情绪的出现与对谈判环境的生疏、和对方人员的关系、对方的地位与社会角色、谈判的级别、时间的压力等因素有关。当谈判者出现紧张情绪时，可以采取如下几种放松的办法：改站姿为坐姿，如果面前无障碍物且条件允许，则可以搬一张桌子置于身前；做深呼吸；喝水、暂停讲话，并靠在椅背上休息片刻；让自己从当事人的角色中跳出来，等等。归根结底，自信心是影响讲话效果的最重要因素，谈判者应当在练内功上多下功夫。

> **重要视点**
>
> 谈判者的姿态和风度是展示给对手的第一个直观信息，在信息不对称的条件下，是谈判者获得对方认同的方式之一。

## 三、运用视觉工具

谈判者恰当地展示和使用视觉工具，可以起到增强语言效果的作用。通常，精美的印刷品、产品照片、专利证书、商标、营业执照、标识、实物等都可以作为视觉工具加以利用。使用时必须注意以下要点：

**1. 繁简得当**

视觉工具应当简洁、一目了然，重点突出，不能太繁杂。

**2. 雅致精美**

视觉工具应当正规、美观，不能让人有“业余”的感觉。

**3. 熟练专业**

谈判者对视觉工具的内容、背景应当熟悉，不能让人觉得你是在临时应付。

**4. 得心应手**

谈判者使用视觉工具要得心应手，不能让人误以为你是外行。

## 四、重视秘书和翻译的作用

### （一）发挥秘书在谈判中的作用

秘书可以由专业人员担当，也可以由主谈人指定。秘书的作用发挥得好，可以弥补谈判者的某些失误。作为助手，秘书的成功往往不为人所知，而他的失败却常常被传扬开去。秘书经常是台下的无名英雄。

在主谈人发言之前，秘书必须明确这次谈判的内容和主谈人发言的目的，明确自己的职责和权限，了解与会者的情况，及时做好会前准备工作。

在主谈人发言时，秘书应注意观察与会者的反应。在各方发言时，秘书应做好会议记录，尤其是对存在的分歧和已经达成的一致意见，秘书都要准确地记录下来。通常情况下，秘书不参与讨论议题，但可以根据授权纠正别人发言中不准确的地方，特别是纠正发言者在引述会议记录或形成的文件时出现的错误。

在会议期间，秘书应当协助主谈人展示视觉工具，积极提供辅助性文件。秘书还应当招待好与会者，使他们有良好的情绪听己方主谈人的发言。

### （二）发挥翻译在谈判中的作用

说不同语言的谈判者谈判、社交时都需要翻译的帮助。翻译不只是转达语言的意思，还要传递语言的内涵，这就需要有对不同文化背景的深刻了解。

在谈判中，谈判者的言词、观点、情绪、思想和个性的交流都依靠翻译，说话的一方怎样才能得知自己的意图被准确地翻译并传达给对方呢？这是一个不太好解决的问题。想想看，一个不懂对方语言的谈判者，怎样才能知道翻译是否准确地表达了他的意图？他在现场傻傻地望着翻译，对方也傻傻地等待着翻译的解释，双方会不会被一个业余的翻译或别有用心的翻译所愚弄呢？

常常在谈判之后，谈判者才恍然大悟，自己的意思被对方曲解了，对方的意图也被自己误解了。他们无可奈何地责怪翻译，认为是翻译的问题。

研究表明①，在翻译使用问题上负主要责任的恰恰是谈判者自己。有许多需要事前解决的翻译问题可能被忽略了，以致将问题带到谈判桌上。如果谈判者不懂对方的语言，就必须改变自己的语言交流方式，或者说，了解正确使用翻译人员的方法，是他取得成功的基础。下面是专家对使用翻译人员的忠告：

**1. 谈判者要专业地说话**

谈判者必须学会在翻译的帮助下说话。在清楚地表述自己意思的同时，要学会有节奏地说话，不要只顾自己说话，而不顾翻译的记录速度和理解能力。遇到专业术语、技术上或法律上的关键问题，应当告诉翻译你想表达的真正意思是什么。

如果与谈判者合作的翻译不具有跨文化的理解能力，那么你应当注意慢慢地讲话，多用短句，多停顿，多使用常用词汇，特别是阐述数字条件时，较大的数字、需要精确表达

---

① 陈维政．中国、北美企业家商务谈判行为及其价值观念的比较．中国社会科学，2000（2）．

的数字，最好写出来，让翻译看清楚，要让翻译有时间记录和消化你的意图。

**2. 坚持聘请了解对方文化背景的翻译**

翻译是否熟悉对方的文化背景，这一点很重要。在一些最微妙的意思的表达上，文化功底非常重要。传统看法认为，俗语、俚语等难登大雅之堂的表达方式是受排斥的。然而今天，许多商务谈判活动中大量地运用这些直观的表述方式，甚至经过中国人改造的“中国式英语”也被外国人所接受。这说明，语言的第一功能是交流，只要有利于交流，形式上是否与语法相符是次要的，重要的是与文化相符。

**3. 要事先与翻译沟通**

翻译与谈判者的默契不是一两天培养起来的，翻译应当对谈判者的说话方式和意图有深刻的理解，同时对于对手的文化环境十分熟悉。翻译应该是一个“同时”生活在两种文化环境中的语言使者。

谈判者在聘用一位自己不熟悉的翻译时，要先与他聊聊，尤其要了解他对专业问题的看法，对对方环境的体验，对你想表达意思的理解程度。如果他在与你的交谈中不能理解你的意图，或者对你所描述的专业问题是个外行，就不要指望他能在商务谈判中给你什么帮助。这再次表明，聘请有一定专业背景的翻译与聘请一位普通的翻译的差异（见表 8-1）。

**表 8-1　　对翻译的满意度调查（%）**

| 翻译的专业背景 | 对方满意度 | 己方满意度 | 签约率 |
|---|---|---|---|
| 没有专业背景（仅作为翻译） | 87 | 66 | 8 |
| 具有一个专业背景 | 92 | 94 | 17 |
| 具有一个以上专业背景 | 96 | 94 | 17 |

说明：相关数据系非正式调研资料，因样本量不足 100，仅供参考。

**4. 要对翻译有明确的期待**

谈判者应当将己方的利益和翻译的利益作为一个整体来考虑。事前应当明确告诉翻译，对他有什么样的具体期待，例如，你需要他每天工作多少小时（合同谈判中书面文字的翻译受法律和贸易环境、政策的影响很花时间，翻译工作质量取决于翻译的水平和技巧）；如何处理与对方的关系，尤其当己方与对方发生争执时，翻译应当起到哪些作用，等等。

**5. 要有训练与磨合**

如果谈判的内容或标的很重要，谈判者应当在正式会谈之前与翻译演练一次，以增加默契。假如谈判者要大量使用技术用语、专业术语、价格术语、法律专用词汇等，译员需要查阅专业辞典进行恰当的翻译，那么谈判者应将可能遇到的问题在谈判开始之前进行演练。如果能让翻译先查阅这些术语，或听谈判者事先进行一番解释，对需要说的内容有一个把握，那么正式谈判开始后，就会少犯错误。

**6. 争取获得适当的反馈**

有证据表明①，通过翻译的转达，大约 70%的信息不能准确地传达给对方，有许多内

---

① ［加］杰夫瑞・鲍切尔．致胜奇谋：现代西方谈判艺术．成都：西南财经大学出版社，1999：46.

容依照翻译的个人理解被省去了，或额外加入了一些感情和背景因素，导致对方听到的信息不准确。因此，谈判者不要只看对方点头，不要只听到对方说“我明白了”，重要的是获得对方对某个问题是否真正理解的反馈信息。

**7. 看着你的对手讲话**

谈判者是在与对手交流，而不是在与翻译谈判，因此说话时最好看着你的对手。这有一些好处，例如表示尊重，利于观察对手的反应，随时调整自己说话的节奏、速度等。谈判者在说话时能够获得及时的信息反馈十分重要，不应忽略任何一点。

**8. 要让翻译有时间休息**

翻译是一项很辛苦的工作，长时间地工作容易导致疲劳，理解力下降，这对谈判危害很大。

**9. 译员只做翻译不做解释**

一般来说，要让双方有效地沟通，翻译首先要听清双方的谈话，最好让翻译坐在能够听清双方谈话的位置。有三个技巧很重要：当对方正在听翻译转述时，己方谈判者不要打断翻译；当己方谈判者不清楚或不理解对方的观点时，别要求翻译对问题进行解释，而要让翻译请对方进行解释；双方最好都有自己的翻译，当对方的翻译令你不满意时，可以请己方的翻译介入，重新翻译谈判对手说过的话。

**10. 不要以为对方不懂我们的语言**

任何时候，己方谈判者讨论敏感问题时应当确保是在非公开环境下进行的。如果你不希望对方获得这些敏感信息，就应当回避对方的翻译。己方也不必非要说标准的普通话，可以说方言，谈判者往往可以从方言俚语的私密性中获益。同样，你也不要指望自己懂一点外语就可以听懂对方的俚语。

**11. 补充的信息片段很有价值**

谈判间隙或会谈结束后，让翻译告诉你他有意无意从对方那里听来的信息片段。这些信息片段对于证实、判断、补充对方正式谈判中提出的交易条件相当重要。

**12. 绝不显露自己的外语水平**

最后一个老生常谈的建议是，即使你与对方谈判没有语言障碍，也最好不要显露自己的外语水平。任何时候都眼巴巴地望着对方，等待你的翻译进行转达，这种姿态很有好处。

## 第三节 交往空间与谈判环境安排

### 一、交往空间的基本概念

交往空间是指交往者彼此之间为了保持心理平衡而对交往距离和空间进行调整的范围。影响交往空间的因素主要有社会文化习俗、生活环境、人与人之间的亲密程度等。人们保持和调整交往空间既有对自然因素（动物性）的考虑，也要受到社会因素（社会性）

的影响。许多国际公认的礼仪习惯，最初都来自关于交往空间的观念。

人类对于交往空间的认识和运用已经有数千年的历史。长期以来，人们通过观察认识到生活在自然界的很多动物都有自己的领地，它们会用身体的某种气味来表示地盘的界线。后来科学家发现人类也有领域的观念。领域是一个人为自己划定并认为属于他个人的空间，是人的身体延伸。权势越大的人对领地的扩张欲越强，经过千百年的演化，强势者对弱势者的控制以等级的形式表现出来，于是，君臣之间、长幼之间、师生之间、宾主之间等都必须按照“礼”（等级）和“仪”（形式）来交往，否则会被视为“非礼”。

美国当代人类学家爱德华·霍尔博士是研究人类交往空间的先驱，被公认为人类空间统计学的奠基人。他把人类空间统计学归入空间心理学的范畴。在掌握大量实验材料的基础上，霍尔对交往空间组织进行了研究，并最早提出了具有特殊意义的评价人类沟通中亲密性的空间评价方法。1960年初，他创造性地提出proxemics[①]这个词。他的研究对于人们处理和调整交往过程中的空间关系具有极大的价值，使人们对于人类交往的空间关系和改善这些关系的途径有了新的认识。在商务谈判活动中，谈判者发现，利用交往空间来传递某些非语言的信息和情感，往往容易被对方认知和接受，这说明，谈判者具有交往空间方面的知识和技巧，无疑会在谈判活动中受益。

## 二、关于个人交往空间的划分

根据霍尔的研究成果，卡莱罗、尼尔伦伯格、亚兰·皮兹等人从心理学、人际关系学、行为科学等方面对个人交往空间的距离进行了进一步的研究和划分，发现在西方文化环境中的个人交往空间距离一般分为四种类型。

**1. 亲密交往空间（0～18英寸[②]）**

在自然状态下[③]，通常人们会把这个区域看作自己最重要的领域，将其当作自己身体的一部分来保护，只有亲密的人才准接近，如丈夫或妻子、父母、恋人、子女、亲密的朋友、亲戚等。如果其他人进入这个空间，往往会引起个人内心的强烈反应，导致人们对彼此的距离进行自发的调整。

**2. 私人交往空间（18英寸至4英尺[④]）**

这是人们在与熟悉的同事、邻居、老师、同学和一般朋友交往时保持的距离。当交往者彼此之间大于或小于这个距离范围时，会自觉地进行调整。

**3. 社会交往空间（4～12英尺）**

对新来的职员、交往少的同事、关系一般的上下级和不太熟悉的人等，人们交往时通

---

① proxemics常译作“交往”“接近”。

② 1英寸=2.54厘米。

③ 指环境允许个人自主调整空间距离。在社会交往中，基于条件的限制（如学生上课、政府公务员开会），个人会克制进行空间调整的冲动，但是只要有机会，个人就会按照自身对空间感受的心理反应进行距离调整（如在自主选择会议座位的条件下、在宽敞的公交车上、在有大量空位的电影院内）。

④ 1英尺=0.3米。

常保持这样的距离。

**4. 公共距离空间（12英尺以上）**

与陌生人、关系不好的人交往时，一般会保持这个距离。

**重要视点**

对交往空间的感受是双向的，一方觉得可以接受的空间距离，另一方可能觉得不能接受，在自然状态下，交往空间是动态变化的。

我国由于在文化习俗、环境等方面与西方有一定差异，因此在个人交往空间的划分上不一定与上述情况相同。即便如此，个人的空间距离感还是存在的，如果改变人们在交往中习惯保持的距离，就会使人感到不自在，引起人的生理及心理上的变化，如心跳加速、肾上腺素分泌增加、面红耳赤、肌肉紧张、局促不安等。

社会心理学的实验表明，人与人越亲密、友好，彼此才靠得越近；反之，就离得比较远。霍尔等人的研究成果得到了俄罗斯心理学家安德列耶娃的赞同。安德列耶娃根据霍尔的理论通过实验证明，从在谈判中便于沟通的角度看，两个处于沟通状态的团体成员应该有一个最佳位置分布。她指出：靠人类空间统计学的手段虽然不能决定谈判的成败，因为谈判的内容、进程和方向是由处在更高水平上的人的活动内容所决定的，但是，环境的安排足以强化或动摇参与者的信念。安德列耶娃的研究成果成为谈判环境安排的重要理论依据之一。

### 案例导读8-2

如果有机会，你可以在与不同文化的人交往中发现许多有趣的现象。例如亚兰·皮兹曾经在一次鸡尾酒会上用摄像机记录了一个日本人与一个美国人站着攀谈的空间变化。那个日本人总是觉得他与美国朋友之间的距离太远了，于是他不动声色地挪动步子，让自己靠近些说话。可是，他的这个变化令美国朋友感到不适，觉得很局促。亚兰·皮兹发现，那个美国人不动声色地往后退，让自己离日本人稍远一点。结果，当亚兰·皮兹用更快的速度回放这段录像时，惊讶地发现那个日本人有点像在带着美国人跳交谊舞。

在同一文化环境中观察身边的细节，你也许会发现同样有趣的现象。当乘客乘坐公共汽车时，如果他周围的空座位比较多，他一般不会坐在已经有人的座位旁边；但如果这个人遇上一位朋友，情况就不一样了，他坐在他的朋友旁边不但不会感到局促，而且有一种亲切感。

如果注意观察，我们还会发现一个有趣的现象：当一对恋人进入电影院找座位时，如果观众不多，他们会主动找一处离他人比较远的位置；如果观众比较多，除非两边都坐着男观众或女观众，否则恋人多半是男友靠男观众坐下把女友与他人隔开，男友此时起着保护女友的作用。还有，初次约会的女子会对坐得过近的男子产生一种本能的戒备心理。领导找部下谈心时如果隔着办公桌，会使部下产生疏远感。一个刚调入新单位的员工或许会感到别人对他态度冷淡，那是因为别人在了解他之前会与他保持社会交往空间，等到他与同事熟悉了，距离才会逐渐缩短。

## 三、谈判环境安排对谈判者的心理影响

这里所说的谈判环境是指谈判者所处的具体地点的环境。谈判环境安排对谈判者的心理影响大致体现在以下四个方面：一是所在地的影响；二是所在建筑物的影响；三是人缘关系的影响；四是谈判座位的影响。

**1. 所在地对谈判者心理的影响**

所在地的环境主要包括民俗环境、礼仪环境、生活工作环境（如通信条件、办公条件、住宿条件、生活条件、交通条件等）、接待环境等。如果是谈判者熟悉的环境，或环境能给谈判者提供便利，接待级别与谈判者的身份地位相适应，谈判者就会轻松愉快一些。谈判者如果是主方，就应该利用主动权根据己方的谈判目的，有效地影响对方的心理，为正式磋商创造条件。

**2. 所在建筑物对谈判者心理的影响**

所在建筑物会对谈判者的心理产生比所在地更直接的影响。建筑物的风格、华丽程度以及它的历史、位置等都能反映主人的某些特征。让你穿过一道一道的门、走上一级一级的阶梯，会给你一种压力。同时，建筑物的规格会暗示谈判的级别和正式程度。另外，谈判者对建筑物的了解、熟悉程度会对其行动的自由程度、自主性产生影响。

对社交礼仪的熟悉程度、对接待规格和接待方式的熟悉程度，会对谈判者的言行举止产生影响。曾有一位到北非工作的谈判者，由于缺乏对当地民俗礼仪和接待方式的了解，甚至不知道自己应该坐在什么地方才符合礼仪。事后他回忆说，这使他感到非常不适应，行动时的心理障碍足以影响到他的工作业绩。

**3. 人缘关系对谈判者心理的影响**

谈判者彼此之间的人缘关系会直接影响到他们的说话方式、说话态度，以及倾听的角度和理解接受能力。人缘关系是影响谈判者临场心态的关键因素。谈判者只要一见面，立即就会有释然、紧张、失望、敌视、愤怒、亲密等感觉，这种感觉从一见面就产生并会延续一段时间，在这段时间里，谈判者的心态不会发生太大的变化。谈判者要想改变这种局面，除非从改变与对方的人缘关系，或更换谈判人员入手，否则很难达到使对方改变态度的目的。

**4. 谈判座位对谈判者心理的影响**

很多研究表明，在谈判中要想获得某种效果，座位的安排大有学问。谈判时双方应该面对面坐着还是随意安排座位，有着不同的意义。谈判座位的安排包括两方面的内容：一是台桌和椅子的大小选择；二是台桌和椅子的相对位置。

英国谈判学家比尔·斯科特在其《贸易交流技巧》一书中指出台桌和椅子的大小会给谈判中被动的一方造成心理压力。经理面前的写字台越大，越强调他在地位和权力上的优

越性。被动的一方坐在远离那张大写字台的一个小凳子上，会感到自己在地位上的不利。在外交谈判场合，如果是双方谈判，则双方的主谈人应该居中面对面就座，谈判桌应该是宽大、明净而考究的，其他谈判人员分列两旁而坐（翻译人员一般坐在紧靠主谈人右侧的位置）。这种座位安排通常意味着正式、礼貌、尊重、平等。当然，如果是多边谈判，则各方的主谈人应该围坐在圆桌相应的位置，圆桌通常较大；也可分段设置，翻译人员及其他工作人员一般围绕各自的主谈人分列两旁而坐，也可坐在主谈人的身后。这种多边谈判座位安排的意义与双边谈判是一样的。

在谈判桌或椅子的安排上，应该注意下面几个问题：

（1）谈判桌和椅子的大小应该与环境和谈判级别相适应。会议厅越大或谈判级别越高，谈判桌和椅子通常也应较宽大；反之，就容易使谈判者感到不适。

（2）如果谈判较正式，台桌或椅子的安排应给人以平等的感觉；如果谈判是非正式的，台桌或椅子的安排应创造和谐的气氛。

（3）座位应避免光线直射。

（4）桌上可根据需要放置一些必要的具有象征意义的东西（如国旗插杆、公司标志物、花卉）或摆放一些饮料。

（5）要避免在桌面上放置电话、台钟之类易产生干扰的东西。

（6）某些不适宜摆上谈判桌但又必需的东西（如文件、资料）可放在谈判桌的下面一层或置于身后的桌上，或交给随同人员保管。

## 本章小结

获得尽可能对称的信息是商业活动中谈判者占据优势地位的基础。无论是口头谈判语言、电话谈判语言，还是书面谈判语言、函电谈判语言，都有自身的局限性。由于不同类型的谈判语言具有不同的特点，因此在实际运用中往往要采取综合互补的措施，以发挥不同语言形式的功效。但是，谈判者的经验再丰富，也不能保证参与谈判活动时没有失误，所以，通过一系列的防范措施避免或减少商务谈判活动中语言传递信息的失误，对谈判者赢得主动的谈判地位至关重要。

为了充分发挥不同谈判语言的功效，避免交流过程中的失误，谈判者应当坚持在表态之前严格相关法律文件的审查程序，在回答任何问题之前先确认对方的真实意图，在作出任何妥协之前一定要先对交易条件的变化进行核算，并坚持对所有的数字条件做备忘录，对于对方反复强调的交易条件要保持敏感。

## 关键术语

谈判语言　　交往空间　　谈判环境

## 思考与讨论题

1. 怎样认识谈判语言学?
2. 谈判语言依照表达形式的特点分为哪些类型? 不同类型的谈判语言具有什么特点?
3. 影响商务谈判语言运用的主要因素有哪些?
4. 商务谈判语言在表达形式上有什么要求?
5. 严格相关法律文件的审查程序对避免商务谈判语言失误有什么好处?
6. 谈判者展示和使用视觉工具对谈判有什么好处? 如何用好视觉工具?
7. 怎样认识谈判秘书的重要作用?
8. 什么是交往空间?

第九章

# 僵局的利用与破解

## 本章要点

僵局的基本特征
僵局产生的一般原因
处置僵局的做法
调停者与仲裁者的独特作用
调停与仲裁的基本方法

## 第一节　僵局的基本特征及其产生的一般原因

僵局是指谈判中各方相持不下、僵持不让、进退不得的困窘现象。谈判既因各方利益的尖锐对立而难以继续推进，又在种种因素的驱使下顽强地维持着，这种形式上虽未破裂，但内容上已停滞、不能取得实质进展的状态，就是僵局。

没有经历过僵局的谈判者或许是幸运的，但正是这种幸运使之难以成为真正的谈判家。对僵局的认识与态度是谈判者能力的试金石。谈判僵局作为谈判活动中的一种正常现象，不仅是一种状态，更是一种手段。善于引发和利用僵局是高明的谈判者有力的战略。

现实中的难点在于：谈判者对于僵局的判断因其谈判能力、谈判水平和谈判层次的差异而不同。在谈判过程中没有人会告诉你谈判是否已经陷入僵局。对僵局的认识有点类似于人们对生活坎坷的认识，阅历丰富的人和阅历浅薄的人对人生的感受各不相同。有的谈判者具有丰富的谈判经验，处理谈判僵局时游刃有余，善于掌控局面，可以根据需要制造、利用、化解僵局，让僵局成为一种特殊的谈判手段，实现自己的谈判目标；经验不足的谈判者则可能会被某些表象所迷惑，不能很好地对僵局作出判断、处置和应变。

> **重要视点**
>
> 谈判是否陷入僵局，只有靠谈判者自己判断。在这个问题上，谈判者与其对手的判断标准和结论不尽相同。

因此，学会通过一些现象认识谈判僵局的基本特征，对于谈判者的成长至关重要。对谈判者来说，认识僵局是处置、利用僵局的基础，这不仅需要加强理论学习，更需要加强实践认知。

### 一、谈判僵局的基本特征

谈判僵局在形成时会有一些基本特征，这些特征在表面上给人以没有余地的感觉，主要表现在以下三个方面。

**1. 利益难割舍**

僵局出现时，实现各方或某方利益的希望看起来一直没有破灭，并且这些利益所具有的诱惑力对任何一方而言都是难以拒绝的。

**2. 立场难靠近**

在僵局中，协调各方或某方立场的方法看起来一直没有找到，并且各方立场的任何微妙变化都将受到来自内外的强大压力。

**3. 条件难替代**

构成各自谈判条件的所有因素看起来都已经退让到最后的“红线”，并且各方谈判条件的任何修改都坚持以对方条件的修改为前提。

## 案例导读9-1

### 并购谈判的难题

根据中共A市市委5号文件的要求，Y县县委县政府决定将下放到该县的市属国有企业R压力容器厂打包出售，并进行所有制改造。

Y县R厂有划拨土地60亩，总资产1 340万元，拥有第二类压力容器设计、制造及安装资质，其中流动资产（现金、应收账款、预付账款、存货等）893万元，长期投资60万元，固定资产（按重置法评估）255万元，无形资产132万元。负债合计1 098万元，净资产242万元。县政府对拟转让的土地使用权的评估价格为8.6万元/亩，共计516万元。企业欠社保金49万元，未参加医疗保险。R厂有职工387人，其中离退休人员106人，正式职工281人。县委县政府开出的条件是：为有利于企业改制、职工安置和招商引资，只要是在Y县开发区投资（150亩土地以上，每亩4万元，含“五通一平”，零规费），R厂按900万元价格打包出售。如果价格低于这个数字，必须经县委常委会讨论。

YL公司系A市从事生物化工工程设计的高新技术企业，在完成与某沿海企业的重组之后欲并购R厂，使之成为自己的生产基地，据测算，总投资需2 800万元左右，形成生产能力的当年可实现利税1 100万元，并以每年40%的速度增长。问题在于：一是觉得R厂900万元的要价太高；二是两头买地搞开发的投资成本和风险太大，但又有点舍不得，因为R厂的资质太诱人。

Y县政府为使R厂能卖个好价钱，特组织本县房地产企业K公司参与并购谈判，另一家市属企业Q公司已经将100万元预付款打入与县开发区管委会开立的联名账户中。

YL公司在对R厂的资产进行分析后发现，其流动资产中现金仅8万元，应收账款约有356万元是呆坏账，存货51万元只有财务账而没有实物账（被其分厂处理后未入总厂账），故流动资产实际仅有486万元；其长期投资60万元被分厂占用；固定资产中的设备由于磨损老化严重，从未进行过大修，故255万元的评估价格显然偏高，扣除后实际约为170万元。实际上R厂的总资产（包括无形资产在内）仅为788万元，净资产为−310万元。加上R厂可转让的土地（516万元），实际资产价值约为206万元。因此YL公司认为，R厂900万元的要价实在太高。

Y县政府则认为，目前县里最大的困难是没钱安置富余人员、招商引资难，最大的优势是R厂的资质条件，况且R厂242万元的净资产是经过评估的，具有法律效力，加上土地转让516万元，49万元欠缴保险费，757万元职工安置费，共计1 564万元，要价900万元，再加上开发区150亩土地开发收入（约4万元/亩，150亩合600万元），才能基本保证企业改制顺利进行。即便如此，还有64万元的缺口，可见这个要价并不算高。

在谈判僵持的情况下，YL公司建议待R厂破产后通过招标来解决价格问题，但YL

公司非常清楚，照目前的资产负债状况来看，R厂很难进入市里的破产总盘子。而且如果R厂真的破产了，其资质就丧失了，并购的意义也就不存在了。最令YL公司担忧的是，目前K公司和Q公司究竟是真的竞争者，还是在与Y县政府联合设局作秀，不好下结论，所以YL公司提出，如果K公司愿意拿下R厂的60亩地，YL公司就可以考虑收购其余资产。

知情人士向YL公司建议，不要被900万元的要价所迷惑，因为这900万元是县分管领导的脸面，现在谁都知道R厂值900万元，若拿不到900万元，不仅县领导不好向上级交代，而且R厂的改制也无法进行。关键是改变县领导的思路，引导他们换个方式来解决问题。可以向Y县领导建议把眼光放远，分清“需要900万元”与“是否值900万元”的区别，尊重市场规律。206万元资产与900万元需求之间的缺口是694万元，这个缺口可以通过向YL公司借款来解决。还款的办法是从未来两年的税收中抵扣，或在土地政策变通的基础上从土地使用权转让收入中抵扣。

县领导究竟能否接受这个建议，还是个未知数。

## 二、僵局产生的一般原因

**1. 谈判实力结构差异**

事实上，谈判实力悬殊的各方在单一因素谈判下不会产生僵局，换句话说，单边主义的强权逻辑只有在谈判实力悬殊且谈判因素单一的条件下才会成立。处于弱势的一方在短期内会失去话语权，但是随着时间的推移，弱势一方摆脱单一因素限制的努力和环境的变化很快会导致单边主义的情形被突破。实践中，多因素条件下的谈判容易因各自实力的不均衡而出现相互制约的状况，即一方在某因素上自认为拥有绝对优势，又自知对方在某因素上拥有绝对优势，这种谈判实力的结构差异是产生僵局的真正原因。

**2. 谈判时间有限**

时间被认为是谈判中最重要的资源。从理论上讲，随着时间的推移，所有的僵局都有解决的路径。如果谈判者时间有限，且这种软肋暴露在外，就可能处于不利地位，并导致谈判陷入僵局。

**案例导读9-2**

### 两位首相，两种风格

欧洲联盟（简称欧盟）是由欧洲经济共同体（简称欧共体）发展而来的，是一个集政治实体和经济实体于一身，在世界上具有重要影响的区域一体化组织。总部设在比利时首都布鲁塞尔。

在欧盟内，重大的问题决策采取“一致同意”原则，目的是保证欧盟内部不同经济发展水平的成员相对均衡的话语权。英国的两位首相撒切尔夫人和布莱尔先后在时隔26年的欧共体税收预算案和欧盟税收预算案中扮演了两种截然不同的角色。

1979年12月，欧共体首脑会议在都柏林举行，会议议程中有一项成员须一致同意才能实施的协议草案——欧共体税收预算案。

撒切尔夫人用自己的魅力掩盖内心的强硬，她在发言中指出，由于欧共体在征收税收预算款项方法上的偏差，英国投入欧共体的费用比从中得到的好处多得多。她有力地为英国辩解，要求把英国每年支付的税收预算款项从54亿英镑减少至44亿英镑（共减少10亿英镑），但是其他欧共体首脑的磋商结果是只答应减少2.5亿英镑（他们预计经过艰难的谈判最后可能会是3亿英镑，于是留下了0.5亿英镑的虚头）。

撒切尔夫人的谈判顾问根据事先在欧洲各国首都所做的调查，发现撒切尔夫人的“铁娘子”形象已经得到承认。在任何情况下，英国的要求都比其他国家预期的高，但是只要英国坚持就总能得以实现，没有例外。

以法国、德国、丹麦为代表的其他国家的首脑按照以往的经验认为，只要让英国略有收获，总能在最后愉快地解决问题，但是这次却不同，撒切尔夫人想改变游戏规则——谈判顾问告诉了她一个更强硬的规则（英国当时想通过刺激出口带动国内就业，因此能否提高就业率是英国认为出钱能否买到的好处之一）。撒切尔夫人冷酷无情地提出了削减10亿英镑的理由，并坚持说这本来就是“英国的钱”，结果形成了僵局。

谈判顾问告诉撒切尔夫人，“制造僵局的时机必须恰到好处，提前或滞后都不行。你制造僵局之时必须正是他们对你要给他们的东西感兴趣之时，否则，他们就会把你一直晾在那里”。谈判专家的忠告是：任何想制造僵局的人必须说到做到，没有例外，否则吃苦头的是自己。

于是撒切尔夫人告诉众议院，英国要按照欧共体的规则行事（这意味着，只要不同意英国的要求，英国在其他需要一致同意的议案上就不会配合），这暗示着对其他国家的一种警告。

紧接着，谈判双方开始互相威胁警告：

英国人首先向对方的领头羊法国施加压力（法国最早提出2.5亿英镑的还价），指出法国人当时正在破坏欧共体的规则——禁止进口英国的牛羊肉。

法国人威胁说，英国人不断地违反欧共体的规则，最终将降低自己在欧共体中的地位。

然后，各方都想利用对方在时间上的劣势。德国迫于1980年的大选首先突破预期，作出了还价3.5亿英镑的让步，英国拒绝了。后来德国又建议讨论8亿英镑的让步但仅限于一年（德国的想法是拖过大选再说），英国又拒绝了。

到了1980年2月底，英国人做出姿态说，既然这不是一场短期交易，英国可以把当年应摊的款项（44亿英镑）全部支付给欧共体，于是，时间的优势就跑到英国人那里。

法国和德国的大选在8月，它们向欧共体提出了给农场主增加补贴的议案，但这需要一致同意才行，而撒切尔夫人说，需要英国给予合作很容易。德国人当然知道这句话的潜台词，于是率先撤销了8亿英镑的让步但仅限于一年的建议。

结果是：英国得到了9亿英镑的让步，各国同意年年有减让，但有一个附加条件：从第三年起要考虑通货膨胀的影响，每年在测算后保证进行同一水平的安排。

时隔 26 年，2005 年 10 月欧盟首脑会议期间，在欧盟的税收中期预算谈判中再次形成僵局。欧盟本届轮值主席国首相布莱尔为了打破僵局，推动谈判，在税收问题上率先作出重大让步。这使得德、法等国大声欢呼，而英国国内的批评声四起，英国财政大臣布朗表示极度不满。当需要讨论英国利益时，各国首脑不约而同地选择绕开英国，打算拖延至下届轮值主席国奥地利当任时再说，时间对于解决僵局的价值又被英国的对手们用来回敬给英国人，这让布莱尔首相与他的前辈撒切尔夫人相比显得逊色不少。

**3. 游戏规则存在冲突**

如果谈判者同处于一个游戏规则下，僵局的产生主要来自两个方面：一是规则本身的缺陷，二是对规则的理解的差异。这种情况一般可以通过对规则的修改和完善得到改进。如果谈判者处于不同的游戏规则下，则僵局主要来自游戏规则彼此间的冲突。例如，在公司内部，由财务报销制度引发的冲突属于前一种情况；而公司之间由于财务管理授权、开户银行规定的差异引发的冲突属于后一种情况。有时，还存在一种规则性“死机”现象。例如，高校年终考核时，既要考核各教学单位的学生就业率，又要考核各教学单位的学生到课率。根据前者的要求，各教学单位纷纷将学生的就业见习期提前，以提升就业率；根据后者的要求，各教学单位还必须考核学生的出勤。于是学生就面临着如何兼顾公司和学校的要求的困惑，教师则面临着究竟是放学生离开课堂找工作还是将学生拉回课堂的困惑。又如，在科研项目的管理中，甲方（付款方）一般要求乙方（承接项目方）先告知单位名称、开户银行、账号信息，并开出发票，然后再付款，以避免因技术原因导致转账款项丢失的风险；乙方则根据票据管理规定一般要求甲方先将款项划到指定账户后再开具发票，以规避票据管理风险。

**4. 价值观取向各异**

商务谈判者的价值观决定了他们对特定事务重要性的看法，价值观的差异会对谈判过程和结果产生直接的影响。例如，当一个谈判者分别与非常重视信用关系和轻视信用关系的谈判对手打交道时，在讨论合同问题（是否签订合同，是否要对合同所涉及的权利与义务进行实盘化的约定，如何对合同预期进行评估等）时可能会遇到截然不同的局面。又如，一方认为极其重要的问题，另一方可能认为是多此一举，于是谈判者希望靠单方面努力推进谈判进程的想法就可能无法实现。

**5. 文化习惯和风俗不同**

风俗是在特定环境中生存的人经过长时间的交往、积淀而约定俗成的思想共识、行为理念和处事规则，是文化习惯的组成部分。在不同环境中生存的人交往时，各自的看法就会发生碰撞，如果彼此之间不能达成谅解，就可能引发冲突。这些冲突有时是潜在的，没有在谈判桌上表现出来，谈判者表面上彬彬有礼、客客气气，但是在心里并不互相认同。例如，合资公司的文化建设问题、跨国公司的投资决策问题、人际关系中的德能兼容问题等都源于此。通常所说的对特定的事物或人物看得惯与看不惯、喜欢与不喜欢，表面上找不到什么特殊的理由，实际上是深层次的文化习惯和风俗在起作用。这些无形的差异是引发谈判僵局的诱因之一。

**6. 人际关系有别**

谈判者是通过与人打交道来开展谈判活动的。人际关系的差异是谈判僵局中最微妙的影响因素。出于信仰、爱好、习惯、利益、文化等原因，人们分成不同的群体。有些关系是可以公开展现出来的，有些关系则只能是私下的甚至秘密的；有些关系是正当的，有些关系则是不正当的。在这种复杂的背景下，人际关系既可以成为制造僵局的手段，又可以成为利用、调解僵局的重要工具。

## 第二节　谈判僵局的利用与处置原则

谈判中出现僵局是好事还是坏事？在“和为贵”的传统商业文化环境下，中国人在谈判中往往希望能够顺利地与对方达成协议，不希望出现僵局。有的谈判者甚至会采取进一步的退让行为以避免把问题闹僵，期望谈判对方也能予以响应。然而，不利的结果却常常出现。应该看到，今天的商务环境不再封闭，在开放、复杂、利益格局多元化、竞争白热化的市场经济条件下，谈判者一厢情愿的“和谐姿态”不能解决所有的利益矛盾。

事实上，在成熟的市场条件下谈判出现僵局的情况屡见不鲜。一个缺乏经验的谈判者在遇到僵局时，信心往往会动摇，进而使他怀疑自己的能力。在这种情况下，谈判者的思维和行动很容易失控，复杂的现实和压力使他难以清醒地认识并分析现状。例如，他可能会自问：假若我不那样说或那样做，情况是否会不同？如果“早知道”事情会变成这样，我向对方透露一些真实意图，双方能否达成谅解？如果我把个人的难处告诉对方的某一个人，会不会得到他的理解？假如我的同事或上司知道了我的这种情况，又会怎么想？我现在究竟该不该接受对方的最后条件？这个僵局本身对我们的声誉有没有影响？等等。如果谈判者的信心不足，就极易受别人的摆布。

如果我们把僵局看做谈判活动中的一种正常现象，就容易发现：利用谈判者对于僵局的不同认识和不同心态，并以此作为实现目标的一种手段，是高明的谈判者的有力战略。如果你有意引发一个僵局，往往可以试探出谈判对手的决心、诚意和毅力。对当代谈判者来说，如何应对和利用谈判僵局，使它变成争取成功的转机、挽救失败的手段，是一个不可忽视的问题。

**重要视点**

对僵局的态度既是谈判者之间智商的较量——僵局可以考验谈判者解决问题的能力和决心，也是他们之间情商的较量——僵局可以试探谈判者寻求合作的诚意和信心。

谈判学家卡洛斯所做的实验表明：每当陷入僵局时，弱势的一方受挫感更强。有时，即使讨论已经结束，受挫的人仍然希望继续讨论，希望自己的意见被人理解，希望有人听自己解释，尤其希望不要将谈判失败归咎于他们。他们对对方、对己方、对自己都既不满又无奈。另一项心理实验也证实：一个人陷入僵局时，最怕的是被孤立。于是人们竭力避免把关系搞僵，有时甚至宁愿歪曲事实，也不愿与朋友失和。

利用僵局如同其他谈判战略一样，谈判者应当改变"僵局即失败"的观念，具备善于制造、利用、打破僵局的技巧和勇气。当然，把利用僵局作为一种手段是个高度危险的战略。谈判者的素质、经验和能力直接影响僵局的产生、发展和最终结果。僵局一旦形成，要想中途退出非常困难，因为在僵局中各方的心态和看问题的角度都将发生一些微妙的变化。

## 一、僵局的利用

要想利用僵局，谈判者要把握以下三个要点。

**1. 提前介入，争取主动**

谈判者不能等到僵局形成之后才去应对。要对预案准备、人员配备、关系调整等提前布置，从谈判一开始就积极地介入，避免敏感问题的控制权被对手掌握。

**2. 积极引导，施加影响**

一个僵局形成后，谈判者不能坐等时机，应积极地对对方人员施加影响。僵局的化解在很大程度上取决于参与谈判各方人员的态度，要使对方改变态度，必须有效地引导其对问题的看法和心态。

**3. 借助外力，重点突破**

谈判者要充分借助外部形势或时间等有利因素，重点突破对方的薄弱之处。谈判学家雷法指出："通常情况下，僵持的每一方的内部都不是铁板一块。每一方的成员虽然都站在同一立场上，但他们的价值观各不相同，可能会尖锐对立，甚至当某一方仅有一个人时，内心仍然会存在冲突。这并不是指存在于每个团体内部的分歧会使得团体之间的谈判更加困难，实际上，每一方内部的分歧越大，也许越容易对外达成协议。"① 认识到这一点，有助于谈判者努力促成对方在立场或态度上发生积极的变化。

**重要视点**

如果谈判者在制造和利用僵局方面没有十足的把握，那么最好不要轻举妄动，在这个问题上，"艺高"是"胆大"的基础。

谈判中交易条件的变化主要受双方的实力和外部环境的影响。谈判者必须与外部保持经常的、密切的联系，如果把自己封闭在谈判场内，将有陷入被动的危险。"造成既成事实再谈判"是谈判高手常用的战略，如果我们没有谈判预案，没有内部与外部的及时信息

① 霍华德·雷法．谈判的艺术与科学．北京：北京航空学院出版社，1987：5.

沟通，就可能吃亏。有时候谈判的某一方会故意引发一个僵局，然后赢得时间，并在外部采取某些无须与对方协商的、出乎对方意料的行动，迅速使自己处于有利地位，迫使对方就范。除非对方更有实力，否则由主动出击的一方制造的优势是极难改变的。卡洛斯总结说，场外行动加上谈判才称得上完整的谈判行为。在很多僵局中，高明的谈判者往往利用外部条件随时间推移而发生的有利变化，采用无限期拖延谈判的战术。例如，经销商利用时间对季节性产品的影响在价格条件上向厂方施压；环境保护主义者常常通过拖延诉讼来阻挠开发者。

随着竞争日益激烈，利用僵局的手段日趋多样化，制造和诱发僵局的情况屡屡可见。例如通过谣言制造混乱；通过拖延时间制造僵局；通过人为控制改变谈判议题；破坏谈判议程；利用政治压力；秘密与对方盟友联合；发起示威、游行、罢工等。

对利用僵局应予以系统的考虑。在利用僵局达到了己方的既定目的之后，就不应当使僵局持续下去，但是要注意，要使僵局以体面而圆满的结局收场，就不能以原来引起僵局的问题结束，这样做的危险在于：要么使自己再一次陷入争执中，前功尽弃，要么使对方再一次激愤。正确的做法是使僵局的性质发生一些积极的转变，使问题发生一些转移，造成对手在面子上占上风的局面，或通过一些小小的让步使僵局体面地得以化解。

## 二、处置僵局的一般原则

如果谈判者不希望谈判破裂，那么从战术的角度看，谈判者需要了解处置僵局的一般做法，这对于寻求有利的结果十分必要。

**1. 强调双方的利益**

在多数冲突中，强调业已取得的和潜在的共同利益是促使僵持各方再次走到一起的战术。有时在讨论具体事件时，谈判者很容易被表面的现象所迷惑，甚至会为了某些与根本利益并无太大关系的问题发生冲突，结果导致真正的共同利益受损。在这种情况下，谈判者适时地向对手指出双方的利益所在，使关注的焦点回到关键问题上来，是引导僵局出现转机的重要措施。

**2. 强调双方的损失**

如果谈判中出现僵局所引起的共同损失比相互间的利益更大，谈判者可以对负面的结果进行剖析，引导对方一起进行比较。不过，谈判者在运用这种手段时要避免让对方误以为你在威胁他。较好的办法是，抓住要害，避免唠叨，给对手一些思考的时间，这比一味地讲理更有效。

**3. 改变讨论方式**

改变问题的讨论方式，有助于找到破解僵局的机会。比如，暂时推迟对问题的讨论，先讨论那些容易解决的问题。又如，将问题梳理后再摆出来，在总结已经达成的一致意见和尚存在的分歧的基础上，分析目前问题的关键所在。再如，取消对某个问题的谈判，或许有利于迅速发现双方解决问题的新途径。

**4. 与对方分享额外的信息**

假如谈判出现僵局是由谈判者没有披露某一敏感信息或在披露信息方面有某些顾虑导致的，那么可以尝试多披露一点信息的方法。当然，如果谈判者认为尽快解决目前的僵局是重要的，则适度披露信息所付出的代价可以从达成协议所带来的利益中得到补偿。这种做法有一定的风险，那就是对方可能继续采取回避态度，不对你的姿态作出积极反应。因此，谈判者对披露信息节奏的把握十分重要，切不可无节制地“以诚相待”。

**5. 短期休会**

无论谈判者是强调双方的共同利益还是强调双方可能的损失，都不要指望对方立刻表态。处在僵局中的人对需要立刻表态的情形都十分敏感，因为他们面对的不仅是对方，还有内部的质疑和压力。运用好休会战术是一个破解僵局的好办法，这使得双方都有机会反省一下自己先前的决定和判断，也有机会征求周边人的意见。如果是团体之间的谈判，更提供了一个让双方的人员互相沟通的机会，可以对在正式谈判中没有说清楚、不便说清楚、不能公开说出来的理由进行解释。同时，休会也有利于各方考虑其他解决问题的途径。最低限度，休会可以起到放松心情的作用，主方的一些会务安排，例如让服务生上水果茶点、赠送一些小礼品、播放轻松的背景音乐、介绍一位双方都敬重的权威人士、邀请对方领导人单独出去走走，有助于为恢复谈判营造有利的气氛。

**重要视点**

在谈判僵局中运用好休会战术具有积极的意义。谈判者一定要意识到，休会不等于简单的休息。

**6. 长期休会**

当短期的休会、反复的讨论都无法找到双方可以接受的解决方案时，谈判者还可以将问题留待时间去解决。时间可以改变许多事情，因为内外部的环境变化可能导致原来引起僵局的背景原因发生改变，为破解僵局带来转机。例如，某一方关键人物的变化、经营状况的变化、市场环境的变化、企业投资者的变化、技术的改进等，可能会催生一些新的机会。谈判者需要的是等待这些机会到来，再寻求突破。

**7. 先讨论原则问题**

共同发表一个原则声明，或先就进一步谈判的原则进行虚盘化的沟通，即暂时不针对具体问题，不寻求立刻解决问题，把谈判各方关注的重点从企图就僵持的问题达成协议转移到先在原则问题上取得共识。如果能在原则问题上达成共识，就为重新梳理共同利益、化解分歧创造了条件。这种典型的中国式谈判思维方式所形成的战术为谈判者寻求和扩大谈判余地、采取更为灵活的姿态重启谈判创造了更宽松的条件。

**8. 尝试让各方对无承诺假设作出反应**

近来国际上在处理多边谈判的重大棘手问题时，越来越多地尝试采取暂时不让有关各方承担义务、不作出实际承诺的论坛形式来探索解决危机的方案。这种做法是典型的“务虚”，因此给立场不同的各方创造了非常宽松的氛围，尤其对于持多元化立场的各方，其积极的效果受到重视。它的具体做法是：假设某一谈判方优先作出立场上的表态，另一方可以接受并作出相应的反应。在这个过程中，所有各方均不承担任何义务，只讨论可能性。这种做法可以使各方将一个念头、一种期待、一条建议在假设的层面抛出来，并减少不必要的担心。

## 案例导读9-3

### 哥本哈根气候会议：谈判集团碎片化加剧，如何达成共识？

2009年12月16—20日，就在哥本哈根谈判针锋相对、几近崩盘的时候，牛津大学举办了气候变化和全球治理会议，会议学者来自欧洲、北美洲、拉丁美洲、亚洲等。众多学者的观点透露一个共同的趋势，发达国家和发展中国家这种传统的气候变化谈判阵营发生很大的变化。在哥本哈根进程中已经很难掌控众多分歧，实现有效的气候变化全球治理。

哥本哈根气候会议在美国总统奥巴马的斡旋下达成一个政治协商性的协议——《哥本哈根协议》(Copenhagen Accord)。尽管美、中、欧、印、日等主要发达和发展中国家和地区同意了这项协议，但部分拉美、非洲和小岛屿国家却表示反对。这说明哥本哈根大会未能达成基本的政治共识，全球气候变化谈判日趋碎片化，传统大国主导或者南北阵营分野的局面都无法解释哥本哈根谈判破裂的原因。

从1990年开始，气候变化谈判历经20多年。人们看到，发展中国家至少有两个变化：第一，从经济方面来讲，发展中国家的贫富差距越来越大。第二，主要发展中国家经济体在过去20多年中排放了较多的温室气体，47个小岛屿国家和部分撒哈拉以南的国家对此颇有微词。

在发达国家内部，以美国为代表的伞形集团和欧盟在对气候变化的认识、应对的方法、国际合作等方面立场逐渐靠拢，在减排方法上特别注重技术和排放权交易体系，在意图方面特别注重清洁能源和低碳经济竞争力，在行为上开始注重法律和碳关税，在对发展中新兴大国具体减排施压方面形成高度默契。

美国奥巴马政府绿色新政的实施和重新谋取应对气候变化国际话语权的战略，加之美国特有的单边主义气候变化外交行动，导致欧美发达国家阵营出现分化。奥巴马和中国领导人在哥本哈根谈判上发挥了斡旋的领导作用，但是欧盟国家却担心这会变成新的中美共治。虽然这种担心没有事实依据，但是欧盟对《哥本哈根协议》和美国的做法非常不满。此外，欧盟和以美国为首的伞形集团在减排这个核心问题上的分歧日益明显，发达国家内部减排阵营出现裂痕。

在哥本哈根谈判中，可以通过报道了解到，海平面上升会导致小岛屿国家生存面临危机，所以它们参与行动的意愿最高，态度立场极为激进。欧盟是全球气候变化领域的“旗手”，气候变化谈判和低碳经济使欧盟在节能减排立法、政策、行动和技术方面一直处于领先地位。中国、印度、巴西等新兴发展中大国人口众多，资源匮乏，经济技术水平和管理相对薄弱，一方面深受气候变化的不利影响；另一方面随着经济快速发展和城市化进程，能源消耗和温室气体排放需求快速增长，经济发展空间需要维护。美国能源消耗模式属于奢侈浪费型，接受强制性减排指标会破坏美国人的生活方式，因此该国始终坚持技术上可行的减排措施。

气候变化全球治理的特点是，每个国家并非都从应对气候变化中受害或者受益，一个地区所遭受的气候变暖的影响可能是负面的，另一些地区所受到的影响却可能是正面的。一个国家既可以是全球气候变暖的污染源，也可能是受害者，更多的是两者兼有。有的国家过度使用别国能源，有的过度使用本国能源，有的基线过低，有的使用效率甚高，因此全球气候变化谈判涉及的利益非常复杂，导致全球谈判阵营的碎片化，结果是此次哥本哈根会议各方在暂不承担义务的前提下假设了十多种谈判草案和若干政治宣言的版本，谈判最终难以达成共识。

欧盟委员会主席巴罗佐表示，"《哥本哈根协议》只是应对气候变化的第一步，未来还有很长的路要走"。气候变化问题是 21 世纪人类社会面临的最严峻挑战之一，事关人类生存和各国发展，需要国际社会携手努力、合作应对。气候变化全球治理的重点不在于谁是受害者，谁应该付出代价，而是如何达成共识，通过共同的规范和标准进行合作以减缓气候变暖的趋势。在后哥本哈根进程中，防止各种谈判集团的碎片化是拯救地球的可行之道。

资料来源：于宏源．哥本哈根谈判集团碎片化加剧　难达共识．东方早报，2009－12－21.

**9. 设定底线，威胁退出**

设定底线就是有预谋地在议题、议程、时间、地点、人数、级别等谈判因素上设置某些限制，向对方施加压力。如"我已订好明天下午的返程飞机票，希望能在此之前达成协议"，"我们经理出差了，你们只能找副经理商议此事"，"看来今天我们只能先讨论这一个问题，因为你们要谈的第二个问题的资料我们没有带来"，等等。设定底线时必须小心，过分的限制可能迫使对手作出强烈反应。因此，在理智地评价当前形势，确信所有可以尝试的办法都无法改变谈判僵局时，谈判者方可采取这种威胁的办法。威胁退出分为两步：第一是姿态上的威胁；第二是行动上的实施。如果谈判者宣布退出谈判，至少从形式上说谈判已经结束了，这种办法偶尔也可以作为一种战术，或者说，是一种将重启谈判的主动权交给对手的下策，是为了达到威胁的效果。谈判者在确信目前的手段都不可能产生效果之前，不可轻言退出。

**10. 更换谈判主体**

通过更换谈判主体，可以为打破谈判僵局创造机会。一般来说，一旦出现僵局，无论谈判者怎么努力保持理智，只要谈判主体没有改变，他们在思维方式、知识结构、性格、文化修养等方面的表现很难为僵局的破解提供机会。尝试更换谈判主体，实际上是为找到新的解决路径、探索新的破题方法、建立新的人际关系探路。

弗兰克·L. 阿库夫在《国际商务谈判》一书中指出了在国际谈判中打破僵局并维持关系的 17 种方法（见表 9－1）。

**表 9-1　打破僵局并维持关系的基本方法**

| 序号 | 方法 | 说明 |
|---|---|---|
| 1 | 重复讨论，以确信的确存在僵局。 | 帮助谈判者对僵局的形成进行判断，在讨论中寻求新的破解之策。 |
| 2 | 强调相互利益。 | 有利于维护双边关系并推动谈判朝着理性的方向前进；利用已经达成的协议对尚未形成的共识进行积极的引导。 |
| 3 | 强调无法达成一致意见的代价和想避免的局面。 | 避免谈判破裂，推进各方朝前走。 |
| 4 | 原则上达成协议，推迟讨论谈判中最困难的部分。 | 当双方有意愿推进谈判，但暂时不能形成具体协议时的一种变通手段；在原则谈判过程中，要在涉及具体问题或具体人员之前确定基本的协议框架。 |
| 5 | 设法弄清楚问题是不是由于对方没有告诉你什么事情引起的。 | 特别注意补充信息，但要对信息的来源和真实性保持基本的理智。 |
| 6 | 改变合同的类型。 | 对合同条款的盘面条件进行调整；或将合同适度分段；或对合同的当事人进行适当调整。 |
| 7 | 改变合同的细节或前置条件。 | 合同条款并非越是实盘或越是虚盘就越好；把某些约定移到合同之外，或把某些约定放到合同附件中。 |
| 8 | 在合同中加入灵活的选择性条款。 | 对格式条款、格式合同进行改造，增加合同中那些关键条件的选择余地。 |
| 9 | 在不同情形下举行非正式讨论。 | 把在正式谈判中不能或不便公开谈判的敏感问题安排在非正式讨论中；如果有可能，非正式的谈判最好有双方的核心人物参加。 |
| 10 | 就解决所有的问题作出可控制的让步。 | 对让步条件进行虚盘化改造，即给让步附加条件。 |
| 11 | 成立联合小组。 | 将对方拉入共同面对和解决问题的阵营中，将双方之间的僵持对立转变成在小组内共同解决问题。 |
| 12 | 更换小组领导人或成员。 | 寻求成员变更后的新思路、新方法、新关系对谈判僵局的有益影响。 |
| 13 | 讨论你和对方会对某种假设的解决办法作何反应，但不要求任何一方承担行动的义务。 | 暂不让任何一方承担义务或享有权利，从务虚中找到解决问题的新思路。 |
| 14 | 讲述某个有启示意义的类似例子。 | 寻求可比性并借鉴。 |
| 15 | 休会。 | 休会不等于休息，短期休会的目的是寻求沟通，为尽快复会创造条件；长期休会的目的是将问题交给时间去消化，以等待变数。 |
| 16 | 考虑确定解决问题的最后期限，以最后期限制造紧迫感并鼓励行动。 | 强势一方可以考虑主动发起策略。 |
| 17 | 保持耐心。 | 坚持沟通，避免迁就行为。 |

资料来源：［美］弗兰克·L. 阿库夫．国际商务谈判．上海：上海人民出版社，1995. 表中的说明系作者所加。

## 第三节　谈判僵局的调停与仲裁

如前所述，谈判中出现僵局是一种常见的现象，它有时可以作为实现谈判目标的一种手段。并不是凡僵局就需要调停和仲裁。谈判僵局的调停与仲裁，由于都要涉及第三方或第（$n+1$）方的参与①，因此有别于利用僵局的某些做法。

作为调停人或仲裁人，中间人在介入之前必须对僵局中各方存在的分歧有一个基本的认识，然后才能决定自己是否介入和介入的方式。在这里我们研究介入问题，基本上是从第三方的角度来进行的。第三方面对分歧在认识上的客观性，是调停与仲裁的关键。

### 一、谈判出现分歧的性质与中间人介入的条件

专家对谈判分歧的研究基本上集中在对谈判过程的研究和对谈判结果的研究两个方面，给出的结论由于所站角度不同而不同。英国谈判学家比尔·斯科特的研究特别具有现实指导意义。他从解决问题的时机和方法入手进行研究，通过长期的跟踪，发现实际上谈判中的大部分分歧都不是真正的分歧，许多分歧并不需要调停者或仲裁者立即介入。总体上说，他把谈判分歧分为三类：想象的分歧、人为的分歧和真正的分歧。

**1. 想象的分歧**

想象的分歧是由于一方没有很好地了解对方的要求，或者虽然理解了对方的要求但不愿意正面承认、不愿意坦然接受对方的观点而产生的。这种分歧的根源在于相互间的沟通不足或沟通方法存在问题。此时应当分析产生分歧的各方对于消除误会的态度是否积极，如果各方之间并不存在人为的沟通障碍，就不需要第三方介入，只要谈判各方（或某一方）主动改变相互沟通的技巧，即可消除或减少分歧。

**2. 人为的分歧**

人为的分歧是由于一方有意制造问题而产生的。缺乏诚意的谈判者或谋略高深的谈判者，为了使自己在以后的谈判中能占据优势或留下较大的回旋余地，往往故意摆出某些姿态或提出某些苛刻的条件。在这种情形下，只要参与谈判的各方当事人并不认为谈判会破裂，第三方介入就是不必要的。消除或减少人为分歧的基本办法是，多留一些时间让当事人通过多轮谈判去解决。如果谈判的一方发现对方缺乏诚意，就应尽快撤出谈判，因为此时的僵局已演变成对某一方的考验。

**3. 真正的分歧**

真正的分歧是由于各方的需求和条件虽经沟通但仍然尖锐对立而产生的，它反映了谈判各方在利益、立场上的冲突。真正的分歧一旦显露出来，谈判者就必须谨慎地对待它，对这种分歧的处理稍有不慎，就可能导致谈判形成僵局甚至破裂。

---

① 在双边谈判条件下，调停人或仲裁人称为第三方；在多边谈判条件下，调停人或仲裁人则为第（$n+1$）方。

不论是哪一种谈判分歧，中间人要作为第三方介入，必须满足一定的条件。

想象的分歧是谈判者自身主观意识的产物，它有时会因谈判者自设的障碍（如面子、信誉、尊严、政治制度、意识形态、思维方式等）而无法解决。如果谈判者固执己见，人为地强化这种障碍，直接沟通就会发生困难。如果谈判双方在这种情况下既不愿意放弃谈判，又要坚持各自的立场，第三方介入就很有必要。在这种情况下，第三方的介入有助于客观地理解、解释对立各方的观点和立场，有利于传递某些当事人不便于直接传递的信息。由于第三方的介入改变了相互沟通的方式，因此加大了消除各方分歧的可能性。

通过制造人为的分歧来威胁对方是一种冒险行为，它的危险在于：人为的分歧只是某一方的计谋，只有当对方不能识破它时才有用。如果对方恰是一位谈判高手，或虽然不是谈判高手却是一位持强硬态度的谈判者，对于任何威胁都不予理睬，即使引起僵局或导致谈判破裂也在所不惜，那么制造这种人为分歧的谈判者无疑是在给自己找麻烦。如果谈判者不希望谈判破裂，就得求助于调停者；如果谈判者不愿失去他所要求的那些利益，就得诉诸仲裁者。

真正的分歧反映了谈判各方的利益冲突，要想消除这种分歧非常困难，特别是当谈判只围绕一个议题进行时更是如此。斯科特提出了一些技术性的建议，如将谈判内容横向展开，进行多议题的谈判，以寻求谈判的突破口；或者寻找一条避开尖锐矛盾的道路，首先解决那些矛盾并不尖锐的、容易解决的问题，为严重争端的解决铺平道路。

**重要视点**

打破因真正的分歧而出现的僵局的首要原则是保持灵活性。

例如，谈判双方可能在价格条件上存在严重分歧，如果谈判者认识到他们的分歧仅存在于价格问题上，那么可以尝试绕开这个问题，去讨论贴现问题、付款条件问题、产品规格问题、质量检验问题、延长技术支持时间问题、折扣问题等，特别要注意抓住那些能给后续问题的解决树立榜样的问题来作为突破口。如果这些问题解决了，可以为讨论价格问题铺平道路；如果分歧严重，还可以暂停谈判，利用短暂的间歇期调整各自的立场或提出新的建议方案，或重新拟订一个各方一致同意的议程，调整一下讨论的角度和程序。

一个聪明的谈判者还会充分利用非正式场合来解释自己的立场，缓和紧张的谈判气氛。谈判各方如果有诚意，还可以通过使谈判升级的办法，即请出各自的上级参与谈判来解决那些在下属看来无权、无力解决的争议。如果各方人员仍不能跳出原有问题的框框，不妨对各方参与谈判的人员作一些根本性的调整。通过创造条件，积极推进谈判外部形势的变化，或引导某一方内部环境的变化使谈判出现转机。谈判者应积极地创造机会、把握机会。有时双方虽有诚意，但直接沟通仍有困难，这时引入第三方作为中介人参与进来，对于在双方之间斡旋是有利的。

## 二、调停者与仲裁者的独特作用

在介入调停与仲裁事务时，调停者与仲裁者的独特作用表现在以下几个方面。

**1. 超脱于利益纠葛之外**

无论在实质上还是形式上，调停者与仲裁者超脱于利益纠葛之外，都是获得冲突各方信赖的基础。由于他们本身不涉及谈判中的利益冲突，因此更能客观地倾听各方的意见。这样，调停者和仲裁者可以根据不同的需要，以强制性或非强制性的手段出面邀请已经闹僵的各方再回到谈判桌上来。

**2. 作为不可替代的斡旋者**

由于站的角度不同，同样的建议，出自调停者或仲裁者之口，比出自谈判一方之口更容易被另一方接受。他们提供的调查情况更容易得到冲突各方的信任，特别是在谈判各方之间存在猜疑时。

**3. 可以相对客观地倾听各方意见**

越是兼听，越是包容，越是不轻易评价任何一方的观点，就越有可能提出能够被各方接受的独立意见。

**4. 在立场上容易获得余地**

调停者和仲裁者要求有关各方作出妥协时都无后顾之忧，不会像直接冲突当事人那样考虑谁向谁让步。如果没有调停者或仲裁者的帮助，这些妥协即使是谈判各方愿意做出的，也可能不会被主动提出来，因为在立场上率先改变态度的谈判者有理由担心这样做会给自身的谈判实力带来不良影响。所以，调停者与仲裁者可虚拟任何一方的意见。

**5. 有机会保全各方面子**

调停者或仲裁者作为第三方介入时，通常能够找出顾全各方面子的办法，使谈判者和他们的上级都感到容易接受。

调停者和仲裁者应该是某一方面的权威，具有较强的斡旋能力和丰富的谈判经验，他们的经历和取得的成就能够赢得谈判各方的信任与尊重。善于利用调停和仲裁的谈判者，可以有效地简化谈判，避免不必要的磋商和由此造成的精力与时间上的耗费。上述对调停者和仲裁者作用的描述，是建立在谈判各方对公正调停与仲裁的希望的基础之上。实际上，作为中间人，由于自身的局限性，对事物的看法总会或多或少地带有偏见。如果调停者或仲裁者与各方的关系不太正常，或被某一方贿赂、控制、利用，就应当引起谈判者的警觉。假如有充足的理由怀疑调停者或仲裁者的公正性，就应及时坦率地向对方提出更换调停者或仲裁者的要求。

## 三、约束调停者和仲裁者能力发挥的环境因素

美国著名的谈判调停专家威廉・西姆金（William Simkin）在 1971 年写了一篇名为“调停与有效的多边谈判”（Mediation and the Dynamics Bargaining）的文章，对调停者应具有的专业知识以外的基本素质进行了广泛深入的研究。他将调停者的素质概括为：耐心的精神，真诚的行为，高度的自制力，幽默的口才，良好的体力，机敏的洞察力，灵活的技巧，高尚的人格。调停者应具有很高的威望，是公平的局外人，仲裁者则常常需要借助法律、规定、制度、惯例、伦理、道德、舆论等的调节作用。在表面上，我们常常看到仲

裁者所发挥的公开作用，却不容易看到调停者在私下里发挥的积极作用。事实上，对调停者的素质要求绝不低于对仲裁者的素质要求。在现实中，我们对调停者的认识存在偏差，有些人总认为调停者扮演的不过是一位“和事佬”的角色，无论有无道理总是给谈判各方各打五十大板，以形式上的公正掩盖事实上的偏向性。在谈判中，许多谈判者强调，须特别警惕和防范由低能的“和事佬”充当调停者，因为他们难以发挥独特的作用，还常常帮倒忙，最终使谈判破裂。

为什么有些看起来素质较高的调停者或仲裁者反而在调停或仲裁的效果等方面不为当事人所认同？事实上，调停者取得各方当事人认同的基础是他的权威，即各方对这个人的能力、处事水平的承认，这种承认是对他的信赖的前提；而仲裁者并不一定需要获得各方当事人的认同，他需要的是权力，这种权力是服从仲裁者裁定结果的前提。

谈判活动中的仲裁行为往往是依靠法律以外的手段（如国际组织的决议、经济制裁、第三国或国家集团的集体行动等）来实施的，有时甚至是单方面的、强加于人的。国际纠纷的仲裁从表面上看体现了公正与人类的共同利益，但它的背后总是有大国操纵的影子，尤其是发达国家强加于不发达国家的不平等的国际政治经济秩序。这时扮演仲裁者角色的不仅是某个人，而且包括其所在的国家、组织、机构。这些国家、组织、机构的政策和意图必然会影响、左右仲裁者的倾向性。

## 四、调停与仲裁的基本方法

在僵局中，双方对立的冲突与多方卷入的冲突有很大的区别。双边冲突受到的牵制通常比多边冲突少。多边冲突一旦发展下去，就可能引起冲突各方之间关系的微妙变化，甚至形成几方之间的联盟，联盟成员会暂时将彼此的非根本性分歧搁置一边，联合起来一致反对其他当事人。随着冲突内容和各方关系的复杂化，需要解决的问题迅速增多，问题与问题之间互相制约，导致局面失控，冲突各方很容易陷入恶性循环。僵局形成之后，能否有具体而有效的调停与仲裁手段，能否从宏观的视角引导冲突各方积极地为解决争端而努力，对于中介人来说至关重要。中外谈判家在长期的谈判实践活动中，探索并总结了不少调停与仲裁的基本方法，其中有些方法已经广泛地应用于国际性的争端解决中，有些方法发展成完整的理论，被越来越多的人所掌握。

**1. 分割—挑选法**

分割—挑选法的实质是将利益的优先划分权与利益的优先选择权分离开——先划分利益的一方不能先选择，先选择利益的一方不能先划分。在这个过程中，需要有一位中介人来充当“规则的操纵者”（rules manipulator）。规则的操纵犹如裁判执法，应当对双方均有约束力。因为如果中介人只提出一种简单的规则或方案，而不对过程进行公正的监督控制，那么冲突各方会根据各自对利益价值的认识，来决定自己充当利益的优先划分者还是利益的优先选择者，这又是一个可能引起冲突的问题。

分割—挑选法强调的是中介人对调停或仲裁规则的操纵。这说明解决纠纷的关键不仅是制定出规则，中介人还要有权改变或控制谈判过程，调整或修改规则。中介人应当公正、全面、及时地了解各方在利益冲突中的想法，发现他们各自的需要，把这些需要引向互补而不是对立。我们可以认为，利益的公平瓜分仅仅是分割—挑选法最基本的要求，并且这种公平性并不取决于中介人的看法，而是取决于冲突各方的价值观。机会把握在冲突的当事人手中。所以，可能出现这样一种情况：旁观者认为不公平，当事人却觉得很公平；或者相反，旁观者认为很公平，当事人却觉得不公平。中介人在操纵时，要特别注意后一种情况。

有些现象颇具典型性，比如一个孩子在吃馅饼时想多吃些肉馅，而另一个孩子可能恰恰相反，他想多吃些馅饼的外皮。父母必须留心发现他们各自的真正需要，不可不经调查就主观地提出看似公平的规则，否则两个孩子都会认为父母偏心。如果了解孩子的真实想法，父母就很容易提出双方都满意的建议。

亨利·基辛格博士运用分割—挑选法为海洋法公约制定出一个公平解决争端的折中方案。在海洋法公约谈判中，发达国家与发展中国家之间对海底矿藏（锰结核）应该完全由一个国际组织来开采，还是应该主要由单个公司或国家来开采这个问题，不能取得一致意见。基辛格认为，如果各方所争夺的对象是不可分割的，那么解决的办法可以变通为共同享用而不是各自分用，或某一方付出一定的代价（这个代价不一定是金钱）来换取对整个争夺对象的所有权。出席海洋法公约谈判的各国谈判代表最终接受了基辛格的折中方案，即海底矿藏的开采要依据“平行开发制度”。平行开发是指一边是某个国家的私有或国有企业，另一边是联合国的附属机构国际海底管理局。原来很多发展中国家担心，最好的采矿场地有可能被一些工业化国家的公司抢先占据。各国最终按照基辛格的方案达成下列协议：每一个预定矿址的申请开发者首先要探明一块足够大的区域且这块区域有足够的资源，至少可以供两家采矿公司开采。然后，要求希望先开采的公司（多半来自发达国家）将这个区域划分为两块，国际海底管理局有权优先从中挑选一块，预留给未来进入该区域的发展中国家的公司开采。

如果我们把这种方法加以推广，会发现它可以解决很多领域中的难题。例如，解决会议僵局的特许提问规则可由中立的会议主席掌控，未获得特许的任何人均不得参与问题的讨论，获得特许的人可以向对方提出各种问题，他想怎么问就怎么问，只要在规则范围内，别人不得加以指责，对方有权从各方面阐述自己对问题的看法，他人不得打岔或提出反对意见。会议主席通过这种特许提问的办法，既给各方提供了发表意见的机会，又有效地控制了会议的气氛和进展。会议主席在全过程中可以适时地归纳或说明任何可能找到的共同点，帮助各方认清眼前的现实。

英国伦敦的一家公司各职能机构人员彼此之间互不配合，情绪对立，大大影响了公司正常业务的开展。人事关系部主任大卫·杨在调和部门间的关系时，把上述办法加以发展，旁人觉得他的办法看起来简直有点儿胡闹。大卫·杨要求这些职能机构停止敌对和争吵，各方首先承诺互相做出一些让步并对本职工作进行改进，至于具体在哪些方面做出让步或改进，则主要依照对方的建议而定（大卫·杨特别强调冲突各方只提建议而不是要求或条件）。按照他的要求，各部门的人员彼此送给对方一份备忘录，其中包括一些赞美、肯定和建议的话："在发送备件方面你们做得不错……"，"我们很赞赏你们对产品进行中间检验的做法……"，"能否请您避免现在的这种做法……"等等。大卫·杨颇为得意地说："然后，我把部门管理人员分别找来，就这份备忘录一项一项进行协商。起初他们还不相信我，以为我在开玩笑，可是当他们照我说的做了以后，就不再坚持原来的看法了，他们发现这个办法确实有道理。"各个职能机构以让步和改进作为向对方提建议的前提，有效地缓和和减少了敌对的情绪。可见，谈判者要理解分割—挑选法最本质的思想，善于创造性地运用，就会产生更丰富多彩的调停与仲裁方法。

## 案例导读 9－4

### 公司财产分割的公平问题

朋友兼商业合伙人甲和乙从 10 万元起家，经过四年的努力，在市中心繁华地段取得了占地 260 平方米的经营场地，使企业总资产达到 600 万元。由于没有负债，如果继续利用这块场地经营，每年将获得 80 万～120 万元的净利润。如果将 600 万元投入到另一个高新技术领域，每年可能获得 180 万～300 万元的净利润，还能以每年 50％以上的速度递增，投资一旦失败，则可能血本无归。他们清楚，这一成功可能性为 40％的投资机会对他们来说也许风险太大。两位合伙人既留恋经营场地所带来的稳定收益，又不甘心放弃冒险实现迅速扩张的机会。他们各自打着算盘，难以达成一致意见。

最后，他们决定好说好散，各奔东西。经过评估，260 平方米的经营场地价值 390 万元。由于当初产权关系并不清晰，他们约定均分这 600 万元的财产，另外，谁继续拥有这块场地，则应当给予另一方适当的货币补偿。

那么，谁将继续拥有这块场地呢？谁都不愿意先开口，他们明白这取决于给对方的补偿是多少。如果看在朋友的份儿上非要有个了断不可，自己又不愿意太吃亏，该怎么分呢？划分之后，拥有场地的一方该给予对方多少补偿呢？90 万元？100 万元？110 万元？还是更多？

调停人要仔细分析，在财富的分割过程中，是否有利用道德、舆论或强权的力量使利益的分割权和利益的挑选权过于集中或分散的情况。调停的关键是，在利益关联人中建立起相对分离且相互制衡的权利与义务关系，并确保这种关系不会被任何一方所控制。

调停人最容易犯的低级错误是：用自己的价值判断代替当事人的价值判断，直接介入利益划分的结果，把自己放在仲裁者的地位，从而失去调停的意义。

调停人建议，不要过早决定谁拥有那块场地继续经营、谁在拿了补偿后走人，而是任由其中一人进行利益的分割，即他完全独立地根据自己的价值判断，无须与对手商量就可以直接将 600 万元分割成两半，并决定拥有那块场地继续经营的一方应当给予另一方多少补偿。分割者唯一不自由的是，他不能优先进行利益的选择。

拥有优先选择权的一方可以完全独立地根据自己的价值判断，无须与对手商量直接对分割结果进行挑选。挑选者唯一不自由的是，他不能优先进行利益的分割。

调停人操纵的是规则而不是结果，在本案例中，当事人认为拥有那块场地继续经营的一方应当给予另一方多少补偿，是 90 万元、100 万元、110 万元抑或更多，对调停人来说都不重要。实际上，在任何一次利益划分的调停中，调停人都没有必要将自己的价值观强加给当事人。

**2. 权威倾斜裁定法**

每个人都有自己的长处和短处，但要让人们客观地认识自己却并不容易。每个人受到各自所处的特定领域和特定思维方式的限制，对事物的看法会存在差异甚至对立。权威倾斜裁定法适用于调停或仲裁不同领域的人之间在具体问题（而不是抽象的看法）上的矛盾冲突。当各方在某个问题上僵持不下时，作为调停人或仲裁人，首先应当把争执的问题具体化，然后就这个具体问题依照相对权威一方的意见，提出调停或仲裁的原则性方案。

### 案例导读 9-5

**佛像的脚心应当怎么盘?**

杭州灵隐寺有一尊十几米高的樟木佛像。依照传统的姿势，坐佛是交叉盘腿的。僧侣们要求佛像的脚底应向上翘，雕塑家却认为这种要求与人的生理习惯不符，拒绝接受僧侣们的意见。最终，这件事被汇报给周总理。

“雕像是给什么地方做的?”周总理问道，“是寺庙还是博物馆?”

“寺庙。”他们回答说。

显然在这个问题上僧侣们的意见是相对权威的。“那就按僧侣的要求做。”同时，周总理又对僧侣们说：“可不可以把佛像的头发改一改？佛祖是印度人，你们把他弄成了中国人的样子。”

周总理成功处理这件事情的关键，是尽量让问题具体化，使各方认识到问题的特殊性。他在这里并没有把问题引向笼统的讨论，因为那样可能发展成一场无意义的争执。僧侣和雕塑家在人物塑像方面各自的见解似乎都有依据，但他们审视问题的标准不同，争执下去只会没完没了。于是，从最终目的地的角度来考察对佛像的要求，较好地解决了这个问题。

**3. 仲裁与司法诉讼**

谈判的仲裁范畴很大，当谈判各方在谈判过程中争执不下而难以调和时，可以由仲裁人依据一定的规则作出对各方具有一定约束力的裁决。仲裁作为解决争端的基础是它所具有的强制性。非法仲裁（如强权、单方面制裁、第三方威胁）虽然也具有某种强制性，但它超出了谈判者所能接受的仲裁范畴。为了保证仲裁者正常行使职能，美国仲裁协会还订有一套规则，这套规则虽然不是以法律的形式确定下来的，但可以在一定程度上保证谈判仲裁沿着合法的轨道顺利进行。该协会还经常向争执各方推荐一些成熟稳重、富有经验的人员从事调停与仲裁工作。这套办法引起了我国谈判理论界的注意和司法部门的兴趣。

利用仲裁来解决谈判中的争议是有一定条件的，在实践中，并不是任何谈判在任何情况下都适用仲裁。在国际事务中，有些争端在谈判中无法解决，一直闹到联合国，人们才发现联合国只不过是一个国际讲坛，仍然笼罩着大国强权政治的阴影。有些决议在联合国很快得以通过，有些决议却在联合国一再表决仍难以通过。即使获得通过的决议，实施时仍然要取决于大国的态度。

与其他非谈判领域的仲裁不同的是，谈判仲裁有个条件，即争执各方必须都愿意接受第三方的裁决，订立某种形式的仲裁协议。仲裁协议是谈判各方自愿就他们之间的争执诉诸仲裁的书面协议，它既是任何一方当事人就争执诉诸仲裁的依据，也是仲裁者受理仲裁争议的依据。对于当事人这种有约定的协议，一般来说法律是认可的。如果没有仲裁协议，谈判的任何一方都不能强迫对方接受仲裁，仲裁机构也不应受理。这是谈判仲裁区别于司法诉讼的一个重要特点，在处理国际商贸活动中的纠纷时尤为常见。

仲裁协议一般有两类：一类是在谈判争议发生之前订立的，它通常用双方认可的文字以条款的形式事先规定下来，称为仲裁条款；另一类是在谈判争议发生之后，双方同意（或在第三方调停下）把发生的争议提交仲裁的协议，称为提交仲裁的协议。仲裁协议的内容一般应包括：各方一致同意将争执提交仲裁的意愿，可能提交或决定提交仲裁审理的事项，仲裁地点，仲裁机构的名称，采用的仲裁程序和规则，仲裁的效力，仲裁费用等。

谈判者应当学习和了解关于仲裁的基本知识，如提出仲裁申请，指定仲裁机构，进行仲裁审理，裁决效力的大小等。熟悉这类问题对于谈判者决定是否利用仲裁和如何利用仲裁解决谈判争议具有重要的参考价值。

司法诉讼是在法律的框架内进行的，并不完全取决于各方当事人的意愿。提起司法诉讼可能违背了某方当事人的愿望，但只要有助于解决问题，谈判者仍可考虑采用。依据现有的法律，对有关事实进行认定，对有关当事人的行为进行调整，构成各种形式的司法诉讼活动。

**4. 一个主题的仲裁程序**

一个主题的仲裁程序是由哈佛大学法学院教授罗杰·费希尔根据原则谈判法设计的，这种方法的独特性为第三方介入谈判争端的调停提供了有效手段。

### 案例导读 9-6

**房子应当怎么修**

一对夫妇正为新建房子的布局而争吵，双方各不相让。妻子提出应建两层楼，要有烟囱和俯瞰海边风景的落地窗，而丈夫想要的是现代农庄式建筑，要有小房间和大车库，以便堆放工具和停放车辆。两个人对各自的设计方案都偏爱有加，各自请建筑师绘出了房屋草图。为了对妻子的要求做出某些回应，丈夫同意把车库长度减少一英尺。为了迎合丈夫的喜好，妻子作出让步，放弃了后面的阳台。随后，双方又开始极力推崇各自的设计方案并攻击对方的方案，结果两个人都感到自己受了伤害，沟通变得更加困难。在这样的情况下，夫妇二人都觉得自己已经做出了最大限度的让步，不可能再让步了，于是僵持起来。

房子总是要建的，既然互不相让，夫妇俩只好请来一位建筑师当裁判。谁知聪明的建筑师却不充当两头不讨好的角色，他一反常态地不去评价夫妇二人的方案，而是独立提出了一个在一定程度上反映丈夫和妻子各自想法的新设计，他不询问夫妇俩各自的立场，而是问他们各自的利益。他发出邀请，希望夫妻二人对他的方案提点建议。

建筑师不去问妻子希望俯瞰海边风景的窗户应该要多大，而是问她为什么要有这个窗户。“是为了早晨的阳光，为了看风景，还是为了呼吸新鲜的空气?”他又问丈夫：“你想在大车库里放什么？你打算在小房间里做什么？看书、看电视还是跟朋友们聚会？你认为你通常在什么时间使用小房间？白天、晚上还是周末?”

实际上，建筑师设计的方案是否完美并不重要，重要的是他通过这种方法有效地转移了夫妇二人矛盾的焦点，使他们暂时不去攻击对方的方案，只能接受建筑师的邀请，轮流对建筑方案提出改进建议。建筑师把双方的利益尽量体现在他修改后的设计中。这时他发现，夫妇双方虽然彼此让步很困难，但对建筑师的方案提出批评却很容易做到。

几天后，建筑师又给出了一份草图，并解释说：“我个人对这份设计图并不满意，在修改前，我还是想听听你们的意见。”夫妇俩各自针对这份具体设计提出了自己认为最重要的问题，他们都非常希望建筑师充分了解自己的要求。

建筑师的每一个做法都让双方感到确实谁都没有向对方让步，而是在向一份由第三方提出的方案提建议，以便由建筑师在预算内构思最佳调和双方利益的方案，但这种“构思”又不同于“做决定”，双方不会产生立即要拿主意的恐惧心理。依照同样的做法，第三份、第四份、第五份草图设计出来了，每次都有一定的修改。最后时刻，建筑师说：“这是我能提出的最好的设计了。我已经尽量照顾到你们各自不同的利益，许多问题的解决依靠的是标准的建筑工程解决方法、先例，以及我能提供的最佳专业判断。这就是经过这一过程产生的设计图，我希望你们都能够接受，否则，你们只有回到原来各自的方案中去。我希望你们能够保持最大的灵活性。”

夫妇俩到这时才明白，他们只能决定“要”或“不要”。在做决定时，他俩都清楚自己将得到什么。这种办法大大简化了谈判调停的过程。

上述案例便是一个主题的仲裁程序的范例。归纳起来，一个主题的仲裁程序有三个要点：

（1）由中间人把争执双方的人与问题分开。中间人要把讨论由立场之争引向利益的调和以及对方案的构思，使矛盾的焦点发生转移。

（2）中间人绝不介入冲突各方的立场。中间人必须小心，绝不评价各方的立场和方案，而是独立提出自己的方案，将冲突的焦点从当事人身上转移开，并请各方就方案提出建议。

（3）把方案的构思与做决定分开。将构思方案的过程与做决定的过程区分开，中间人可以综合各种有益的方案，但任何时候都不要代替当事人做决定，尤其要减少匆忙做决定给各方带来的压力。

事实上，一个主题的仲裁程序在多边谈判中能发挥很大的作用，因为谈判参与方越多，越不可能对各方的建议逐个进行讨论，越难在僵局形成时靠各方的让步来解决问题。

第三方在介入调停时，大可不必等到各方同意之后才开始采用一个主题的仲裁程序，只要提出你的建议，改变原来的立场之争，就可以有一个良好的开端。因为有时虽然各方有愿意调和的意向，但出于姿态和谈判条件方面的考虑，可能拒绝中间人介入。同时，从心理上讲，对立的双方宁肯容忍中间人提出有缺陷的方案，也不愿认可对方的方案，何况中间人的方案只是一个构思，允许修改，这就为各方接受它带来了机会。

**5. 非正式化介入法**

对某些僵持不下的立场或姿态性的谈判，可以考虑采取非正式化的介入方式进行调停。比如，谈判双方的对立即使导致各自都受到一些伤害或损失，彼此在立场上仍不愿意退让。这当中不仅有互相之间的原因，也有一些各自内部的原因。比如，一方采取某种立场不仅是对外的姿态，也是对付内部反对势力的一种手段。然而事实不容乐观，当事者知道这样僵持下去的不利后果，他们希望有一种体面的办法来避免这种结局出现。

正式的调停这时往往派不上用场。中间人必须知道，调停手段越是显得正式，越容易强化对立各方已有的情绪，任何一个正式组织、任何一个国家，在声明了自己的立场之后，就很难公开地修正或改变这种立场，即使它们想改变，也需要有合乎情理的理由。

非正式化介入可以有效地满足各方的愿望。非正式化介入是中间人以非正式的名义（如民间团体、政府非正式代表、信使、友人、学者、旅行者、代理人等）与对立各方接触，沟通彼此间在公开的正式场合难以表达的信息，并承担起斡旋的责任。

非正式化介入有如下特点：

（1）中间人的身份是非正式的。中间人主要凭借自身与冲突各方特殊的交情和信赖进行调停。

（2）中间人的作用得到各方的认可。对立各方并不受中间人非正式身份的影响，他们对中间人具有与对正式的调停者一样的认同感。

（3）中间人的使命主要是沟通信息。这种沟通过程是高度灵活的，它既可以直接表达各方最本质、最核心、最急迫的要求，又不像正式承诺那样需要承担义务，因此它的试探性非常明显。

（4）中间人对非正式化介入的安排是各方可以接受的。中间人在细节的安排上应当充分照顾各方的利益，非正式的环境是各方谈判者可以接受的。中间人要重视友善、轻松、自由的气氛对谈判过程的积极作用。

非正式化介入已经引起越来越多谈判家的关注，使用范围大到国际争端、国家关系的改善，小到邻里纠纷的调解、家庭关系的改善。从根本上说，中间人既为各方的利益着想，又不将自己的意志强加于人，以理服人、以情感人是非正式化介入容易产生积极效果的重要原因。巴以和谈、约以和谈、海地危机的解决、中美间人权与贸易问题的调解、海峡两岸通商问题的协商，背后都有杰出的中间人为之斡旋调停、牵线搭桥。

非正式化介入在管理上具有积极意义。一个高明的人事经理懂得如何通过非正式的交流化解员工与上级、员工与员工之间的矛盾，“私下规劝，公开赞美”的方法被更多的管理者理解并掌握，即让争端、矛盾、对立、纠纷在尽可能小的范围内，以尽可能友善、和缓的方式解决；让成绩、贡献、互助精神在尽可能大的范围内，以公开的形式传扬，这有利于调动当事人的积极性、敬业精神和进取心。

**6. 蓄水池法**

蓄水池法的基本原理是将原来看起来没有余地的交易条件进行重新整合，通过中间人的作用发现或创造出磋商的余地，为改变各方的立场和交易条件创造机会。这种方法对中间人提出了特殊的要求：第一，必须客观地倾听各方意见——无论你多么权威，只有超脱于利益纠葛之外才可能获得信任；第二，在斡旋中要时时契合各方利益——你可以转达意见，可以虚拟任何一方的想法，但不要充当任何一方的代言人；第三，要为斡旋成功留有足够的虚头——你必须用自己的意见改变面前这位谈判者的期望值，不要让他以为你在帮助他去改变其对手的期望值；第四，要善于把责任归于自己，把功劳归于对手——通过给足对手面子的方法，让冲突各方都成为赢家。

**7. 代理人磋商**

有一个被东西方共同认同的情况，那就是谈判所在地区的官僚化程度与对代理制度的依赖性的关系。官僚化程度越严重，谈判者越需要一个极其熟悉这种环境的代理人出面发挥第三方的独特作用。

研究表明，至少在十个方面，一个忠诚而称职的代理人可以帮助谈判者解决难题：一是通过代理人将谈判者介绍给政府或特定公司的要人；二是深入了解当地人在谈判中的习惯做法；三是在谈判期间担任翻译；四是在谈判出现问题时作为中介人及时添加“润滑剂”；五是帮助谈判者了解东道国产品、服务、社会风俗、政策等方面的具体知识；六是协助谈判者制定有效的谈判方案；七是配合谈判者开展针对政府、商业伙伴的公共关系；八是解决与重要的审批或执照有关的问题；九是帮助安排建立特殊的金融关系；十是托收。

## 第四节　WTO争端解决机制运行的基本程序简介

### 一、协商解决争端是首要机制

WTO争端解决机制对所有的成员开放，而协商解决争端是首要机制。在这个机制下，鼓励各成员根据WTO多边贸易协定《关于争端解决规则与程序的谅解》和有关规定，通过双边磋商来解决贸易争端。如果WTO成员之间有贸易争端，在一方提出磋商要求的30天内，各方必须进行协商，协商的保密性和协商活动不得损害任何成员在任何进一步程序中的权利。

同时，《关于争端解决规则与程序的谅解》规定了贸易争端解决的时限，在争端解决程序的各个环节均制定了严格、明确的时间表，以便及时救济受害方，增强全体成员对通过多边机制解决争端的信心。例如，协商请求提出60天后，如果谈判争端未能获得解决，或虽然接受协商请求但不进行协商的被要求协商方不理睬协商实质要求，任何一方都有权援引WTO的争端解决机制，即可以向WTO申请成立专家（仲裁）小组。专家（仲裁）小组由WTO负责组织成立，而不是由争端双方组建，从而确保了争端解决程序的公正性。

## 二、斡旋、调解或调停是补充

根据WTO争端解决机制中《关于争端解决规则与程序的谅解》所认定的条件确认双边协商失败或有可能失败时，争端任何一方可以在任何时候提出斡旋、调解或调停的要求，甚至经争端各方同意，斡旋、调解或调停可以在专家（仲裁）小组工作进行期间继续进行，并不形成前后关系，如果在专家（仲裁）小组工作启动期间达成了斡旋、调解或调停的成果，依然可以作为争端解决的有效文件。这样做的目的是尽量通过谈判的方式推动争端各方达成一项可行性更高的相互能接受的结果。

值得注意的是，WTO的争端解决机构在接到成立专家（仲裁）小组申请后的第二次会议上必须作出同意或不同意成立专家（仲裁）小组的决定。专家（仲裁）小组的成立采取“一票赞成”原则，即只有争端解决机构全体反对，专家（仲裁）小组才不能成立。如果在这个机制下暂时不能达成各方满意的解决办法，还可以通过提供补偿、授权报复等措施确保将WTO规则的有效实施作为优先目标。

## 三、争端仲裁的六大要点

WTO争端解决机制在仲裁方面的规定比较严格，作为谈判者要关注仲裁的适用期限、仲裁员的组成、仲裁权限、仲裁期限与效力、仲裁结果的执行和第三方参与仲裁等六大要点。

**1. 仲裁的适用期限**

争端仲裁可以适用于不同的阶段，特别是在确定争端各方将执行争端解决机构建议和裁决的期限，确定中止减让或其他义务的原则和程序的方法方面，即在监督实施阶段也广泛适用。对执行争端解决机构通过建议和裁决“合理期限”的仲裁属于强制性仲裁，可以有效杜绝当事人拖延或阻挠仲裁结果执行等情况的再次发生，有利于建议和裁决的执行，维护争端各方权益。

**2. 仲裁员的组成**

绝大多数情况下，仲裁员由原专家小组成员组成，这样做有利于熟悉争端情况的人综合考量背景条件对仲裁执行阶段的影响。当然，也可以由总干事任命的仲裁员（一人或一个小组）来担任。

**3. 仲裁权限**

仲裁员并非任何争端都能提供裁决意见。根据《关于争端解决规则与程序的谅解》第22条第3款规定的原则和程序，仲裁员不审核要中止的减让或其他义务的性质，只判断该中止的水平是否与所受的抵消或损害相当。另外，仲裁员要确保仲裁执行期限不超过争端解决机构通过专家小组报告或上诉机构报告后的15个月。

**4. 仲裁期限与效力**

仲裁通常在合理期限到期后的60天内结束，并作为终审裁定，当事人就同一事项不得要求第二次仲裁。仲裁期间当事人的减让或其他义务不得中止。在《关于争端解决规则与程序的谅解》之外如果争端双方另有约定，仲裁应首先按双方约定的程序进行。

**5. 仲裁结果的执行**

根据《关于争端解决规则与程序的谅解》第21和22条的规定，仲裁结果的执行要求与专家组报告通过后的执行要求基本上是相同的。任何成员可根据《关于争端解决规则与程序的谅解》向争端解决机构查询与此争端解决结果有关的任何问题，作为以后处置类似事件的参考。

**6. 第三方参与仲裁**

根据《关于争端解决规则与程序的谅解》第25条第2款的规定，其他成员只有在同意提交仲裁的当事人均同意的条件下，才能成为仲裁程序的当事方。

谈判者要注意，一般来说，专家（仲裁）小组会根据调查情况直接向争端解决机构出具裁决报告，该报告基本上就是WTO的最终仲裁意见。争端解决机构实行反向协商一致原则（也称全票否决原则或一票赞成原则）进行争端决策或报告审议，以排除败诉方单方面阻挠决策或报告的可能。

WTO禁止未经授权的单边报复行为，但是允许受害成员依照规则跨领域、跨协定实行交叉报复。

## 四、争端解决机制的管辖范围

首先，在争端解决的范围上，WTO实行在法律框架基础上的有效管辖原则，凡是WTO成员根据法律框架中已经有的各项有效协定、协议所提起的争端，都属于管辖范围。其次，WTO在争端解决方面实行特别规则优先，即在各项有效协定、协议中，当一般规则与特别规则发生冲突时，特别规则具有优先适用的效力。最后，WTO实行适用规则的专家协调程序，即当某一争端的解决涉及多个协定或协议，且这些协定或协议的争端解决规则和程序相互冲突时，按以下程序处理：各当事方通过磋商确定争端解决适用的规则和程序，若不能形成一致意见，则在专家组成立后的20天内，由专家组斡旋各冲突方就适用规则和程序达成一致，若不能达成一致，则争端解决机构主席应与各冲突方协商，在任一争端方先提出请求专家组裁决后的10天内，优先考虑其请求决定应遵循的规则和程序。

## 五、裁决结果的执行与监督

一般来说，专家组报告或上诉机构报告依照反向协商一致原则一经通过，其建议和裁决即对争端各方有约束力，争端当事方必须无条件接受。

从裁决的执行程序看，专家组报告或上诉机构报告通过后，有关成员必须在通过后的30天内迅速执行。若不能或无法执行，则在专家组报告或上诉机构报告通过后的30天内向争端解决机构提出合理的执行开始和完成期限，并由争端解决机构批准。若未提出合理期限或未被批准，则在45天内由争端各方协商确定期限。若协商不成，则由争端的任一方聘请仲裁员确定。

### 案例导读9-7

**规则的解读与应用：关于《中华人民共和国加入WTO议定书》第15条履约的博弈**

2016年12月11日是个特殊的日子。15年前，我国在经过艰苦谈判之后，进行利弊权衡，签署了《中华人民共和国加入WTO议定书》。其中第15条约定：

> GATT 1994第6条、《关于实施1994年关税与贸易总协定第6条的协定》（《反倾销协定》）以及《SCM协定》应适用于涉及原产于中国的进口产品进入一WTO成员的程序，并应符合下列规定：
>
> （a）在根据GATT 1994第6条和《反倾销协定》确定价格可比性时，该WTO进口成员应依据下列规则，使用接受调查产业的中国价格或成本，或者使用不依据与中国国内价格或成本进行严格比较的方法：
>
> （i）如受调查的生产者能够明确证明，生产该同类产品的产业在制造、生产和销售该产品方面具备市场经济条件，则该WTO进口成员在确定价格可比性时，应使用受调查产业的中国价格或成本；
>
> （ii）如受调查的生产者不能明确证明生产该同类产品的产业在制造、生产和销售该产品方面具备市场经济条件，则该WTO进口成员可使用不依据与中国国内价格或成本进行严格比较的方法。
>
> （b）在根据《SCM协定》第二、三及五部分规定进行的程序中，在处理第14条（a）项、（b）项、（c）项和（d）项所述补贴时，应适用《SCM协定》的有关规定；但是，如此种适用遇有特殊困难，则该WTO进口成员可使用考虑到中国国内现有情况和条件并非总能用作适当基准这一可能性的确定和衡量补贴利益的方法。在适用此类方法时，只要可行，该WTO进口成员在考虑使用中国以外的情况和条件之前，应对此类现有情况和条件进行调整。
>
> （c）该WTO进口成员应向反倾销措施委员会通知依照（a）项使用的方法，并应向补贴与反补贴措施委员会通知依照（b）项使用的方法。
>
> （d）一旦中国根据该WTO进口成员的国内法证实其是一个市场经济体，则（a）项的规定即应终止，但截至加入之日，该WTO进口成员的国内法中须包含有关市场

经济的标准。无论如何，(a) 项 (ii) 目的规定应在加入之日后 15 年终止。此外，如中国根据该 WTO 进口成员的国内法证实一特定产业或部门具备市场经济条件，则 (a) 项中的非市场经济条款不得再对该产业或部门适用。

这就意味着，在这 15 年里，中国不自动具有市场经济地位。要取得完全市场经济地位，需要得到进口国的承认。但是，所有的世贸组织成员根据此议定书的约定，应于 2016 年 12 月 11 日终止对华反倾销的“替代国”做法，履行议定书第 15 条的相关义务。然而实际上，虽然承认中国市场经济地位与履行《中华人民共和国加入 WTO 议定书》第 15 条义务、弃用“替代国”做法是两个问题，但欧美日当前重提中国非市场经济地位问题，无疑是想借此混淆自身应该履行的对中国实施公平贸易的义务，这种做法不仅有违 WTO 规则，更加剧了对贸易保护主义的担忧。

市场经济地位（market economy status，MES）本来是经济学上的一个概念，它表示一个国家的市场经济的状况。按照一个国家市场经济在世界经济中的重要性，以及国家政府对于经济的干预程度，一般可分为完全市场经济地位国家和非市场经济地位国家。此外，市场经济地位是反倾销调查确定倾销幅度时使用的一个重要概念。与之对应，非市场经济地位问题起源于关税及贸易总协定（GATT）时期一些计划经济国家申请加入所带来的一个技术性难题，即这些计划经济国家的国内价格完全是由政府制定的，并不一定反映实际市场供求。因此，其他 GATT 缔约方如果对这些国家发起反倾销，在进行价格比较、计算倾销幅度时就不能将其国内价格作为比较依据，而要选择另一个条件相似的替代国，并将该国的价格或成本作为计算倾销幅度的基础。这就是所谓的“替代国”做法。但是，GATT 规则并没有指明什么样的国家可以采用“替代国”做法，也没有明确这样的国家就是非市场经济国家。这给了 WTO 成员很大的自由裁量权来决定什么样的国家可以采用“替代国”做法，美国、欧盟等国家和地区的反倾销法律实践中产生了“完全市场经济地位国家”的概念。

“完全市场经济地位”并不只是徒有虚名，它会在国际贸易中带来实实在在的好处。一国能否获得这一名分，所受待遇可谓天壤之别。举例来说，如果中国被美国视为完全市场经济地位国家，当美国想对从中国进口的彩电进行反倾销调查时，只能调查在中国彩电的市场价格是多少。结果发现在中国彩电只卖 300 美元，而在美国售价却有 350 美元。于是很可惜，倾销指控不成立，美国也就没有理由再去征收高额的反倾销税。但是，如果美国不认可中国是完全市场经济国家，在进行反倾销调查时就是完全不同的做法——它们不会选择调查中国市场的彩电价格，因为它们认为中国市场的价格发生了扭曲，调查结果是不真实的。那怎么进行调查呢？很简单，找一个“合适”的替代国，去这个替代国调查该国彩电的市场价格。欧美国家常常基于自利性目的处理反倾销问题上出现的争端，在替代国问题上寻找一些对中国完全不利的对象作为调查依据。

中国在加入 WTO 谈判之初，欧美及世界发达经济体高举全球化大旗，以贸易自由化为借口迫使中国在关税和非关税领域做出重大让步。1980—1999 年间，中国经济对全球经济的名义增量贡献仅为3.7%，而同期美国的贡献为32%，中国为推动市场经济体制改革付出了沉重的代价。自加入WTO以来，中国政府一直在努力争取国际贸易各国承认中国的完全市场经济地位，因为获得市场经济地位将有利于中国外贸进出口的发展。15年过去了，中国在承担相应义务和推动全球贸易自由化进程中付出了艰苦的努力，并逐步获得了参与世界经济的话语权。2008—2015年，中国经济对全球经济的名义增量贡献高达48.3%，而美国仅为22.5%，中国已经超越美国成为金融危机以来对全球经济增量贡献最大的国家。然而，随着欧洲经济形势的恶化，以美国为代表的反全球化逆流开始滋长，2016年美国当选总统特朗普公开主张"美国优先"，本着实用主义和霸权主义的思维抛弃当初的主张，反全球化，贸易保护主义再次抬头。中国始终坚持推动双边及多边经贸合作，尤其是通过2016年杭州G20峰会、同年秘鲁利马的APEC（亚太经合组织）峰会等全球或者区域治理平台倡导全球开放合作，提出合作共赢的中国方案，着力推动世界经济实现包容性发展，保障世界各国都能从开放合作中获得好处。中国正从全球市场经济的参与者、推动者转变为维护者。

欧洲议会的议员们2016年5月以压倒多数通过决议，拒绝承认中国的市场经济地位。美国目前还没有显示出妥协的迹象。美国商务部长普里茨克明确表示，美国现在要改变评估中国是否实现市场经济地位的方法条件"还不成熟"。日本经济产业省宣布继续不承认中国是"市场经济国家"。

中国商务部发言人沈丹阳2016年12月9日上午在商务部例行记者会上重申，12月11日之后，所有WTO成员必须彻底履行议定书第15条义务，全面终止"替代国"做法。他敦促各国应严格依照WTO反倾销协定等规则，公正、合理、透明地对自中国大陆进口的产品展开反倾销调查，不能变相延续"替代国"做法。对于欧美日不承认中国大陆的市场经济地位，沈丹阳说，少数WTO成员在如期履行议定书第15条义务上表态"含糊其辞"，企图在对大陆反倾销调查中继续使用"替代国"做法，大陆强烈不满并坚决反对。他表示，大陆将依据WTO规则采取"必要措施"，坚决捍卫自身合法权益。

需要注意这个案例给商务谈判者带来的启示。评判一国是不是市场经济，各个地区采用的方式是有区别的，欧盟和美国的认定标准就有所区别。欧盟是从市场的作用、会计标准、商业自由程度、立法、汇率自由度等五个方面来进行评判的，而美国则以货币可兑换程度、设立外资企业自由度、国有经济比重以及美国认为合适的其他判断因素为标准。欧美日发达经济体在规则解读上持双重标准，当经济全球化对自己有利时，就极力倡导全球化；而当它们在全球化中竞争力下降时，就逆全球化而动。中国商务部已于2016年12月13日正式宣布启动WTO争端解决程序。

## 本章小结

谈判僵局作为谈判活动中的一种正常现象，不仅是一种状态，更是一种手段。善于引发和利用僵局是高明的谈判者的有力战略。今天的商务环境不再封闭，在开放、复杂、利益格局多元化、竞争白热化的市场经济条件下，谈判者一厢情愿的“和谐姿态”不能解决所有的利益矛盾。

作为调停人或仲裁人，在介入之前必须对僵局中各方存在的分歧有一个基本的认识，然后才能决定自己是否介入和介入的方式。总体上说，谈判中的分歧分为三类：想象的分歧、人为的分歧和真正的分歧。谈判者要高度重视调停者与仲裁者的独特作用，正确认识第三方角色在处置僵局中的影响力，掌握调停与仲裁的基本方法。

## 关键术语

僵局　　分歧　　调停者　　仲裁者　　争端

## 思考与讨论题

1. 什么是僵局?
2. 僵局有哪些基本特征?
3. 僵局产生的一般原因有哪些?
4. 谈判实力悬殊的各方在多因素谈判条件下出现僵局该怎么办?
5. 谈判者对僵局的利用要把握哪三个要点?
6. 处置僵局有哪些做法?
7. 怎样认识休会与休息之间的区别?
8. 什么是想象的分歧?
9. 什么是人为的分歧?
10. 什么是真正的分歧?
11. 谈判者作为第三方介入争端之中必须满足哪些条件?
12. 在介入谈判事务时，调停者与仲裁者的独特作用表现在哪些方面?
13. 分割—挑选法的基本思维方式有什么特点?

第十章

# 谈判过程的技术分析与评价

## 本章要点

谈判计划分析的内容
谈判计划分析的方法
谈判效果评价
休会与场外分析
线性规划法在多边谈判预算中的运用
决策树法在双边谈判中的运用
盈亏分析法在双边谈判中的运用
博弈模型在内部授权博弈中的运用

## 第一节　谈判前的计划分析

在接触谈判对手之前，对己方制定的谈判计划进行一次技术分析是有价值的，这尤其适合于大型的、复杂的谈判。需要说明的是，谈判计划的制定与交易条件的提出是有区别的。交易条件是谈判者为了实现自身的目标，在考虑谈判对手需求的前提下，根据谈判双方的资源条件制定的需得到对方认可的交易建议。谈判计划虽然也具有资源条件的互换性，但它通常无须得到对方的认可，仅仅作为指挥己方谈判者行动的一种安排，只需己方谈判者根据谈判形势和进展的变化进行能动的调节。

谈判计划与谈判议程也有差异。虽然谈判计划和谈判议程都是为顺利实施谈判策略服务的，但谈判议程是一个需事先提出来与对方商讨的单方面建议，在对方接受它之前，它只表明己方提出的谈判议题在顺序安排方面的建议，并不成为一种契约。一旦得到对方认可，谈判议程通常不能再任意改动，除非有足够的理由证明议程不合理或对某一方带有偏向性。谈判计划仅供己方谈判者调度谈判资源、落实谈判策略所用，因此无须提出来。不仅如此，谈判计划的修改完全是单方面的事情，是己方谈判者内部的事务，与谈判议程相比，谈判计划从提出、执行、检查，到修改、补充、完善，自由度都较大。

谈判者提出或应对谈判议程的安排，不断对交易条件进行调整，都需要依据谈判计划，所以谈判计划是一项基础性的工作。

### 一、谈判计划分析的内容

谈判计划分析的内容通常包括计划制定分析、人员安排分析、计划内容分析、物质条件分析四个方面。

**1. 计划制定分析**

谈判计划的制定要求简明、具体、灵活，具有一定预见性。

简明扼要是谈判计划制定的第一个要求。谈判计划不同于企业管理的生产、质量、财务、销售等计划。前者是谈判者在对谈判准备工作和谈判内容充分了解和熟悉的基础上制定的，后者是管理部门为企业特定的职能车间、职能科室（其中有了解和熟悉计划内容的，也有不了解甚至根本不知道计划内容的）制定的；前者的作用是提示，后者的作用是执行、检查、控制。简洁的谈判计划有助于谈判者记住主要内容与基本原则，从而能够得心应手地与对方周旋，而且能随时与计划目标进行对比。这种情况有点类似于演讲者演说，如果在演讲稿上连每一句口头语都要写上，势必增加谈判者记忆、理解和宣讲的苦恼。事实上，有经验的演说家往往只需在自己面前放一张小纸条或卡片，就能凭着小纸条或卡片的提示、自己对问题的了解、自身良好的逻辑思维能力和表达能力，把想表达的意思恰到好处地表达出来。

不过谈判者对谈判计划简明扼要的程度应有所把握，不能简单得连提示、记忆都困难，要把在谈判中应当涉及并提出的问题用最易引起谈判者联想的词语记录下来。

谈判计划的制定还应体现灵活性的要求。在谈判计划中，应当对各项谈判内容可能被对方接受或拒绝的情况进行准备，并简要列明。谈判者必须善于领会对方的讲话，判断对方的设想及其与自己要求的出入，并灵活地对谈判计划加以调整。

谈判者在制定谈判计划时必须对计划内容实施的可能性有一定的估计和预见性，一些不便在当下讨论的问题就不应该列入，一些应该在别处讨论的问题应记载于为别处谈判准备的计划中。

**2. 人员安排分析**

谈判计划要通过人员来实现。由于谈判领域的特点和具体谈判活动的特殊性，谈判计划不可能全部形成文字（有的根本不能见诸文字）供谈判者备查，谈判活动中的人员安排必须符合谈判计划的要求。谈判者的素质、专家顾问的素质、情报人员的素质及其他工作人员的素质都应与谈判计划的要求及其表现形式相适应。应当对执行谈判计划的人员逐一审查，对他们的基本素质、专业特长、彼此间的关系以及这种关系是否可能给谈判带来不利影响进行分析，以便及时调整人员安排。

**3. 计划内容分析**

谈判内容分析包括：谈判计划所列内容的重要程度如何？这些内容在该次谈判中提出的顺序是否对实现谈判目标有利？当己方认为的重要问题在谈判中受阻时，应当怎样调整计划内容？怎样向对方提出新的讨论内容？等等。计划内容的安排对于计划制定的灵活性有很大影响。

**4. 物质条件分析**

谈判计划的实现需要有一定的物质条件。谈判地点的设施（环境、照明、温度、隔音、文印、通信）和服务条件会对谈判气氛产生一定影响。谈判计划内容应与物质条件相适应，也就是说，要注意在什么环境中讲什么话。谈判间的布置、谈判桌的形状和间隔等应恰当。

## 二、谈判计划分析的方法

上述四个方面的分析实际上是对谈判计划能否顺利实现谈判策略的既定目标的一次判断。任何一个方面考虑不周，都会给谈判计划的实施带来不利影响。

然而，当对这四个方面进行分析时，谈判者又可能感到茫然，因为在实际工作中，谈判者不仅要对谈判计划的制定、人员安排、计划内容、物质条件等进行思考，同时要为此搜集信息、准备文件、查阅档案、与同事交流意见，不同的人可能见解不同，谈判者如果缺乏主见，就可能因理不出头绪而感到压力极大。

下面介绍的方法对谈判者会有一定帮助。

**1. 集中思考**

集中思考的目的是迅速把需要了解的情况、应该在谈判中涉及的问题总结出来，理清思路。集中思考的技巧是：首先将自己所考虑的与谈判有关的一闪而过的想法统统写在纸上，暂时不要把精力放在考虑其顺序上。将谈判计划与这些想法进行对比，看看计划有无遗漏。其次，用另一张纸记下己方对对方的判断和了解，如对方目前的处境，对方主谈人的相貌、脾气、爱好，对方人员间的关系、矛盾，目前所知道的对方的期望目标、可能的让步条件等。看看谈判计划中拟定的内容是否已把这些情况都考虑进去了。最后，对谈判计划内容的顺序进行分析。最简便的办法就是让自己来扮演对方，试着打乱这种顺序，让另一位同事按原计划坚持这种顺序，看看结果如何。

**2. 文字分析**

谈判计划一般包括两方面的文字分析：一是对谈判中己方发言内容中的关键字眼进行分析；二是对仅供己方使用的在谈判中起提示作用的发言文字的分析。

对谈判计划中所使用材料的文字进行分析时，应广泛听取同事的意见，具体的提示文字则以主谈人的意见为准。

谈判计划写在纸条上虽然很简单，但它的提示作用和顺序安排却不容忽视。

下面是一份供主谈人用的谈判计划（见表 10－1）。

**表 10－1　　谈判计划（随身卡片）**

| 谈判原则 | 谈判内容及顺序 | |
|---|---|---|
| 1. 促成交易<br>2. 保持友好关系 | 1. 最好找陈正太谈<br>2. 注意问产量<br>3. 设备情况<br>4. 了解陈正太与上级的关系 | 5. 给点甜头<br>6. 吃饭<br>7. 要求出价 |

对谈判计划的分析应始终有主谈人参加，以便他了解计划的每一个细节和洽谈的原则。在这些工作完成之后，主谈人还应认真准备开场的陈述，为谈判计划的实施创造良好的气氛。

**重要视点**

谈判计划从制定到分析都不可过分追求详尽，谈判者必须学会简约行事。在谈判实践中，简约的计划往往是适用的计划。

## 第二节　谈判效果评价

谈判效果评价是谈判者不容忽视的一项工作。一个重视谈判效果评价的谈判者能够通过有目的的调查和改善，不断提高自身的谈判素质和谈判能力。

### 一、评价者的确定

对谈判效果的评价往往因人而异，不同的评价者对谈判效果的评价各不相同。如何确定评价者成为进行谈判效果评价时必须首先解决的问题。由谈判者的直接领导人（顶头上司）担任评价者，这说起来简单，实行起来却并不容易。一个经常与谈判者保持工作关系的上级，与一个并不经常与谈判者保持工作关系的上级，其所处的地位和看问题的角度决定了他们很难对谈判效果作出客观的评价。上级很可能基于谈判效果给他本人带来的影响而作出对自己有利的结论，从而可能影响到他对谈判效果评价的客观性。

有人建议让不参与谈判的专家来进行相对独立的评价工作，这又带来另一个问题：由于这位专家对谈判活动的全过程缺乏了解，无法觉察出谈判者在谈判活动中与对方的微妙关系，因而也就不可能对谈判效果作出恰当的评价。

事实上，如果谈判者能够充分认识到谈判效果评价是为了提高自己的谈判素质和谈判能力，就不难确定评价者的人选了。只要谈判者乐于接受同事或上级对他的帮助，就能比较客观地对待评价结果，甚至谈判者本人也可担任评价者，只要这种评价在特定的范围内进行而不广为公开，谈判者还是可以正视评价结果的。把重点放在总结经验教训和预防不良后果上而不是对谈判者的褒贬上，是评价者应注意的问题。

## 二、评价阶段

谈判效果评价的具体形式应根据实际情况决定，通常评价过程分为四个阶段：探查、询问、讨论、总结。

探查阶段是对谈判活动应该取得和已经取得的效果进行一次全面的检查。如谈判是怎样进行的？取得的成果有哪些？哪些效果还不明显？还应当得到哪些方面的配合？

询问阶段是评价者征求有关人员（如谈判者、翻译、领导者、工作人员、专家顾问）对上述问题的看法。评价者可以通过召集会议来征求意见，也可以个别征求意见；可以面对面征求意见，也可以采用信函、调查表、电话的形式征求意见。

讨论阶段是通过意见的交流，作出对现有谈判效果的基本评价，列出成功与失误的原因。

总结阶段是对评价结论进行归纳，并提出改进的措施和建议。这项工作既可以形成文字，也可以采取口头的形式。

## 三、评价方法

谈判效果的评价并不是在谈判活动结束后才进行的。为了帮助谈判者预防不良后果，完全可以根据谈判活动的进展情况，分阶段对谈判效果进行及时的评价，以便能动地调整谈判者的策略和谈判方式。从大类上分，可以把谈判效果评价方法分为事前评价法、事中评价法、事后评价法。

事前评价法主要是对谈判准备过程中的预演效果进行评价；事中评价法主要是对谈判过程中的目标实现程度进行评价；事后评价法则是全面准确地进行一次反省，为今后的谈判活动提供借鉴和指导。

## 第三节 休会与场外分析

这是对后续谈判过程至关重要的一个阶段。谈判休会期间要解决三个问题：一是对之前阶段的成果及教训进行回顾、总结；二是对下一步谈判的形势进行预测并确定相应的对策；三是确定中止谈判或继续谈判的原则。可以说，这是一个承上启下的关键阶段。

如果在谈判开始阶段由对方先提出交易条件，而己方未就此交易条件提出新建议，只是围绕着对方的交易条件展开讨论，那么对于是否接受这个交易条件，接受的后果如何，己方要心中有数。

如果在谈判开始阶段双方都没有提出较为正式的书面文件，彼此都想从试探性的接触中寻找突破口，那么在休会期间进行回顾、总结的工作就比较复杂，包括从点点滴滴的信号中分析对方的动机，并通过这种分析使双方的谈判目的及交易条件明朗化。

马什特别强调的是第三种情况，即如果在谈判开始阶段由己方提出交易条件，那么这个交易条件被对方接受的可能性有多大，哪些部分有可能被接受，哪些部分可能不被接受，哪些部分己方作怎样的修正会被对方接受。己方可以在休会期间通过分析判断来推测，并制定相应对策。

习惯上，谈判在第一轮磋商之后就告一段落，除非一开始双方就陷入谈判僵局，要经过磋商来消除误会并明确双方的真实目的。谈判者要抓住谈判休会这一短暂的时间，回顾一下取得了哪些成绩，出现哪些失误，为下一轮谈判制定相应的对策。谈判者面对的情况有以下三种可能。

### 一、交易条件基本上被双方接受无须再做补充

如果交易条件获得双方认同，那么己方应尽量将谈判引向签约成交，以减少不必要的讨价还价的机会。谈判者应当着眼于大局，不要因为某些细小的分歧而犹豫不决。有时，过分追求完美反而会使问题复杂化，而且容易因纠缠于某些枝节问题导致一些重要问题在交易条件上的改变。谈判者应当注意，画蛇添足地延长谈判过程的做法和舍本逐末地纠缠枝节问题的做法都是不可取的。马什具体指出了下述几种做法的危险性①：

谈判对手往往会在即将成交时提出某些小小的要求，你必须弄清楚这些要求的性质是成交前的信号还是进一步要价的信号。如果己方为了早日成交，对于对方的还盘做了新的报盘，而这个报盘又比首次报盘优惠，这反而会使对方认为，如果延长谈判，他将从己方得到更多的优惠或让步。

如果谈判者急于成交，对方可能会认为，己方一定是出于某些他们所不知道的原因而

① 马什．合同谈判手册．上海：上海翻译出版公司，1988：134.

想早日成交。同样，对方也会认为，如果把谈判时间延长，他一定会得到更多的好处。

一般来说，进一步的谈判是围绕着己方所提出的交易条件进行的，撤回原先的交易条件对己方是不利的。如果己方撤回原来的交易条件，必将引起对方的极度不满，为了报复，对方提出的交易条件将更加苛刻。

实际上，除马什指出的这几种危险的做法外，还有一些因对协议的严肃性、合法性的认识有偏差及道德因素的影响而产生的危险做法，例如，当交易条件被对方认可之后，己方的谈判者感到自己原来的报价太低，进而以种种方式推翻原来的交易条件，并试图提高自己的价格水平，这种做法极易给整个谈判过程带来危害。

## 二、交易条件被双方接受的可能性虽存在但须进一步磋商

通常，当双方就原则性的意向达成共识之后，谈判者提出的交易条件如果与这些原则相符，就有了成交的可能，但是，由于谈判双方还未就具体交易条款进行交流，尽管认识相同或相近，在涉及具体细节时，仍有许多问题需要磋商。这种情况较普遍地存在于各种类型的谈判之中，一般先由双方的主谈人进行原则性的谈判，再由双方的专业人员进一步落实具体细节。

这种情况下谈判的突出特征是：双方在将原则转化为可操作的具体步骤时会感到有许多难以把握的地方，不易将双方的共识落实到合同中。例如，双方的领导人在原则性的会晤中同意："双方将尽快就合并后经营的规模和发展的长远规划拿出一个切实可行的方案"，"双方将妥善地处理好合并前各自的债权债务问题"，"双方将就新公司的经营决策机构及决策程序的设定进行进一步的磋商"等。待须落实这些被双方认同的原则时，谈判者才发现每前进一步是多么困难。"尽快"在时间上意味着多长？"经营规模"的评价标准是什么？这种标准双方会取得共识吗？长远规划如何照顾到公司的现实情况和双方的利益？"切实可行的方案"被双方认同需要多久？这种方案应在多大范围内征求意见？"妥善"处理的标准由谁来制定？各自的债权债务能在合并前处理好并确保不会给新成立的公司带来负面影响吗？未来的公司究竟谁说了算？如何约束决策者滥用职权？等等。

**1. 找出影响谈判目标实现的主要障碍**

马什比较赞同在休会期间以相对定量的方式来帮助谈判者处理这些问题。为此，马什引进了排列图的思想和方法。排列图最早是由意大利经济学家帕累托用来分析社会财富分布状况的。帕累托发现，少数人占有大量财富，而大多数人却只有少量财富，社会总财富被少数人控制着，也就是"关键的少数和次要的多数"的关系。现在，排列图的思想和方法广泛运用于许多领域。在物流管理领域，管理专家运用这种思想和方法提出了ABC分析法，进行库存的最优化管理；在质量管理领域，美国质量管理学家朱兰把它的原理应用于对重点质量问题的控制，作为质量改进活动中寻找主要矛盾的一种工具，即分析从何处入手解决质量问题的效果最好。马什成功地将此方法引入谈判领域，目的是帮助谈判者找出影响谈判目标实现的主要因素或障碍。

排列图中有两个纵坐标、一个横坐标、几个长方形和一条曲线。左边的纵坐标表示频

数（次数、件数、金额等），右边的纵坐标表示频率（以百分比表示）。有时，为了方便，也可以把两个纵坐标都放在左边。横坐标表示影响谈判的各因素，通常按其重要程度从左到右排列，最重要的因素排在最左边，依次向右排列。长方形的高度表示某个因素影响力的大小或重要程度，曲线表示各因素大小的累计百分比，这条曲线称为帕累托曲线（如图10－1所示）。

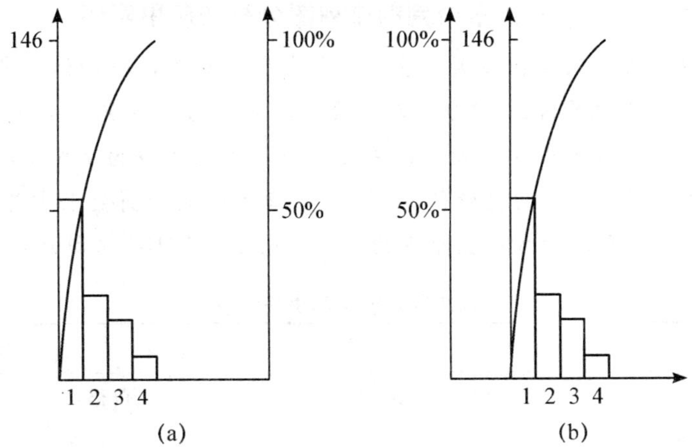


**图10－1　排列图**

通常把累计百分比分为三类：0%～70%为A类，是影响谈判目标实现的主要因素；70%～90%为B类，是影响谈判目标实现的次要因素；90%～100%为C类，是影响谈判目标实现的一般因素。

A类因素是谈判者需要特别关注的，抓住了A类因素，就抓住了谈判的关键。一般来说，A类因素通常有一两个，至多不会超过三个。如果A类因素太多，就失去了抓主要矛盾的意义。谈判者在确定因素的重要程度时，首先计算最左边的第一个因素的累计百分比，看其是否超过70%，如果超过70%，则A类因素仅此一个；如果未超过70%，则加上第二个因素并计算它们的累计百分比，如果超过70%，则A类因素仅此两个；如果前两个因素的累计百分比仍未超过70%，再加上第三个因素并计算它们的累计百分比，此时无论这三个因素的累计百分比是否超过70%，均不再新增A类因素。对于谈判者而言，最好的情况是第一个因素的累计百分比超过70%，这样可以集中精力考察该因素的影响，但它对谈判者灵活运用其他次要因素来配合该主要因素的谈判能力要求更高。

根据排列图的使用要求，谈判者在确定主要因素并采取相应的措施之后，为了检查谈判效果，应当重画一次排列图。在重画的排列图中，如果原排在第一位的因素仍然排在第一位，则说明谈判进展不大或基本没有进展；如果原排在第一位的因素在重画的排列图中不再排在第一位，说明谈判取得了重大进展，此时，重新排在第一位的因素取代原来的主要因素成为新一轮谈判的主要因素。随着谈判的进行，排列图常常要多次重画。

有人会说，如果主要因素不多，谈判者可以组织力量集中处理，画不画排列图意义不大。实际上，排列图的价值在于：一是作为一种提示，提醒全体谈判班子成员注意问题的主要方面，因为主谈人熟悉的谈判背景或面临的障碍，班子其他成员未必也清楚。二是在向谈判班子领导汇报时更有效率，容易引起领导的注意。实验表明，人对信息的注意力和大脑对客观事物的反应受信息载体的表现形式影响明显，人对简洁明快的图形反应最快、印象最深，其次是表格形式的信息，最后才是文字材料。

## 案例导读 10-1

### 一个多因素谈判的排列图分析法应用实例

在一项谈判中，买卖双方主要围绕着四个要点展开磋商，即价格、支付条件、过期罚金和担保金。买方的首次开价为 11 000 元，卖方的开价为 15 000 元，双方相差 4 000 元；如果将其他因素的影响换算成金额表示，买方提出的支付条件为 7 600 元，卖方提出的支付条件为 8 600 元；买方开出的罚金是 9 000 元，卖方认同的罚金至少是 10 500 元；买方提出的担保金为 2 200 元，卖方提出至少为 2 700 元（如表 10-2 所示）。

表 10-2　　买卖双方的交易条件比较　　单位：元

| 买方 | 卖方 | 差异 |
|---|---|---|
| 价格：11 000<br>支付条件：7 600<br>罚金：9 000<br>担保金：2 200 | 价格：15 000<br>支付条件：8 600<br>罚金：10 500<br>担保金：2 700 | 价格：4 000<br>支付条件：1 000<br>罚金：1 500<br>担保金：500 |
| 买卖双方交易条件总差异 | | 7 000 |

将表 10-2 画成排列图，如图 10-2 所示。

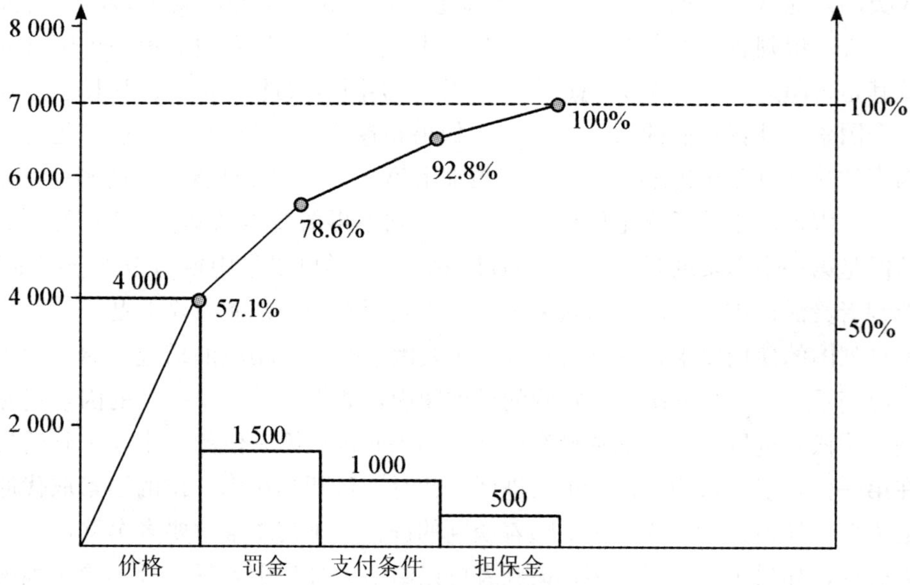


图 10-2　排列图

由图 10－2 可知，价格、罚金两个因素的累计百分比为 78.6%，因此，价格、罚金是影响谈判的主要因素。经过磋商，买卖双方同意在某些方面作出让步，如表 10－3 所示。

**表 10－3　　买卖双方调整后的交易条件比较**　　单位：元

| 买方 | 卖方 | 差异 |
|---|---|---|
| 价格：11 500 | 价格：14 000 | 价格：2 500 |
| 支付条件：7 600 | 支付条件：8 600 | 支付条件：1 000 |
| 罚金：9 300 | 罚金：10 300 | 罚金：1 000 |
| 担保金：2 200 | 担保金：2 700 | 担保金：500 |
| 买卖双方交易条件总差异 | | 5 000 |

将表 10－3 重新画出排列图，如图 10－3 所示。

卖方同意，在价格上作 1 000 元的让步，在罚金上作 200 元的让步；买方同意在原价格 11 000 元的基础上增加 500 元，并在罚金上增加 300 元。这样一来，从图 10－3 中可以看出，经过艰苦的谈判，双方取得了部分进展，但价格、罚金两个因素的累计百分比仍高达 70%，还是谈判的主要因素。双方进一步磋商的结果如表 10－4 所示。

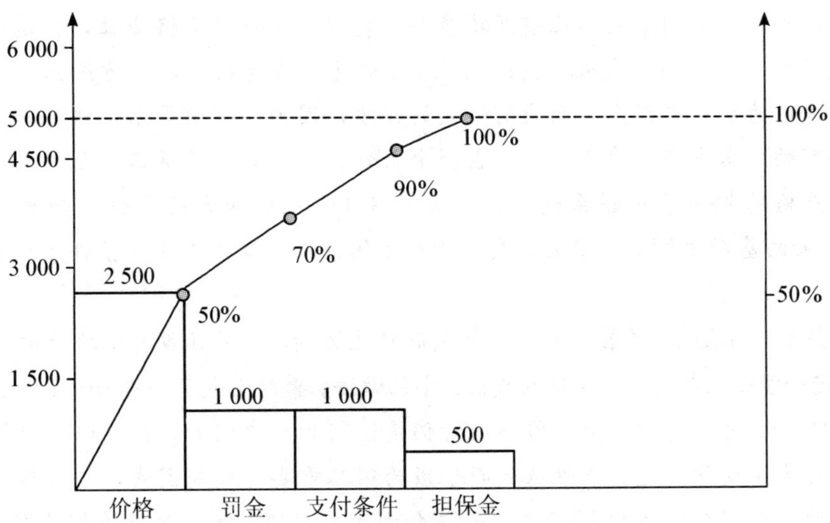


**图 10－3　重画的排列图**

**表 10－4　　买卖双方第三轮谈判后的交易条件比较**　　单位：元

| 买方 | 卖方 | 差异 |
|---|---|---|
| 价格：11 700 | 价格：13 700 | 价格：2 000 |
| 支付条件：7 700 | 支付条件：8 500 | 支付条件：800 |
| 罚金：9 500 | 罚金：9 800 | 罚金：300 |
| 担保金：2 400 | 担保金：3 000 | 担保金：600 |
| 买卖双方交易条件总差异 | | 3 700 |

将表10－4重新画出排列图，如图10－4所示。

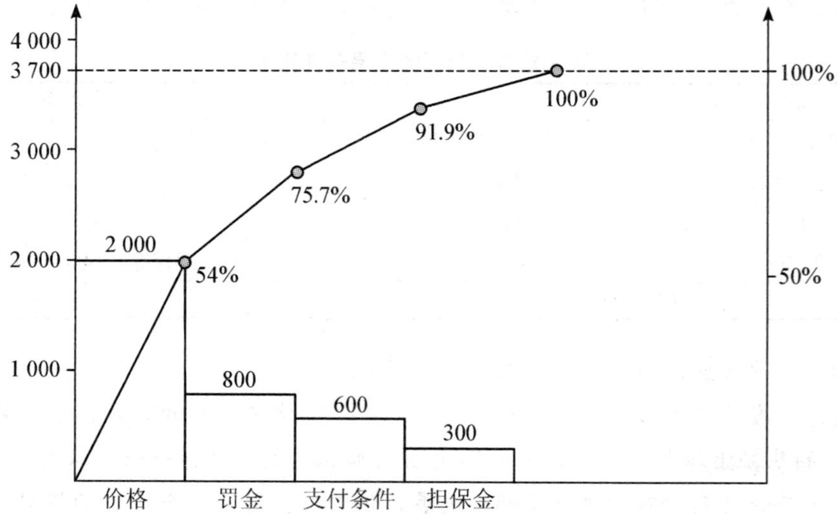


**图10－4　第三次画的排列图**

第三轮谈判涉及的因素显然比前两轮多些。卖方再次作出价格减让，但这次仅是姿态性的，幅度只有300元而不是第二轮谈判的1 000元。作为回应，买方给出了200元的让步，同时买方认为卖方在罚金方面应有较大的让步，因为买方的资信条件在一定程度上是得到卖方认可的。卖方经过慎重考虑，在罚金上作出了500元的第二次让步，但卖方将这种让步与更严格的担保条件联系起来，开出了3 000元担保金的条件，而买方只认同在2 200元担保金的基础上增加200元，即2 400元的条件。双方在支付条件方面各自作出了100元的让步。

这些主要因素与次要因素在谈判中互相关联产生影响，大的让步与小的让步交织在一起，某些条件的进一步强化与另一些条件的减让并举的做法，最终形成了如图10－4所示的结果。

从图10－4中可以看到，虽然价格因素仍是谈判的主要因素，但在结构上，其他因素的影响已经发生了变化。支付条件取代罚金成为第二重要的谈判因素，并且价格与支付条件两个因素的累计百分比达到75.7%，而罚金由于卖方的大幅让步对谈判的影响退到了最后一位。这些变化是谈判者调整谈判策略的依据。

资料来源：马什．合同谈判手册．上海：上海翻译出版公司，1988：135.

运用排列图对谈判范围和重点做形象化的描述有一定的优点，特别是当需要向那些不在现场指挥的领导汇报时更为方便。马什归纳了这种方法的三大优点①：

第一，看了这些图表后，关于谈判的范围、所谈的问题及其对经济效益的影响等，人们能获得一幅直观、生动、完整的画面。

① 马什．合同谈判手册．上海：上海翻译出版公司，1988：136.

第二，谈判者能够清楚地看到各项谈判内容的相互影响以及各自的重要性。

第三，随着交易的不断深入，双方交易条件虚头的差距将逐渐缩小，这种形象化的图表法可以把谈判的结果随时反映出来，谈判者可以非常方便地看到这些谈判因素的变化情况，明确自己下一步的工作重点。这种随时反映谈判进度的资料是做好谈判回顾和小结工作的基础。

但这并不是说，任何谈判都可以运用排列图的方法来反映谈判的重点和进展状况。在谈判中，还有许多问题难以用定量方法来描述，如对不可抗力的认定、对产品美观度的描述、对产品操作方便性的要求等，因此，在谈判中有经验的谈判者常将这类难以定量描述的问题整理成一份对照表，逐项进行比较。

**2. 评估交易条件变动的可能性**

进一步的问题是：谈判者如何确定在磋商中哪些方面可以作出让步，哪些方面不能作出让步？

事实上，在谈判的整个过程中，由于各种因素的影响随时都在变化，双方在关键问题上的态度并不是一成不变的，有些问题随着谈判的进展出现转机，而有些问题始终难以找到解决的突破口，双方在该问题上的对立程度丝毫没有缓解的迹象。

谈判者在每一轮谈判开始之前，对各交易条件应逐一进行分析，明确哪些应该坚持，坚持的程度如何。一般来说，在进行这类分析时主要考虑两方面：首先，谈判者应当仔细地比较，由于对方的要求而作出某些让步所付出的代价与不作出这些让步所造成的后果有什么不同；其次，应该考虑对方为了获得己方的这些让步作出了多大努力，对方对获得这些让步的信心有多大。通过这些分析来做出最后的选择。在进行分析时，谈判者要注意对下述五个方面的情况进行评估。

评估一：如果己方不坚持自己的交易条件而给予对方让步，在不同的让步情形下，目前以及将来遭受的损失有多大？

评估二：照目前的条件，如果作出让步，遭受损失的概率有多大？

评估三：如果己方坚持既定的交易条件，不作任何让步，最终导致谈判中断，造成的损失有多大？

评估四：照目前的条件，如果不作出让步，造成损失的概率有多大？

评估五：对己方来说，不作出这些让步具有多大的价值？对己方总体效益有何影响？

为了使评估既准确又方便，马什提出了计算让步的预期价值和不让步的预期价值的方法：

$$\begin{matrix}\text{让步的}\\\text{预期价值}\end{matrix}=\begin{matrix}\text{不让步的}\\\text{交易价值}\end{matrix}-\begin{matrix}\text{因让步而}\\\text{遭受的损失}\end{matrix}\times\begin{matrix}\text{遭受损失}\\\text{的概率}\end{matrix} \qquad (10-1)$$

$$\begin{matrix}\text{不让步的}\\\text{预期价值}\end{matrix}=\begin{matrix}\text{交易未成}\\\text{的损失}\end{matrix}\times\begin{matrix}\text{交易未成}\\\text{的概率}\end{matrix}+\begin{matrix}\text{不让步的}\\\text{交易价值}\end{matrix}\times\begin{matrix}\text{不让步成交}\\\text{的概率}\end{matrix} \qquad (10-2)$$

除此之外，在实践中，上述分析与评估工作还应该将时间因素考虑进去。下面通过一个附有担保条款的谈判实例来说明上述分析评估的做法。①

① 马什．合同谈判手册．上海：上海翻译出版公司，1988：141.

### 案例导读10-2

甲公司是专门从事机械设备进出口贸易的企业，乙公司是来自一个遥远国家的设备引进企业。甲、乙双方就甲方向乙方出口成套设备的交易进行谈判。双方商定：由甲方负责设备的运输、保险并以到岸价格向乙方提供零配件，成套设备的验收、安装由乙方负责。甲公司提出的担保条款为：如果设备的材料、工艺或规格有问题，则负责赔偿，对其他问题一概不负责任。

乙公司对甲公司的这一担保条款原则上同意接受，但又提出，甲方的担保条款还应当包括负责赔偿由于引进的设备发生故障而进行重新拆装检修的人工费用和停产期间工厂的损失。

现在的问题是：甲方该不该接受乙方的这些要求？接受或不接受的后果是什么？

根据乙公司提出的这一要求，甲公司对有关因素的影响进行了逐一分析：

因设备故障所耗的人工费用：20 000元

工厂因停工检修造成的损失：200 000元

在担保期内，可预见的出现设备故障的最大可能次数：3次

出现三次故障的可能性估计：70%

达成交易可获得的收益：1 000 000元

做不成交易的损失：400 000元

乙方不同意赔偿人工费用而使交易失败的可能性估计：80%

乙方不同意赔偿停工损失而使交易失败的可能性估计：20%

在对上述资料进行充分的分析之后，甲公司可以运用前述式（10-1）和式（10-2）的计算为自己的决策提供参考。

首先，如果甲公司的担保条款包括赔偿人工费用，则

$$\begin{aligned}\text{让步的预期价值} &= 1\,000\,000-(20\,000\times3\times0.7)\\ &= 958\,000(\text{元})\end{aligned}$$

$$\begin{aligned}\text{不让步的预期价值} &= (-400\,000\times0.8)+(1\,000\,000\times0.2)\\ &= -120\,000(\text{元})\end{aligned}$$

由上述计算结果可以看出，甲公司在关于担保条款是否包括赔偿人工费用这个问题上作出某些让步是明智的。同时，甲公司可借这一机会要求乙方作出一定的让步，以提高甲方的总体效益。

其次，如果甲公司的担保条款包括赔偿由此引起的一切损失，则

$$\begin{aligned}\text{让步的预期价值} &= 1\,000\,000-[(20\,000\times3\times0.7)+(200\,000\times3\times0.7)]\\ &= 538\,000(\text{元})\end{aligned}$$

$$\begin{aligned}\text{不让步的预期价值} &= (-400\,000\times0.2)+(958\,000\times0.8)\\ &= 686\,400(\text{元})\end{aligned}$$

由上述计算结果可以看出，甲公司应该坚决反对乙公司提出的要求甲公司在担保期内

承担因设备故障引起的一切损失的条款。

出于让步的考虑，甲公司可以首先争取将谈判引向讨论赔偿人工费用，并适时地让步。如果对方坚持要求讨论赔偿因设备故障引起的一切损失，甲公司可以作出强硬的姿态。随着谈判的深入，甲方越来越感到，如果己方不在关于赔偿一切损失的问题上作出一些让步，整个交易将可能落空。在这种情况下，甲方可就赔偿一切损失的问题做些让步，这种让步从战略上讲能够起到稳定谈判形势的作用。同时，从根本上看，在赔偿一切损失的问题上做些让步，具有一定的预期价值。无论在何种情况下，都不应当拒绝讨论赔偿人工费用，更不能在这个问题上拒不让步。

## 三、经过谈判仍无法预见成交的可能性

谈判者经常遇到这样的情况：双方经过开始阶段的接触，虽然对彼此的交易条件能够互相理解，但由于双方领导人在权力、政策上的某些限制，谈判者的灵活性难以发挥，难以预见交易能否达成。

当谈判者面对这种状况时，应当考虑采取以下必要的措施。

（1）及时中止谈判，撤回自己的交易条件。

一般来说，谈判者都不愿意中止谈判，尤其是处在卖方市场条件下的买方或处在买方市场条件下的卖方，他们非常清楚，一旦自己退出谈判，那些无孔不入的竞争者会立即取代自己的位置，到那时，自己极有可能被逼到更可怕的境地，因此，无论是买方还是卖方，都不会轻易中止谈判。一般来说，中止谈判的做法只有在具备下述三个条件时才可以考虑采用：

第一个条件是谈判者确定自己处在强有力的谈判地位上，对方在某些方面必有求于己方且唯有求于己方。谈判中止后，如果交易还要继续下去，对方必来求己方重新谈判。

第二个条件是谈判者认为，在所有的可能性均被排除之后，中止谈判在当时是唯一能使对方改变想法的措施。

第三个条件是谈判双方矛盾的焦点所涉及的交易条件对己方来说是非常重要的，如果对方不肯改变主意，己方宁愿交易落空，也不愿勉强成交。

这三个条件只要其中一个条件不能满足，就不能轻率地中止谈判。

（2）继续谈判，但要设法说服己方领导对所定的交易条件进行及时修正。

有时，己方领导的判断可能与正在谈判现场的谈判者的判断不一致，如果按照领导确定的交易条件根本无法达成交易，特别是在市场行情变化的情况下，竞争者的策略也会随时发生变化，此时，己方谈判者可能发现，只要在交易条件上做某些修正，这笔交易仍可能达成。在这种情况下，谈判者可以一边与对方继续就某些次要问题进行谈判，同时作出某种积极的姿态稳住谈判形势，一边迅速与己方的领导及决策者取得联系，要求修正原来所定的交易条件，以提高成交的可能性。

在向己方的领导及决策者汇报时，谈判者不应只汇报形势，寻求指示，还应当对可能

达成交易的条件作出大致估计，向领导提出自己的看法。谈判者应当明确地告知己方领导：现在的谈判形势如何，与当初己方领导的估计有哪些不同，其他竞争者采取了什么手段，己方应该在哪些方面有所改进，如果依照新的条件与对方达成交易己方能获得哪些利益，若未达成交易己方的损失是什么，等等。

谈判者常常容易产生一种情绪，即认为己方领导远离谈判现场，难以作出准确的判断，只有自己的看法是最准确、最全面的。马什就此提出警告：在阐述自己的观点时，谈判者必须注意，由于他远离上级领导部门（一般指在国外谈判），而离谈判对手最近，因此，千万不要感情用事，急于成交，或者明显表露出自己的观点与对方极为相近，以致被认为是盲从，因为一个较长时间在国外谈判的谈判者非常容易被当地风俗感化。①

有一些技巧性的问题值得谈判者及其领导注意。通常而言，谈判者希望自己能与一个拥有决定权的对手打交道，以加快谈判的进程，并防止对方以权力有限或没有权力为托辞干扰谈判，但是，当确需与上级联系且只能根据领导的决策行事时，己方也面临一个问题，即是否应该让对方知道己方谈判人员正在试图要求领导修改交易条件，其后果如何。

对于这类问题，关键是处理的方式要恰当。如果让对方知道了自己的行动，尤其是知道己方谈判人员正为保住这笔交易而说服领导修改交易条件，就会产生明显的负面影响，它等于向对方表明，己方目前所持的立场和交易条件并不是一成不变的，这就有可能使对方认为谈判的对手宁愿在某些问题上作出让步，也不愿意交易落空。

一旦有过一次这样的意思流露，对方就不会再像以往那样相信己方意志的坚定性，在己方谈判人员得到上级同意进行部分扩权以后更是如此。对方会在己方向领导汇报后的谈判行为中感觉到己方有了更加宽松的政策，于是，就可能会得寸进尺，更加不听信己方的言语，并对一些重大问题坚持不放，要己方继续与国内领导讨价还价。显然，如果这种扩权与向国内汇报的事多次发生，己方谈判人员的地位将会丧失殆尽。

为了避免出现这种情况，己方谈判者的领导可以采取以下做法来支持下属的工作：

第一，领导人不要一味地反对作出让步，可以授予谈判者在一定范围内对交易条件的决定权，但这种授权不可让对手知道。有时，己方谈判者在自己有权决定的事项上故意表现出为难，以阻止对方进逼。同时，他又有意让对方知道自己为此须征求上级主管部门的意见，但实际上早就内定了让步的幅度，只不过是做给对方看罢了。谈判者在采用这种做法时应尽量运用某些人为因素的影响来增强让步的效果。

第二，己方领导人可以写一份具有授权性质的材料给己方谈判者，以表示对谈判的支持。这份材料可以公开，也可以由对方自己“发现”，目的是使对方认识到己方谈判人员的地位，促使对方向己方谈判人员摊牌。

第三，己方谈判者可以向对方表明，在某些问题上作出的任何让步原则上必须经过己

---

① 马什．合同谈判手册．上海：上海翻译出版公司，1988：145.

方领导的批准，并且该让步就性质来说非常特殊，由于没有先例，只能作为例外情况处理。这一过程应辅以某种佐证，使对方感受到这种让步的分量。

第四，可以根据需要从己方领导部门抽调一位得力的助手来协助谈判，以减轻己方谈判人员的压力，这位助手的身份是否要让对方知道应视情况而定。

上述这些做法还受到谈判者的文化习惯和交易习惯的影响。在实行集权制的地区或企业，领导人具有最终决策权，而无论他是否参与谈判。受这种体制教化的谈判者都知道，许多处在第一线的谈判者拥有的权力非常有限，他们不可能在所有谈判事务上果断行事，向自己的上级汇报是常有的事。正因为能认识到这一点，谈判者对于对手经常向其上级汇报并不感到奇怪，同时，谈判者也不会为此绕过对方而直接找其有决策权的领导谈判。他们清楚，对方受到某种级别的限制，无法单方面越级行事，即使能见到对方的上级，这个上级有多大的决策权也是未知数。

在实行分权制的地区或企业，各级各类人员在职能划分和责权上较为明确，他们知道自己能决定什么或不能决定什么，面对市场的变化，他们知道该派什么样的人去处理什么样的问题。尽管如此，仍然会有某些未曾预料到的问题使谈判者必须向自己的上级汇报，请求指示。在这种体制下，不同的谈判者拥有的权力大小不同，那些权力很大而谈判经验又不太丰富的谈判者，可能由于自身的独特地位，会对对手向其上级请示汇报的做法感到不可理解，甚至认为既然对手没有相应的权力，就应该派一位有权力的人来谈判。

**重要视点**

谈判者必须明白：拥有较大的权限与可能作出较大的让步并不是一回事。

(3) 继续谈判，但要设法使对方修正其交易条件，或要求对方向上级提出扩权。

这一措施既可单独采用，也可与前面两种措施配合采用。谈判者要注意，不可过早地向对方表示己方改变交易条件的可能，为了使对方能转变立场，己方坚持自己立场的时间越长越好。

谈判者应尽量向对方显露己方的难处，尤其在让步方面，要表现出哪怕是让一点，己方都将承担很大的风险和责任。同时，要努力获得对方谈判成员的理解，使他们能够成为己方的同盟。有时，可以通过私下沟通的方式向对方的某些成员交底，将己方的消息“泄露”给对方，对方往往更看重这些从特殊渠道获得的信息。必要时，己方可以利用私下沟通的机会，客观地为对方做一番形势上的分析，指明对方向其上级要求扩权的理由和修正其交易条件最终能给谈判带来的益处。

## 第四节 谈判中常用的数学与经济分析方法

从理论上讲，在公司的经营过程中，各种利益相关者彼此之间存在微妙的博弈关系。谈判者如果想从这种关系中获得既双赢又利己的结果，仅靠经验进行定性判断是不够的，有时需要辅以数学与经济方法来进行定量分析，以增强自己的判断力。

在谈判中运用数学与经济分析方法的意义在于：不仅可以使谈判者对事态的发展有所预见，而且可因其带给谈判对手在价值判断上的便利性而增强谈判者的自信心。换句话说，对谈判预期进行数学与经济方面的分析，有助于提高谈判者的决策能力，使谈判者占据主动且有利的谈判地位。本节中讨论的方法，对谈判活动或管理领域的决策过程普遍适用。

## 一、线性规划法在多边谈判预算中的运用

线性规划法有助于在存在不同利益的约束条件下，找出实现谈判者目标的最佳值区域。

### 案例导读 10-3

#### 联合还是单干

假定有三家经营相同类型产品的企业：A公司、B公司和C公司。它们共同占有该产品国内市场的主要份额，为了扩大经营规模和提高经营效益，三家企业就联合的可能性展开谈判。它们邀请一位咨询专家作为中间人来帮助分析通过联合各自利益增长的前景。

咨询专家的分析结果如表10-5所示。现在的局势很明显：如果A，B，C三家公司均独立经营，则它们各自的收益值分别为3 200万元、2 300万元、600万元。若三家公司联合，就能取得比现在三家公司的收益之和（6 100万元）还多的收益（7 700万元），额外的1 600万元收益可以看成是因联合而产生的收益。如果任意两家公司联合，同样会产生联合的收益。比如A和B联合就可获得5 900万元的收益，而不是5 500万元（3 200+2 300），但由于A与B联合导致其势力增强，C的收益将从600万元降到500万元（实际上，就三家大公司而言，当A公司与B公司联合时，它们所获得的400万元联合收益并不都是从C公司的市场份额中夺得的。在400万元的份额中，只有100万元是从C公司手中夺得的，其他的300万元则是从其他诸多更小的公司手中夺得的）。

表10-5　　不同合并形式的收益净现值

<table>
<tr><th colspan="3">合并的形式</th><th>收益（百万元）</th></tr>
<tr><td colspan="2" rowspan="3">三家公司均独立经营</td><td>A</td><td>32</td></tr>
<tr><td>B</td><td>23</td></tr>
<tr><td>C</td><td>6</td></tr>
<tr><td rowspan="3">两家公司合并，第三家公司独立</td><td>Ⅰ</td><td>A和B合并<br>C独立</td><td>59<br>5</td></tr>
<tr><td>Ⅱ</td><td>A和C合并<br>B独立</td><td>45<br>22</td></tr>
<tr><td>Ⅲ</td><td>B和C合并<br>A独立</td><td>39<br>30</td></tr>
<tr><td colspan="2">三家公司合并</td><td>A，B，C合并</td><td>77</td></tr>
</table>

A公司的代表说，这1 600万元的联合收益应当按三家公司对规模收益的贡献多少分

配，即

A 公司：32÷(32＋23＋6)×16＝8.39(百万元)

B 公司：23÷(32＋23＋6)×16＝6.03(百万元)

C 公司：6÷(32＋23＋6)×16＝1.58(百万元)

于是，三家公司联合后，各自的收益值将分别为：

A 公司：32＋8.39＝40.39(百万元)

B 公司：23＋6.03＝29.03(百万元)

C 公司：6＋1.58＝7.58(百万元)

“我不同意。”C 公司的代表抗议道，“我们公司的收益应比 7 580 万元还高才行。”

“我不明白为什么，”A 公司的代表反驳道，“三家联合使大家的收益都能在以前的基础上提高大约 26%。”

“这不公平。根据咨询专家算出的数据，如果我们 C 公司与 B 公司联合，两家就能获得 3 900 万元，这比三家联合时给我们的 3 661 万元（2 903＋758）还要多些，并且，我们两家合并后，A 公司只能得到 3 000 万元，而不是你想要的 4 039 万元。”C 公司代表又对 B 公司代表说：“如果我们两家联合，赚得的 3 900 万元，我们分 3 000 万元，你们得 900 万元。”

C 公司代表又说：“我宁可单干也不愿意搞三家联合，只得 758 万元是不行的！要知道，是我们公司的加入才创造了这种联合收益。”

B 公司的代表终于发言了：“其实，我觉得 758 万元对 C 公司来说是公平的，可是 2 903万元对我们而言可有点儿低。请注意，如果 C 公司不与我们联合而单干，只能得到 500 万元。”

“是啊，可是 A，B 两家总共只能得到 5 900 万元。”C 公司谈判代表挑拨道，“我担心 B 公司能否从 A 公司那里争得 2 903 万元。A 公司与你们联合还拿不到 3 000 万元，即便单干也比这拿得多，它们会同意吗？再说，如果 A，B 两家合并，你们可赚 5 900 万元，而我们那时赚 500 万元，加在一起一共赚 6 400 万元。如果那时我们再联合，还能产生 1 300万元（7 700－6 400）的联合效益。然后我们合理地平均分配这 1 300 万元：你们的联合公司拿一半，我拿一半。”

“什么?! 您倒是越算越精，您想要 1 150 万元（650＋500）吗？这肯定不行。”

最后，三家公司的代表又一次找到咨询专家。咨询专家建议采用线性规划法试一试。他要求找出三个变量：$X_A$，$X_B$，$X_C$，且满足：

$$X_A+X_B+X_C=77 \tag{1}$$

作为最低要求，这三个变量还应该满足下列约束条件：

$$X_A\geqslant 30 \tag{2}$$

$$X_B\geqslant 22 \tag{3}$$

$$X_C\geqslant 5 \tag{4}$$

$$X_A+X_B\geqslant 59 \tag{5}$$

$X_A + X_C \geqslant 45$ (6)

$X_B + X_C \geqslant 29$ (7)

式（2）、式（3）、式（4）表示相对于其他两家联合，另一家公司单干可得的收益；式（5）、式（6）、式（7）表示每两家联合可得的收益。

现在的问题是要找出三个数，使得式（1）～式（7）都能成立。如果存在无数个答案，可以从中找出可供商讨的博弈方案。

咨询专家将这些不等式绘在了坐标图上（见图10-5）。他以横轴表示$X_A$，纵轴表示$X_B$，并由式（1）导出$X_C$。式（2）和式（3）直接绘在图上，将式（1）代入式（4），得

$X_A + X_B \leqslant 72$ (8)

式（5）也直接绘在图上，再将式（1）分别代入式（6）和式（7），可得

$X_B \leqslant 32$ (9)

$X_A \leqslant 38$ (10)

将式（8）～式（10）绘于图上，则图中阴影区域内的所有点都能满足式（1）～式（10）。阴影区域的每一个顶点都标有一个分别代表$X_A$，$X_B$和$X_C$的三维数组。

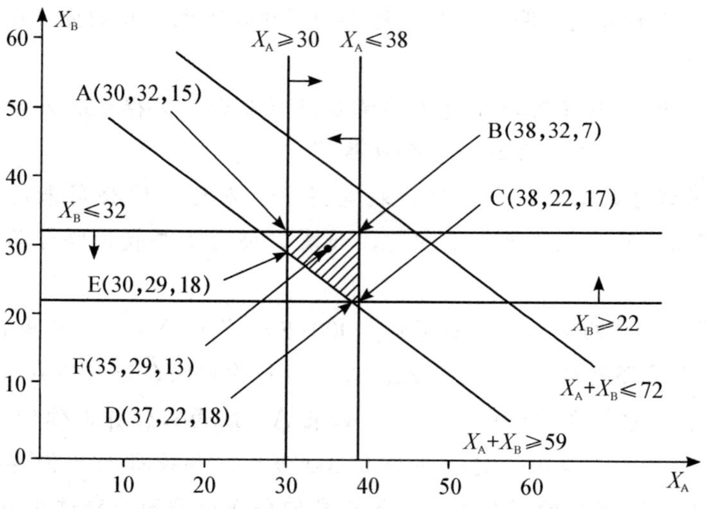


图10-5　满足式（1）～式（10）的三维数组的可行解域

可以看出，能够从阴影区域内找到无数组可行解。那么如何解决三个公司的争执呢？咨询专家建议在可行解域的中央部分选一个点。比如可大致定位在：

$X_A = 35$，$X_B = 29$，$X_C = 13$

各方以这个点来进行商讨。

“我反对这种建议。”A公司的代表说，“我代表最大的一家公司，但我们却只增加了3 000万元，而C公司却一下增加了700万元。”

B公司的代表说：“那我们以此作为折中的基础。根据A公司的最初建议和咨询专家的意见，两种情况下我们B公司都大致在2 900万元。我建议：A公司得4 039万元与3 500万元的中间值，即3 769.5万元；C公司得758万元与1 300万元的中间值，即1 029

万元；我们B公司得2 901.5万元，这样如何?”

读者可以看出，上述这种方法为达成一份比较公平合理的谈判协议提供了一种有效的手段。在可行解域的范围内，当然还可能产生更好的方案，关键在于谈判者如何运用博弈的手段为实现己方的目标服务。

资料来源：美国哈佛大学商学院培养工商管理硕士的教学案例，略有修改。

## 二、决策树法在双边谈判中的运用

决策树法可以帮助谈判者在举棋不定时找出最有可能对自己有利的方案。

### 案例导读 10-4

#### 联营中的预期效益

H公司与M公司就联营的问题进行谈判。H公司资金雄厚，但在市场领域无销售窗口，重要的商业口岸已无地皮可买，而M公司在繁华的商业区虽有一销售中心，但苦于缺乏资金无力修缮。两公司一拍即合，如果H公司能出资修缮，或改建、扩建M公司的销售中心，则对两家公司都有一定益处。问题是：H公司的投资虽然对改善销售环境有一定影响，但商品的销售总体上取决于市场状况，H公司须权衡不同投资情况下的不同结果。M公司当然希望能抓住这次机会，因为这无疑为它解决了资金和促销上的大问题。为了吸引H公司投资，两家公司根据市场调查、预测的结果，达成一个初步的意向性协议，如表10-6所示。

表10-6　H公司与M公司的意向性协议

| 方案投资额（十万元） | 不同市场状况下年损益值（十万元） | | | | | | 协议：M公司无论经营状况如何，每年将偿还H公司部分投资，分5年偿还。联营时间为10年。 |
|---|---|---|---|---|---|---|---|
| | 市场状况好 | | 市场状况一般 | | 市场状况差 | | |
| | 概率0.3 | | 概率0.5 | | 概率0.2 | | |
| | H | M | H | M | H | M | |
| 修缮　(25) | 10 | 2 | 4 | 0 | −20 | −4 | M公司每年还H公司投资20万元 |
| 改建　(120) | 40 | 28 | 15 | 16 | −12 | −2 | M公司每年还H公司投资160万元 |
| 扩建　(1 100) | 290 | 135 | 50 | 55 | −5 | 1 | M公司每年还H公司投资1 200万元 |

H公司在决定方案投资额时，应当考虑到10年的联营时间对自己的影响，而M公司似乎并不在意这一时间限制，因为10年以后，该建筑物将归M公司所有。

H公司的决策树如图10-6所示。

在10年的联营时间里，各状态点的损益期望值$E$分别为：

$$E_1=[100\times0.3+40\times0.5+(-200)\times0.2]\times10+20\times5-250$$
$$=-50(\text{万元})$$
$$E_2=[400\times0.3+150\times0.5+(-120)\times0.2]\times10+160\times5-1\,200$$
$$=1\,310(\text{万元})$$

$E_3$＝[2 900×0.3＋500×0.5＋(－50) ×0.2] ×10＋1 200×5－11 000
＝6 100(万元)

M公司的决策树如图10－7所示。

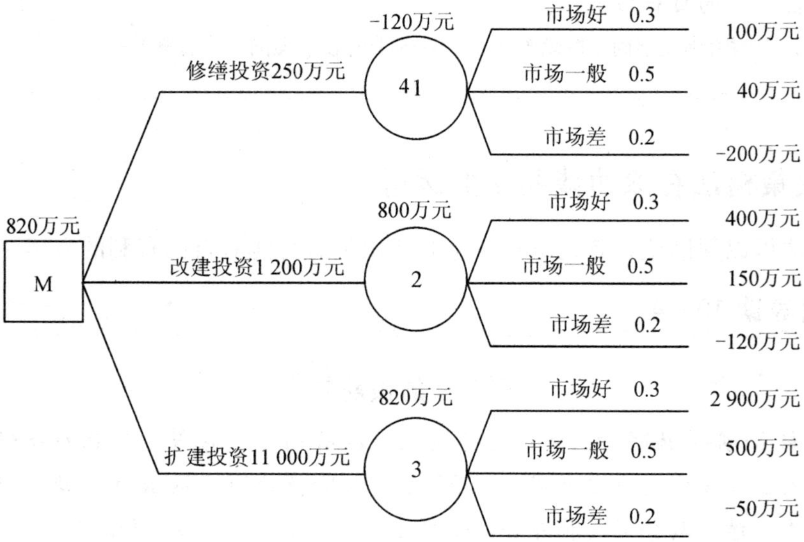


**图10－6 H公司的决策树（为便于讨论，暂不考虑资金的时间价值）**

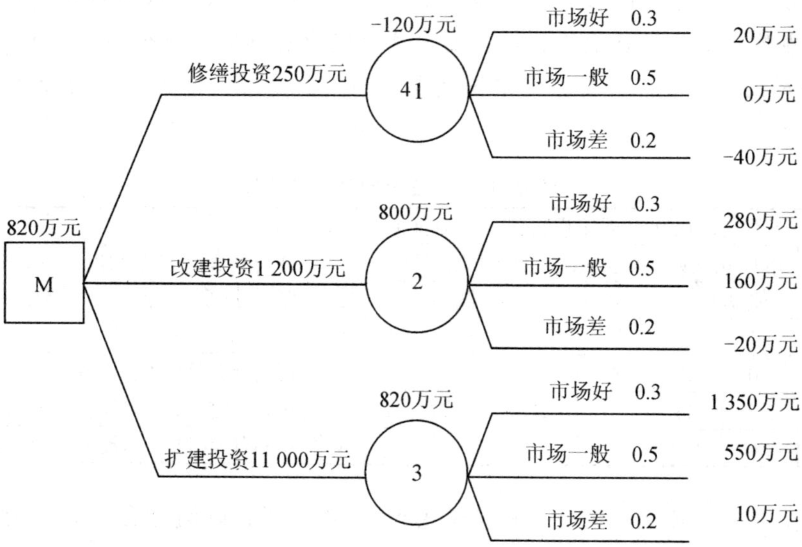


**图10－7 M公司的决策树（为便于讨论，暂不考虑资金的时间价值）**

在10年的联营时间里，各状态点的损益期望值E分别为：

$E_4$＝[20×0.3＋0×0.5＋(－40) ×0.2] ×10－20×5
＝－120(万元)

$E_5$＝[280×0.3＋160×0.5＋(－20) ×0.2] ×10－160×5
＝800(万元)

$$E_6=[1\ 350\times0.3+550\times0.5+10\times0.2]\times10-1\ 200\times5$$
$$=820(\text{万元})$$

如果再考虑得远一点，10 年联营结束后，建筑物将归属 M 公司，这无疑增加了其不动产的价值，而且由于 5 年以后 M 公司不再承担偿还投资的义务，从总体上看，今后的经营环境会更好，所以，M 公司倾向于扩建方案。若采用扩建方案，显然对 H 公司也有利。这种共识便是两家谈判的基础。

## 三、盈亏分析法在双边谈判中的运用

谈判者掌握一些基本的管理会计知识是必要的。盈亏分析法（也称本量利分析法）是一种简便、成熟的财务技术分析方法，目的是为谈判者在权衡利弊、进行边际收益评估时提供一种便于判断的标志。谈判者还可以通过事前的匡算、事中的比较、事后的调整，确定自己在特定业务中的损益和机会。

### 案例导读 10－5

#### 来样加工的业务是否可以承接

某公司长期亏损。由于找不到合适的产品和技术，企业严重开工不足，为此还要承担大量的设备折旧。该企业目前的生产成本及销售状况如表 10－7 所示。

**表 10－7　某企业生产成本及销售状况**

| 产品 | 固定总成本（元） | 单位变动成本（元） | 生产能力（台） | 产量（台） | 单位售价（元） | 预计销售量（台） | 市场需求预测（台） |
|---|---|---|---|---|---|---|---|
| A | 40 000 000 | 550 | 100 000 | 4 000 | 950 | 1 900 | 5 000 |
| B | | 3 500 | 80 000 | 3 000 | 6 000 | 1 100 | 12 000 |

可以看出，企业生产能力与生产任务之间、生产任务与销售量之间都存在严重的不平衡。如果按照市场需求预测值来近似地估计企业的市场占有率，则 A，B 产品的市场占有率分别为：

A 产品：(1 900÷5 000) ×100％＝38％

B 产品：(1 100÷12 000) ×100％＝9.16％

A，B 产品如果只投产其中之一，它们的保本点产量应分别为：

$$X_{A0}=40\ 000\ 000\div(950-550)=100\ 000(\text{台})$$

$$X_{B0}=40\ 000\ 000\div(6\ 000-3\ 500)=16\ 000(\text{台})$$

实际上，由于 A 产品只生产 4 000 台，销售量仅为 1 900 台，B 产品只生产 3 000 台，销售量仅为 1 100 台，两种产品都面临两大难题：一方面产品严重开工不足；另一方面产品严重积压。企业必须作出选择：是全部停产，部分开工，还是在售价、产品制造等方面进行调整？

正在这时，一外商来公司洽谈来样加工问题。外商希望生产一种产品C，这种产品的单位变动成本约为4 000元，外商提出愿以每台售价4 500元包销65 000台。

如果公司现在将A，B产品全部下马，生产能力全部用于生产C产品，可以生产102 000台。该不该接受这笔生意呢？

谈判者通过匡算可知，C产品的保本点产量为：

$$X_{C0}=40\ 000\ 000\div(4\ 500-4\ 000)=80\ 000(\text{台})$$

实际销量为65 000台，企业会处于经营亏损的状态。进一步分析不难看出，由于A，B，C三种产品的生产能力和生产任务可以适当地加以调整，并且C产品的投产有助于吸收一部分固定成本，因此开工还是有可能的。C产品的边际利润 $F_C$（销售总收入减去总变动成本的差额，它反映了吸收固定成本的能力）为：

$$F_C=4\ 500\times65\ 000-4\ 000\times65\ 000=32\ 500\ 000(\text{元})$$

而A，B产品按预计销售量计算的边际利润 $F_A$，$F_B$分别为：

$$F_A=950\times1\ 900-550\times1\ 900=760\ 000(\text{元})$$

$$F_B=6\ 000\times1\ 100-3\ 500\times1\ 100=2\ 750\ 000(\text{元})$$

A，B，C三种产品的总边际利润 $F$ 为：

$$\begin{aligned}F&=F_A+F_B+F_C\\&=760\ 000+2\ 750\ 000+32\ 500\ 000\\&=36\ 010\ 000(\text{元})\end{aligned}$$

可见，如果公司将A，B产品全部停产，将损失40 000 000元；如果按A，B产品预计销售量维持生产现状，将损失36 490 000元（40 000 000－760 000－2 750 000）；如果接受C产品这笔交易，损失将减至3 990 000元（40 000 000 — 36 010 000）。谈判者依据这一分析结果，认为可以接受外商的要求。有了这一基础判断，谈判者可以争取更好的谈判结果并做到心中有数。

## 四、博弈模型在内部授权博弈中的运用

建立一个好的博弈模型，可以为谈判者赢得许多姿态上和利益上的好处。问题是：什么是好模型？一般来说，在谈判过程中对谈判者有帮助的好的博弈模型至少包含三个基本特性：在姿态上有利于谈判者获得优势地位；在利益上能够确保实现谈判者的最低目标；在管理上有利于将谈判者从斤斤计较的窘况中解放出来。

在博弈中，各方采取合理的行动取决于各自对三大因素作用后果的判断：

第一，采取行动的价值判断——行动的收益预期（$S$）。

第二，采取行动的代价判断——行动的成本预期（$C$）。

第三，采取行动的权力判断——行动的自主预期（$P$）。

从谈判过程的角度分析，管理授权的后果和风险可以从两个方面看：一方面，被授

权方愿意采取行动的底线是 $S \geqslant C$（理论上称为“红线”），其降低风险的方式是以“红线”为基础从授权方争取尽可能多的自主权空间 $P$，并尽可能通过暗箱操作的手段避开或绕开授权方的监督，使得权力运用达到 $PS \geqslant C$ 的最低可接受效果。另一方面，授权方能够调动对方的底线亦是 $S \geqslant C$，其降低授权风险的办法是控制对方的自主权空间 $P$，并尽量通过各种监控手段增加被授权方的违规成本，即实现 $PS \leqslant C$ 的最佳效果。结论是：

第一，各方愿意合作的基础是：$S \geqslant C$。

第二，对授权方有利的合作条件是：$S \geqslant C \geqslant PS$。

第三，对被授权方有利的合作条件是：$S \geqslant PS \geqslant C$。

**重要视点**

在实践中，$S$，$C$，$P$ 的取值可以根据谈判者的需要预先设置成数据表。

## 案例导读 10-6

### 如何实现双赢

上海市化工企业 M&K 公司董事会与总经理之间每年在确定利润指标问题上矛盾尖锐。总经理以任务目标太高为由要求降低利润指标，并进一步要求下放更多的经营管理权。董事会一方面担心利润目标的变更将直接影响到公司股东的收益，另一方面更担心权力的下放可能导致公司的财务风险上升。

绝大多数股东对公司的日常经营状况并不熟悉，监事会的成员虽然从形式上代表出资人、债权人和劳动者各个层面的利益，但对经营及财务问题的生疏使得“业余的猫”很难发现“专业的老鼠”什么时候会“偷嘴”。

公司高层希望能够找到一种令委托方和代理人都乐意接受的利润指标确定方法。

**模型 1：事实上对授权者有利的谈判模型**

建立模型的基本思路是：授权一方将对自己有利的合作条件 $S \geqslant C \geqslant PS$ 作为设置谈判“红线”的依据。

运用模型的基本方法是：通过表上作业法进行预先测算。

(1) 激励规则的建立。第一，董事会对经营班子实行工资与奖金总承包，不再对总经理提出利润基数的要求，由总经理根据其预计能够完成的最大可能情况在年初提出一个利润数字 $K$（$K$=下级申报数）。

第二，经董事会审议最终下达的指标数是总经理自报数字的 90%，即折扣系数为 $K$ 的 90%（$P$=0.9）。

第三，规定指标的超额部分全部留给总经理作为员工工资和奖金（$S$=100%）。

(2) 约束机制的建立。为了检验总经理自报的利润数是否实事求是，在年终要对其年初自报数与年终实际完成数进行比较。若前者小于后者，说明总经理在年初自报时具有隐瞒能力的倾向。出现这种情况时，要向总经理及其经营班子收取“少报罚金”，其数额为少报数的95%（$C=95\%$）。

（3）监督体系的配套。完善指标审批制度和财务监督制度，实现总体控制和具体监督手段并行。

（4）分析。本案例中，$S=100\%>C=95\%>PS=90\%$，满足对授权一方有利的合作条件，其结果可以从表10-8中看出。

**表10-8　　总经理自报数的五种可能情况（一）**　　单位：万元

| 自报方案 | 方案1 | 方案2 | 方案3 | 方案4 | 方案5 |
|---|---|---|---|---|---|
| （1）年初总经理自报利润数 | 6 000 | 7 000 | 8 000 | 9 000 | 10 000 |
| （2）董事会审议后下达指标数＝（1）×90% | 5 400 | 6 300 | 7 200 | 8 100 | 9 000 |
| （3）总经理预计年终实际完成数 | 8 000 | 8 000 | 8 000 | 8 000 | 8 000 |
| （4）超指标奖（全给经营班子）＝（3）－（2） | 2 600 | 1 700 | 800 | －100 | －1 000 |
| （5）年初数少于年终数的值＝（1）－（3） | －2 000 | －1 000 | 0 | 多报 | 多报 |
| （6）少报罚金＝（5）×95% | －1 900 | －950 | 0 | 0 | 0 |
| （7）净奖励＝（4）＋（6） | 700 | 750 | 800 | －100 | －1 000 |

通过对表10-8的分析可知：在有财务监督和审批制度的条件下，总经理瞒报、冒报不如照实报。

**模型2：事实上对被授权者有利的谈判模型**

建立模型的基本思路是：被授权一方将对自己有利的合作条件$S\geqslant PS\geqslant C$作为设置谈判“红线”的依据。

运用模型的基本方法是：通过表上作业法进行预先测算。

由于被授权一方的谈判地位取决于委托关系中授权方的实力、管理制度的严密性和人为因素的作用，实际上，模型的建立过程就是考验被授权方虚头设置的过程。

（1）激励规则的建立。第一，总经理要求董事会对经营班子实行工资与奖金总承包，不再对总经理提出利润基数的要求，由总经理根据其预计能够完成的最大可能情况在年初提出一个利润数字$K$（$K$＝下级申报数）。

第二，经董事会审议最终下达的指标数是总经理自报数字的90%，即折扣系数为$K$的90%（$P=0.9$）。

第三，指标的超额部分全部留给总经理作为员工工资和奖金（$S=100\%$）。

（2）约束机制的建立。为了检验总经理自报的利润数是否实事求是，在年终要对其年初自报数与年终实际完成数进行比较。若前者小于后者，说明总经理在年初自报时具有隐瞒能力的倾向性。出现这种情况时，要向总经理及其经营班子收取“少报罚金”，其数额为少报数的80%（$C=80\%$）。

（3）监督体系的配套。指标审批制度和财务监督制度虚盘化。

（4）分析。本案例中，$S=100\%>PS=90\%>C=80\%$，满足对被授权一方有利的合作条件，其结果可以从表10-9中看出。

表 10-9　　总经理自报数的五种可能情况（二）　　单位：万元

| 自报方案 | 方案 1 | 方案 2 | 方案 3 | 方案 4 | 方案 5 |
|---|---|---|---|---|---|
| （1）年初总经理自报利润数 | 6 000 | 7 000 | 8 000 | 9 000 | 10 000 |
| （2）董事会审议后下达指标数＝（1）×90% | 5 400 | 6 300 | 7 200 | 8 100 | 9 000 |
| （3）总经理预计年终实际完成数 | 8 000 | 8 000 | 8 000 | 8 000 | 8 000 |
| （4）超指标奖（全给经营班子）＝（3）－（2） | 2 600 | 1 700 | 800 | －100 | －1 000 |
| （5）年初数少于年终数的值＝（1）－（3） | －2 000 | －1 000 | 0 | 多报 | 多报 |
| （6）少报罚金＝（5）×80% | －1 600 | －800 | 0 | 0 | 0 |
| （7）净奖励＝（4）＋（6） | 1 000 | 900 | 800 | －100 | －1 000 |

通过对表 10-9 的分析可知：由于被授权方的少报罚金系数 $C$ 过小（小于 $PS$），降低了总经理的违规代价，所以越少报越好。

## 五、成本效益分析法在项目投资谈判中的运用

成本效益分析法（cost effectiveness analysis，CEA）是指按照可替代方案的成本以及由此产生的效益对替代方案做出的评估。显然，项目实施在给企业带来经济增长的同时还需要企业付出相应的成本，因此，并不是所有替代策略或措施在经济上都是合算的。企业决策者快速决策的方法是增量成本评估比较法，通过对增量成本的比较，选择增量成本小的方案。通常，企业的固定成本并不会影响决策，所以决策者会将焦点集中在边际贡献上，求得边际贡献的最大化。

### 案例导读 10-7

#### 是外购还是自制生产

某生产型企业每年需要 A 零件 18 000 个，如果企业自制 A 零件，其单位成本信息如表 10-10 所示。

表 10-10　　企业自制 A 零件的单位成本

| 成本项目 | 金额（元） |
|---|---|
| 直接材料 | 6 |
| 直接人工 | 4.5 |
| 变动制造费用 | 3 |
| 固定制造费用 | 3 |
| 合计：单位成本 | 16.5 |

与此同时，该企业收到一个同样生产 A 零件的制造商发来的供货订单，A 零件的报价为 15 元（外购订货费用忽略不计）。该企业是接受订单还是自制生产？

外购 A 零件的总成本＝18 000×15＝270 000(元)

自制A零件的总成本＝18 000×(6＋4.5＋3)＝243 000(元)

243 000元（自制成本）≤270 000元（外购成本），企业目前选择自制可节约总成本27 000元（270 000－243 000），因此，企业应该拒绝该制造商发来的供货订单，或者与供货商进行价格谈判，使供货单价低于13.5元（6＋4.5＋3）。

## 六、定价决策方法在价格谈判中的运用

边际贡献是一个在谈判决策中经常使用的十分重要的概念，是运用盈亏分析原理进行产品生产决策的一个十分重要的指标。边际贡献是指销售收入（售价）减去变动成本后的余额。在财务上，根据产品的成本项目是否随产销量的变化而变化划分为固定成本和变动成本。在一些特殊的情况下，有些企业会将单位变动成本而不是单位总成本作为定价基础。在此，定价决策方法主要是讨论如何事先确定一个价格底线。

一种情况是企业的竞争非常激烈，企业为了打败竞争者，或者是维持短期生存，只要求定价能补偿单位变动成本就可以了。另一种情况是针对企业中的一种非主导产品定价时，可将这种产品的价格定在单位变动成本之上而不必定在单位总成本之上，这样一方面可以用低价吸引客户，另一方面价格与单位变动成本之间的差额还可以适当分摊一些固定成本。

### 案例导读 10－8

**企业是否接受客户的订单**

某公司现有产品生产能力7 500件，正常售价为300元/件，正常产销量为6 000件，有关产品的成本资料如表10－11所示。

**表10－11　该产品的相关成本资料**　　单位：元

| 项目 | 金额 |
| --- | --- |
| 直接材料 | 120 |
| 直接人工 | 75 |
| 制造费用 | |
| 　变动制造费用 | 15 |
| 　固定制造费用 | 30 |
| 合计：单位成本 | 240 |

现有一个客户报价225元/件，订货1 500件，该公司是否可以接受该订单？

从成本角度来看，公司应按照既定的成本和营销组合策略执行正常的售价300元/件。而从市场角度来衡量，客户会自行判断产品价格的合理性。因此，在了解客户赋予产品的利益后，定价应介于低到没有利润的价格（单位变动成本）和高到无人问津的价格之间。

就本案例而言，接受该产品报价的边际贡献计算如表 10－12 所示。

表 10－12　　接受该产品报价的边际贡献总额计算　　单位：元

| 项目 | 金额 |
| --- | --- |
| 1. 客户报价（单价） | 225 |
| 减：单位变动成本 | 210 |
| 2. 单位边际贡献 | 15 |
| 乘：现有订货量（件） | 1 500 |
| 3. 边际贡献总额 | 22 500 |

由此可见，该批订货可以产生 22 500 元边际贡献，所以接受该客户的订单可使企业增加边际贡献（边际利润）22 500 元。同时，单位产品可接受的价格底线不能低于 210 元。

此外，由于客户会依据竞争市场上类似产品的定价来判断公司提供产品的价值，因此，公司还可以采取现行价格定价决策法，即大体上采用竞争者的价格来定价，较少考虑自身的成本构成或市场需求状况。竞争导向的另一种做法是投标定价决策法，考虑的重点是竞争者会提出何种报价。

## 本章小结

谈判计划分析的内容通常包括计划制定分析、人员安排分析、计划内容分析、物质条件分析四个方面。集中思考、文字分析是谈判计划分析的基本方法。谈判休会期间，谈判者一是要对之前阶段的成果及教训进行回顾、总结；二是要对下一步谈判的形势进行预测并确定相应的对策；三是要确定中止谈判或继续谈判的原则。在谈判中运用数学与经济分析方法的意义在于：它不仅可以使谈判者对事态的发展有所预见，更因其带给谈判对手在价值判断上的便利性而提高谈判者的自信心。换句话说，对谈判预期进行数学与经济方面的分析，有助于提高谈判者的决策能力，使谈判者占据主动且有利的谈判地位。

## 关键术语

谈判计划　　谈判议程　　休会　　排列图

## 思考与讨论题

1. 谈判计划的制定与交易条件的提出有什么区别？
2. 谈判计划与谈判议程有什么差异？
3. 谈判计划分析包含哪些内容？

4. 谈判计划分析的方法有哪些？

5. 假设你明天要去参加一个应聘总经理助理的面试，为自己制定一个谈判计划。

6. 谈判休会期间需要解决哪些主要问题？

7. 当经过谈判仍无法预见成交的可能性时，应当采取哪些措施？

8. 在谈判中运用数学与经济分析方法有什么意义？

第十一章

# 谈判过程中的压力管理

## 本章要点

谈判中压力的特征

应对压力的方式

恰当地运用谈判实力的技巧

学会操纵谈判而不只是参与谈判

通过谈判者处置价格条件的信号判断压力的变化

## 第一节　如何应对压力

在谈判过程中，谈判双方在最终决定携手合作之前，总会进行一番相互考验，这种考验可能是以心平气和或彬彬有礼的方式进行的。在谈判过程中，他们会彼此施加一定压力，互相考验对方的诚信——我们能够相信对方吗？互相考验对方的实力——他们真如自己所说的那么资本雄厚、信誉卓著吗？互相考验对方的谈判经验与技巧——他们在谈判中会采用什么招数？

**重要视点**

要小心提防那种看起来似乎毫无戒备的坦诚的人，他可能正在迫使你泄露你的机密；要小心提防那种明显心不在焉的人，他可能正在迷惑你，盘算你的回答是否前后一致；要小心提防那种邀请你去他处并殷勤招待的人，他可能正在寻求得到你先前承诺的东西。

谈判学家温克勒特别提醒，进行这种考验具有极大的狡黠性。要注意观察给你看他收到的指示，或者告诉你什么悄悄话，或者向你解释他的规则的人。所有这些姿态在表现形式上都是和缓、轻松、自然的，以至于许多人根本不会注意到这是一种谈判的重要手段。对方采取每一种战术的目的都是要从你这里获取信息，或者影响你对这笔交易的要求，或者对你施加某种控制，这些姿态都是为了增加自身的实力，并消耗你的实力。在商务活动中，除非你对谈判对手有深入的了解，否则，在信息不对称的情况下，“一个人诱人的魅力，会与他的险恶成正比”①。

对方向你施加压力，从某种程度上说是一件好事，它至少表明对方对该谈判的一种关心。对谈判毫不在意的人是不会有兴趣向你施加压力的。真正须提防的是那种假装对谈判漠不关心的人，这种人将自己对谈判的关注隐藏起来，并引诱你向他靠近，这比那种直接向你施加压力的做法更阴险、更难防范。这种人有时装得很迟钝，摆出一副什么都不知道的样子，试图让你觉得他对什么事情都不在乎，对既得的东西很满足。由于他持这种态度，你很难使他改变想法，只得不断地向他解释，谈你的意见，希望他能看出问题所在，或向前迈出一步。然而，结果往往是你对他的了解还不及他对你的了解多，你向他施加的影响还不及他对你施加的压力大。

### 一、谈判中压力的特征

当对方向你施加压力时，不管压力的具体表现形式如何，它们都具有某种典型的特征，了解这些特征，有助于你识别压力并找到恰当的应对办法。通常而言，对方向己方施

① ［美］约翰·温克勒．讨价还价技巧．北京：机械工业出版社．1988：182.

加的压力有三种特征：

（1）对方极力保持在竞争格局中的明显优势地位。对方尽可能地扩大自身的选择范围，使你的选择范围变小，甚至迫使你没有选择余地。

（2）对方持续地引起你的不满，逐渐降低你对谈判的期望值。达到这一目的后，对方只要稍作姿态上的改善，就可能诱使你同意他的条件。

（3）只要对方握有对付你的王牌，就会明目张胆地采取削弱你的谈判地位的方法，这种方法多以警告的形式出现。

## 二、应对压力的方式

谈判者的压力有两种：一种是由谈判者提出的交易条件及其个人行为引发的压力，这种压力的源头在谈判者自身；另一种是谈判对手施加的压力，这种压力的源头在谈判对手那里。

就前一种压力而言，处理的关键在于自己能否使它在产生之时或产生之前就减弱。温克勒提出了一种应对这种压力的基本原则：如果你清楚自己的建议会引起对方的强烈反对并给自己带来巨大的压力，就可以先将这种反对意见提出来，并表明你处置它们的信心和条件。这样做不一定会使对方不再提出反对意见，但是可以有效地减少对方的反对程度。

**案例导读 11-1**

**向餐厅推销的火鸡不够香怎么办**

一位推销员向一家餐厅推销火鸡，在他鼓动唇舌向对方作了介绍之后，对方却说：“这些烤火鸡没有香味，我们不喜欢这样的火鸡，冷冻破坏了它们的味道。”这使推销员陷入一种困境，他只好再用自己的观点去反驳对方的说法。由于他所反对的是对方的意见，这极易导致一场争执。在谈判中产生争执不利于引导对方改变看法。这位推销员的上司提醒说，如果你能够假设一些反对意见并在对方提出之前就率先提出，情况或许会好些。例如，推销员自己代替对方将反对意见提出来，由于反对的是自己的意见，对它的反驳不会导致争执，这就可以有效地避免谈判者之间在情绪或立场上的对立。谈判者还可以借对“自己的”意见的反驳，引导对方改变看问题的角度和方式。比如，推销员可以指出这种烤火鸡的香味没有原来那么浓，部分原因是它比其他的火鸡烤得更嫩，就像小牛肉比一般的牛肉味淡一样。其实，过去增加烤火鸡香味的习惯做法是把火鸡挂一段时间。换句话说，当火鸡售出时，它们的内脏会稍有腐烂，结果会发出非常浓的味道，这即是人们传统上认为的“香味”。现在人们已经不怎么喜欢这种味道了——一方面是人们健康意识的提高，另一方面卫生检查部门也不允许这样做。

资料来源：［美］约翰·温克勒．讨价还价技巧．北京：机械工业出版社，1988：186.

当对方对你的建议提出强烈反对并向你施加强大的压力时，谈判者往往容易被这种压力所左右，而不愿意从更深的层次去分析这些压力背后的动因。谈判者应冷静地分析对方提出的问题背后的动机是什么。在不清楚对方的真实动机之前，要寻找更深层的信息，并请对方就这些信息作出解释，他的解释如果是合理的，会有助于加强你自己的谈判地位，找到与对方讨价还价的突破口。

找到突破口十分重要，它可以成为你摆脱压力甚至反过来利用压力的转折点。你可以避开那些于你不利的压力点，仅仅处理其中的某个问题，并设法将这些正在处理的问题慢慢引入你自己的势力范围，使你的力量得以增长。当对方感到你在自己的势力范围内向他们施加影响时，通常会有所收敛，不再那么轻松自在地向你施加压力。

## 案例导读 11-2

### 倒戈的推销员

张晶是一位从保险公司理赔部门转行的推销员，他现在做的业务是向私家车主推销一种叫 Tang 的防盗系统。这个防盗系统有一个特点，就是可以在 100 米以内在车遭到破坏或有人非正常进入车内时立刻向车主报警，同时可以根据车主的设置向 110 报警。许多客户将另一个强大的品牌 Yilis 用来做比较，这给了张晶极大的压力。张晶在向客户推销时不忘一一列举该系统的好处，这些好处都被他巧妙地用来与他认为的 Yilis 的缺点进行比较，但他并不直接批评 Yilis。

比如，有了 Tang，如果车主在停车场里忘记自己爱车的停放位置，在 100 米以内可以很容易地找到自己的车，而如果只有 Yilis，就得走到车的跟前才能看到它。Tang 还有许多附加的功能，比如熄火后自动锁止油路、电路，而 Yilis 没有这方面的设计。又比如，当遇到抢劫时，为了保证车主的人身安全，可以在车主被迫点火发动车辆再被强盗强行赶下车后，在 100 米之内通过遥控报警装置启动延迟熄火程序，这样当车辆行驶两分钟后将自动熄火，并向外界反复传递呼救讯号“我已被盗，请报警！我已被盗，请报警！我已被盗，请报警”，给盗贼以极大的震慑。而如果使用的是 Yilis 系统，一旦车主被赶下车，只能眼睁睁地看着自己的爱车消失在远方。另外，在车的一个隐蔽位置，还有一个类似简易监控显示屏的装置会在车辆熄火后自动录制 24 小时的影像，这个功能类似于小型的黑匣子，可供警方采集侦破信息用。张晶凭借在保险公司积累的经验，从盗抢险理赔的角度成功地将该系统推销出去，在高端客户群中赢得不少的订单。就在他雄心勃勃申请再开辟几个新市场并领导一个团队大干一场时，他的上司却将他调离该部门，将原来的市场业务以及后续的技术服务都交给另一位与上司走得很近的人。这令张晶感到不解和愤怒，他决定跳槽。

此时 Yilis 的生产商向张晶抛出橄榄枝，希望他能够加盟。张晶在倒戈之后才意识到，他过去虽然研究过 Yilis 的产品，但那是站在对立面的角度去找它的缺点，现在问题得反过来，他如何去面对这些他认为是缺陷的地方？更重要的是他该如何去面对他的客户群？经过认真思考，他发现自己原来坚持不对 Yilis 进行正面评价的做法给自己留了余地，现在他需要做的是站在 Yilis 的山头上唱 Yilis 的歌。张晶决定找两个突破口：一是 Yilis 有而 Tang 没有的功能，寻找差异化和不可比性；二是那些存在可比性的功能。他决定换个角度看问题，比如Yilis设计的在近距离操控汽车的防盗构想，主要是为了防止车主离开车后因误操作而导致车门锁开启，与远距离找车的麻烦相比，Yilis是为了防范车辆丢失的更大风险。Yilis并不主张在车内安装监控装置，因为那样做很可能给车主带来不必要的尴尬。这个问题根本就不是技术问题，Yilis在这方面也做得到，不安装该装置是出于对车主隐私的尊重，是Yilis人性化的体现。Yilis充分利用高端技术手段，通过模式识别，让车主的声音作为点火的前置密码。张晶很得意地说，这是其他品牌所没有的。客户当然知道他所说的其他品牌指哪个。张晶很会留有余地，既给对手，也给自己。

### （一）保持理性，不越位贸然出击

为了找到突破口，谈判者必须十分清楚自己的势力范围所在，绝不可贸然超出这些范围出击，否则只会对自己更加不利。你必须对在自己的势力范围内控制好谈判局势有十足的把握。这就如同驾驶员超车一样，准备超车时，驾驶员必须全面观察路况和车况，他前面那辆车的车身宽度、长度、高度、速度，以及其处在路中的位置、对面行驶而来的车辆、路宽、行人等。驾驶员只有在有十分把握的情况下才可以超车，如果仅有九分把握，那么后果可能是致命的。

### （二）姿态灵活，要确保留有余地

温克勒指出，谈判者应对压力既要坚定，又要灵活。如果你的建议已经遭到对方的反对，那么还有一种办法来处理这种反对意见：谈判者有意对当前的形势进行一番总结，但故意对前景估计得有点儿失真。这会立即促使对方作出反应，更正你的说法，在更正中，对方必须再次对他们的态度作出必要的解释，这些解释通常会比过去更具体，于是对方自己的压力会加大，你的余地便有了。

### （三）缓和气氛，可避免仓促决策

当谈判者遭遇来自对方的压力时，应对这种压力的关键在于缓和气氛，不随对方的引导而动。如何才能缓和气氛呢？有几点建议可供谈判者参考。

**1. 采取拖延措施**

拖延可以避免因仓促行事而受制于人，能为你赢得反击或解套的时间。你可以寻找借口推迟决定，把事情放一放或推给可以替你挡驾的人，过一段时间，压力可能产生某些变化，待出现对你有利的转机时再处置它们。

**2. 严格控制自己所透露的信息量**

多听少说，不给对方进一步施压的机会。你应高度依赖推理的逻辑行事，只遵从原则，不屈服于高压。只要对方的攻击是不合乎逻辑的行为，就不要在意。在姿态上不纠缠、冷处理、换话题，都是转移压力的有效方法。

**3. 必要时请第三方出面干预**

可以请你信得过的朋友、同事、上级、专家，甚至请中立的仲裁者，利用他们的影响力，向对方传递你对压力的反应，直到对方减轻对你的压力为止。

**4. 积极争取对方的人站到你这边来**

不要认为对方是铁板一块，要注意对方阵营中可以为我所用的人，让这些人转变态度，让他们同情你、支持你，然后让他们反过去做对方的工作。例如，对方的上级、下级、同事、配偶、亲戚等，都应当列入“统一战线”的名单。

**5. 清楚自己的对手是谁**

对于对手为你树立的（很可能是有意塑造的）竞争对象要保持客观，始终认识到你的对手只有一个，那就是对方。分兵出击的做法对于你来说是十分有害的，切不可误入对方的圈套。

**6. 警惕对方强加给你的意见**

要小心提防对方把某些你并没有答应的让步在总结时包括进去，或者把没有得出结论的意见也包括进去，这是对方在考验你的羞怯程度。如果你顾虑面子没能及时指正对方，对方便大占便宜了。事后你若想再纠正，他们会指出，违规的是你。面对对手的这些花招，你可以不失友善地指出对方的“误会”，用这种字眼来代替指责是十分有效的。

**7. 要随时保持与己方领导的联系**

一定要让己方领导随时了解最真实的谈判情况，不要让对方钻空子，通过控制你的上级来控制你，这是十分危险的。一旦失去上级的支持，你便会处于孤立无援的境地，这样，你很可能失去最后的退路。

## 第二节　善用己方的实力

对方之所以向你施加压力，是因为他们对这种压力的后果抱有较高的期望，他们以为压力会对你产生作用，或许他们在此前尝到过这种甜头。

> **重要视点**
>
> 改变对方的期望值是减轻己方压力的良方。

从源头上铲除制造压力的祸根，是谈判者减轻自己压力的基本办法。你必须向对方传递自己的信息，向他们灌输自己的想法。通过这一手段（行为的、姿态的、语言的、形象的、实力的展示）改变对方的期望值，让压力降下来。你必须防止对方形成任何错误的概念和幻想，要设法使对方从优越的自我感觉中走出来，给对方制造一点危机有助于对方保持清醒。那么，如何改变对方的期望值呢？温克勒认为，改变对方期望值的基本手段是对己方实力的巧妙运用。如前所述，谈判实力是一种谈判资源，只有有效地运用它，才能产生良好的效果。

### 一、恰当地运用谈判实力的技巧

**1. 设法在谈判之前和谈判起步阶段让对方了解并接受你的看法**

在谈判之前就向对方传递你的看法，可以起到预防压力的作用。你的首次亮相给对方的第一印象，具有语言所不及的影响力，它可能使对方改变原来的想法，并放弃那些不现实的要求。在谈判开始之后，你仍可以用自己的观点去影响、改变对方。注意不要去讨论对方的观点，因为即使你批评对方的观点，也是围绕着对方的观点在讨论。应当坚持谈论自己的观点，即使对方不讨论你的观点甚至不同意你的观点。这样做的好处是显而易见的：一是不与对方发生正面冲突；二是向对方显示你的独立性；三是达到传递信息的目的，如果只讨论对方的观点，你的想法和观点不能传递出去，就无法起到改变对方想法的作用；四是向对方指出改变期望的方向和程度。

**2. 强硬手段更适合在谈判的早期运用**

如果要以僵局改变对方的想法，应越早越好，在谈判的后期，企图以僵局改变对方的想法是极其困难的。

温克勒指出，即使一定要在谈判的早期改变对方的想法，也得以你的谈判实力很强为前提。如果到谈判后期，对方已经削弱了你的地位，再想使对方改变其期望是十分困难的；反之，如果在谈判后期你的地位得到加强，会使对方产生强烈的挫折感，如果他发现最终达不到自己的目的，反应会很激烈。在讨价还价的后期，即使主要的障碍已在早期得到令人满意的解决，双方的关系仍可能因某些小事而产生巨大的裂痕。① 在谈判后期运用僵局来对抗压力，虽然可能达到减压的效果，但会面临谈判彻底破裂的极大风险。

**3. 制造竞争气氛，对于对方的初始期望值不必过分在意**

谈判者不要对对手开出的初始交易条件过分在意，特别是在信息对称问题尚未解决之前，至少在姿态上要避免直接面对它。当然，你想在双边谈判中一下子将对手较高的期望值降下来是很难的。依照谈判的基本原则，在这种情况下引进第三方竞争者对于降低对手的期望值比较有效，能给对方制造竞争气氛，容易改变对手的要求。同时，要想大幅降低对手的期望值，则要注意对手的心理反应。一个简单的实验可以证明②，如果我们在改变对手虚头时充分注意逐步引导对手可接受交易条件的变化，让对手的初始期望值小幅降下来，对方的心理反应就不会那么激烈。一个 2 亿元的交易标的让你减让 100 万元，与一个 200 万元的交易标的让你减让 100 万元，心理反应会截然不同。

## 案例导读 11－3

### 采购官员的绝招

德国人做生意一向理性而自信，因为他们确信自己拥有世界上最好的技术、品质和信用。通常，德国人对外谈判都十分强硬，然而，他们以高期望值报价给对手制造压力的办法却在印度尼西亚栽了。

印度尼西亚的一位政府采购官员有一套对付供应商压力的妙招，并且屡试不爽。多年来他使用这套办法为政府节省了大量的资金。有一个典型的事例：爪哇岛政府准备修建一

① ［美］约翰·温克勒．讨价还价技巧．北京：机械工业出版社，1988：125.

② 张强．“案例教学与实作相结合，强力提高学生谈判能力”项目，2000.

座新的电站，政府想就这一工程进行招标，而工程所需的一台大型发电机在全世界只有五六家公司可以制造，这些制造商通过它们在印度尼西亚的代理人积极地开展争取政府订单的竞争。

有一位德国制造商的代理人使尽浑身解数去接近政府官员，但在竞标之日却惊讶地发现自己并不在投标名单之列。握有实权的采购官员拒绝接见他，也未就此作任何解释，这给了代理人一个不小的打击。他不明白，一直以高品质著称的德国公司，怎么可能竞争不过英、法、日、美的公司？

不久，在接到英、法、日、美等竞争者提出的报价之后，这位采购官员约见了那位代理人，这使代理人颇感意外。他要代理人保守秘密，得到承诺之后，他将竞争对手的有关报价单给代理人看，并补充说，如果代理人能提出一个比最低的报价还低10%的报价，就有可能得到订单。

这是一个极其诡秘的做法。需要注意，这位采购官员之所以不邀请代理人参加投标，是不想给他任何确立期望值的机会。政府很清楚，它们真正想要得到的是德国的设备，因为它的综合品质极佳。如果一开始就让德国公司参与投标，它们完全可能比照其他竞争者的产品提出一个令竞争者无法比较的、极具竞争力的报价，而这个报价不一定就是最低的价格。德国公司习惯于根据优质高价的原则，按完全成本法报出一个很高的价格，其中包括所有分摊的固定开销和利润。这样的报价一经提出，要再变动就非常困难了。德国人一旦占有竞标优势，一般不乐意再作太大的修改，结果必然使印度尼西亚政府为难：既想得到德国货，又不愿意出高价。

那位采购官员不想等德国公司开价后再来讨论，于是不让它有报价的机会。他首先要使德国公司感到有失去这笔巨额生意的危机，然后只给德国公司报出比其他竞争者的最低价格还低的价格的机会。使用这种办法，采购官员让对方的初始期望值“胎死腹中”，只在这位代理人的心中建立起一个既符合政府的要求又能为德国公司所认可的期望值。

德国公司的这位代理人当时就为可能达成这一生意感到非常兴奋，并且立即报告了他的委托人。德国公司面对这个颇具吸引力却又难做的生意，很难作出决定。随着时间的推移，失去订单的危险时时冲击着代理人。他一点一滴地削减自己的小赚头来促使价格降低，最后提交了一份比其他投标者的最低价大约低10%的估价表。

接着，那位采购官员又进一步折磨这位代理人。他对于这份估价表无动于衷，不接代理人的电话，也不再约见他。这位代理人的情绪又一次低落下去，他觉得已经丢了这桩买卖。最后，他又受到一次接见。那位采购官员对于拖延了这么长时间未与他联系表示歉意，并解释说，根据政府部门的政策，他必须等到收完全部的估价表之后进行综合评估才能作出初步决定，而另一个公司的最后一份估价表在昨天晚些时候才刚刚收到，很不巧，这张新的估价表比德国公司的报价低2.5%。这次，如果德方能把价格再降低3%，他们就能将此合同直接交政府批准，因为据他所知，其他竞争者的报价恐怕不会再作变更了。

这位代理人飞回了德国。当时国际市场上大型发电设备销路不好，许多国家政府的这类设备采购计划不断延期执行，毕竟开支太大。由于生意不好做，德国人同意把价格再降低3%。该代理人带着这一新的估价表又飞回印度尼西亚，这份估价表的价格相对于按完全成本法定出的价格已经低了许多。

那位采购官员向代理人表示祝贺，称如果不出意外，政府打算与德国公司达成交易。然后，他高兴地说，第二天即可讨论支付条件。“什么支付条件?”德方代理人问。“要用通常的分期付款方式。”印度尼西亚采购官员说。他的意思是，在目前通货膨胀率和利率都较高的情况下，德国公司必须满足这一要求，因为其他竞争对手都是采用这种支付条件，否则，价格条件就没有意义了，实际上这又敲了对方一笔。

经过多轮讨论，德国制造商在德国政府贷款的帮助下同意采用这种支付条件。在该条件下，德方同意提供整整18个月的信贷，这是一个相当大的让步。这位采购官员现在几乎已经把德方代理人和德国公司逼到了极限。在即将签约之时，他准备将手中仅剩的最后一张牌打出去。

他访问了位于科隆的制造商，并会见了公司的高层人士，在准备与公司总经理签约时，他问公司是否觉得提供长期信贷在财力上负担太重。如果这时德国公司表现出财力上吃紧，他就可以对对方生产这种投入巨大的设备的能力表示怀疑，他希望对方会落入他的圈套。果然，德方急于向他表示他们是多么的慷慨大方。一位高级职员还为他计算出了他们提供贷款的利息的实际代价。这位采购官员从他的公文包里拿出那份合同，这份合同已经由印度尼西亚方面的部长——他的上司——在他来科隆之前签署。他解释道，由于大量的石油收入流入印度尼西亚，政府这时不再需要长期信贷，不过，如果该公司能把估价表上信贷的现金费用扣除作为额外折扣的话，他愿意让这一合同顺利签署，否则他担心日本及美国的公司会趁机……

这最后一招虽然没有获得他所要求的全部现金折扣，但是通过给对方制造竞争气氛，他的要求得到了部分满足。

这位采购官员充分使用了他的权限，将德方代理人及德国制造商的初始期望值压得极低，而将压力反过来抛给了德方，他总是让这种期望值处于对方能够接受的最低水平。他成功地使对方向自己靠拢，一旦对方靠过来，他就努力使对方总是处于这种移动之中，难以停下。对方不断地感觉到离成交只差一点点，这种感觉是牵动对方的绳索。同时，这位采购官员的个人特点也是他得以成功的关键，他属于那种没有办法对其进行劝诱和贿赂的极少数官员之一，而且他绝不允许供应商背着他做生意或绕过他与他的上司做生意，任何人只要有此迹象，都会失去下次投标的机会。

## 二、学会操纵谈判而不只是参与谈判

任何一个谈判者的行为如果放在组织行为的范畴内来考察，就会发现它受两种压力的驱使：一种压力是个人的动机，这个动机促使他尽可能实现个人目的；另一种压力来自他所在组织的利益，他必须为了维护组织的利益而在自己的岗位上尽责。于是，两种压力的不平衡给我们带来了操纵对方的机会。

专家指出，谈判者进行谈判时，会在满足个人需要和满足组织需要的中间道路上小心地行驶。谈判者有自己的目标和抱负，同时试图使组织对他的工作感到满意，因此他可能在组织的压力和个人的压力下摇摆不定。对每个人来说，这二者的比例并不是一成不变的，有的人可能受个人动机的影响小一点，有的人则可能较多地考虑个人的需要。即使是同一个人，这两种压力的比例也是随着时间变化的。[①]

### （一）不露痕迹地操纵谈判

有社交经验的谈判者总是善于扮演人们希望他扮演的角色，他的社交姿态是灵活多变的。之所以这样做，是因为他清楚靠友谊和情感征服对方远比靠强硬的手段征服对方更持久和有效；之所以能够这样做，是因为他对于对方的一举一动非常敏感，能不露声色地抓住信号。有些信号可能并不为局外人所觉察，但对于他来说具有特殊的含义。他能根据自己的经验迅速地评价对方。对方的一个动作、一个眼神、一种表情，都逃不过他的眼睛。他能够通过一系列的社交回报、社交惩罚达到社交控制的目的。温克勒认为，社交回报和社交惩罚实际上是谈判者向对方实施正向或负向刺激的两种手段。社交回报主要是基于对方对控制权、依存关系、社会交往、自我尊重、成就感等方面的需要而进行正向的社交激励；社交惩罚则是对对方的某种需要进行负向的社交激励，如皱眉、旁顾、接听电话、离席、不耐烦、不赞成等。

**重要视点**

不懂得操纵谈判的人不是真正的谈判者，赤裸裸公开操纵谈判的人则是愚蠢的谈判者。

为了实现对谈判的操纵，有时谈判者必须对自己的行为进行包装。温克勒更是直截了当地说，事实上所有的初次谈判行为都带有欺骗的成分，表现出来的自我也有一部分是不真实的。[②] 但是，无论你想如何控制谈判，都不要通过有损对方自尊心的攻击来达到操纵的目的，这是一种极其危险的行为，它可能引起对方强烈的、无法估量的对抗性反应。对问题可以强硬，可以施尽手段，对人则应当温柔，应当尊重。温克勒建议，如果谈判者准备攻击对方的制度、公司或同事，在此之前就应清楚地向对方表明，在个人关系上你已经将对方排除在批评对象之外。即使这样做了，你仍应留心那些反映对方个人情感状态的信号。

对方个人的反应会给你一个微妙的信号，告诉你他在这些问题上是处于紧张状态还是放松状态，他将自己置于离其他人（包括你在内）多远的地方——这一距离会向你提供有关对方友好程度的线索。他的姿态将他的内心世界以特殊的形式反映出来，这些隐含于姿态之中的信号远比语言更能清楚地暴露他真实的想法。

在操纵谈判的过程中，谈判者要一步一步地向对方传递自己的信号。由于人的知觉具

---

① ［美］约翰·温克勒．讨价还价技巧．北京：机械工业出版社，1988：68.

② 同①72.

有倾向性，只看得到那些愿意看的事物，只听得见那些愿意听的声音，因此，谈判者千万不要以为自己已经明确传递出信号而且对方必然接收到了。有些事情，即使你反复陈述，对方也未必会重视它。你必须注意方式、方法、时机与限度。有时哪怕超出一点——说重一点、夸张一点、放慢一点、加快一点、重复一点——都会令对方反感，结果适得其反。

同样，当谈判者欲操纵谈判时，也面临着被对手操纵的危险。在套中设套，这在谈判中并不少见。如何识别出有被操纵的危险呢？谈判者需要学会对某些信号保持职业的敏感。这些信号虽然很微妙，但都具有一定的特征。只要谈判者细心留意，是可以发现它们的。

一个善于操纵谈判的高手在行为上不露痕迹，但是，一旦谈判进入实质性阶段，就表现出狡黠的一面。他会利用一些体面的理由使对手作出让步，而对那些已经获得的收益轻描淡写。如果他想解决某个问题，就转向另一个问题，降低对手对实现自己目标的期望值。他几乎不透露任何实质性的信息，对于对手的建议他只是听——礼貌地听，并不作出承诺，而如果他要提出某种要求，总会以令对手难以当面拒绝或当面反驳的方式提出来，自己却不承担什么义务。

### （二）操纵谈判的基本策略

谈判者在操纵谈判时可以采用两种策略：以支配对方为基础的策略，以迎合对方为基础的策略。谈判者既要善于利用这些策略，又要善于应对这些策略。

**1. 支配对方的策略**

（1）利用领袖素质来操纵谈判。具有领袖素质的人一亮相就具有征服他人的力量，他的一举一动既具权威性，又有人格魅力，使人们很难摆脱他的控制。他的这种支配行为使对手感到自卑，把对手压得只有唯命是从。如果谈判者具有这种素质，则要善加利用。如果对手采取这种策略，谈判者应当机立断，伺机退出谈判，不受对方的摆布，保持自己的独立性。

（2）通过激愤的批评性言辞或行为来操纵谈判。有的谈判者为了把对手挤到“被告席”上，假装激愤地发出一系列抱怨和批评。在这种情况下，仅仅安抚他不但无济于事，反而正中其圈套。他需要的就是你的安抚，你的安抚从某种形式上表明了你的“歉意”，承认了对方“有理”，这样你就处于下风了，当然容易受制于人。对付这种策略的最好办法是保持高度的克制与冷静，不纠缠、不接话、不迎合，努力判断对方言辞或行为的真假，如果对方有操纵谈判的企图，总会露出蛛丝马迹。

**2. 迎合对方的策略**

（1）表面上捧场、赞许，实际上诱使对手向他靠拢。有的谈判者可能通过陪衬式谈判①来制造一场骗局。他作出愿意与你合作的姿态，诱使你做大量的工作，或披露全部的情报，自己却并没有与你成交的念头。他只是利用你的建议去向他早已选定的真正对手施

---

①　陪衬式谈判，又称非真实谈判，是指谈判者为了一定的战略或战术目的所进行的谈判，对真实谈判起陪衬作用。陪衬式谈判的对手通常是谈判者为取得真实谈判的优势的牺牲品。在招投标、项目评估等过程中，陪标、陪评等“暗箱”手法较普遍。

加压力，或只是让你不断作出让步，当他得到所需要的东西后，你对他便不再重要了。

（2）表面上支持、拥护，实际上迫使对手处于劣势。这是谈判者对付自己的竞争对手的手法，迫使对手知难而退，或将对手架空，也就是两面三刀、阳奉阴违，使对手防不胜防。

**案例导读 11－4**

**董事长与总经理的较量**

某企业董事长发现有个部门的财务工作出了点问题，致使公司全年的费用总额莫名其妙地多出了200多万元。为了尽快解决这个问题，他责成公司分管该部门财务工作的总经理就该问题找某顾问谈一谈。总经理表面上看起来似乎很愿意这样做。他安排了所有的同事与该顾问会面，并以酒宴款待顾问。他热切地希望顾问早日开始工作，然而他的同事却对顾问采取抵制态度。原来，在见顾问之前，总经理以非常微妙的口气告诉大家：这家伙要到我们这里找碴儿来了，他是来告诉我们怎样重组我们的工作的。

他向顾问大献殷勤，但是顾问却发现，自己所建议的解决办法，没有一个能引起他们的积极响应，不论是部门经理，还是有关的工作人员，都没有给他任何可以继续工作的条件和方便。

最后顾问只好屈服了。他领取了他的调查服务费，并告诉公司董事长，这一安排对他并不合适。事实上，他显然是被总经理以相当巧妙的手段捉弄了。

## 第三节　价格谈判中的压力处置原则

如果将价格谈判放到实力较量的范畴内来研究，那么价格的高低，开价的习惯，可调整的幅度、次数和速度，都可以看作谈判者实力的表现。温克勒认为，谈判者对价格的确定与其对谈判内容的兴趣和自身渴望达到的目的有关。

### 一、通过谈判者处置价格条件的信号判断压力的变化

**1. 主动调整价格条件的信号**

如果谈判者对谈判内容比较感兴趣，并且渴望达到他的目的，在设置虚头时，其价格条件就会偏低。谈判者作为卖方时，价格水平较低，有急迫的成交欲望，价格让步的幅度偏大、次数偏多、速度偏快，价格相关因素（如质量、服务、品种、交货期等）的配套优惠也较突出。谈判者作为买方时，价格水平较高，有急迫的购买欲望，价格让步的幅度、次数、速度均频繁调整。这些信号表明谈判者承受的压力较大。

**2. 被动调整价格条件的信号**

如果谈判者知道对方非常渴望通过谈判达到自身的目的，那么在设置虚头时，其价格

条件就会偏高。谈判者作为卖方时，价格水平较高，会通过其他措施激发对方的成交欲望。由于他在利益关系的格局中占据上风，因此对谈判结果抱无所谓的态度。他的价格让步幅度偏小、次数偏少、速度偏慢，价格相关因素的配套优惠不明显。谈判者作为买方时，价格水平较低，在价格让步的幅度、次数、速度等方面都表现出较强的自主性。

## 二、通过引导谈判各方对价格合理性的看法来减轻压力

价格条件的合理性由什么决定？我们知道，当我们身处谈判之中时，对“合理”价格的理解，既与我们的身份——买方或卖方——有关，又与我们在特定环境里的感觉有关。例如同样的饮料，在便利店里只卖 5 元，而在高档酒楼里要卖 80 元。如果便利店折价到 4.5 元，相当于减让了 10%，但是酒楼给顾客折价到 50%时依然要卖 40 元。当事人对合理性的判断实际上是“值”与“不值”的感觉在起作用。

当我们处在买方地位时，我们倾向于认为价格比对方声称的水平更低一些才合理，但是究竟低多少呢？这取决于我们在与对方打交道时的感觉。同样，当我们以卖方身份出现时，我们倾向于认为我们开出的价格水平①是合理的，这种合理性的程度亦会受对方认知的影响，对方的反应是否强烈，会影响我们感觉的稳定性。温克勒通过观察发现，合理的价格估计常常存在于行为分析的领域中，而不是存在于对费用的精确测算之中。由于这一发现，他向谈判者提出了颇具实践指导意义的建议。当产品及服务的价格虚头幅度设置较大时，人们对价格有很大的选择余地。当产品及服务之间的价格行情差异很小时，竞争者之间靠价格变动获取博弈优势的差别也很小。因此，“如果你想得到高于竞争者的价格，必须具有更大的影响力，同时要找准打交道的对象。你必须首先向他宣扬你的产品或服务的优越性，引起他的兴趣，激发他的热情，最后再告诉他价格。如果你是买方，相反的原则也是适用的，不要让他们向你宣传他们产品或服务的优点，首要的事情是让对方告诉你价格是多少。把价格问题想象成一个（而且是唯一的）能打动你的因素，这样就迫使对方把期望降低，并且把最好的价格亮出来。但是要注意，不要让己方受那些合同条款的约束，你要有完全的自由，以便把某些无法事先估计到的服务内容写进先前的合同中去”②。

大多数情况下，价格谈判会成为谈判中的重要内容，但它并不是左右谈判成败的唯一因素。谈判者之所以可以把价格问题想象成唯一能打动人的因素，其目的在于向对方施加压力，而不是将其当作判断是否可以成交的唯一标准。当价格问题成为阻碍双方谈判的障碍时，谈判者在谈判方式上可以探索可能消除障碍的突破口。在遭遇价格压力时，谈判者要善于灵活处事，积极调动与价格相关的因素来改善自己的价格条件。谈判者不能死守一方，不知进退，要善于跳出问题看问题，跳出圈子看问题。要想在价格谈判中减轻压力并占据优势，功夫在价格之外。

---

① 在这种讨论中，价格条件包括与价格相关的因素所构成的总体交易条件，而价格水平仅指价格因素所处的水平。价格条件的内涵更大，它的指向并不完全与价格水平的指向一致。

② ［美］约翰·温克勒．讨价还价技巧．北京：机械工业出版社，1988：204.

**1. 不要轻易介入价格的实质性谈判**

温克勒提出的谈判十大原则中的首要原则亦是价格谈判的首要原则。在价格谈判中，谈判者的首要原则是：如果不是非要坐下来讨价还价不可，就不要坐到谈判桌前来。不轻易给对方讨价还价的余地，谈判者在这个问题上应保持坚定的态度。这就是说，在讨价还价开始之前，谈判者要尽可能给对手没有任何商量余地的印象。假如你使用了“估计”“大约”“好像”“据说”“左右”等不确定的词语，对方就会把它们作为你发出的信号，认为你的价格里有水分，你这样做等于是在勾引对方向你继续施加压力。

**案例导读 11－5**

试比较下列语言的差异：

——我们最多只能让10元左右。（有余地）

我们最多只能让10元。（无余地）

——这产品卖4 580元，你真想买的话还可以再优惠。（有余地）

这产品仅卖4 580元。（无余地）

——我想你们的这批货价值并不高。（有余地）

我认为这批货最高不会超过22万元。（无余地）

谈判者只要给了对手一种有让步可能性的印象，结果就不只是被迫作出让步，而且由于对手尚不知你的底价，会向你拼命施压，从而导致你的让步无法轻易停下来。最后的结果是：要么做成一笔几乎无利可图的生意，要么因自己再无退路而使谈判破裂。

**2. 在对方没有对交易产生兴趣时不要讨论价格的合理性**

在对方尚未真正了解交易内容及其给他带来的好处时，他对交易是不会有兴趣的。谈判者如果在这样的情况下提出价格意向，极可能向对方暴露出己方的某种愿望。假如对手对交易不感兴趣，那么你提出价格意向就是徒劳的；假如对手对交易最终产生了兴趣，由于你的价格意向已经提出，对方可将其交易兴趣隐藏起来，使其处于谈判的有利地位。

温克勒认为提出价格意向的时机最好在讨价还价的后期，在你对建议中包含的好处进行了充分的解释，而对方也对这桩交易产生了浓厚的兴趣之后再讨论。他还建议谈判者要把价格意向夹在两种优惠条件中一口气说出来，不要有停顿，否则就会给对方提出反对意见的机会。

**3. 注意讨论单价与讨论金额的心理效果**

当你向对方要价时，要把价格说得看起来不高，把它分成一小股一小股地说出来，但是在你向对方提出各种好处时，要使好处显得很可观，把它们合并成一块一次提出来。①

这涉及价格谈判中的一种心理现象，采取这种方法的目的是增强对方正向的心理反应，削弱对方负向的心理反应，使之在特定的心理倾向下作出对己方有利的决定。

---

① ［美］约翰·温克勒．讨价还价技巧．北京：机械工业出版社，1988：208.

我们经常会遇到诸如谈单价好还是谈金额好这类问题，这种方法使我们能够找到在不同条件下讨论价格的方法。首先看看单价与金额之间存在什么样的关系，从数学上说有下述关系：

金额＝单价×数量

这说明当金额一定时，单价的波动与数量的波动之间存在反比例关系。利用这种关系可以对对方的感知产生引导作用。

## 案例导读 11－6

### 培训收费

有一家专门从事电气维修人员技术培训的机构，其培训科目的介绍是："只要进入本中心的学员，都将接受17门专业课程的严格培训，而您的付出仅为2 200元。这17门课程是……"在长达两个月的招生中，竟然没有招齐足够开课的最低人数，而这个人数只是办班的保本人数。

是它的培训质量不高吗？不是，从这里出去的人绝大多数成了业务尖子。

是它的宣传不力？也不是，除了广告之外，新闻媒介的报道曾使它名噪一时。

是什么原因影响了它的竞争力？是它自身的介绍给对方造成的感觉。凡没有正式进入该机构的人，自然不会对该机构的培训质量有深刻的感受，只能凭感觉。用他的支出与他可能获得的收益进行对比，可能得出这样的结论：学一门课程平均要花130元。一个凭感觉行事的人很难下得了决心。

培训机构在专家的建议下对介绍文字做了修改。它将17门课程按培训时间做了细分，然后将每单位时间的费用支出与学员的收益进行对比。修改后的介绍是："本中心的高培训质量和高就业率有目共睹，我们的收费让每个想拥有一技之长者望而心动。你只需每小时支付2元2角，便可获得掌握简单电气设计、电气维修、自动控制、费用预算等17种知识与技能的机会，想想看，这样的机会并不多。"中心还布置了精美的展室，生动的现场展示给参观者非常直观和强烈的刺激。咨询处按照专家的建议以严格规范的语言向对方做必要的解释。结果，该机构的受训人数迅速增加，还在外地建了两个分支机构。

从上述案例可以看出，如果你想推出比较昂贵的东西，就要尽量缩小你的建议和对方实际情况之间的差距。问一下他现在可以付多少钱。不要害怕自己和竞争对手之间存在差别，而要确定差别有多大，然后在这一差别上做工作，而不要在总价格上做文章。① 这就是温克勒的观点，这说明，温克勒在卖方让步的问题上，比较重视单价的变化对谈判者心理的影响。

① ［美］约翰·温克勒．讨价还价技巧．北京：机械工业出版社，1988：208.

#### 4. 买方的还价要注意姿态

现在反过来看看买方的还价。买方在谈判中的还价自然在卖方开价之后，如果卖方不给买方讨价还价的余地，态度很强硬，这时买方就要注意姿态。

第一，买方要搞清楚卖方究竟有没有价格的减让权力，如果有，就应抓住价格问题不放，设法使对方让步，不要受对方任何借口的干扰。应保持相对独立性，坚持把价格问题分离出来，自成一个独立的议题。

第二，买方应当注意对方姿态中的弱点，从中找突破口。既然对方在开出的条件中指出各种优越之处，实际上就等于把相对薄弱的环节也暴露出来了。优与劣总是相对的，买方要善于从中发现机会。

第三，买方做出姿态的目的，不只是向对方亮相，也不只是抵御对方的压力，还应当激发卖方的兴趣。卖方对买方的兴趣及好奇心是降低对买方压力的直接动因。

买方还可以利用对未来交易前景的描述来加强自己的地位。比如买方常常会对卖方许诺，如果卖方现在给他一定的优惠，那么不仅会有一笔好生意，他还能带更多的人来光顾。

### 案例导读 11-7

#### 器材贵不贵

一位KTV练歌房的音响器材采购人员到一家音响器材行购置音响设备，他与器材行老板有一段涉及价格的对话。

老板：欢迎光临，想买点什么？

采购人员：先看看。你们主要经营什么器材？

老板：你要什么器材，我们都可以提供。是要成套的，还是自己配置？

采购人员：当然是配置的好。

老板：你是来采购的？我一看就猜出来了。看看这套怎么样？很多练歌房都在我这里进器材。这是我们本月推出的最新配置，价位不高，但是很有特点，你听听。

采购人员：有点儿低频响应。

老板：有点儿，但不明显，你的耳朵很灵。其实想想这个价位是值得的，全套不到4万元，你要多少套？

采购人员：我并不完全看价格。4万元是个说贵不贵、说便宜不便宜的档次。你们推荐的其他产品怎么样？

老板：你看看那边的一套，3.7万元，档次差不多。还有第二听音间的那套，属于家庭Hi-Fi，音质也相当不错，层次分明。

采购人员：我们先前购买的那批器材与这套家庭Hi-Fi系统差不多，它的混响器和均衡器是国产的。现在全电子混响器顶多不过4 000元，性能却好得多。

老板：你打算配置什么档次的？

采购人员：那台YAMAHA-GE50怎么样？

老板：你说的是那台混响器吗？这是电吉他效果器。如果你在家中用它，电声性能指标并不算高，但是如果用在大厅或舞厅里就相当不错，它内置的50种效果完全能够满足一般歌舞厅的需要。

采购人员：价格呢？

老板：4 400元。

采购人员：怎么这么高？前些天浪声练歌房的老板说3 000元都不到。

老板：那是配置价格，不过单买也可以优惠，4 000元怎么样？

采购人员：你如果能降到2 800元以下，我可以考虑，我的权限只有这么大。

老板：不行，就是配套也不敢卖这个价。

采购人员：其实配套是靠量大取胜，价格之间有互补性。那台马兰士音控多少钱？

老板：6 100元。

采购人员：你能降到多少？我是说，假如我配套的话。

老板：5 500元。

采购人员：4 500元？

老板：不行。顶多5 400元，马兰士本来就不是让利的机型。

采购人员：灵活一点儿，你可以从总价上考虑嘛。4 600元？

老板：真的不行，5 400元，不能再降了。

采购人员：这样好不好，你报一下FS调音台、SYMETRIX-501压限器、YM60W音箱、YAMAHA-2X40均衡器、STR音箱的单价，我考虑一下能否承受。

老板：这是报价单，比零售价低。FS调音台8 200元；SYMETRIX-501压限器2 910元；YM60W音箱每对11 900元；YAMAHA-2X40均衡器3 660元；STR音箱每对2 070元。

采购人员：一共是28 740元，比我预想的高得多。你的调音台和主音箱的价格太高。

老板：这基本上是最低价了。我说个价，28 000元，算是特别优惠了，我们从来没有卖过这个价。

采购人员：调音台7 000元，主音箱9 000元，其他的器材我不再还价，你们还有一定的利润，怎么样？

老板：照你算的是24 640元，绝对不行。我们根本没有利润！

采购人员：利润不会没有，只是应当合理。

老板：你刚才问到混响器，你若买，我还有点薄利。

采购：混响器我可买可不买，我们原来的那批混响器和点歌系统搭配得不错。如果买，改善不大，而且我还要因处理器材亏40多万元，你如果同意我刚才的价格，我可以考虑，这样，你有赚，我不亏。

老板：混响器3 500元，我们相互折中一点儿。

采购人员：打包每套32 000元怎么样？今天你算做一大笔啦！

老板：你不仅是个采购，还是个生意行家。念在你我这种发烧友的份儿上，成交。现在交款吗？

采购人员：信号线、音箱线送我，包安装调试。

老板：我的信号线和音箱线都是进口的，差不多值400元。你再加200元如何？算我半价卖给你。

采购人员：32 000元你已经赚了，再说我还是自己运货，没算运费。为这区区200元再讨价，我觉得没意思。我买你的货是有诚意的，要说讲价，还有好几件设备我压根儿就没有还价，你是知道的。再说，我买你的器材实际上是为你做广告，如果能够按照这个价格成交，你应该知道我们在同行中的影响力。

老板：照你说的好像应该成交？

采购人员：当然成交。

结果，这位采购人员以每套32 000元买下了老板开价合计39 240元的器材共8套，节省了大约20%的资金。

---

## 三、谨慎面对谈判者的承诺

谈判者基于信用的一贯原则所作出的承诺与基于推进谈判进程的需要所作出的承诺对谈判预期的影响往往出人意料。承诺的影响不在于当前，而在于未来，这一点容易被没有长远眼光的谈判者忽视，等到负面的影响业已形成时，纠偏所付出的代价会很大。这一点与政府在早期处理环境保护与经济发展矛盾时的情形十分相似。许多地方政府出于“GDP（国内生产总值）崇拜”的攀比心理，在对经济发展的预期安排中，承诺更多的是增长指标，对环境约束条件视而不见，结果导致经济发展中对生态造成的破坏（如空气和地表水污染、水土流失、资源浪费等）需要更长的时间和更高的成本来恢复，有的已经造成严重后果。

在商业活动中，承诺是对预期的一种担保，它能否变成现实，更多地取决于承诺者的信用。在处理商务谈判中的交易条件时，承诺确实可以起到推动谈判进程的作用。此外，不同的信用条件导致的承诺后果也不同，承诺对谈判预期的影响值得谈判者高度重视。在准备作出承诺或面对谈判对手的承诺时，应当了解以下基本问题。

**1. 承诺的性质**

承诺是一种广义的信用，属于伦理的范畴。承诺者如果不能兑现诺言，首先，会因食言而遭到负面评价，当然这取决于相对人是否在意承诺者对预期的担保；其次，会依照承诺者食言所引起的社会、法律、经济后果承担相应的责任。

与商业信用相比，承诺的含义更广。换句话说，当一个人（或企业）食言而不能履行承诺时，如果他的承诺没有涉及债权债务问题，那么这个人（或企业）的商业信用不会受到影响；但是反过来，当一个人（或企业）失去商业信用时，其信誉就会受损。

**2. 承诺的表现形式**

与商业信用更注重债务人行为的表现形式相比，承诺的表现形式有其独特之处，即它的表现形式更泛化。首先，承诺人可以主动承诺，无须针对特定的相对人，比如可以对公众承诺，也可以被动承诺，即应相对人的特定要求作出承诺。其次，承诺人可以做正面的承诺，即答应或宣称自己将要做什么事情，也可以做负面的承诺，即宣布自己将不做什么事情。再次，承诺可以是单方的，如债务人对还款的承诺；也可以是双方的，如在债务人作出承诺的同时，债权人也可以作出对债务人相应行为及其后果采取相应行动的承诺。最后，承诺可以采取明示的形式，也可以采取暗示的形式。

**3. 面对承诺时需要评估的风险**

承诺的风险有的来自主观方面（内因），有的来自客观方面（外因）。无论是哪种情况，一旦不能兑现承诺，对相对人而言都可能是严重的教训。在作出承诺的那一刻，有的谈判者知道，即便自己想兑现承诺也有困难，然而，他们还是忍不住在谈判中许了愿，因为从短期看，这种承诺有助于获得对手的合作。合作开始之后，曾经的承诺便被忘得干干净净，谈判者觉得，即使对方意识到自己受骗上当了，他们也已经占了便宜。假如受害方只是凭当时的直觉听信了诺言，而没有将之列入正式的合同或有效力的法律文件之中，很可能要付出代价。如何评估这种风险？谈判者需要考虑以下方面：

（1）对方是否具有权威。有时对方基于眼前现实的需要而作出他们无权作出的承诺，而他们所代表的公司并没有向他们授权。谈判者可以通过多种方式和途径核查对方的职权范围、地位、获得授权的情况。理性对待对方的诺言，才不至于被眼前情形所误导。

（2）对方是否具有履行承诺的手段。谈判者不要只关注对方的承诺，还应该往前再走一步，评估其兑现诺言的手段。你必须理性地评估，以对方现在所拥有的资源条件，以及这些条件受主客观因素的影响而可能产生的变数，对方是否可能兑现承诺。

（3）对方的历史行为。在对方的历史行为中没有食言的记录，当然是谈判者最希望看到的结果。即使有过少量不能履行承诺的情况，谈判者也应该注意分析原因，特别要分析是否有客观条件的限制或变化导致其不能兑现承诺。当然，当出现较多的食言历史记录时，无论是否存在客观原因，谈判者都应该保持足够的警惕，因为，即使你没有兴趣评价对方的人品或习惯，也必须对谈判结果负责，对己方的根本利益负责。

（4）对方眼下是否特别需要你的合作。在商业活动中，互利互惠是合作的基本条件，但是，当某一方特别要求与另一方合作时，会基于眼下的需要（如时间紧迫、利润诱惑巨大、机会损失、没有第二条路可走）而作出一些不合时宜的承诺。作出这种承诺的主要动机是解决眼前的问题，而不是着眼于未来，因此对谈判者来说，必须对这种承诺持谨慎态度。

（5）对方是否健忘。经常健忘的人会在日常习惯中表现出来。在对待一项严肃的承诺时，如果谈判对手曾经有过健忘的情况，谈判者还会相信这样的承诺吗？即便直接责任并不在谈判对手身上，是对方公司其他人的责任，与一个健忘者打交道依然存在风险，尤其是在进行重大交易时。

（6）对方的承诺是否含混。含混的承诺很容易误导人。一种暗示、一种模糊不清的姿态，都可能被理解为具有承诺的性质。如果谈判者对这种暗示或姿态特别敏感，误将其视为承诺而不核查，就可能陷入一种无谓的期待之中。对于对方的含混承诺，谈判者必须进行核实，如请对方进行解释、运用某种手段进行记录。

**重要视点**

在对待对方含混的承诺时，证实重于猜测。换句话说，明知故问是“笨拙”的聪明之举。

（7）对方的承诺是否附带条件。有条件的承诺是经验丰富的谈判者为自己赢得谈判余地的手段之一，既为以后调整交易条件埋下了伏笔，又给谈判对手布下了一个必须面对的“局”。如果谈判对手在作出承诺时是有条件的，那么必须首先评估的是那个条件己方是否有能力完成或实现，然后才可以讨论承诺的重要性。

**4. 评估食言的成本有多高**

如果信用环境恶劣，谈判者食言并不承担什么后果甚至还能从中得利，则食言的成本很低。在这种情况下，谈判者不仅要对付对手，还要应对恶劣的信用环境。因此，谈判者必须对自己追索损失的能力、成本和其他机会损失进行理性的评估。如果精力不济，最好退出游戏，不要陷得太深。

## 本章小结

由谈判者提出的交易条件及其个人行为引发的压力，其源头在谈判者自身；谈判对手向谈判者施加的压力，其源头在谈判对手那里。面对压力，谈判者应冷静、反复地分析对方提出的问题背后的动机是什么。在不清楚对方的真实动机之前，要寻找更深一层的信息，并请对方就这些信息作出解释。从源头上铲除制造压力的祸根，是谈判者减轻自己压力的基本办法。

## 关键术语

压力　谈判实力　操纵　信号

## 思考与讨论题

1. 对方向己方施加的压力有哪些特征？
2. 谈判者面临的压力有哪两类？
3. 你如何理解温克勒提出的处理压力的原则？
4. 为什么强硬手段更适合在谈判的早期运用？
5. 操纵谈判的基本策略有哪些？
6. 在信用环境较差的情况下如何面对谈判者的承诺？

# 参考文献

1. 张强，杨明娜，傅剑波．商务谈判．2 版．北京：中国人民大学出版社，2015.

2. 丁建忠．商务谈判．2 版．北京：中国人民大学出版社，2006.

3. ［美］弗兰克·L. 阿库夫．国际商务谈判．上海：上海人民出版社，1995.

4. ［加］杰夫瑞·鲍切尔．致胜奇谋：现代西方谈判艺术．成都：西南财经大学出版社，1999.

5. 张强．现代谈判学．武汉：华中理工大学出版社，1996.

6. 丁建忠．走出谈判雾区．北京：中信出版社，2000.

7. 刘军，屠新泉，李自杰．世界贸易组织概论．北京：首都经济贸易大学出版社，2013.

8. 张强．赢家正道——西方八大谈判模式．成都：西南财经大学出版社，1999.

# 教师教学服务说明

中国人民大学出版社工商管理分社以出版经典、高品质的工商管理、财务会计、统计、市场营销、人力资源管理、运营管理、物流管理、旅游管理等领域的各层次教材为宗旨。

为了更好地为一线教师服务，近年来工商管理分社着力建设了一批数字化、立体化的网络教学资源。教师可以通过以下方式获得免费下载教学资源的权限：

在“人大经管图书在线”（www. rdjg. com. cn）注册，下载“教师服务登记表”，或直接填写下面的“教师服务登记表”，加盖院系公章，然后邮寄或传真给我们。我们收到表格后将在一个工作日内为您开通相关资源的下载权限。

如您需要帮助，请随时与我们联络：

中国人民大学出版社工商管理分社

联系电话：010－62515735，62515987，62515782，82501048

传真：010－62515732，62514775　　　　电子邮箱：rdcbsjg@crup. com. cn

通讯地址：北京市海淀区中关村大街甲 59 号文化大厦 1501 室（100872）

---

**教师服务登记表**

<table>
<tr><td>姓 名</td><td></td><td>□先生 □女士</td><td>职 称</td><td colspan="2"></td></tr>
<tr><td>座机/手机</td><td colspan="2"></td><td>电子邮箱</td><td colspan="2"></td></tr>
<tr><td>通讯地址</td><td colspan="2"></td><td>邮 编</td><td colspan="2"></td></tr>
<tr><td>任教学校</td><td colspan="2"></td><td>所在院系</td><td colspan="2"></td></tr>
<tr><td rowspan="3">所授课程</td><td>课程名称</td><td>现用教材名称</td><td>出版社</td><td>对象（本科生/研究生/MBA/其他）</td><td>学生人数</td></tr>
<tr><td></td><td></td><td></td><td></td><td></td></tr>
<tr><td></td><td></td><td></td><td></td><td></td></tr>
<tr><td colspan="2">需要哪本教材的配套资源</td><td colspan="4"></td></tr>
<tr><td colspan="2">人大经管图书在线用户名</td><td colspan="4"></td></tr>
<tr><td colspan="6">院/系领导（签字）：<br>院/系办公室盖章</td></tr>
</table>